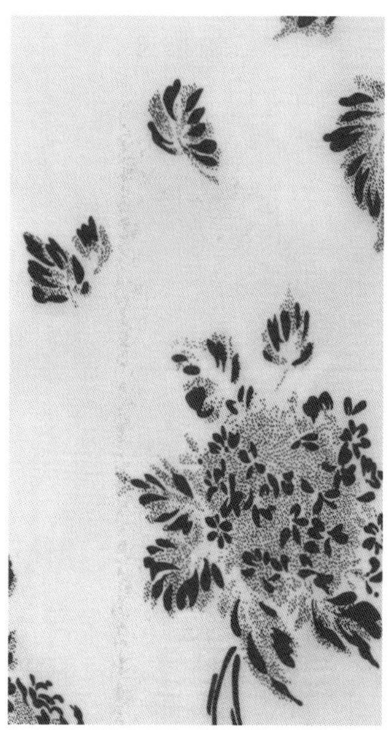

유민영 · 전성희 편

차범석 전집 2

희곡
1962–1964

태학사

차범석 전집 - 희곡 2(1962~1964)

초판 1쇄 인쇄 2018년 11월 23일
초판 1쇄 발행 2018년 11월 30일

엮은이 유민영·전성희
펴낸이 지현구
펴낸곳 태학사
등록 제406-2006-00008호
주소 경기도 파주시 광인사길 223
전화 마케팅부 (031) 955-7580~2 편집부 (031) 955-7584~90
전송 (031) 955-0910
홈페이지 www.thaehaksa.com **전자우편** thaehak4@chol.com

값은 뒤표지에 있습니다.

ISBN 978-89-5966-993-6 04680
ISBN 978-89-5966-991-2 (세트)

〈태양을 향하여〉 포스터

〈태양을 향하여〉 포스터

〈태양을 향하여〉 공연사진

〈태양을 향하여〉 공연사진

第37次 世界作家大会記念 大合同公演
산불
A FOREST FIRE
5 ACTS
CONGRATULATE
XXXVII
INTERNATIONAL
P.E.N. CONGRESS,
SEOUL-1970
WRITTEN BY
BUM SUCK CHA
DIRECTED BY
YOUNG WOONG LIM
'70.6.26~7.1
AM3:30/PM7:30
KOREAN DRAMA
ASSOCIATION
NATIONAL THEATRE

〈산불〉 포스터

劇团 山河 第7回 公演
山불
全5幕
車凡錫 作 表在淳 演出 金有聲 企劃
서울 국립극장 光州 大韓劇場 全州 아카데미
12月16日 22日 7日間 낮 3.00 밤 7.00

〈산불〉 포스터

제45회 극단 은하극장 정기공연
제 7회 전국연극제 참가작품
山불
(전5막)
차 범 석 작
김 삼 일 연출
• 일시 : 1989년5월22일(월) 오후5시, 저녁8시
• 장소 : 포항시민회관
포항시·예총포항지부·연극협회포항지부·KBS 포항방송국·MBC 포항방송(주)

〈산불〉 포스터

〈산불〉 공연사진

〈산불〉 공연사진

〈산불〉 공연사진

〈산불〉 공연사진

〈갈매기떼〉 공연사진

〈갈매기떼〉 공연사진

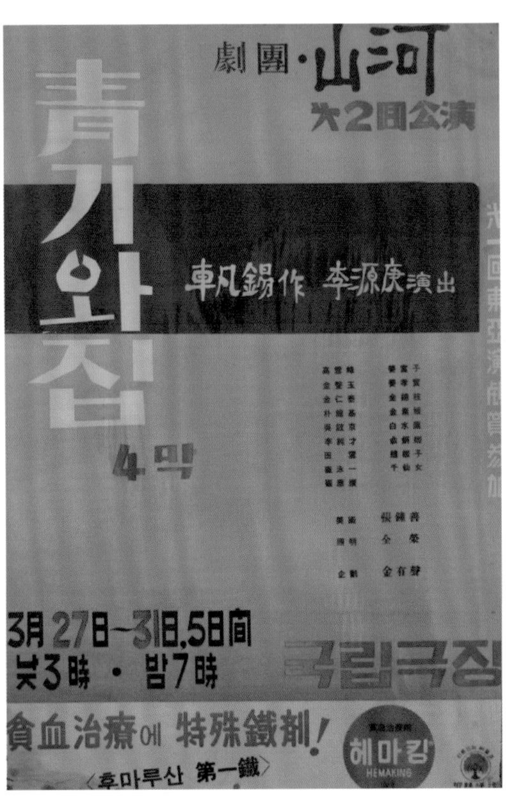

劇團·山河
第2回公演
靑기와 집
車凡錫作 李源庚演出
4막
3月 27日~31日, 5日間
낮3時 · 밤7時
국립극장
貧血治療에 特殊鐵劑!
〈후마루산 第一鐵〉
헤마킹
HEMAKING

〈청기와 집〉 포스터

발간사

유민영

차범석 선생은 생전에 감투 쓰는 것에 그렇게 연연하지는 않았지만 그의 비중에 걸맞게 문화예술계 인사들이 오르기 어려운 큰 자리를 모두 거쳤다. 가령 한국문예진흥원장과 대한민국예술원 회장, 그리고 예술대학장 등이 바로 그런 자리였는데, 그 외에도 각종 잘디잔 감투를 누구보다도 많이 썼었다. 그러나 그가 어디에 글을 쓸 때, 붙이는 호칭에는 언제나 극작가라고 적었다. 이처럼 그는 여러 가지 감투는 잠시 지나가는 자리고 자신은 어디까지나 극작가로서 자부하고 있었지 않나 싶다.

그럴 수밖에 없는 것이 그의 평생을 놓고 볼 때 교사, 방송국PD, 교수, 그리고 문예진흥원장 등 고정월급으로 생활한 기간보다는 극작가로서 원고료를 받고 산 기간이 더 길 것이기 때문이다. 그만큼 그는 자신이 일생을 보내면서 역사 속에 남길 유산은 어떤 자리가 아니라 문화예술계에 던져놓는 방대한 작품이라고 확신했던 것으로 보인다.

따라서 그가 생전에 가장 갈망했던 것은 전집출판이었고, 사후에는 자신의 이름을 딴 희곡상 제정이었다. 그래서 그는 만년에 12권짜리 전집을 발간하려고 목차까지 다 짜놓고 출판사와 접촉하다가 출판사정이 여의치 않아 무산됨으로써 생전의 꿈을 이루지 못하고 소천했지만 사후의 꿈인 희곡상 제정만은 유족과 조선일보사의 협조로 잘 되어 유망한 후진을 계속 양성하고 있다.

저간의 사정을 가장 잘 아는 이는 유족이지만 필자 역시 선생과 가까이 지내면서 그에 관한 이야기를 많이 했던 터라서 항상 숙제를 안고 있었다. 그러다가 이번에 유족 측의 용단과 태학사의 호의로 그의 꿈인 12권짜리 전집을 발간케 되어 숙제를 푼 것 같아 기쁘다. 그런데 이번에 전집을 준비하면서 선생을 잘 안다고 생각했던 필자마저 놀랄 정도로 그가 방대한 작품을 남겼음을 발견케 되었다. 희곡사적으로는 유치진에 이어 소위 리얼리즘극을 심화 정착시킨 작가지만 그의 창작범위는 상상을 초월한다. 즉 희곡을 필두로 하여 무용극본, 오페라극본, 시나리오, 악극대본, 그리고 방송드라마 등에 걸쳐 편수를 헤아리기 어려울 정도로 엄청난 작품을 남긴 것이다. 그가 작품만 쓴 것도 아니고, 자전을 비롯하여 수많은 연극평론과 에세이도 남겼다.

그런데 더욱 놀라운 것은 그 많은 글을 그가 순전히 수작업 手作業으로 해냈다는 사실이다. 선비적인 기질 때문인지 그는 일평생 컴퓨터, 운전, 휴대폰, 카드까지 거부하고 만년필과 볼펜으로 수십만 장의 원고지를 메꾼 셈이다. 문제는 작품이 너무 넘쳐서 12권 속에 모두 주어 담을 수가 없다는데 있었다. 그래서 할 수없이 나머지 작품들은 다음 기회에 별도로 내기로 하였다.

이 전집이 순탄하게 나올 수 있도록 도와준 차범석재단 차혜영 이사장 및 유족, 작품을 열심히 찾아내고 교정까지 보아준 전성희, 이은경 교수, 지방에서 멀리 올라와서까지 도와준 김삼일 석좌교수와 홍미희 목포문학관 학예사, 그리고 박명성 대표 등에 감사하고 태학사 지현구 사장 및 직원들에게도 고마움을 표한다.

아버지의 전집 발간에 부쳐

차혜영

사랑하는 아버지!

아버지 가신지 12년이 지났습니다.

세월이 흘러도 아버지는 생전의 그 모습 그대로 카랑카랑한 목소리는 제 가슴에 남아 아버지의 못 다 이룬 이야기들을 들려주시는 듯, 문득 문득 부족한 제 자신에 죄송한 마음이 들곤 합니다.

쓰고 싶은 일 하고 싶은 일이 너무 많아 83년의 시간이 너무나도 부족하셨나요? 바람처럼 살다보니 시간조차 쫓아오지 못해서 늙지도 않는다는 아버지의 욕심이 사단이었나 싶습니다.

아버지 가신 뒤 우리는 그저 무력하게 아무것도 할 수 없었습니다. 그때 저희를 일깨워 준 '신시뮤지컬 컴퍼니'의 박명성 대표의 은혜는 영원히 잊지 못합니다.

머뭇거리지 말고 하루 빨리 '차범석 재단'을 만들어 다음 해 부터라도 아버지를 기리는 일을 해야 한다고 우리를 설득했지요.

참 복도 많으신 우리 아버지! 아버지의 양아들 박 대표는 우리가 해야 할 일이 무엇인지 아버지의 뜻을 알고 있었답니다. 거기에 평생 아버지의 행동대장이시던 어머니는 사시던 집을 팔아 부족하지만 결코 부끄럽지 않은 재단이 탄생되었습니다. 10여 년 재단을 운영하며 아버지께서 가장 안타까워하시던 『차범석 전집』을 숙제처럼 가슴에 지니고 있었습니다. 그러던 지난 2016년 6월 6일 아버지의 10주기 날 저녁 유민영 교수님께서 전화를 주셨습니다.

"『차범석 전집』을 내야지? 오늘 문득 그 생각이 나서 말이야. 더 늦으면 나도 힘들어" 교수님은 그 날이 아버지 기일인지 모르셨다며 놀라셨습니다. 저는 순간 아버지께서 교수님의 생각을 빌어 말씀해 주시는 것 같은 착각에 가슴이 떨렸습니다.

그때부터 유민영 교수님의 기획 하에 전성희 교수님의 집요한 열정은 폭풍처럼 아버지의 여든 세 해의 시간을 무섭게 파고 드셨습니다. 가끔 저는 교수님의 일 하시는 모습에서 아버지의 깐깐한 모습을 보는 듯 깜짝 놀라기도 했습니다.

세월이 지나도 변함없는 의리와 애정으로 저희를 지지 해주시는 포항의 김삼일 교수님, 아버지의 발자취가 모조리 남아있는 목포 문학관의 홍미희 학예사님의 아낌없는 성원, 또한 첫 작업부터 완성까지 무조건으로 힘든 일 함께 해 주신 이은경 교수님, 그리고 저희의 풍족치 못한 재정에 항상 고민 하시면서도 출판을 맡아 주신 태학사 지현구 대표님이 계셔서 꿈같은 『차범석 전집』이 세상에 빛을 보게 되었습니다.

사랑하는 아버지!

『차범석 전집』의 책 커버는 아버지께서 어머니께 선물하신 저고리를 모티브로 어머니의 영정사진에서 전성희 교수님의 기발한 아이디어로 진행되었지만 이 모든 것에서 또 하나의 기적을 보는 듯 합니다. 아버지께서는 저 세상에 계시면서 우리를 총지휘 하시는 것 같은 착각 말입니다. 저희는 아버지라면 어떠셨을까를 항상 염두에 두고 하나하나 조심스럽게 만들어 나갔습니다.

아버지의 흡족해하시는 모습을 훗날 만날 수 있기를 기대합니다.

아버지의 영전에 아버지 여든 세 해의 소중한 작품을 바칩니다.

차범석의 생애와 예술

전성희

차범석은 한국연극사에서 최고의 사실주의 희곡작가이며 64편의 희곡을 발표한 다작의 작가다. 한국에서 사실주의 연극의 시작은 유치진에 의해서였지만 찬란하게 꽃을 피운 것은 차범석이다. 그러나 무용, 뮤지컬, 오페라, 국극, 악극에 이르기까지 다양한 예술 분야뿐만 아니라 방송대본에 이르기까지 전방위적인 활동을 펼쳤던 차범석을 연극계의 인물로만 한정할 수는 없다. 그가 가장 애착을 가졌던 분야는 연극이었지만 그의 뛰어난 극작술과 다양한 예술에 대한 이해는 여러 장르의 대본을 창작할 수 있는 바탕이 되었고 그 결과 연극 이외의 분야에도 많은 작품들을 남길 수 있었다.

차범석은 1924년 11월 15일(음력 10월 19일) 전라남도 목포시 북교동 184번지에서 아버지 차남진(車南鎭) 어머니 김남오(金南午) 사이에서 3남 3녀 중 차남으로 태어났다.

일본 유학생 출신의 아버지는 중농 규모의 할아버지 유산을 잘 관리했을 뿐만 아니라 간척사업에 착수, 농토를 늘려 천석지기 지주가 되었는데 이는 아버지가 진취적이면서도 이재와 치산에 밝았기 때문일 것이다. 그 덕에 차범석은 유복한 가정에서 성장할 수 있었고 이러한 안정적인 가정환경은 차범석이 식민지의 궁핍한 상황에서도 교육과 일정부분 제도적 보살핌을 받을 수 있었다.

차범석은 외향적이며 저돌적인 형이나 소유욕이 강하고 고집스러운 아우의 성정과는 달리 말수도 적었고 자기주장을 하기 보다는 조용히 책을 읽거나 어머니의 곁을 지켰다. 보통학교 4학년 때 교지 「목포학보」에 〈만추〉라는 글을 실어 '예사롭지 않은 문재'가 엿보인다는 말을 듣고 소설가를 꿈꾸기도 했다.

이 무렵부터 차범석은 목포극장과 평화관을 드나들며 영화 관람에 빠졌고 1930년대 전후의 영화를 두루 섭렵, 극예술에 대한 이해를 넓힐 수 있었다. 6학년이 되던 해 그는 최승희의 무용 발표회를 보고 큰 충격과 감동을 받았다. 최승희는 차범석에게 '무대라는 세계, 막이 객석과 무대를 갈라놓은 공간, 보여주는 자와 봐주는 자 사이의 공존의 의미를 깨우쳐 준 첫 번째 예술가'였다.

어릴 적 차범석의 이름은 평균(平均)이었는데 중학교 입시를 앞두고 범석(凡錫)으로 개명, 이후 줄곧 범석이라는 이름으로 활동했다. 광주고등보통학교(후에 광주서중으로 개칭) 진학을 위해 목포를 떠나 광주로 갔지만 소극적인 성격은 변함이 없었다. 호기심이 많았던 그는 책방을 드나들며 하이네나 바이런의 시집, 일본 소설들을 읽고 장차 문학가가 되어야겠다는 꿈을 키웠다. 그러면서도 차범석은 어린 시절 목포에서 그랬던 것처럼 광주에서 보낸 5년 동안 약 4, 50편의 영화를 관람하고 영화잡지까지 사서 보는 등 적극적으로 영화의 세계에 빠져 들었다. 후에 연극으로 진로를 변경하기는 했지만 극의 세계라는 같은 뿌리의 영화에 마력을 느꼈다. 방학이 되면 목포 본가에 내려가서 골방에 있었던 세계문학 등을 독파했다.

아버지는 차범석이 의사가 되기를 원했지만 그는 의사보다는 문학과 예술에 뜻을 두고 있었다. 아버지와의 불화는 권위적인 아버지가 어린 시절부터 형과 차별 대우를 했던 것에서 비롯, 그를 내성적이고 비사교적인 반면 '회의적이고 반항적이면서 한편으로는 미지의 세계에 대한 도전성과 공격성'을 갖고 있는 사람으로 성장하게 했다.

학교를 졸업하고 진학을 위해 도쿄로 건너가 2년 동안 입시 준비를 하면서도 극장에를 드나들었다. 이 극장은 '예술적인 호기심에다 불붙인 하나의 매체이자 기폭제'였으며 차범석에게 '직접적으로 드라마가 무엇인가를 암시하고 시사하고 터득해 준 교실'이었다. 이 무렵 차범석은 영화뿐만 아니라 일본 연극에도 관심이 생겨 자주 관람했다.

연이어 입시에 실패한 차범석은 재수 준비를 하고 있었는데 전쟁으로 위험하니 귀국하라는 아버지의 명령으로 급히 돌아왔다. 차범석은 귀국하자마자 군대를 가야하는 징집의 위기를 맞았지만 병역면제의 혜택을 받기 위해 1년 과정의 관립광주사범학교 강습과에 입학을 했다. 교육에 뜻이 있었던 것이 아니었기 때문에 현실도피 생활에서 오는 자포자기의 심정과 허무는 그를 술로 이끌었고 이후 차범석의 건강과 삶에 큰 영향을 미쳤다. 교사 발령 4개월 만에 징집, 4개월간의 군대생활 중 해방이 되고 다시 모교에 복직하게 되었다.

그는 1946년 문학공부를 위해 연희전문학교 전문부 문과에 입학, 뒤늦게 사회적 정치적으로 개안을 하게 되었다. 친일세력에 대한 과거청산이 역사적 필연성에 있다는 것과 동학혁명정신이 광주학생독립운동이나 3.1운동 정신과도 맥을 같이 한다는 것이다. 이러한 역사의식의 재확인은 자아각성으로 연결되고 그 결과 문학이나 연극에 대한 인식과 태도도 달라질 수밖에 없었다. 그래서 차범석은 일제 말기에 폐간되었던 문학잡지 「문장」의 전 질을 구해 읽으며 다시 문학공부를 하는 등 문학의 참다운 뿌리를 찾기 위해 노력했다. 자신이 가야할 길이 문학과 연극에 있다는 신념으로 문학서클 '새마을회'에서도 활동하고 '연희극예술연구회'를 조직하기도 했다.

대학 시절 "우리가 처해있는 현실을 그대로 거울 속에 비춰보고 싶다"는 그에게 유치진의 강의는 사실주의에 대한 확신을 갖게 해주었고 이후 자신의 연극관으로 삼게 되었다. 그러면서 차범석은 직업극단의 공연과

연습장까지 찾아다니는 등 점차 연극 세계에 깊이 빠져들어 갔다.

1949년 유치진이 만든 제 1회 전국남녀대학 연극경연대회에 '연희극예술연구회'가 차범석 역/연출의 〈오이디프스 왕〉으로 참가, 우수상을 수상했다. 차범석은 연극경연대회에 함께 참가했던 각 대학의 연극인들을 모아 '대학극회'를 조직하는데 앞장섰다. 그리고 1950년 초 국립극장이 설치되자 당시 유치진 극장장의 배려로 전속단원이 되어 현장에서 활동할 기회를 가질 수 있었다. 그러나 그것도 잠시 한국전쟁이 발발하자 고향으로 피난을 갔던 차범석은 목포중학에서 교편을 잡았다. 교직생활 중에도 습작을 게을리 하지 않으면서도 '목중예술제'를 만들었다. 목중예술제에서 1951년 처녀작 〈별은 밤마다〉를 무대에 올리고 주연까지 맡았다. 이 시기에 〈닭〉, 〈제4의 벽〉, 〈전야〉, 〈풍랑〉 등의 습작품을 정훈잡지에 발표했다.

대학 다닐 때 방학이면 고향에 내려와 목포청년들과 주변의 섬들을 여행하며 얻었던 소재를 바탕으로 〈밀주〉를 창작, 1955년 조선일보 신춘문예에 가작으로 입선하였다. 가작 입상에 만족을 못한 차범석은 이듬해 조선일보 신춘문예에 재도전, 〈귀향〉이 당선되었다. 〈밀주〉는 흑산도, 〈귀향〉은 해남을 무대로 그가 나고 유년시절을 보낸 바닷가 마을이 배경이다. 차범석은 〈밀주〉에서 가난한 어민들의 찌든 삶을 그렸지만 〈귀향〉에서는 가난한 농민을 묘사하면서 그 이유가 사회의 부조리와 모순 때문이라는 것을 지적했다. 이 지점에서 그의 희곡의 특성, 즉 로컬리즘을 바탕으로 한 사실주의 출발을 확인할 수 있다.

신춘문예 당선을 계기로 서울로 이주, 덕성여고에서 교편을 잡고 중앙무대를 향한 열정을 불태우며 창작에 몰두했다. 그러면서도 대학극회에서 같이 활동했던 김경옥, 최창봉, 조동화, 박현숙, 노희엽, 이두현 등과 '제작극회'를 결성, 한국연극에 새로운 바람을 일으켰다. 이 시기에 차범석은 활발하게 희곡을 창작, 문예지에 〈불모지〉, 〈4등차〉, 〈계산기〉, 〈상주〉, 〈분수〉, 〈나는 살아야 한다〉 등을 발표했다. 앞서 발표했던 로컬리즘을 바탕으로 한 사실주의극과는 다르게 고향을 벗어나 전쟁으로 좌절한 사람들을 사실적으로 묘사했다. 특히 〈껍질이 째지는 아픔 없이는〉은 4·19 1주년 기념공연으로 제작되었는데 혼탁한 정치 상황에서 드러난 신, 구세대 간의 갈등을 형상화한 것으로 차범석의 정치, 사회의 비판적 인식을 확인해 볼 수 있는 작품이다.

이러한 창작 경향은 이후에 〈산불〉(1961년)로 절정을 이루었다. 차범석의 대표작이며 '한국 사실주의 희곡의 최고봉'이라고 일컬어지는 〈산불〉은 6·25전쟁을 겪은 작가가 전쟁을 객관화시키는 사유의 시간을 통해 이데올로기가 인간을 어떻게 파괴하는지를 리얼하게 보여주었다. 그러한 점에서 〈산불〉은 한국 사실주의 연극의 수준을 한 단계 끌어올렸다고 할 수 있다. 차범석은 당시의 연극들이 '답답한 소극장 응접실 무대' 위주였던 데에서 벗어나 대숲이 있는 마을을 무대로 "이념의 대립과 갈등이 동족 전쟁을 야기하고 궁극적으로 인간 그 자체를 파괴해 간다는 강렬한 메시지"를 전달, 차범석 전후의 대표작이 되었다.

〈산불〉은 국립극장 초연 당시 큰 인기를 얻었고 이후 영화로, 방송 드라마로, 오페라로, 뮤지컬(〈섀도우 댄싱〉)로 다양한 매체의 전환을 통해 관객과 만날 수 있었다. 원 소스 멀티 유즈라는 측면에서 보면 〈산불〉은 원천컨텐츠로서의 가치가 충분한 작품이다.

차범석은 〈산불〉의 성공 이후 신협 재기를 위한 이해랑의 요청으로 〈갈매기떼〉를 집필, 국립극장 무대에 올려 〈산불〉 못지않은 인기를 끌었다. 목포 부둣가에 있는 영흥관이라는 식당을 둘러싸고 벌어지는 정치권력과 조직폭력배간의 갈등, 그리고 그로 인해 무구하게 희생당하는 서민들을 그려냈다.

〈산불〉과 〈갈매기떼〉의 성공으로 고무된 차범석은 전문적인 극단을 창단하기로 마음을 먹었다. 당시 연극계가 동인제 극단시대로 진입하기 시작했고 드라마센터의 개관이라는 연극상황의 변화가 일어나고 있었기 때문에 이전의 아마추어적인 '제작극회'로는 변화에 대처할 수 없을 것이라는 판단에서였다. '제작극회' 다른 멤버들의 반대를 무릅쓰고 1963년 연극의 대중화와 전문화를 지향하는 극단 '산하(山河)'를 창단했다. 현실과 동떨어진 번역극 대신 창작극을 주로 공연했고, 극단 창단 당시 의도했던 대로 지방공연도 가지면서 왕성하게 활동을 이어갔다.

이 무렵 차범석은 MBC로 직장을 옮겨 바쁜 와중에도 극단 '산하'의 일뿐만 아니라 창작에도 매진, 〈청기와집〉, 당시 유명 배우 강효실을 위해 집필, '산하'에 상업적 성공을 안겨준 〈열대어〉, 〈풍운아 나운규〉, 동성애 문제를 다룬 〈장미의 성〉, 〈대리인〉, 정치와 정치인을 풍자한 〈왕교수의 직업〉 등의 희곡 외에도 '산하'의 공연을 위해 여러 편의 각색 작업과 연출로도 참여하였다.

1969년 사단법인 한국연극협회 제 7대 이사장으로 선출되면서 협회 일에 열심을 냈고 원래 하고 있었던 방송국 일과 작품 집필, 극단 운영 등으로 건강에 이상이 생겼다. 1970년 봄 간염으로 병원에 입원, 방송국까지 그만 두었지만 발병 전에 국립극장에서 차기공연작으로 위촉한 장막극 〈환상여행〉을 집필했다. 그는 책임감 때문에 와병 중에도 약속을 지키기 위해 무리를 하면서도 완성을 했다.

차범석이 병원에서 퇴원 후 1년간의 요양생활을 하는 동안 같이 활동했던 사람들이 이런저런 이유로 그의 곁을 떠났다. 그는 인생이 철저하게 외로운 것이며 이 길은 자신이 원해서 가는 것이니 누구도 원망하지 않겠다는 결단을 내렸다.

1972년 차범석은 MBC-TV 요청으로 일일연속극 〈물레방아〉를 집필했다. 〈물레방아〉는 당시로서는 드물게 5개월 동안 방영, 100회를 넘겼으며 이러한 롱런은 MBC-TV 사상 최초였다. 이전에 라디오 드라마와 TBC(동양방송) 단막극, 〈태양의 연인들〉과 같은 특집극을 쓰기도 했지만 TV

일일연속극은 그로서도 처음이었지만 성공적이었다. 드라마의 성공은 차범석에게 경제적 안정을 가져다주었고 그래서 차범석은 연극 현장으로 돌아올 수 있었다.

1974년 6년 동안 맡았던 한국연극협회 이사장직을 이진순에게 내주고 그 해 봄 극단 산하의 사무실도 마련하고 연극현장의 기록이 소실되는 것이 안타까워 〈극단 산하 십년사〉를 펴내는 등 다각적인 연극활동을 펼쳤다. 그런데 1975년 동양극장과 '산하' 간의 전속 계약을 체결, 계약금과 중도금을 지불하고 의욕적으로 공연을 준비하던 차에 동양극장의 매각 사실을 알게 되었다. 속수무책 사기를 당한 차범석은 잔금은 안 털렸으니 다행이라고 스스로를 위로했다. 이러한 차범석의 긍정적 태도는 이후 창작태도에도 영향을 미쳤다.

유신의 시대를 거치면서 유신을 지지하기보다는 오히려 부정적인 시선을 견지하고 있었던 그였지만 〈약산의 진달래〉, 〈활화산〉 같은 새마을 극본을 쓰기도 했다. 그렇지만 새마을운동의 찬양이 아니라 "나와 함께 살아가는 이 시대의 이야기"로 가난과 싸우는 농촌여성의 "삶을 리얼하게 묘사함으로써 우리가 안고 있는 퇴영적이면서도 부정적인 행태를 드러내"려 했다. 이 시기에 그의 역사인식은 자연스럽게 개화기를 향했다. 〈새야새야 파랑새야〉에서는 동학도와 같은 민중의 저항을, 〈손탁호텔〉에서는 외세의 압력에도 불구하고 꿋꿋이 자존을 지키기 위해 투쟁하는 서재필과 같은 진보적 청년들의 연대를 그리면서 창작의 지평을 넓혀갔다.

1970년대 중반에 들어서면서 연극계는 상업주의가 팽배하고 있었는데 이것은 '산하'가 지향하는 연극 대중화와는 달랐다. 차범석은 연극에 있어 앙상블을 중요하게 생각했기 때문에 한두 명의 스타에 의존, 웃음을 파는 연극을 극도로 경계했다. 그런데 상업주의가 판치던 당시의 연극현실은 동인제 시스템을 고수했던 차범석에게는 절망적이었다. 그런 상황에서도 문학성과 연극성을 지닌 레퍼토리라면 승산이 있을 것이라고 판단,

1979년 〈제인 에어〉를 무대에 올렸다. 그러나 관객들의 외면으로 흥행에 실패하고 말았다. 일련의 일들로 차범석은 '산하'가 추구하는 대중성에 대한 회의가 일어나고 '산하'의 해산문제까지 생각하기도 했다. 그렇지만 차범석은 유신정권의 횡포와 비민주적 정권욕으로 급격하게 경색되어가는 시대에 연극을 통해서 이야기를 해야겠다는 결심을 했다. 연극대본의 사전심사제로 창작극의 공연이 어렵게 되자 숀 오케이시의 〈쥬노와 공작〉 연습에 들어갔다. 1980년 5월 공연을 보름 앞두고 광주민주화항쟁이 일어나자 차범석은 공연중지를 선언했다. 그 이유는 사람들이 총칼에 쓰러지고 있는데 연극을 하고 있을 수 없다는 것이었다.

실의에 빠진 차범석에게 MBC-TV에서 농촌드라마 의뢰가 들어왔다. 옴니버스 형식의 농촌드라마 〈전원일기〉를 1년 동안 총 48회 집필했다. 1980년 10월 22일 '박수칠 때 떠나라'를 시작으로 1981년 10월 20일 '시인의 눈물'까지 꼭 1년을 썼는데 어수선한 시국에 농촌에 대한 향수를 자극해 최고의 드라마로 자리를 잡았고 이후 20년 동안 방송되면서 최장수 드라마로 남았다. 그런데 차범석은 연극을 하기 위해 방송국의 간청에도 불구하고 〈전원일기〉 집필을 포기했다.

'산하'에 돌아와 1980년에 준비하다 중단했던 〈쥬노와 공작〉을 무대에 올려 보았지만 흥행에 참패하고 말았다. 그리고 '산하'의 재기를 위해 옛 멤버들을 규합해 보려했지만 이마저도 여의치 않았다. 결국 〈산불〉공연마저 실패하고 1983년 '산하'를 해단하는 어려운 결정을 내렸다.

그를 무대로 이끌었던 유년시절의 최승희 공연의 영향과 대학시절 춤을 배우러 다녔던 경험 때문이었는지 1982년 조영숙무용단의 〈강〉을 시작으로 최청자무용단의 〈갈증〉 등 무용극으로 창작의 장르를 확대해 나갔다. 이후에 무용극 〈도미부인〉(1984년 국립무용단, LA 올림픽참가공연), 〈십장생도〉(1988년 홍정희발레단), 〈저 하늘 저 북소리〉(1990년 국립무용단), 〈고려애가〉(1991년 국립발레단), 〈꿈의 춘향〉(1992년 서울시

립무용단), 〈파도〉(1995년 국립국악원 무용단), 〈오데로〉(1996년, 국립무용단) 등 여러 편의 무용극 대본을 창작했다.

1983년 차범석은 청주대학교의 요청에 의해 연극영화과 교수로 부임했다. 조용한 곳에서 창작의 기회를 가질 수 있다는 점이 그에게 매력적으로 다가왔고 학생들과의 생활이 연극판에서 지친 그에게 활력을 주었다. 그러나 그가 예술대학장직을 맡으면서 휴식은 끝나고 말았다. 당시는 학원민주화 운동이 번지고 있었을 때였다. 누구보다도 민주화를 열망해왔던 그였지만 과격해진 학생들의 기물파괴 등의 파괴적인 행동은 받아들일 수 없었다. 목포 북교초등학교, 덕성여고에서 교사로 재직하고 있을 때 불의를 보면 참지 못하고 투쟁을 했던 그로서도 학생들의 그런 행동은 받아들일 수 없었고 결국 보직에서 물러났다.

그 때 '서울88예술단'이 조직되면서 차범석에게 단장을 맡아달라는 제의가 들어왔다. 단장직을 수락했지만 총체가무극이라는 것이 그가 생각했던 연극의 방향과 맞지 않았을 뿐만 아니라 관의 간섭이 싫었던 그는 창립공연으로 〈새불〉을 올리고 다시 대학으로 복귀했다. 생래적으로 구속을 싫어하고 자유를 추구했던 그로서는 이러한 상황이 견디기 어려웠을 것이다. 오죽했으면 목포북교 초등학교 시절 자신이 담당했던 학급의 급훈이 자유였을까.

대학으로 돌아간 그는 특정사회단체의 요청이기는 하지만 신채호를 다룬 〈식민지의 아침〉, 김대건 신부의 일대기를 그린 〈사막의 이슬〉 등 활발하게 창작활동을 이어갔다. 1989년 학교 측에서 총장으로 추대하려는 움직임이 보이자 교수직을 사퇴하고 이후 서울예술대학의 교수로 자리를 옮겨 창작에 몰두했다. 이 시기에 차범석은 창작방식에 있어 변화가 일어나 이전의 창작방식에서 벗어나 형식과 주제가 다양한 작품을 발표했다.

1992년 징용 노무자의 딸 야마네 마사코의 자전적 수기를 바탕으로 쓴 〈안네 프랑크의 장미〉는 '일본제국주의의 만행을 용서와 화해의 차원에서 접근' 하였으며, 〈통곡의 땅〉은 백범 김구의 삶을 작품화하면서 한국현대사에서 이념문제를, 〈나는 불섬으로 간다〉에서는 소작쟁의와 그로 인해 생긴 연좌제 문제를 제기하기도 했다. 작가적 연륜이 깊어가면서도 차범석의 의식은 언제나 날카롭게 깨어 있어 부당하거나 문제가 있는 것에 대해서는 비판적 태도를 취하는 스탠스만큼은 변함이 없었다. 이색적으로 〈바람 분다, 문 열어라〉에서는 여성들의 변화를, 〈그 여자의 작은 행복론〉에서는 어머니와 아들 간의 근친상간적 욕망을 그려내는 등 소재의 영역도 넓혀갔다.

차범석은 본래 대중예술과 고급예술을 경계 짓는 것에 대해 우려를 해왔다. 어떤 작가보다 사회의식이 있는 작품을 쓰면서도 대중성 또한 중요하게 생각했다. 노년의 차범석은 그 경계를 허물고 〈가거라 38선〉같은 악극의 대본을 쓰거나 의뢰를 받은 것이긴 하지만 뮤지컬 〈처용〉, 오페라 〈백록담〉, 〈연오랑 세오녀〉의 대본 등을 썼다. 그러면서도 〈옥단어!〉(2003년)와 같은 작품에서는 깊은 사유의 절정을 보여주었다. 이 작품은 '단순한 연극이 아닌 우리의 현대사와 그 아픔을 되돌아보자는 데에 그 의미를' 두고 있다. 차범석은 〈옥단어!〉에서 자신이 '평생 동안 삶의 방식으로 지켜온 자유정신을 투영'시켰으며 떠돌이 옥단이를 통해 인생의 허망함을 보여주면서 한국적 사실주의의 진전을 이루어 냈다는 평가를 받았다.

2006년 세상을 떠날 때까지 차범석은 다양한 장르를 경계 없이 넘나들며 많은 작품들을 발표했던 현역 작가였으며 연극인이었다. 자리에 욕심을 낸 적이 없었던 차범석이지만 한국연극협회 이사장, 한국문예진흥원장, 대한민국예술원회장 등을 지내 예술인으로서 영광도 누렸다.

차범석 전집 2

■

차례

일러두기

* 명백한 오자, 탈자 외에는 가능한 원본을 그대로 수록했음을 밝힌다.

* 신문기사 · 작품 〈 〉, 책제목 「 」로 표기했다.

* 잘 사용하지 않아 의미가 명확하지 않은 단어는 각주를 붙여서 설명했다.

공중비행 (1막)

- **등장인물**

  주 박사(58), ××부 장관 비서실장

  유 여사(50), 그의 아내

  윤석(28), 그들의 아들

  칠순(18), 식모

  김 씨(47), 토건업자, 설계기사

  여기자(25), 잡지사 기자

  카메라맨(30)

- **때**

  195×년 구정권 때

- **곳**

  주 박사의 서재 겸 응접실

무대

온돌방을 반 양식으로 꾸민 서재 겸 응접실, 북쪽의 완자문과 남쪽의 미닫이식 유리문을 빼놓고 둘러가면서 벽 가득히 책이 꽂혀 있다. 그리고 각종 각양의 화분과 새조롱이 무질서하리 만큼 많이 들어앉아서 그리 넓지 못한 방이 더욱 답답하다. 화분마다 빨간 리본이며 은종이가 걸려 있는 품이 최근에 선사받은 물건임에 틀림없다. 무대 우편 완자문 아래 큼직한 책상과 회전의자 그 옆에 큰 캐비닛이 앉아 있다. 그리고 무대 중앙에 유행에서 밀려나는 낡은 응접세트가 놓여 있다. 유리문을 열면 마루가 있고 그 마루에도 크고 작은 화분이 가지런히 놓여 있다.

따라서 이 흔한 화분과 새들이 없다면 이 방은 그대로 어느 노학자의 인내와 권위와 입김이 서려 있음을 짐작할 수 있는 아늑한 분위기이다. 그러나 빨간 리본과 은종이의 반사광이 방의 분위기를 불안하고 어수선하게 깨뜨리고 말았다.

때는 가을날 어느 일요일 한나절.

막이 오르면 유아나 여사가 여기자와 마주 앉아 있다. 유 여사는 아직도 반 이상 남아있는 홍차를 스푼으로 젓기만 하면서 말대꾸를 하고 있다. 어딘지 초조하고 불안한 표정은 어서 이 손님을 쫓아버렸으면 하는 눈치이다. 그러나 기자는 더욱 끈덕지게 캐묻는다. 카메라맨은 저만치 떨어져 서서 신기한 화초를 이것저것 들여다보고 있다.

기자 (흘러내리는 안경을 치켜 올리면서) 그럼 주 박사께선… 아니 실례했습니다. 비서실장님께서 특히 즐기시는 음식이 무엇인지…

유여사 글쎄요… (반무의식적인 미소를 섞어 가며) 이렇다하고 특별히 좋아하시는 것도 없으셔요… 그저…

기자 그렇지만 그중에서도 한 가지쯤은 있으시겠죠… 아까도 말씀드렸지만 다음호 잡지엔 신임 비서실장님의 특별 르포를 싣기로 되어 있어서… (재촉하듯) 한 가지만… 말씀해주세요.

유여사 (고개를 갸웃거리며) 글쎄… 상추쌈이라고 해 둘까요?

기자 (강조하며) 상추쌈이요? (치부하며) 홋호… 전공이 동양철학이라 그러신지 역시 식성도 동양적이시군요.

유여사 예… 주 선생께선 철두철미하게 한국적인 걸 좋아하세요.

기자 (직업적으로 치부하며) 한국적인걸요.

유여사 (약간 열을 올리며) 요즘 세상이 하나부터 열까지 서구식으로 변해 가는데 대해서 항상 통탄하고 계세요.

기자 (기다렸던 문제가 비로소 나타난데 대한 긴장감에 휩쓸리며) 예… 그런 점에 대해서 사모님께선 어떻게 생각하고 계시는지.

유여사 (상대방의 태도에서 일종의 압박감을 느끼며) 어떻게라뇨?

기자 (만년필 끝으로 코 언저리를 쿡쿡 찌르며) 저희들이 듣기엔 주 박사님이 오늘날의 명성과 사회적 지위를 쌓기까지엔 내조의 공이 컸었다고 알고 있는데요…

유여사 (극히 사무적인 미소로) 내조의 공이라뇨… 제가 뭐 알아야죠… 저는 다만 주님 앞에 기도드리는 것 뿐인걸요.

기자 그렇지만 주 박사께선 지난 정권 때도 이 장관의 고문비서를 지내셨고 이번에 정권이 바뀌자 다시 김 장관의 비서실장으로 기용된데도 사모님의 힘이 절대적이라고들…

유여사 (손을 내저으며) 그건 터무니없는 뜬소문이에요! (강하게) 그런 얘기 잡지에 쓰시려면 지금까지 얘기도 모두 취소하겠어요!

기자 (호들갑스럽게 웃으며) 원 사모님도…

유여사 (정색을 하며) 정말이에요! 난 바깥어른이 하시는 일에 대해선 아는 바도 없거니와 그럴만한 자격도 없어요.

기자 겸손한 말씀… 그렇지만 구정권 때 요직을 지냈던 분이 새 정권하에서도 기용된데 대해선 무관심할 수 없잖아요? 일반 대중들의 심리가 말씀이죠.

유여사 아니 그럼 주 선생이 절개가 없다는 뜻인가요? (하며 날카롭게 쏘아본다)

기자 (멋쩍게 웃으며) 그, 그런 뜻이 아니라… 제가 말씀드리고자 하는 점은…

유여사 (자리에서 불쑥 일어나며) 똑똑히 말해두지만요… 주 선생께선 정치적인 야심이나 물욕은 털끝만큼도 없어요, 우리가 살고 있는 이 꼴 좀 보세요. 구정권 때도 그러했지만 이번에도 옆 사람들이 억지로 떠메다시피 해서 그 자리에다 앉힌 것이지…

기자 (약간 미안하다는 표정으로 물러서며) 그걸 누가 모르나요. (허공을 쳐다보며) 구라파에서 철학을 전공하신 학자이시라는 점, 또 청빈한 생활과 고매한 인격에 대해선 이미 정평이…

유여사 (저만큼 떨어져서 획 돌아보며) 그렇다면 아까 댁에서 질문한 것과는 거리가 멀군요.

기자 아닙니다… 제가 여쭙고 싶은 건 세태의 변화가 무상한 요즘에 주 박사님이 다시 김 장관의 비서실장으로 컴백하신데 대한 사모님의 의견이랄까 소감을 좀… 듣고 싶어서요…

유여사 (냉정하게) 글쎄 나는 아무 것도 모른다니까요. 여편네가 정치니 경제니 하고 떠드는 건 주 선생께서도 싫어하시지만 나 역시…

기자 (말문이 막히자 입술을 돼지처럼 쭉 내밀며) 음… (한숨) 별 수 없군요, 사모님께서 그렇게 강력히 노코멘트시라면… (열대식물 앞에서 카메라를 만지작거리는 카메라맨에게) 미스터 서!

카메라맨 (돌아서며) 왜 그래요 미스 리!

기자 사모님의 사진이라도 찍도록 합시다… (유 여사에게) 허락해주시죠?

유여사 나 같은 늙은이 사진을 뭣하게요.

기자 (아양을 떨 듯) 사모님, 너무 그러시지 마세요. 저의 입장도 좀 생각해 주셔야죠, 네?

유여사 그렇지만 주 선생이 계셔야…

기자 정말 주 박사께선 안 계셔요? 아까 사에서 전화를 걸었을 땐 분명히 계신다고 해서 부랴부랴 차를 잡아타고 왔는데…

유여사 (약간 당황하며) 식모가 잘못 알고 그랬어요… 아침 일찍 나가셨어요.

기자 일요일인데두요?

유여사 (변명하듯) 그 어른에겐 주일이고 뭐고 없어요…

기자 사모님… (사이) 일부러 저희들을 피하신 게 아니세요?

유여사 피하다뇨… 우리가 뭐 죄인인가요? 홋호…

기자 (농조로) 주 박사님께선 기자를 송충이처럼 싫어하신다던데… 안 그래요?

유여사 홋호… 그 분은 원래가 사람을 싫어하시는 성격이긴 하지만 그렇다고 기자래서 유독 싫어한 건 아니니까요…

기자 (원고지를 정리하며) 어떡허나… 주 박사님이 계셔야 오늘 인터뷰가 생색이 날텐데…

카메라맨 미스 리! 찍을까? (하며 거리를 맞춘다)

기자 (카메라맨에게) 예… 그럼 사모님, 여기 좀 앉으세요. (하며 소파를 가리킨다)

유여사 이걸 어떡하나…

기자 (소파에 억지로 앉히며) 이번 기사가 저에겐 견습기자 생활의 판가름이 되는 성적표랍니다… 홋호… 한번만 봐주세요.

유여사 홋호… (하며 마지못해 옷매무세를 고치며 앉는다)

카메라맨 (카메라를 조절하며) 찍겠어요… (잠시 포즈를 취하자 플래시가 터진다)

기자 감사합니다… (일어서서 허리를 굽히며) 바쁘신데 이렇게 시간을 내

주셔서…

유여사 (입에 붙은 소리로) 글쎄, 주 선생이 계셔야했을텐데… 이따가 들어오시면 다녀가셨단 얘기는 꼭 하죠…

기자 예… (돌아서 나오다가 새삼스럽게 꽃들을 보며) 어머! 예쁘기도 해라… 꽃 가꾸기에 취미가 있으시나봐…

유여사 그렇지만. 우리가 사들인 건 아니에요. (입을 삐죽거리며) 꽃 살 돈 있으면… (말끝을 흐리며 한숨) 금강산도 식후경이라잖아요? 꽃 대신 돈이라도 보내주잖구…

기자 (미소를 던지며) 사모님께서 그런 말씀하시다니 어울리지도 않으셔요! 홋호…

유여사 모르는 소리 마세요. 주 선생께선 너무나 생활면엔 등한하세요. 그러니까 하나부터 열까지 내가…

기자 그러기에 청빈과 고고 속에서 사시는 분이라고 평이 자자한데요.

유여사 그런 평이 우리에게 무슨 상관이 있어요. (짜증을 내듯) 이번 일만 하더라도 열흘 전에 갑자기 장관실에서 축하한다는 전화가 걸려왔잖겠어요?

기자 그럼 사모님이나 주 박사님께선 전혀 모르시고 계셨나요?

유여사 알게 뭐에요. 주 선생은 아침부터 저녁까지 대학연구실에서 지내시고 난 집 안에서 살림하고 있으니… 아까도 말했지만 주변 사람들이 우기고 추겨서 이렇게 되긴 했지만 사는 꼴이 이 모양이니 원… (하며 방 안을 보라는 듯이 휘둘러본다)

기자 (장난꾸러기처럼 다가서며) 이제부터가 아니세요? 흠…

유여사 어유 말도 마세요. 우리 주 선생님은 대쪽 같은 성격이라서요… (그럴싸하게 과장하며) 남들처럼 요직에 있으면서 치부를 하겠다는 마음은 티끌만큼도 없으니까요! 어느 때고 철학연구실로 되돌아갈 마음의 준비를 갖추고 있으니 안심이라는군요 글쎄! (하며 불평스런 한숨을 몰아쉰다) 빛 좋은 개살구죠!

기자 (유리문을 열며) 별 말씀을 다… 그럼 실례했습니다… 나오시지 마세요…

유여사 예… 조심들 하세요. (멀리 안을 향해서) 칠순아! 칠순아…

칠순 (소리만) 예…

유여사 손님 나가신다… (이미 무대에서 사라진 두 사람에게) 멀리 안 나갑니다… 조심히 가세요.

기자 (소리만) 안녕히 계세요…

유 여사 유리문을 거칠게 닫고 돌아서며 긴 숨을 내리쉰다. 본의 아닌 생고생을 했다는 불평스런 표정이다.

유여사 (혼자소리) 어유 끈덕지긴… (소파에 주저앉으며) 여보! 그만 나오세요… 가 버렸어요… (사이) 여보! (사이 얼굴이 흐려지며 크게) 여보! (혼자소리로) 아니 이 이가 웬 일일까… (하며 캐비닛 앞으로 와서 툭툭 친다) 그만 나오세요. 갔다니까요… (다음 순간 눈이 동그래지며 귀를 캐비닛 문에다가 바싹 댄다. 안에서 코고는 소리가 들려오나부다) 원 이이가… (하며 캐비닛 문을 열자 주 박사가 잠결에 굴러나온다) 여보! 조심하세요!

주박사 아이구… 아이구… (하며 자리에서 일어나며 흘러내린 안경을 고치며 어깨를 문지른다)

유여사 주무셨어요? 그 안에서?

주박사 응? 응… 갔어? (하며 소파에 앉는다)

유여사 겨우 쫓아버렸어요…

주박사 세상에 귀찮은 게 기자라니까! 뭐라고 합데까?

유여사 안 들으셨어요?

주박사 처음엔 들었지만 캄캄한 데 쭈그리고 있노라니까 어느 새 졸음이 와서… 아… (하품을 한다)

유여사 팔자도 좋으시지…

주박사 그러니 나를 찾아온 손님은 일체 없다고 돌려보내랬잖소?

유여사 글쎄 칠순이란 년이 서툴게시리. (이때 칠순이가 유리문을 연다)

주박사 (놀라며) 누, 누구냐?

칠순 저에요. (하며 고개를 내민다)

유여사 왜?

주박사 또 누가 왔니? (하며 경계하는 눈치이다)

칠순 토건회사에서 오셨다나봐요…

주박사 토, 토건회사? 아니 누가 공사 입찰한댔나?

유여사 (태연하게) 내가 오랬어요…

주박사 토건회사 사람을?

유여사 예!

주박사 일도 없이 왜 그런…

유여사 (점잖으면서 냉정하게) 일이 있으니까 오라고 했어요… (칠순에게) 들어오시라고 해…

칠순 일루요?

유여사 그래… 이 찻잔도 내가거라. (칠순이 들어와서 찻잔을 챙겨가지고 나간다)

주박사 아니 그런 사람을 왜 들어오라고 해… (자리에서 일어나며) 또 캐비닛 속으로 피난해야겠군!

유여사 그러실 필요 없어요.

주박사 뭐라누?

유여사 당신도 같이 의논해주세요.

주박사 무슨 일인데… 공사입찰이라면 내일 사무실에서 과장이나 국장에게 직접 문의하라지… 난 몰라!

유여사 (흘겨보며) 우리 집 공사도 국장에게 문의해요?

주박사 우리 집 공사라니?

유여사 여보… 언제까지나 이렇게 좁은 방에서 지내시겠어요?

주박사 이 방이 어때서? 이 방은 내 마음과 육체의 안식처지!

유여사 안식처를 좀 더 넓히고 단장을 해야겠어요, 위신이란 것도 무시할 수 없잖아요. (넌지시 눈치를 본다)

주박사 (가까이 오며) 위신?

유여사 (딱 잘라 말하며) 위신도 지킬 때 가선 지켜야죠!

주박사 내가 위신을 손상시킬만한 일이라도 저질렀단 말이오?

유여사 (누그러지며) 장관 비서실장이 되면 거처하는 집도 좀 달라질 수 있잖아요? 사실 누가 와서 보면 실망할 거예요, 이렇게 낡고 좁은 집이 소위 철학박사며 장관의…

주박사 (조용하나 엄숙하게) 여보!

유여사 다 알고 있어요, 당신의 그 인생철학! (경멸하듯) 그렇지만 그 철학이 한 번인들 제 구실을 해본 적이 있었어요? 이 장관 고문비서 시절에도 제 말대로 했던들 집 한 채쯤은 너끈히…

주박사 (담담하게) 부정축재를 못해서 한스럽소?

유여사 더 한 사람도 잘만 삽데다!

주박사 못한 사람도 잘 살지!

유여사 (단호하게) 이번만은 제 고집대로 하겠어요! 매사엔 때가 있어요. 사람이 언제 무슨 일을 당할지 누가 알아요? 당신 나이 쉰여덟이면 젊은 줄 아세요? 그리고 윤석이의 앞날도 있잖아요? 어차피 사람은 단 한 번 살고 죽는 거예요! 두 번 다시는 이런 기회가 오지는 않아요! (정시하며) 제 말이 틀렸단 말이에요?

주박사 (넋 나간 사람처럼 아내를 바라볼 뿐 말이 없다)

유여사 말씀 좀 들어봅시다! 속된 생각이라고 또 욕하시겠어요? 지난번에 장관 사모님께서 당신 일을 부탁했을 때 얘기 잊으셨어요? 당신은 지금 공중비행을 하고 있는 거예요.

주박사 뭐 공중비행?

유여사 이 편 그네에서 저 편 그네로 건너뛰는 공중서커스와 다를 바 없죠…

주박사 (눈빛이 달라지며) 그래서?

유여사 그러니 어차피 목숨을 내건 이상은…

주박사 그렇지만 난 죽지 않아! 그 높은 그네에서 떨어지더라도 말이오…

유여사 (강하게) 이제 떨어지면 죽어요!

주박사 안 죽어!

유여사 죽어요!

주박사 안 죽어!

이 때 유리문 밖에 인기척이 나더니 그림자가 반쯤이 나타난다.

김씨 (밖에서) 에헴… 계세요?

유여사 (놀라며) 아… 김 씨세요? 어서 들어와요…

주박사 아니 여보…

김씨 (유리문을 열고 절을 꾸벅 하고서) 들어가도 괜찮습니까?

유여사 들어와요… 자… 어서…

김씨 (문을 닫고 손을 부비며) 처음 뵙겠습니다, …저…

주박사 (혼연스럽게) 참, 여보… 이분이 토건회사에서 나오신 김 선생이시고…

김씨 정말 이런 경사가 또 어디 있습니까! 헷헤… 열흘 전에 박사님의 사진이 신문에 실렸을 때 모두들 손뼉을 치며 기뻐했습죠! 일부에선 구정권 때 고문비서를 지낸 분을 또 기용한다고 이러쿵저러쿵 합데다만서두 그게 무슨 상관입니까? 그럴만한 인격과 역량과 학덕이 있으면 됐지 뭡니까! …헷헤… (손을 부비며) 저는 이렇게 무식합니다만서두 헷헤… 역시 좋은 건 좋다고 말할 수 밖에 없잖습니까? 예…

주박사 그래 용건이 뭐요?

김씨 예?

유여사 아까 말씀드렸잖아요? 이 사랑채를 헐고 양옥 2층으로 짓기로 했어요, 그래서 김 선생께서…

김씨 헷헤… 염려마십시오, 이래봬도 건축 설계 경험은 30년이나 되니까요. 요즘 날치기로 쏟아지는 설계와는 다른뎁쇼, 저도 이번 설계만은 전신전력을 기울여서 …헷헤… 평소부터 존경하는 고명하신 박사님의 저택을 설계한다는 건… 헷헤… 뭐랄까요… 그 토건업계에 나온 보람을 느낍니다…

유여사 잘 부탁해요. 참… 가져오셨어요?

김씨 예… (손에 든 가방에서 설계도를 꺼내며) 이것이 바로 설계도인데요…

책상 위에다 펴 보이며 도면과 방을 가리키며 설명을 하기 시작한다. 그럴 때마다 유 여사는 고개를 끄덕거리기도 하고 변경을 요구하는 손짓을 한다. 주 박사는 저만치 밀려나간 사람처럼 앉아 있다. 이때 전화가 울린다. 유 여사가 전화를 받는다.

유여사 오… 윤석이냐? 응? 아버님? 계신다… 바꿔? 응… (수화기를 놓고) 여보 윤석이가 전화 좀 받으시래요. (하고는 다시 김 씨와 설계도를

가지고 방의 길이를 재면서 밖으로 나간다. 주 박사가 전화를 받는다)

주박사 나다… 응… 그래 어디 있냐? 뭐, 다방? 그런 곳엔 함부로 나다니지 말래두… 그래! (사이) 이젠 너의 몸가짐도 조심해야지… 할 얘기가 있어? 말해라… 뭐? 전화로는 곤란해? (사이) 난 밖엔 안 나가겠다! 응… 그러니 네가 일루 오든지 그렇지 않으면 내일 사무실에서 듣겠다… (사이) 일루 오겠다구? 마음대루 해! 그 대신 공적인 얘기와 사적인 얘기는 엄격하게 구별되어야 한다는 점 알지? 응… 응… 그래 곧 와야한다… (하며 전화를 끊는다.)

이때 마루에서 유 여사와 김 씨가 들어온다. 김 씨는 자로 머리를 긁으면서 도면을 본다. 혼자서 뭐라고 중얼거린다.

유여사 그럼 언제부터 일을 시작하겠어요?

김씨 빠를수록 좋겠습죠! 예… 내일이라두…

유여사 그렇게 하세요! 비용관계는 얘기가 다 되어있죠?

김씨 예… 우리 황 사장님께서 직접… 헷헤… 그럼 곧 알려드리겠습니다.

유여사 부탁해요! 참 그리고 잔디밭은 무슨 일이 있더라도 내가 말한대로 해야 돼요…

김씨 (밖으로 나가면서) 예… 예… 염려마세요 사모님! 헷헤… (나가다 말고 마루에서 상반신을 방으로 내밀며 주 박사에게) 그럼 실례하겠습니다. (절을 꾸벅해도 응답이 없자 의아한 표정으로 사라진다)

주 박사는 소파에 앉아서 책을 읽고 있다. 유리문을 닫고 돌아선 유 여사는 감히 남편을 내려다 보더니 다른 의자에 앉으며 넌지시 말을 건다.

유여사 윤석이가 뭐래요?

주박사 응… (여전히 책을 읽는다)

유여사 무슨 얘기 못 들으셨어요?

주박사 (여전히 책을 읽는다)

유여사 사무실에서도요?

주박사 응…

유여사 (불쾌한 표정으로) 여보!

주박사 (책장을 넘기며 남의 일을 말하듯) 돈도 없이 집을 짓겠다니 어지간 하군…

유여사 흥! 누가 돈 없이 공사를 맡아준데요?

주박사 그럼 외상인가?

유여사 지금 세상에 외상이 어디 있어요. 자그만치 2백만 환 공사에요!

주박사 꽤 많군! (사이) 아니 2백만 환? (책을 탁 덮고 나서 비로소 쏘아 보며) 2백만 환이 어디 있어?

유여사 그렇게 되는 수가 있었어요… (부드럽게) 참, 여보!

주박사 뭐요?

유여사 일신무역의 임 사장 얘긴 들으셨죠?

주박사 임 사장?

유여사 윤석이 대학선배 말예요… 얘기했다던데…

주박사 (사이) 아… 그 똥차 얘기 말이군…

유여사 (눈살을 찌푸리며) 똥차가 뭐에요? 위생차지!

주박사 위생차?

유여사 예! (강조하며) 문화식 위생차!

주박사 (흥미 없다는 듯) 그래서?

유여사 (약간 당황하며) 그, 그 회사에서 아무 말 없었어요?

주박사 어제도 나를 찾아왔더라는 데 윤석이 보고 직접 만나라고 그랬지!

유여사 (일부러 웃음을 띄우며) 그 문화식 위생차가 굉장하다면서요?

주박사 굉장해? 뭐가?

유여사 사람들이 일일이 통을 메지 않더라도 변소에다 호스만 꽂아놓으면 자동차까지 끌어올린다면서요? 그러니 냄새 안나고 미관상 좋고 간편하니 오죽 좋아요? 안 그래요?

주박사 (흥미 없다는 듯 외면하며) 그렇다더군!

유여사 (바싹 덤벼들며) 어떻게 편리를 봐주시지 그러세요?

주박사 어떻게?

유여사 당신이 추천만 하면 곧 일본에서 수입할 수 있도록 만반의 준비가 다 되어있다던데… (더 간절하게) 봐주세요!

주박사 (일부러 대견치 않게) 뭘?

유여사 (신경질이 나는 걸 꾹 참으며) 좋은 자리에 있을 때 남의 딱한 사정을 봐주는데 나쁠 건 없잖아요?

주박사 언제부터 당신은 그렇게 사업에 관심이 있었소? 응? (하며 안경 너머로 짓궂게 본다)

유여사 이건 사업이 아니라 우리의 생활과도 관계 있으니까 하는 말이에요!

주박사 (책을 덮고 나서 물끄러미 바라보며) 생활이라고? 아니 그럼 당신은 그 문화식 위생차를 사들이잔 말이오?

유여사 (단정적으로) 좋다고 보는데요! 얘기가 나왔으니 말이지 서울 거리에 거름차가 오고 가는 건 국제적인 수치지 뭡니까?

주박사 국제적인 수치?

유여사 요즘 한창 외국 관광객을 유치하겠다고 하지만 외국 손님들이 그 험상궂은 자동차가 악취를 풍기는 꼴을 본다면 비행장에 내리기 전에 되돌아갈 거예요! (하며 못마땅하다는 듯이 돌아앉는다)

주박사 흥! (혼자소리처럼) 자기들은 먹고 싸지 않나?

유여사 (어이없다는 듯) 뭐, 뭐라구요?

이때 멀리서 자동차 멎는 소리. 이윽고 윤석이가 칠순이더러 뭐라고 외치는 소리 가까워지더니 유리문이 드르륵 열린다.

윤석 (숨을 푹 돌리며) 아 계셨군요!

유여사 어디서 오는 길이니?

윤석 (의자에 걸터앉기가 바쁘게 속삭이듯) 임 사장을 만났어요!

유여사 (반가운듯) 오 그래! (낮은 소리로) 그렇잖아도 오늘 토건회사에서 설계도를 가지고 왔더라…

윤석 얘기 들었어요! (다음 순간 책을 읽고 있는 아버지에게 시선을 돌리며) 아버지!

주박사 (여전히 책을 읽으며) 얘기해라. 급한 일이란 뭐냐?

윤석 (아버지의 태도가 의아하다는 듯 어머니의 얼굴을 본다) 예… 저… 실은…

주박사 (비로소 윤석을 보며) 요즘 넌 어딘지 침착성이 부족해 보인다.

윤석 제가요? (웃음을 터트리며) 아버지의 비서 노릇 하기에 바빠서 그렇죠, 사실 아버지를 찾아오는 손님은 모조리 저더러 만나보라고만 하시니 원… (담배 연기를 멋을 부리며 뱉는다) 사람 만나는 일이 얼마나 힘들다는 걸 아버진 모르실거에요!

유여사 (맞장구를 치며) 그렇구말고! 넌 건강도 과히 좋지 않은데… 말이 비서지 비서는 노동자 이상으로 고된 직업이라더라!

윤석 아버지께선 그렇게 사람을 꺼려하시니 모르실테지만 별의별 인간이 다 모여들어요. 아마 제가 날마다 만나는 사람의 수효를 헤아린다면…

유여사 아유 말이라고 하니… 남 듣기엔 비서가 편안한 한직인 줄 알테지만…

주박사 그게 싫으면 그만 둬!

윤석　예?

주박사　하기 싫은 직업이란 먹기 싫은 음식과 같은 거니까! 탈이 나기 마련이지!

유여사　아니 이제 와선 아들 실직을 못 시켜서 이러세요?

주박사　헛허! 내 비서노릇 하기가 힘에 겨웁다기에 하는 말이지…

유여사　(변명하듯) 윤석이가 그럼 무슨 경험이 있어요? 미국 유학은 했다지만 사회생활은 처음인걸요, 그러나 당신에겐 둘도 없는 비서죠! 안 그러니? (하며 윤석을 바라본다)

윤석　아버진 대외적인 문제는 내게 일임하시잖아요?

주박사　나도 마찬가지지! 장관이 하는 일이 뭐냔 말이야! 그저 한다는 소리가 주 박사만 믿소니 원…

유여사　흥! 그러기에 그런 위인이 어떻게 장관을 지내우 글쎄…

윤석　요즘은 실력이 문제가 아니라 배경이 문제죠. 하핫…

주박사　아니 그럼 나도 배경파란 말이냐?

윤석　아버진 실력보다 그 고집으로 한몫 보시는 편이죠! 헛허!

주박사　망할 것!

유여사　이 애 말이 옳아요! 홋호…

주박사　그건 고집이 아니라 신념이야!

윤석　(정색을 하며) 아버지!

주박사　뭐냐?

윤석　아버지의 그 신념으로 우리도 행복해질 수 있다면 좋겠어요.

주박사　지금은 불행하단 뜻이군?

윤석　장차 불행해질 가능성이 많지요.

주박사　구체적인 반증을 들어라. (약간 표정이 흐려진다)

윤석　(얘기를 하려다 말고) 어머니…

유여사　응?

윤석 커피 좀 주세요.

유여사 그래… 내가 끓여오지… (하며 마루로 나간다)

윤석 (담배를 새로 태워 물며) 오늘 밖에서 이상한 소문 들었어요.

주박사 이상한 소문?

윤석 김 장관이 갈린다는데요…

주박사 (미간이 흐려지며) 누가 그래?

윤석 (어물어물하며) 글쎄요.

주박사 (생각하며) 그래서?

윤석 그렇게 되면 아버지도 그만 두셔야잖아요?

주박사 (태연하게) 당연하지 뭐냐… 그럼 내가 죽는 날까지 그 자리에 있기를 바라겠니?

윤석 그렇게 단순하게 생각할 문제가 아니라고 보는데요.

주박사 그래서 어떻게 하잔 말이냐?

윤석 최후의 기회가 아니에요?

주박사 최후?

윤석 (아버지의 날카로운 시선을 피하며) 아버지께선 신념에 의해 처세하신다지만 그건 위험한 일이에요. 말하자면 절벽과 절벽 사이를 오고가는 모험가와 다를 바가 없지 뭡니까?

주박사 너도 그렇게 생각하니?

윤석 (무슨 말인지 미처 못 알아듣고) 예?

주박사 네 어머니도 나더러 공중서커스라고 하더구나… (쓰게 웃는다)

윤석 (혼자소리로) 공중서커스! 헛허… 그럴듯한 표현인데요.

주박사 (불쾌해지며) 뭣이?

윤석 현대인은 곡마단의 곡예사와 너무나 닮았어요. 한시도 마음을 놓고 살 수 없어요.

주박사 신념이 없으니까 그렇지!

윤석 신념이 있다는 정치가나 학자는 더 위험한 공중서커스를 해내기 일쑤죠! 아슬아슬하게 이 그네에서 저 그네로 건너 뛸 땐 박수갈채를 받지만 한 번 떨어지는 날엔…

주박사 그렇다고 죽진 않지!

윤석 왜요?

주박사 그물이 깔려 있으니까!

윤석 (추궁하듯) 그러니까 우리도 그, 그물이 준비되어 있어야잖아요? 언제 무슨 일이 있더라도 생명의 위협을 안 받는…

주박사 헛허… 핫하…

윤석 왜 웃으세요, 아버지?

주박사 네가 벌써 그렇게 철저한 계산법을 배웠다니…

윤석 요즘 세상에 계산 없이 사는 사람이 어디 있어요? 버스차장부터 정치가에 이르기까지 모두가 계산을 하고 있지요. 공중서커스를 할 때 그물이 깔려 있으니 죽음을 면할 수 있다는 것도 하나의 계산이죠! 그런 계산이 미리 서 있으니까 곡예사들도 대담하게 나서지 그게 없다면 누가 감히… 안 그래요? 아버지!

주박사 (생각에 잠기며) 어느 정도의 타당성은 있는 말이다.

윤석 (아버지의 태도가 다소 누그러짐을 눈치 채자) 그러니까 아버지 제 생각으론

주박사 (담담하게) 말해봐…

윤석 그 문화식 위생차 말이에요.

주박사 일신무역에서 수입하겠다던 똥차?

윤석 예! 추천서에 사인을 해주세요!

주박사 아무리 우리가 못사는 백성이기로 똥차까지 일본에서 도입해야 할까?

윤석 현재 쓰고 있는 오물차보다 성능이 좋은 건 말할 것도 없지만 적

은 경비로 능률이 오른다니까 보다 과학적이며 경제적이죠. 경비가 절약되니 말씀이죠!

주박사 (긴 한숨) 과학적이라…

윤석 (넌지시 눈치를 보며) 그래서 이 문화식 위생차의 수입허가만 해 준다면 상당한 답례도 생각하겠다나요?

주박사 상당한 답례라…

윤석 그러니 김 장관이 갈리기 전에 사인을 해버려야지 시기를 놓치면…

주박사 그래 네 생각에도 그 위생차를 수입하는 게 좋겠니?

윤석 물론이죠! 사용가치가 많지 않아요? 그리고…

주박사 그리고?

윤석 (씩 웃으며) 집이 생기는데요.

주박사 뭐라구? 아니 집이라니…

윤석 언제까지나 이런 낡은 집에서 살 수 없다면서 자기네들이 집을 한 채 마련해주겠데요.

주박사 임 사장이 말이냐?

윤석 예…

주박사 음… 그래서 아까… (무슨 결심이라도 하듯) 윤석아! (하며 일어선다)

윤석 예?

주박사 네 어머니를 불러…

윤석 왜요? (하며 불안하게 쳐다본다)

주박사 어떻든 불러…

윤석 이 일에 대해선 제가 책임을 질 수 있으니 말씀하세요!

주박사 (윤석을 내려다보며) 이 사랑채를 헐고 집을 짓는다는 돈도 그 임 사장이 내는 거냐?

윤석 (순순히) 예… 처음엔 다른 집으로 갈아 잡으려고 했는데 나머지는 돈으로 받기로 했지요…

주박사 받기로 했어? 누가 말이야?

윤석 어머니하고 저하구 의논했지요!

이때 유 여사가 문을 열고 들어선다. 쟁반에 커피잔을 받쳐들고 있다. 두 사람의 눈치가 심상치 않음을 깨닫자 일부러 명랑해한다.

유여사 여보, 당신도 커피 드세요! 맛있게 끓였군요…

무대 중앙에 있는 탁자에다 쟁반을 놓고는 두 사람에게 차를 권한다.

윤석 (커피를 마시며 어머니와 시선이 마주친다) 어머니도 드세요.

유여사 괜찮아… (주 박사의 눈치를 보며 윤석에게 낮게) 말씀드렸니?

윤석 예… 죄다 말씀드렸어요.

유여사 (안도의 숨을 돌리며 낮게) 잘했다.

주박사 (커피를 한 모금 마시고서) 여보!

유여사 예?

주박사 우리도 재주를 한 번 더 넘어야 하려나 보우…

유여사 아니 갑자기 무슨 말씀이세요?

주박사 김 장관이 갈릴 것 같다는구먼…

유여사 (크게 놀라며) 그게 정말입니까?

윤석 오늘 밖에서 들었어요.

유여사 정확한 소식이냐?

윤석 예… 김 장관의 측근자 입에서 나온 얘기라니까…

유여사 (화를 내면서) 그렇게 쉽게 그만 두려면 왜 너희 아버진 또 그 자리에다 앉혔단 말이냐? 열흘 밖에 안 됐잖아?

윤석 원래 정치란 그런 거예요!

유여사 그런 거라니?

윤석 흥정하는 거죠. 이익이 있으면 팔고 없으면 묵히는 장사와 뭐가 달라요? 안 그래요?

주박사 윤석이 말에도 일리가 있지!

유여사 그렇지만 김 장관이야 몇 달 동안 그 자리를 지켰으니 괜찮지만 당신은 열흘 밖에 안 되었는데 이제 그만 두면 그런 창피가 어디 있어요 글쎄…

주박사 공중서커스에서 떨어졌기로 무슨 창피요? 창피가… 헛허…

유여사 공중서커스요?

주박사 당신이 나보고 그랬잖소? 그렇지만 난 죽는 건 아니니 염려 말아요.

유여사 (독기를 뿜으며) 그렇게 되면 죽는 거나 다름없죠! 그래 장관 비서 실장입네 하고 문표만 건사했지 그동안 우리에게 무슨 실속이 있었어요?

주박사 다시 연구실로 돌아가는 거지!

유여사 학생들 보기가 부끄럽지도 않으세요?

주박사 부끄럽긴… 애당초에 내가 하겠다고 자청한 일도 아닌데… 자기들이 와달라고 애걸복걸한 일이 아니오?

유여사 (못마땅하게 흘겨보며) 당신처럼 그렇게 단순하게 살 수 있으면 오죽이나 좋아요!

윤석 그러니 이렇게 우물쭈물하고 있을 게 아니라 우리로서 어떤 방도를 강구해야잖아요?

주박사 방도를 강구해?

윤석 예… 아버지께서 현재의 직위를 이용할 수 있는 일이라면 오늘이라도 해버리세요, 제한된 시간에요.

유여사 (눈에 빛이 돌며) 정말! 윤석이 말이 옳군요! 이 집도 내일부터 공사를 한다는데… 그 전에 돈이라도 받아놔야지 헐린 다음에 무슨 일이 생기면 어떻게 해요…

주박사 공사를 시작하지 않으면 되잖아!

윤석 아버지…

주박사 응?

윤석 실은… 저…

주박사 뭐냐?

윤석 제가 일신무역의 임 사장한테서 미리 수표를 받았어요…

주박사 (입가에 경련이 일어나며) 뭐, 뭐라구?

윤석 사랑채를 짓는데 2백만환 받고 나머진 아버지께서 사인만 하신다면 주기로…

주박사 아니 너 미쳤니? 그걸 왜 받어?

유여사 임 사장에게도 좋은 일이기도 하지만 국가적으로도 유익한 일인데 어때요?

주박사 (화를 내며) 당신은 좀 가만히 있어요! 뭘 안다구…

유여사 (대들며) 당신만이 다 알우?

주박사 뭣이?

유여사 그렇지 뭐에요? 누구 도둑질하는 것도 아니고 정당한 일에 대한 사례를 하겠다는데 왜 나빠요?

주박사 아니 그래 똥차를 사들이게 하고 사례를 받아야 옳단 말이요?

유여사 똥차 아니라 쓰레기차면 어때요? 위생적이고 경제적이고 과학적인 물건을 사들이는 게 왜 나빠요?

주박사 (어이가 없어서) 잘들 한다…

윤석 아버지… 그럼 제가 책임을 져야겠군요?

주박사 암 져야지! 세상 사람들이 그걸 알면 뭐라고 하겠니? 응? 그래 미국 유학을 다녀온 네 머리에서 생각해낸다는 게 고작해서 똥차를 외국에서 수입해주고 구전을 먹어야 하겠어?

윤석 아버지께선 말끝마다 똥차, 똥차 하지만 그게 그렇게 더러운가요?

유여사 흥! 밤낮 골샌님처럼 책만 붙잡고 있으면 누가 먹여살려줘요?

윤석 그것도 김 장관이 있는 동안이지 내일이라도 인사 이동이 있으면…

유여사 추풍낙엽이지 뭐냐?

윤석 박수갈채를 받기는 틀렸어요!

유여사 (다시 부드러워지며) 그러니 당신이 계시는 동안 도장하나 꾹 누르면 되는 걸 가지고 뭘 그러세요?

주박사 (두 사람을 번갈아보며) 모자가 어쩌면 그렇게도 닮았소?

유여사 (생 토라지며) 아버지를 닮았으면 더 가관이었죠!

윤석 아버지! 이것으로 아버지의 공중비행은 끝났으니까 출연료라도 받아야잖겠어요? 김 장관이 그만 두시기 전에 빨리 서둘러야죠… 네?

주박사 윤석아! 전화를 걸어라…

윤석 (화색이 돌며) 임 사장한테요?

주박사 아니 김 장관 댁으로…

유여사 예?

윤석 왜요?

주박사 사실 여부를 물어보고 내가 먼저 사표를 내야겠다. (차츰 분노를 퍼트리며) 이건 사람 병신 만들기 꼭 알맞지 뭐냐! 연구실에 들어앉은 사람을 억지로 끌어내더니… 그래 한 달은 고사하고 겨우 열흘이 되었는데…

유여사 이제 와서 그걸 따지면 뭘 하겠어요, 죽은 자식 나이 세기지! 앞으로 살아갈 일이나 걱정합시다.

윤석　아버지 같이 순수한 사고방식이 지금 세상에 적용되지 않는다는 것이 비극의 시초니까요! 모두가 저마다 재주를 부리고 있거든요!

이때 칠순이가 문 밖에서 말을 건다.

칠순　사모님… 사모님…

유여사　왜 그래?

칠순　손님이 오셨어요 (문을 연다)

유여사　어디서 오셨다던?

칠순　(윤석을 쳐다보며) 임 사장 심부름 왔다던데요…

윤석　알겠다… 내가 나갈 테니 기다리라고 해.

칠순　예… (하며 나간다)

윤석　(두 사람을 보고 나서) 어떻게 하시겠어요? 아마 남은 돈을 가지고 온 모양인데요…

유여사　(애가 닳아서) 여보!

윤석　그네에서 떨어져도 죽지 않은 그물이 바로 기다리고 있잖아요? 아버지! 그건 우리의 책임이 아니니까요!

주박사　(괴로운듯) 모르겠다! 난…

윤석　저에게 맡기시겠어요?

주박사　마음대로 해! 애당초부터 나를 찾는 손님은 네가 만나기로 되어 있잖아?

윤석　(얼굴이 밝아지며) 예… 알겠어요… (하며 뛰쳐나간다. 유 여사도 그 뒤를 따르려 하자 주 박사가 말린다)

주박사　여보! 당신은 거기 앉아요. 할 얘기가 있오…

유여사　얘기라뇨? (하며 가까이 온다. 이 때 전화벨이 울린다. 유 여사가 먼저 수화기를 든다) 예… 그렇습니다… 예 계신데… 댁이 어디시죠? 예?

(놀라며) 김 장관님 댁이세요? 예 잠깐만 기다리세요… (수선을 떨며) 어서 받아요, 장관 댁에서 전화에요! 어서요.

주박사 없다고 그래요!

유여사 그, 그게 무슨… 어서 받으세요! 그리고 아까 윤석이 얘기도 똑똑히 다짐을 하시구요…

주박사 (무슨 생각을 하다 말고 수화기를 받는다) …예, 전화 바꾸었습니다. 아 장관님이세요… 예… 예? 아니 바쁘지 않습니다만… 예? … 저녁을요?

유여사 흥! 저녁보다 감투가 어떻게 됐는가 물어봐요!

주박사 여러분이 오세요? 예… 알겠습니다만… 저… 무슨 일이 있었습니까? 예? 그저 얘기나 하시자구요? 여섯시요? 예… 예… (전화를 끊고) 이상하군.

유여사 무슨 눈치라도 보여요?

주박사 아니… 아주 명랑한데… 앞으로 해 나갈 일도 의논할 겸 저녁을 같이 하자는구먼…

유여사 그럼 그만 두는 게 아니구요?

주박사 전혀!

이때 윤석이가 들어온다. 손에 역시 화분을 들었고 한손엔 흰 봉투를 들었다. 표정이 전에 없이 밝다.

윤석 (화분을 내밀며) 임 사장이 아버지께 보내신 선물입니다! (봉투를 어머니에게 주며) 이건 어머니에게 드리는 선물이고요!

유여사 나한테?

윤석 핫하… 어서 펴 보세요

유여사 (봉투 속에서 수표를 꺼내보고는 크게 놀란다) 어머! 이렇게 많이?

윤석 많은 것도 걱정이세요? 핫하… 아버지 임 사장한테는 내일 사무실로 나오라고 했어요, 추천서에 사인은 직접 아버지께서… 이것으로 일은 끝이죠! 간단하군요! 핫하…

어머니와 아들의 행복에 지쳐버린 태도에 주 박사는 은근히 신경질이 나는 모양이다.

주박사 윤석아!

윤석 예?

주박사 지금 장관한테서 전화가 왔었다… 나더러 저녁을 하자고 오라는구나… (하며 아들의 눈치를 살핀다)

윤석 (태연히) 그럼 가보셔야죠!

주박사 나는 안 가겠다!

윤석 장관께서 부르신다는데 안 가세요? 그러시다가 정말 파면 당하시면 어떻게 하시려구! 홋후…

주박사 뭐라구? 아니 그럼 아까 네가 한 얘기는 거짓말이었니?

윤석 아… 그거요? 그러기에 제가 이상한 소문이라고 했잖아요? 핫하…

주박사 뭐, 뭣이?

유여사 그랬으면 그랬지! 그렇게 빨리 인사이동이 있을 리가 있니?

주박사 윤석아! (무섭게 노려본다)

윤석 (더 명랑하게) 핫하… 아버지두… 실은 저도 아버지 앞에서 위험한 재주를 넘어본 셈이죠! 그 대가로 (수표를 들어보이며) 이렇게 값진 것을 받았거던요. 핫하…

주박사 부끄럽지도 않으냐?

윤석 관중 앞에서 공중비행을 하는 사람이 수치심을 가질 수야 없잖아요? 죽느냐 사느냐 하는 판에…

주박사 그것이 교양이냐?

윤석 아버지도 마찬가지에요!

주박사 뭐라구?

윤석 정권이 바뀐다는 건 이념이 바뀐다는 게 아니겠어요? 그런데 아버진 그 두 개의 다른 이념 사이에서 여전히 비서라는 그네를 굴리면서도 수치심 따위는 생각도 않고 계시잖아요?

주박사 내가 결백하다는 건 세상이 다 알아!

윤석 곡예사의 묘기를 누가 칭찬 안하겠어요! 핫하… 아버지! 전 그렇다고 아버지를 경멸하는 건 아니에요! 요는 어떻게 그물을 준비하느냐가 우리들의 삶이니까요! 당분간은 평화롭게 살 수 있어요!

유여사 네 말이 옳다… 홋호…

주박사 평화롭게 재주를 넘었구나……

주 박사의 창백해진 얼굴에 다시 한번 경련이 지나간다.

–막

태양을 향하여 (4막)

• **등장인물**

최노인(60세), 혼구세업상

어머니(57세)

아들 경수(26세), 상이 제대군인

아들 경재(18세), 고등학교 3학년

딸 경애(23세), 영화배우를 꿈꾸는 처녀

딸 경운(20세), 출판사 식자공

춘자(22세), 이웃 처녀

춘자 어머니(50세)

복덕방 노인

청년

영복, 경수의 친구

트럭 운전수

집을 사러 온 신사

우체부

• **때**

현대(4·19 전). 이른 봄부터 이른 여름까지

• **곳**

서울

제1막

무대

번화한 상가를 배경으로 골목 입구에 자리 잡은 최 노인의 낡은 기와집. 전면에 유리문이 달린 마루를 사이에 두고 방이 둘, 좌편으로 기역자 형으로 굽어서 부엌과 장독대가 있다. 유리문 저쪽은 가게. 우편으로 대문을 끼고 헛간과 방이 있는 딴채가 서너 평도 못 되는 좁은 뜨락을 에워싸듯 웅크리고 앉았다. 해묵은 지붕에는 푸른 이끼며 잡초까지 자라나서 오랜 풍상을 겪어 내려온 이 집의 역사를 말해주는 듯하다. 배경으로 면목이 일신되어가는 매끈한 고층건물의 행렬이 엿보이고, 우편에도 현대식 고층건물이 들어서서 이 낡은 기와집을 거의 폐가처럼 멸시하고 있다. 그러나 좌편은 아직도 푸른 하늘의 일부와 햇볕이 다 허물어져가는 흙담 너머로 간신히 엿보이고 준식이네 집 낡은 지붕이 보인다. 정면 유리문은 좌우로 활짝 젖혀져 있어 가게 안에 진열된 유기, 혼구, 청사초롱 등속이 보인다. 유리문에는 '혼구 일체' '사모관대'라는 글자가 붉은 칠로 씌어 있다. 이처럼 대조적인 주변과 집안의 풍경은 이 집 안팎에 한층 습기와 음산한 분위기를 일게 한다. 때는 2월 말. 따사로운 햇살이 좌편으로부터 간신히 이 집의 한 귀퉁이를 비치고 있다. 그러나 바람은 아직 쌀쌀하다.

막이 오르면 최 노인 부부는 뜰아랫방의 도배를 하느라고 바쁘다. 어머니는 수돗가에서 미닫이 문살을 씻고 있고 최 노인은 문짝을 마루 끝에 세워놓고 창호지를 바르느라고 여념이 없다. 이따금 풀비에 풀을 적셔 누르고는 입에 물을 머금고는 푹 뿜는다. 담 밑에 가꾸어진 화단에는 아직 싹이 안 나오고 있다. 양지쪽에 이미 창호지를 바른 문짝이 세워져 있다. 골목 안에서 인부들이 짐을 운반하는 소리와 트럭의 발동소리가 간단없이 들려오고 아이들의 떠들썩한 함성도 섞여 들린다. 두 사람의 표정은 기쁨을 앞두고 무척 행복해 보이다.

운전수 · 조수 (소리만) 오라이! 오라이! 좀 더 빼세요…… 빠꾸! 오라이 …… 스톱!

트럭의 발동소리가 멎자 골목 안이 갑자기 조용해지더니 다시 인부들의 짐 나르는 소리가 연달아 들린다.

인부들 (소리만) 어경…… 어경…… 조심해…… 놓고……

어머니 (신바람이 나게 일을 계속 하며) 우리도 정거장까지 나갈 걸 그랬죠? (하며 씽긋 웃는다)

최노인 (미소를 던지며) 늙은이들이 나가서 뭘 해…… 경재가 나갔으면 됐지…… (하며 물그릇을 들고 물을 한 모금 마시고서는 창지 위에다 물을 내뿜는다)

어머니 그렇지만 경수가 3년 만에 돌아온다는데…… 그 애 얼굴을 보기 전엔 믿어지지 않아요. 어쩐지 거짓말 같기만 해서…… 호호……

최노인 헛허…… 임자도 꼭 어린애 같은 소릴…… 3년 아니라 30년이라도 경수는 예전 그대로일 텐데 뭐…… 게다가 분명히 편지에 그렇게 씌었잖어? 다섯 시 반 차로 청량리 역에 도착한다고……

어머니 그건 그렇지만……

최노인 어서 일이나 끝내요. (희망에 부풀어 오르듯) 이제 경수만 돌아와도 한짐 던 셈이지!

어머니 그럼요. 경수 또래로 전쟁에 나갔다가 죽은 사람이 얼마나 많았겠어요…… 정말 하늘이 돌봐주셨죠.

최노인 (사이) 경수가 자진해서 군대에 들어가겠다고 우기던 날 일 생각

나오?

어머니 나다뿐이에요? 아주 이 머릿속에 새겨졌는걸! 그때 일을 생각하면…… 영감 고집도 고집이지만 경수 고집도 둘째가라면 서러워할 왕고집이죠.

최노인 그러니 죽은 최가네 고집엔 산 김가네 고집 다섯이 덤벼도 못 당한다잖아? 핫하……

어머니 (일부러 농조로) 부전자전이라 너끈하시겠구랴! 홋호……

최노인 이렇게 무사히 돌아올 줄 알았으면 진작 보내도 되었을 걸 괜시리 속만 태우고…… 이젠 두 다리 쭉 뻗고 잠을 자게 됐어!

어머니 누가 아니래요. 경수만 옆에 있으면 굶어도 좋아요.

이때 한길에서 가게 안으로 한 청년이 들어선다. 차림이 경박해 보인다. 아무도 없음을 보자 상반신을 앞으로 쭉 뻗치며 안을 향해 소리를 지른다.

청년 아무도 안 계세요. 여보세요!

어머니 (힐끗 가게 쪽을 돌아보더니 최 노인에게) 손님이 왔나 봐요.

최노인 손님? 기다릴 때는 안 오더니 이렇게 바쁠 때는 온단 말이야!

어머니 (쓸쓸하게 웃으며) 손님이 없어도 트집이고 있어도 걱정이구려!

최 노인 손을 털며 마루 쪽으로 간다.

최노인 (마루에 올라서며) 어서 오십쇼. 무얼 드릴깝쇼?

청년 (껌을 씹으며 경하게) 혼구를 빌리러 왔는데요!

최노인 예…… 신랑입니까 신부입니까?

청년 신부죠! 있어요?

최노인 있구 말굽쇼.

청년 새것이죠? 좀 보여주세요.

최노인 예. 썩 새것은 못되지만 빌려간 손님마다 칭찬은 하죠…… (방석을 권하며) 잠깐 앉으실까…… (선반에서 상자를 꺼내며) 누가 결혼을 하나요?

청년 (앉아서 담배를 피우며) 글쎄 친구가 오늘 네 시에 결혼식을 올리는데 신부께서 예식장에 있는 것은 마음에 안 든다고 이제 와서 생고집 아니에요? 그래서……

최노인 (상자에 앉은 먼지를 털며) 그러실 테죠! 예식장에 있는 물건이라고 다 좋을 리가 있나요? 역시 물건은 속 아는 집이라야지…… 자 보세요! (하며 상자의 뚜껑을 연다)

청년 (눈이 휘둥그레지며) 아니…… 이건……

최노인 (족두리를 조심스럽게 들어서 보이며) 어떻습니까? 이 족두리는 서울 장안에서도 우리 집만이……

청년 (드디어 웃음을 터뜨리며) 헛허……

최노인 (무슨 영문인 줄 모르고) 왜 그러십니까?

청년 (배를 쥐어짜며) 그게…… 그게…… 핫하……

최노인 (약간 불쾌한 낯으로) 족두리죠!

청년 내가 언제 그걸…… 핫하……

최노인 신부가 쓰는 거라고 했잖았소?

청년 내가 말한 건 면사포예요. 핫하…… 지금 세상에 족두리 쓰고 시집을 가는 처녀가 있답디까? 최신식 나일론 면사포에 드레스를 입는 법이지 누가 이런 시골뜨기 같은……

최노인 (억지를 쓰며) 그럼 처음부터 신식 결혼에 쓸 것이라고 말할 일이지…… (하며 뚜껑을 거칠게 닫는다)

청년 그럼 면사포는 없어요? (하며 둘러본다)

최노인 (화를 참으며) 젊은 양반! 누굴 놀리러 왔소?

이때 어머니가 심상치 않은 공기를 알아차리고 서서히 다가온다.

청년 무슨 말씀을 그렇게 하십니까?

최노인 눈이 있으면 봐서 알 일이지 우리 집에 와서 나일론 면사포를 찾게 되었소? (하며 쏘아본다)

청년 (멸시하며) 아니 없으면 그만이지 웬 찍자가 찍자야? 재수 없게시리……

최노인 (언성을 높이며) 에끼 후레자식 같으니…… 뉘 앞에서 함부로 주둥이를…… (하며 청년에게 삿대질을 한다. 어머니가 마루로 뛰어오른다)

어머니 영감! 왜 이러세요. 손님에게……

청년 아니 혼구상에 와서 혼구를 빌리자는데 뭐가 잘못이오? 그럼 숫제 저 간판을 떼버리지! 나 원 기가 막혀서……

하며 눈알을 아래위로 굴리고 옷깃을 여몄다 풀었다 한다.

최노인 옹기집에 와서 쌍화탕을 찾는 격이지 그래, 나더러 신식 나일론 면사포를 내놓으라고?

청년 없으면 그만 아니오? 흥! 세상에…… (하며 휭 나가버린다)

최노인 아니 저 자식이! (하며 따라 나서려 하자 어머니가 말린다)

어머니 내버려 두세요! 그 사람 탓할 일만도 아닌 걸 가지고서…… (하며 마루 끝에 앉는다)

최노인 (상자를 선반에 올려놓고 나오며) 그럼 내 잘못이란 말이야?

어머니 (허공을 바라보며) 혼구점에 혼구를 갖추지 못한 건 우리 잘못이죠. (한숨)

최노인 (아직도 화가 안 가라앉은 표정으로) 그래 신식이면 제일이야? (담배를 피워 물며) 흥! 이대로 가다간 처녀가 애기를 낳고 앉은뱅이가 물 긷는 세상이 되겠다!

어머니 영감도 악담만 늘었수…… (명랑하게) 이제 경수가 돌아오고 우리 식구가 한자리에 모여서 돈벌이만 잘하면 누가 뭐래요! 하던 일이나 마저 끝냅시다. 아직도 할 일이 많이 남았는데…… (하며 각각 제자리로 돌아가서 일을 계속한다)

이때 대문이 삐걱 열리며 춘자 어머니가 들어선다. 눈처럼 흰 옥양목 두루마기에 명주 머플러로 머리와 뺨을 쌌다. 손에는 큼직한 벽시계를 보에 싸서 조심스럽게 들었다. 말을 할 때마다 누런 금니가 입안 가득히 드러나 보인다. 손가락에도 큼직한 금가락지가 끼어 있어 어딘지 천박한 인상을 주는 벼락부자의 사모님과 같다.

춘자어머니 계세요? 경재 어머니!

어머니 어유! 춘자 어머니! 어서 들어오세요. (하며 일어선다)

춘자어머니 (가까이 오며) 두 양주께서 금슬도 좋으시지! 홋호…… 우리 같은 홀어미는 눈물이 나오겠수. 원! 홋호……

최노인 너무 좋아서 땅 속으로 들어갈 판이라오.

어머니 (자리를 비껴 앉으며) 헛허…… 그렇게 곱게 단장하시고 어디 가시려오?

춘자어머니 아니죠! 이제 작별 인사하러 왔죠!

어머니 어머나! 정말 그러고 보니 오늘이 이삿날이구랴!

최노인 난 내일로 들었는데…… 오늘이던가?

춘자어머니 글쎄 내일이 손 없는 날이라서 그렇게 하기로 작정했는데 어제 갑자기 아들한테서 오늘 이사하라는 기별이 있어서요……

최노인 그까짓 미신을 지킬 필요는 없어요. 손 있는 날 이사해도 돈벌이만 잘하면 되죠!

춘자어머니 (자랑하듯) 새로 지은 집이 어찌나 넓은지 적적해서 못살겠다고 정월달부터 이사를 하라고 재촉이구랴. 홋호…… 그래 그 많은 김장독을 어떻게 옮기느냐고 우기다가 이제 가기루 됐다우…… 홋호……

최노인 청량리라죠? (하며 일을 계속한다)

춘자어머니 예. 연탄 공장과 함께 안채가 붙었는데 뜨락이 60평에 건평이 20평인데다 펌프 물이 주야로 콸콸 나오구……

어머니 춘자 어머니는 복도 많으셔…… 아들이 돈을 잘 벌어들이니 무슨 걱정이겠수?

춘자어머니 왜 경재 어머니는 아들이 없어서 걱정이시우? 아들 형제에 딸 형제! 다복다남하시지 뭐.

최노인 난세에는 무자식이 상팔자라지 않아요. 식구만 늘면 뭣합니까……

춘자어머니 (문짝을 둘러보며) 참 오늘 경수가 제대한다죠?

어머니 (기쁨을 이기지 못하며) 죽은 자식을 되찾은 셈이지 뭐요…… 홋호……

춘자어머니 그래서 이렇게 집 안팎을 쓸고 닦고 야단이구려!

어머니 경수가 돌아오면 저 뜰아랫방에 거처해야 할 텐데 3년 동안을 비워두어서……

춘자어머니 경수 보고 꼭 한번 놀러오라고 하세요. 우리 준식이와는 초등학교 동창이라 반가워 할 게요.

어머니 예……

춘자어머니 (바싹 다가오며) 그리고 돌아오는 대로 장가보내세요.

최노인 장가를?

춘자어머니 (수선을 떨며) 그럼요! 글쎄 우리 준식이 좀 보세요. 초등학교 만 나오고는 빈둥거리고 바람만 피우기에 스무 살 때 장가를 보냈어요.

최노인 스무 살에?

춘자어머니 에그 모르는 소리시지! 그 애도 처음엔 장가 안 간다고 울고 불고 하더니만 얼마 안 있어 글쎄 실속 잡고 의젓하기가 부잣집 떡시루 앉듯이…… 홋호…… 뭐니 뭐니 해도 처자식을 거느려 봐야 내 것 아낄 줄도 알고 돈 귀한 줄도 아는 법이죠! 홋호……

어머니 장가도 한밑천 있어야지 냉수 떠놓고 할 수야 있어요!

춘자어머니 에그 경재 어머니두…… 닥치는 대로 살아가죠 뭐…… 궁하면 통하고 밤이 가면 낮이 되고…… 홋호…… 다 되는 수가 있어요!

이때 클랙슨 소리가 두어 번 울리더니 춘자가 대문에서 고개를 내밀며 들어선다.

춘자 어머니! 차가 떠난다고 빨리 나오시래요.

춘자어머니 오냐! 곧 간다. (자리에서 일어서며) 그럼 안녕히들 계세요!

어머니 이거 섭섭해서 어떡허우?

춘자어머니 (금시 눈물을 찔끔거리며) 그러게 말이우…… 10년도 아니고 20년 이상을 이웃사촌으로 지내다가 떠나가려니 마치 먼 타향으로나 가는 것 같아서…… (하며 손수건으로 눈시울을 짓누른다)

어머니 청량리도 옛말이지 지금은 문안인데요.

춘자어머니 해동하거든 꼭 놀러 나오시구랴. 버스 종점에서 만복 연탄 공장을 찾으면 모르는 사람 없다우……

어머니 가고말고요……

최노인과 어머니는 춘자 어머니 뒤를 따라 나선다.

최노인 그런 줄 알았으면 이삿짐이나 거들어 드릴 것을…… 우리도 경수가 돌아온다는 바람에……

춘자어머니 별말씀을…… 공장에서 인부 수십 명이 와서 척척 꾸려주니 나는 새끼손가락 하나 까딱 안 했다우…… 홋호…… 어서 들어가세요. (춘자에게 손짓을 하며) 자 가자! (하며 대문 밖으로 나온다)

어머니도 따라 나선다. 최 노인은 잠시 대문 밖을 내다보더니 서서히 돌아서 뜰 한가운데 선다. 어떤 행복한 공상에 잠기며 담배 연기만 내뱉고 있다. 경수를 생각하는 눈치이다.

트럭의 발동 걸리는 소리가 요란스럽게 나더니 사람들이 웅성거리는 소리가 차츰 멀어진다. 골목 안이 조용해진다. 잠시 후 어머니가 대문에 들어선다. 영감을 보자 무슨 이야기를 하려다 말고 다 씻은 문짝을 풀그릇 앞에다 놓는다.

최노인 (혼잣소리처럼) 또 한 사람이 떠나갔군! (하며 마지막 문짝에 풀칠을 한다)

어머니 돈 벌어서 좋은 집 지어 나갔으니 오죽 좋아요. (눈치를 보며) 후생주택이 살기 좋대죠?

최노인 (딴전을 부리며) 준식이가 경수와 동갑이던가?

어머니 예. 장가를 일찍 들어서 겉늙어보이는 편이에요.

최노인 그 나이에 공장을 차리다니 자식 구실을 한 셈이야……

어머니 우리 경수도 하면 못하겠수? 말이야 바른 말이지 준식이보다 학식이 모자라오 인물이 못났어요? 다만……

최노인 (문득 생각난 듯) 준식 어머니 말대로 경수가 돌아오면 장가나 보낼까?

어머니 (웃음을 터뜨리며) 그 애가 들을상 싶으오?

최노인 스물여섯이면 제 나인데…… 그리고 가게도 좀 늘리고 아래채를 고쳐서 신방을 꾸미면 됐지.

어머니 (은근히 농조로) 갑자기 없는 손주 보고 싶으오?

최노인 내년이면 환갑이야…… 가게를 경수에게 맡기고 우리도 좀 쉬어야지…… 흣흐…… 임자의 그 손에서 물기가 가셔야지 언제까지나 부엌에서 밥만 짓겠어?

어머니 김칫국부터 마시지 말아요. 경수가 제대했으니 이젠 취직을 해서 터전을 잡아야죠.

최노인 (문짝을 제자리에 끼워 세우며) 남들은 젊어선 부모 그늘에서 살고 늙어선 자식 덕으로 산다는데 우리는 밤낮 고생만 하다가 가려나……

어머니 원 영감도…… 이제 다 산 사람 같구려.

이때 춘자가 보자기에 무엇을 싸서 들고 조심스럽게 들어선다.

어머니 (의아한 표정으로) 춘자야! 아직 안 갔니?

춘자 (낯을 붉히며) 뒤치다꺼리를 할 게 있어서요…… (문짝을 둘러보며) 제가 거들어드려야 할 텐데……

최노인 이삿짐 싸는 게 더 큰 일이지…… 우린 별일 없다…… 아니 웬 문짝이 심술을 부려! (하며 문턱에 문을 끼우려고 애를 쓴다)

춘자 아저씨! 제가 하겠어요. (하며 가까이 와서 문에 손을 댄다)

최노인 네가? 어디 해봐라! (하며 자리를 비켜주자 춘자는 툇마루에다가 가지고 온 물건을 놓고서 금시 문짝을 끼워버린다)

춘자 됐어요! (하며 웃는다)

최노인 거 문짝까지 늙은이를 괄세하는구나! 헛허……

춘자 아저씨도……

최노인 (방 안을 둘러보며) 굴 속 같던 방이 그래도 제법 훤해졌군!

어머니 경수보다 경재 녀석이 더 좋아할 거예요. (하며 수건으로 옷을 턴다)

어머니 강약방한테나 놀다 오세요. 온종일 수고하셨는데……

최노인 아직도 치울 게 남았는걸……

춘자 다녀오세요.

최노인 (만족한 듯) 그래? 그럼 한 잔 하고 올게…… (나가다 말고) 경재는 학교에서 바로 정거장으로 간댔지?

어머니 예……

최노인 기차 시간을 잘 보고 갔겠지?

어머니 (자랑하듯) 어떤 애라구요. 제 형이 제대하는 것을 누구보다도 기다려왔는데……

최노인 (고개를 끄덕거리며) 그럼 나갔다 오겠소. 춘자야 어둡기 전에 돌아가야지!

춘자 예……

어머니 약주는 조금만 하세요.

최노인은 대답 대신 가래침을 탁 뱉더니 대문 밖으로 나간다. 춘자와 어머니는 서로 시선이 마주치자 거의 반사적으로 미소를 지어 보인다.

어머니 좀 앉지 그래……

춘자 예…… (툇마루에 놓인 물건을 집어서 만지작거리더니) 아주머니 ……

어머니 응?

춘자 (물건을 내밀며) 저, 이거 경애 오빠 오시면 드리세요.

어머니 (기쁨을 감추지 못하며) 뭔데? (하며 펴보려고 하자 춘자가 말린다)

춘자 지금 펴보시지 마세요.

어머니 (어리둥절하며) 그래?

춘자 (외면하며) 경애 오빠가 오시는 걸 꼭 뵙고 갔으면 좋겠는데…… 역시 돌아가야겠어요…… (일어선다)

어머니 (그 심정을 알아차리며) 어둡기 전에 가봐야지…… 어머니랑 오빠가 기다리실 테니까.

춘자 그리고 경운이 오거든 못 보고 간다고요……

어머니 오냐…… 틈나는 대로 한 번 다녀가거라. 경수도 반가워라 할 테니…… 3년 동안이나 서로 떨어져 살았으니 얼굴도 잊어버렸을 걸…… 홋호……

춘자 (수줍어하면서도 또렷하게) 그럴 리가 있어요?

어머니 응? 그럼 안 잊어버렸단 말이냐?

춘자 편지가 왔었어요!

어머니 그럼 그동안 서로…… (새삼스럽게 훑어보더니 웃음을 터뜨린다) 홋호…… 그래…… 그런 걸 나는……

춘자 (무슨 뜻인지 모르겠다는 듯) 뭐가요?

어머니 (버물려 버리며) 아니다. 그저…… 경수가 오면 먼저 성냥갑을 사 들고 너희 집을 찾아가도록 말하지. 홋호……

춘자 아이 아주머니도…… 그럼 가보겠어요! (하며 인사를 하고는 밖으로 나간다)

어머니는 만족한 표정으로 바라다본다. 무대는 벌써 보랏빛 황혼이 뒤덮였는데 배경의 거리는 마지막 석양이 비치고 있다.
어머니는 돌아서더니 춘자가 주고 간 물건을 내려다본다. 그리고는 마루에 걸터앉아서 펴본다. 밝은 꽃자주색 털실로 짠 남자의 봄 스웨터이다.

어머니 곱기도 해라! (하며 스웨터를 들고는 가슴에다 대본다. 행복한 빛이 안면 가득 찬다)

이때 복덕방 노인이 조심스럽게 들어선다.

복덕방 계십니까?

어머니 (의아한 표정으로) 예…… 어디서 오셨수? (하며 스웨터를 보자기에 다시 싼다)

복덕방 (직업적인 웃음을 띠며) 저 구멍가게 옆에 있는 복덕방입니다……

어머니 (신통치 않은 낯으로) 예……

복덕방 바깥어른께선?

어머니 나가셨는데요 무슨 일이시죠?

복덕방 아닙니다. 저 그런게 아니라…… (하며 마루 끝에 걸터 앉는다) 이 옆 집을 내가 거간을 놨었는데 오늘 이사를 한다기에 들렀다가 잠깐 여쭐 말씀이 있어서요.

어머니 (의아한 낯으로) 무슨 말씀이신데……

복덕방 바깥어른이 안계시다니 마나님께서 들으셔도 좋지만……

어머니 ……

복덕방 (집을 훑어보며) 이 집을 팔으실 생각은 없으시겠죠?

어머니 그건 또 왜요?

복덕방 (딴전을 부리며) 저 옆 집은 참 잘 팔았죠! (하며 준식의 집을 가리킨다)

어머니 누가 샀어요?

복덕방 하상현이라는 부자죠. 용산에 공장이 둘에다가 수색에도 땅이 몇 천 평이 있다나봐요.

어머니 그런 사람이 왜 이런 골목으로 이사 올까요?

복덕방 이사하려고 산 게 아니라 저걸 헐고 그 자리에다가 5층 집을 짓는데요. 예…… 5층입니다!

어머니 5층?

복덕방 요즈음 돈 있는 사람에겐 땅을 사서 집을 지어 세를 주는 일이 제일 튼튼한 벌이니까요.

어머니 (혼잣소리로) 역시 그렇군……

복덕방 (흥미가 당기는 듯) 그래서 말씀이야. 저 집터에 5층 집이 서게 되면 이 집은 영락없이 남의 집 처마 끝에서 떨어지는 낙숫물 맞는 신세가 된단 말씀입니다! 아시겠소?

어머니 그러니 지금이라도 파는 게 좋을거라는……

복덕방 (손뼉을 탁 치며) 옳은 말씀이야! 매사에는 때가 있습죠. 만약에 그 집이 선 다음에 이 집을 팔게 되면 지금 시세에 비해서 형편없는 값밖에 못 받을테니 웬만하면 지금…… 헷헤……

어머니 글쎄요. 집일에 대해선 바깥어른께서 아시는 일이라서……

복덕방 물론 그러실테죠! 그러니 의논하셔서 염사가 있으시면 저에게 말씀하세요. (간사스럽게) 모든 것을 비밀로 하고 좋은 값으로…… 힛히…… 그래야 누님 좋고 매부도 좋죠. 헷헤…… 어떻든 처분하시는 게 좋을겁니다.

어머니 (은근히 흥미를 느끼며) 글쎄요. 남이 좋다는 일을 한사코 거절할 일도 아니죠…… (사이) 그런데 얼마나 받을 수 있을까요?

복덕방 글쎄요. 옆집을 다섯 장으로 끊었으니까…… 그 보다는 더 받을 테죠. 가게가 좀 넓어서요. 그것도 5층 집이 선다는 소문이 나기 전이라야지 그 후면 집값도 낙동강 오리 알 떨어지듯 형편없게 됩니다. 아시겠어요.

어머니 다섯 장……

복덕방 내가 들어서 잘 해 드리리다.

어머니 의논은 해보겠어요.

복덕방 (일어서며) 잘 생각하십시오. 내것 가지고도 내 마음대로 못하는 게 요즈음 세상이니까요. 그리고 의복이 날개라는 말대로 앞으로는 집도 문화주택이라야 알아주지 이런 구식 집은…… 헷헤…… 그럼 또 뵙겠습니다. (하며 대문 밖으로 나간다. 어머니는 다시 깊은 생각에 잠긴다)

어머니 남의 집 낙숫물 맞고 살 수는 없지. 하지만 이 집을 팔면 또 어떻게 한담……

이때 경운이가 조그만 도시락과 종이에 싼 물건을 들고 대문 안으로 급히 들어선다. 바삐 오느라고 숨결이 헐떡거린다.

경운 어머니! 오빠 아직 안왔지?

어머니 안왔다.

경운 (안도의 숨을 내쉬며) 그런걸 가지고 어찌나 바삐 왔던지…… 아이 더워! (손등으로 이마의 땀을 씻으며 마루에 걸터 앉는다)

어머니 춘천서 올라오는 차가 다섯시 반이라면서?

경운 경재가 인쇄소로 전화를 걸었잖아요.

어머니 경재가?

경운 오늘만은 공장장에게 사정해서라도 일찍 퇴근하라고.

어머니 (따라 웃으며) 녀석두…… 그렇다고 직장 일을 소홀히 해서야 되니?

경운 (경재 이야기에 동조한다는 듯) 하지만 오빠가 오기 전에 뭣좀 장만해야잖아요? 그래서 오는 길에 반찬 좀 사왔어요. (하며 가지고 온 물건을 어머니에게 주고는 건넌방으로 들어선다)

어머니 (보따리를 펴며) 잘했다. 그렇잖아도 그 생각을 하면서도……

경운 (건넌방에서 옷을 갈아 입으며) 돈 걱정은 마세요. 제게 있으니까.

어머니 (반가움과 의아심이 범벅되며) 무슨 돈이 네게 있어서?

경운 (스웨터로 갈아입고 나오며) 인쇄소에서 가불을 해왔어요.

어머니 (눈물이 핑 돌며) 경운아! 언제나 네가 우리를 살리는구나!

경운 어머니두…… (손에 쥐었던 돈을 펴보이며) 만 환에서 반찬거리를 샀어요!

어머니 (돈을 보자 뭉클해지며) 정말…… 너는…… (하며 복받치는 울음으로 말끝이 흐려진다)

경운 원 어머니도! 삼 년 만에 돌아오는 오빠에게 영양 보충을 시켜야죠. 불고기를 하려면 양념이 있어야 할 텐데…… (하며 재촉을 한다)

어머니 (하고 싶은 이야기를 다 하지 못하며) 오냐! 그럼 네가 가게에서 사오렴. (쥐고 있던 돈에서 절반을 나누어주며) 그리고 네 오빠는 동태국을 좋아하니까 두어 마리만 사오너라.

경운 (돈을 받으며) 예…… (하며 부엌으로 들어가서 장바구니를 들고 나온다)

어머니 (춘자가 가져온 것을 보며) 참 아까 춘자가 이걸 가져왔지 않겠니?

경운 (스웨터를 보며) 어머나.

어머니 (웃으며) 글쎄 네 오빠 거라는구나……

경운 (눈을 크게 뜨며) 오빠에게? 홋호…… 춘자 언니도 응큼쟁이야…… 언제 또 이걸 짰을까?

어머니 고맙지 뭐냐.

경운 오빠에겐 그만한 건 당연하죠! 홋호……

어머니 당연해?

경운 서로 편지와 사진이 오고가곤 했는 걸요.

어머니 너는 알고 있었니?

경운 알다 뿐이에요? 홋후…… 다녀오겠어요. 어서 고기나 다져 놓으세요.

어머니 오냐…… (하며 반찬을 들고 부엌으로 들어간다)

경운이가 대문까지 걸어올 때 경애가 헐레벌떡 들어온다. 경운과는 대조적으로 야하게 차려 입었다. 부엌에서는 금시 도마 소리가 들리기 시작한다. 마루의 전등이 켜지고 배경으로 보이는 상가에도 전등불이 환해진다.

경운 (물러서며) 언니! 도둑에게 쫓긴 사람 같이 왜 그러우?

경애 (경운을 본 다음 어머니를 부른다) 어머니! (어머니 대답이 없자 경운에게 매달리며) 어떻게 하니? 응? 경운아……

경운 뭐가?

경애 (과장된 표정으로) 글쎄 오늘 중으로 사진하고 이력서를 내라는데…… (손목시계를 보며) 한 시간밖에 안 남았는데…… (하며 금시 울음을 터뜨릴 뻔하는 표정이다)

경운 (무슨 영문인지 모르겠다는 듯) 사진하고 이력서? 아니 그걸 나보고 만들어내란 말이우?

경애 아냐! 오늘이 마감이래! 실은 어제가 마감인데 나는 특별히 사정을 봐준다면서……

경운 그래 시민증을 내려고?

경애 (눈을 흘기며) 기집애두! 시민증이 다 뭐니. 영화사에서 신인배우를 뽑는데. 그것도 주연배우라니까!

경운 (흥미 없다는 듯) 난 또 진작 그렇게 말할 것이지…… 난데없이 사진하고 이력서를 내라니……

이때 어머니가 풍로를 들고 나온다.

어머니 경애는 언제 왔니? 잘 왔다! 어서 이 숯불 좀 피워라.

경애 (서성거리며) 숯불이 아니라 사진하고 이력서가 바쁘다니까요?

어머니 뭐라고?

경애 (재빠르게 달라붙으며) 어머니. 사진을 석 장 찍어야 해요. (마치 패션모델처럼 포즈를 취해 보이며) 정면과 프로필과 그리고 전신 사진…… 어떻게 하죠?

어머니 어려울 게 있니? 사진관에 가렴.

경애 (다시 애원하듯) 돈이 있어야잖아요. 응…… 어머니……

어머니 (약간 가시가 돋친 말투로) 너는 집안일이라곤 솜털만치도 생각지 않고 밤낮 그 영화 얘기냐? (하며 부채질한다)

경애 (자신 있는 어조로) 그게 다 집안을 위해서 이렇게 몸살이지요.

경운 언니, 오빠가 오늘 제대해서 돌아오신다는 걸 잊었소?

어머니 (재촉하며) 그러니 집에서 오빠를 기쁘게 맞아줘야잖겠니?

경애 (자기 생각에만 취한 듯) 오! 정말 오늘은 운수 좋은 날인가 봐! 어머니! 오빠가 돌아오고 내가 배우가 되고! 정말 좋은 징조야! 그러니 (손을 벌리며) 빨리……

경운 결론은 돈이군요! 흣흐……

경애 경운아! 가진 거 있지? 응? 좀 빌려라. 이자는 1할도 좋고 1할 5부도 좋아!

경운 지금까지 빌려간 것은 어떡허구?

경애 글쎄 일만 잘 되면 한꺼번에 갚아준다니까! 어서!

어머니 (일어서 부엌으로 들어가며) 그런 돈이 어디 있니? 쯧쯧…… 스물세 살 나이가 아깝다!

경애 (못마땅하게) 흥!

경운 (잠시 생각에 잠기다 말고) 언니. 얼마면 되죠?

경애 (얼굴이 밝아지며) 많지도 않아. 4천환이면 돼. 아는 사진관이니까

실비로 해주겠데!

경운 지난번에도 영화사에 낸다고 찍은 거 있잖아요?

경애 그건 틀렸어! 사진사가 무식해서 내 마스크의 개성을 잘 못 살렸지. 그렇지 않아도 훗날 그 영화사 사람을 만났었는데 사진에서 얻은 인상과 실물과는 아주 다르다나?

경운 (농조로) 그럼 실물이 더 낫다는 얘기우?

경애 보면 모르겠니? (소곤거리듯) 그건 그렇고 어서 내놔. 얘! 치사스럽게 돈 4천환으로 이렇게 남의 애 태우지 말고…… 잔인하지 뭐냐?

경운 (손에 든 돈을 펴며) 오빠 반찬값인데……

경애 (속삭이듯) 구멍가게에 가서 외상으로 그어둬! 조금만 주고!

경운 갚는 것도 내가 갚고? 훗후…… 그럼 4천환! (하며 준다)

경애 (그 돈을 받자마자 마치 춤추는 포즈로) 오! 나의 태양! 나의 생명! 나의 심장! (하며 경운을 얼싸안는다)

이때 경재가 한손에 책가방을 들고 맥없이 등장.

경재 (두 누나가 안고 있는 모양을 보고) 내가 문패를 잘못 봤나? 무슨 꼴이야! (하며 들어선다)

경운 (떨어져 나오며) 오빠 오시니? 경재야.

경재 (책가방을 마루에 내던지듯 부려 놓고) 몰라!

경운 왜 혼자 오니?

경재 (소리를 꽥 지르며) 그걸 내가 어떻게 알아!

경운 아니 이 애가…… 대관절 어떻게 된 일이니?

경애 오빠에게 꾸지람 들었나부지?

경재 (흘겨보며) 오지도 않은 사람에게 무슨 꾸지람을 들어!

경운 안 오셨어?

이때 부엌에서 어머니가 나온다.

어머니 (기대를 가지며) 형은?

경운 글쎄 안 오셨다잖아요.

어머니 그럴 리가 있니. 분명히 오늘 다섯 시 반에 청량리 역에……

경재 그런데 분명히 안 온 걸 어떻게 하죠? 흥! 40분 연착한다기에 내내 기다렸는데 코빼기도 안 보이잖아? 싱겁게시리!

어머니 무슨 급한 일이라도 있었을까?

경재 그럼 기다리는 식구들 위해서 전보라도 쳐야 할 게 아니에요.

경운 (맞장구를 치며) 그러게 말이야! 이상하지?

경애 (경재에게) 너 끝까지 잘 봤었니?

경재 역원에게 이 차가 춘천서 올라오는 차냐고 세 번이나 물었더니 몇 번 말하면 알겠느냐면서 도리어 화를 내지 않겠어? 첫!

네 사람은 맥이 탁 풀려서 서로 얼굴만 쳐다본다. 경애가 눈치만 보며 슬슬 대문 쪽으로 나간다. 이때 최 노인이 얼큰히 취해서 대문 안에 들어선다. 손에 술병이 들렸다.

최노인 아이구 웬일이냐? 경애가 이렇게 일찍 들어오는 날이 있으니? 헛허……

경애 (변명을 하듯) 오늘 같은 날은 일찍 들어와야죠!

최노인 호…… 이거 사람다운 소리 듣겠구나! (하며 들어서자 경애는 슬쩍 빠져서 밖으로 나간다)

최노인 (풀이 죽어 앉아 있는 식구를 번갈아보며) 아니 왜들 이러고 있어? 음식은 다 됐어? (술병을 내밀며) 목로집에서 특주 한 병 얻어왔지. 우리 경수 이야기를 했더니 특별히 선사하겠대…… (경재를 보자)

오 왔구나! 그래 네 형은 어디 갔니?

어머니 (술병을 받아서 마루에 놓으며) 안 왔어요!

최노인 안 왔어? 어째서.

어머니 내가 아우?

최노인 경재야? 정말이냐?

경재 (신경질을 내며) 내 참! 몇 번 말하면 알아듣겠어요? (하며 일어선다)

최노인 아니 이 자식이……

경운 40분 연착한다기에 기다렸는데도 안 오더라고 지금 막 돌아왔어요.

최노인 (맥이 풀리며) 그래? 이상하구나…… (하며 마루에 앉는다)

경재는 팔짱을 끼고 뜰을 이리저리 거닐고 있다. 어색하고 무거운 침묵이 흐른다.

경운 어머니! 아버지 진지부터 차려 드리세요.

최노인 (주흥이 깬 듯 침울하게) 아직 생각은 없다. 가게 문이나 닫아라.

경운 (경재에게) 얘! 앞으로 돌아와. 가게 문 닫게!

경재는 말없이 골목으로 나가고 경운은 가게로 나간다. 두 남매가 가게 문을 닫는 동안 두 노인 멍하니 앉아 있다.

최노인 (혼잣소리로) 그럴 리가 없을 텐데……

어머니 혹시 기차를 놓쳐서 다음 차로나 오는 게 아닐까요?

최노인 그게 막찰거야……

어머니 그애가 그렇게 실없는 짓은 하지 않을 텐데.

그동안 경운은 가게에 불을 끄고 들어온다. 가게 문이 닫히자 집안은 한결 어둡고 빈약해 보인다.

경운 (위로를 하며) 사정에 따라 제 날짜에 못 오는 수도 있죠. 내일은 틀림없이 올 거예요.

이때 골목 안에서 경재의 성급한 목소리가 들린다.

경재 (소리만) 형! 경수 형 아니세요?

이 말에 뭐라고 대꾸하는 낮은 목소리가 들린다.

경재 (소리만) 다들 기다리고 있었어요. (더 크게) 작은 누나! 형이 오셨어!

경운 (소스라치며) 오빠가? 아버지! 오빠가 왔대요! (하며 신을 질질 끌며 뛰어나가자 노인 부부도 일어선다)

어머니 뭐라고?

최노인 경수가?

이때 경재가 큼직한 군대용 백을 들쳐메고 들어온다. 그 뒤에 경수가 천천히 들어선다. 그는 왼편 팔을 바지 주머니에 낀 채로 복잡한 표정을 짓고 있다. 경운이가 눈물을 씻으며 따라 들어온다.

경운 오빠두 심술쟁이셔! 빤히 기다리는 줄 아시면서……

어머니 (울먹거리며) 경수야!

경수는 모자를 벗고 아버지와 어머니에게 각각 인사를 한다.

어머니 (입술가에 경련이 일고 눈에는 금시 눈물이 고인다) 겨, 경수야!

그 이상 말을 잇지 못하고 경수 품에 얼굴을 댄다. 흐느낌이 커지자 최 노인은 격정을 겨우 가라앉히느라고 코를 푼다.

경수 고생이 많으셨죠?

어머니 아니다…… (하며 계속 운다)

최노인 (몽롱한 눈을 크게 뜨며) 못나게시리 울긴…… 병신 같이! (울고 있는 경운을 보고) 너희들은 또 뭐야? 어서 저녁도 짓고 반찬도 장만해야지! (경수에게) 고단할 텐데 어서 옷 갈아입고 목욕이나 해라.

경수 예.

최노인 경재야! 저 뜰아랫방은 오늘부터 형하고 거처해라.

경재 (환성을 지르며) 근사한데! 형 덕에 내 방이 생겼으니…… 형 어서 가서 갈아입으세요. (하며 백을 들고 뜰아랫방으로 뛰어간다. 방 안에 들어가서 전등을 켜며) 야! 이건 마치 신부 방 같은데! 헛허……

어머니 녀석두…… (경수에게) 어서 방에 가서 갈아입어라.

최노인 시장하지?

경수 예……

그는 눈치를 보듯 천천히 걸어간다. 왼편 팔은 여전히 포켓에 찌른 채다. 경운이가 의아하게 바라본다.

경수 (툇마루에 앉아서 신을 벗으며) 동리가 많이 변했군요.

어머니 변했지. 참 준식이네도 오늘 이사를 했단다.

경수 (섭섭한 표정으로) 그래요?

어머니 춘자가 섭섭해 하더라…… 참 왜 늦었니?

경수 (당황한 빛으로) 도중에 치, 친구를 만나서요……

경운 경재가 역에서도 못 봤다던데?

최노인 경재 녀석이 헛눈을 팔았겠지!

경수가 방으로 들어가자 잠시 후 경재가 나와서 미닫이를 닫는다.

경재 누나! 형은 목욕은 안 가겠대. 물수건 좀 달래. (경재는 경수의 구두를 닦기 시작한다)

최노인 그렇게 해라. 목욕은 내일 하기로 하고 어서 저녁부터 먹자! (하며 마루에 올라가 안방으로 들어간다)

경운이가 수건을 수돗가에서 짜들고 뜰아랫방 앞에 오자 닫힌 미닫이 위에 옷을 벗는 그림자가 뚜렷이 비친다. 그리고 왼편 팔이 부자유스러운 의수임이 나타난다.

경운 (겁에 질리며) 앗! (하며 물러선다)

경재 왜 그래 누나.

경운 (경재에게로 가서 그림자를 가리키며) 저것 봐!

경재 (놀라며) 팔이?

경운 (속삭이듯) 역시 내 육감이 맞았어…… 얘! 아버지 어머니껜 비밀이다.

경재 응……

어머니 (부엌에서) 경운아! 어서 설탕하고 왜간장을 사와야지!

경운 예…… (하며 물수건을 들고 뜰아랫방으로 간다) 오빠! 여기 수건 있어요……

경수 응…… (하며 미닫이를 연다. 수건을 받으며) 너 아주 예뻐졌구나

…… 헛허……

경운, 잠시 오빠를 쳐다보더니 복받치는 울음을 삼키며 급히 대문 밖으로 뛰어간다.

경수 (멋쩍게 웃으며) 왜 저러니? 경재야!

경재도 말없이 구두만 닦는다.

경수 아니 이 애들이 갑자기 벙어리가 되었나? (잠시 생각하며) 옳지! 아까 역에서 기다리게 했다고?

경재 형! 아니에요. 내가 역에서 잘못 봤어요…… (하며 고개를 숙이고 구두를 닦는다)

최노인 (방에서 나오며) 그러기에 내가 뭐랬어? 한 사람씩 잘 살피라니까 …… 너는 장담만 해서 탈이더라…… (부엌을 향해서) 여보! 저녁은 아직 기둘려야 허나?

어머니 (소리만) 다 됐어요! 찌개가 아직……

최노인 그럼 안주부터 내와요. 경수하고 술 한 잔 할 테니까!

이때 경운이가 설탕과 왜간장 병을 들고 들어와 부엌으로 사라진다.

최노인 올라오너라.

경수 예…… (하며 올라앉는다)

부엌에서 경운이가 상을 들고 나온다.

최노인　(술병을 쳐들며) 경운이 네가 따라라.

경운　오빠는 술 못하셔요.

최노인　군인이 술을 못 하겠니? 조금만 해라? 응?

경수　(난처하게) 예…… 한 잔만……

경운은 술잔에다가 각각 술을 따라 권한다.

최노인　(술잔을 들며) 어서 마시자! 자……

경수 머뭇거리다가 바른손으로 술잔을 들어 마신다. 최 노인은 술을 마시다 말고 흰 장갑을 낀 왼편 손을 보고는 의아하게 쳐다본다.

최노인　손을 다쳤니? 흰 장갑을 꼈게……

이 말에 경수는 반사적으로 바른손으로 왼편 손을 가리려다 그만 술잔을 엎지른다.

경수　앗!

어머니가 불고기를 가지고 나오다가 놀란다.

어머니　저런!

하며 행주치마로 급히 경수의 젖은 왼편 옷소매를 씻으려 하자 경수는 거칠게 어머니 손을 털어버린다.

경수 만지지 마세요!

최노인 아니 너……

어머니 왜 그러니?

경수 (당황하며) 아 아무것도 아니에요. 오다가 좀…… (하며 여러 사람의 시선을 피한다)

그러나 모두들 이미 짐작을 했는지 입을 다문 채 말이 없다. 경운이가 울기 시작한다.

최노인 다쳤어? 응? 어디 보자.

경운 (말리며) 아버지! 그만 두세요!

최노인 (강하게) 보자니까!

경재 보면 뭘 해요!

어머니 경수야! 그럼, 너는……

경수는 천천히 왼편 팔을 꺼내 보인다. 모두의 시선이 집중된다.

경수 (침울하게) 죄송해요. 이런 꼴이 되어서…… 팔 병신으로 돌아오기가 죽기보다 싫었어요…… 그래서 아까도 경재가 역에 나와 있을 것만 같아서 한 정거장 앞에서 내려버렸어요……

경운 오빠!

경수 (뜰로 내려서며) 내가 죄인은 아닐 텐데……

어머니 경수야! (가까이 와서 왼편 팔을 어루만지며) 괜찮다! 그까짓 팔 하나…… 네가 고생스러운 게 섭섭하지만…… 경수야! (하며 그 팔에다가 얼굴을 대고 울기 시작한다)

최노인은 넋이 나간 사람처럼 멍하니 허공을 쳐다보고 있을 뿐이다. 경운은 부엌문에 얼굴을 대고 흐느끼고 있고 경재는 땅을 내려다보고 있다. 전차의 기적 소리가 흐느끼듯 들린다.

–막

제2막

무대

전막과 같음. 전막부터 약 1개월 후. 오전 열한 시 경. 담 밑에 뿌려진 씨앗에서 움이 터서 제법 푸른 기운이 눈에 띈다. 화분도 몇 개가 늘었다. 막이 오르면 가게로 통하는 유리문은 닫혀 있다. 경애가 빨간 쇼트팬츠에 계란빛 봄 스웨터 차림으로 뜰 한가운데서 줄넘기를 하고 있다. 안방 쪽에서 어머니가 요를 들고 나와 마루에 놓는다. 그리고 홑이불을 뜯기 시작한다.

어머니 (딸을 못마땅하게 내려다보고) 넌 밤낮 그 짓만 하고 살 테냐?

경애 (주문을 외우듯) 마흔셋! 마흔넷! 마흔다섯! ……

어머니 경애야! (하며 쏘아붙인다)

경애 (비로소 돌아보며) 예?

어머니 치마를 입든지 그렇지 않으면 긴 바지를 입지 못해?

경애 (킥킥거리며) 또 누가 볼까 무섭다예요? 홋호……

어머니 그럼 봐주기가 소원이냐!

경애 볼 사람은 보라죠. 나를 위해서 살지 남을 위해서 사는 건 아니니까요. 쉰셋! 쉰넷…… 쉰다섯……

어머니 경마장의 호마처럼 밤낮 뛰어다니니 언제 살림 배워서 시집가니?

경애 (여전히 줄넘기를 하며) 때가 오면 하겠죠. 뭐!

어머니 그러면서도 집안에서 솔랑솔랑 돈을 가져다 쓰고 다니니……

경애 (뾰로통해지며) 갚으면 되잖아요?

어머니 언제! 이 에미를 땅 속에 묻은 다음에?

경애 (짓궂게) 좀 더 늦어질지도 모르죠…… 홋호……

어머니 (혀를 차며) 미친 것!

경애 (줄넘기를 그치며 마루로 오며) 돈벌이 못한다고 괄세마세요.

어머니 그게 괄세냐?

경애 (기둥에다 몸을 바싹 대고 키가 얼마나 자랐나 재며) 양지가 음지 되고 음지가 양지 된다잖아요. 훗…… (하며 손에 짚인 곳을 들여다보더니 갑자기 소리를 지르며) 어머니! 어머니!

어머니 (깜짝 놀라며) 왜 그래?

경애 이거 봐요! 어서!

어머니 (호기심에 쏠리며) 뭐 말이냐?

경애 내 키가 1센티 14밀리가 자랐어요!

어머니 (어이가 없다는 듯) 뭐?

경애 정말이에요! 그러고 보니 미용체조가 효과가 있기는 있나 봐! 호호……

어머니 (흘겨보며) 떡 해놓고 빌게 생겼구나! (혀를 찬다)

경애 이렇게 속하게 효력이 있을까? 또 해야지!

하며 이번엔 마룻바닥에 엎드려서 팔과 다리를 오므렸다 폈다 하며 미용체조를 시작한다. 어머니는 참다 못하여 마루에서 뜰로 내려선다.

어머니 키 크고 속 없다더니 정말……

수돗가에 있는 함석통에다 뜯어낸 홑이불과 빨래거리를 넣고는 물을 붓는다. 문득 뜰아랫방으로 시선을 옮긴다. 그리고는 툇마루로 간다.

어머니 아직 안 일어났니? (사이) 경수야. 열점 친 지가 언젠데……

하며 미닫이를 사르르 연다. 어머니의 표정에 쓸쓸한 미소가 어색하게 떠오른다.

어머니 깨어 있으면서 대답을 안 하다니…… 무얼 그렇게 말똥말똥 천정만 쳐다보고 있니? (사이) 어유 이 담배연기 좀 봐. (하며 흘러나오는 연기를 손으로 쫓는다)

경수 (침울한 소리로) 문 좀 닫으세요.

어머니 그만 일어나서 조반을 먹어야지.

경수 (소리만) 먹고 싶지 않아요.

어머니 어디 아프냐?

경수 아뇨.

어머니 그만 일어나거라. 아버지께서 보시면 되겠니? 어서! (하며 문을 더 활짝 열어젖힌다)

어머니는 부엌 쪽으로 돌아선다. 잠시 후 경수가 셔츠 바람으로 툇마루에 나와 앉는다. 그는 피곤한 표정으로 담배를 피워 문다.

경애 (여전히 체조를 계속하며) 우리 집에서 민주주의를 찾는다는 건 시기상조야.

경수 (체조하는 꼴을 멍하니 바라보며) 새삼스럽게 민주주의 강의냐?

경애 남자는 해가 낮 되도록 늦잠 자도 오히려 후대하고 여자는 일찍부터 일어나도 구박이니 말이에요.

경수 못 살겠으면 갈아보려무나. (하며 고소를 뱉는다)

경애 누구를?

경수 마음대로……

어머니 (부엌에서) 세수 안 하니?

경수 아침 생각은 없어요.

경애 오빠 요즘 경기가 좋으시나 봐…… (하며 일어나 타월로 땀을 씻는다)

경수 (뜰로 내려오며) 경기? (쓴 웃음을 뱉으며) 너무 좋아서 허리가 부러질 지경이다.

경애 정말 세상은 불공평해!

이때 어머니가 부엌에서 나온다.

어머니 언제는 공평하던? 잔소리 말고 옷이나 갈아입으라니까! 아버지께서 보시면 또 벼락 떨어질 테니.

경애 흥…… (하며 건넌방으로 들어간다)

경수 아버진 어디 나가셨어요?

어머니 (한숨을 몰아쉬며) 세무서에 가신다더라……

경수 왜요?

어머니 글쎄 세금이 이만 저만 나왔어야지……

경수 세금이요? 흥! 내버려두시지 왜 또 가시긴……

어머니 내버려두다니? 건뜻하면 차압이니 뭐니 하고 극성을 떠는데……

경수 말이 그렇지 차압이 그리 쉬운 일인가요?

어머니 아버지도 요즘 같아선 이 장사도 못하시겠다고 그러시더라. 도대체 손님이 있어야지…… 웬만한 사람이면 모두가 예식장에서 신식으로 올리니 어디 우리 차례가 되겠니?

경수 세상 탓해서 뭣합니까? 해가 거꾸로 솟아도 내 목숨 내가 살려야지……

어머니 (침울해지며) 이젠 풀칠하기조차 어렵게 되었으니 원……

경수 세상이 썩기 시작한 지는 오래 전 일이죠. 그렇지만 쥐구멍에도 햇볕 드는 날은 있겠죠……

어머니 참 일자리는 알아봤니?

경수 예. 대학 친구들이 주선해서 몇 군데 말은 통해 놨으니까 그 중에 하나쯤은 걸리겠죠.

어머니 너도 생각은 하고 있겠지만 우리 집이 잘 되고 못 되고는 너에게 매달렸다.

경수 (일부러 명랑하게) 염려마세요. 사회가 아무리 썩어가고 인심이 야박해져도 나는 흔들리지 않고 살아보겠어요.

어머니 (만족한 웃음을 띠며) 그렇구 말구. (다시 얼굴이 흐려지며) 아버지께서도 말씀은 안 하시지만 마음 속으로는 네가 이렇게 놀고 있는 것을 여간 걱정하시는 게 아니다.

경수 그걸 누가 모르나요. 하루 이틀 아니고 한 달이 지났는데……

두 사람 사이에 어색한 침묵이 흐른다.

경수 참 어제는 이사 간 준식이네 연탄 공장을 찾아봤지요.

어머니 (반가워하며) 잘했다. 기뻐하던?

경수 (제 생각에 잠기며) 사람이 변한다는 것을 나는 믿지 않았는데 어제 준식을 만나고서 생각이 달라졌어요.

어머니 달라지다니?

경수 돈이 좋기는 하지만 돈맛을 알면 사람이 변한다는 게 사실인가봐요.

어머니 자기 힘으로 고생해서 벌면 돈이 귀한 줄 알게 되지 뭐냐?

경수 중이 고기 맛을 알게 되면 빈대를 잡아먹는다고……

어머니 홋호…… 너도 군대에 갔다 오더니 사람이 변했구나……

경수 (비꼬는 어조로) 준식이가 달라진 것하고는 다른 의미에서죠! 도매

상과 십환 한 장으로 다투는 꼴을 보고 놀랐어요. 돈이야 있어도 살고 없어도 사는 거 아니에요. 전쟁터에서는 돈이 문제가 아닌데……

이때 경애가 외출할 차림으로 방에서 나오며 이 말을 듣자 참견을 한다.

경애 오빠도 머지않아 그렇게 될 걸요!

경수 어떻게? 십환 한 장에 싸우고 죽이고 하는 사람으로?

경애 (헝겊으로 구두를 닦으며) 돈 없이 큰소리 한댔자 장작에서 기름 짜는 격이니까요.

경수 그럼 그게 옳다고 생각하니?

경애 (어깨를 으쓱거리고 일어서며) 옳고 글코가 문제가 아니죠. 어떻게 하면 돈을 모을 수 있는가라는 점이죠……

경수 (비꼬며) 그럼 좋은 수가 있지……

경애 (호기심을 가지며) 뭐예요?

경수 무기를 들고 은행에 들어가서 털어내는 거…… 어때?

경애 오! 무서워!

어머니 (몸부림치며) 듣기 싫다! 코 흘리는 애들도 아닌데 무슨 실없는 소릴!

경애 홋호…… 어머니도…… 누가 그렇게 한다고 했수. (대문 쪽으로 걸어 나가며) 다녀오겠어요.

경수 (웃으며) 마치 출근하는 사람 같군……

경애 (씩 웃어보이며) 직장이 없이 출근하긴 오빠도 마찬가지죠……

경수 (비위가 상한 듯) 뭐라고?

경애 홋호…… 오빠가 골나셨나?

어머니 (분위기를 무마시키려고) 잔소리 말고 어서 나가거라! (걸어가는 경

애의 뒷모습을 보자) 거기 있거라! (하며 경애를 따라간다)

경애 왜요?

어머니 (스커트에 붙은 실오라기를 떼어주며) 어서 가거라.

경애 땡큐 마마. 홋호……

어머니 제발 어둡기 전에 들어오너라. 아버지께서 야단이신데……

경애 예…… (나가다 말고) 오빠하고 나하고는 이 집에서 요주의 인물이군! 홋호…… (하며 대문 밖으로 나간다)

어머니 언제나 철이 들려는지 한 살을 먹으나 두 살을 먹으나 고만하니!

경수 (땅을 내려다보며) 어머니!

어머니 응? 왜?

경수 (어물어물하다가) 아무 일도 아니에요.

어머니 (쓸쓸히 웃으며) 싱겁긴…… 참 그럼 어젠 춘자도 만났겠구나? 반가워하던?

경수 (잠시 어머니를 보다가 웃으며) 어머니는 왜 춘자에게 그렇게 관심을 가지세요?

어머니 (약간 난처한 표정으로) 그야 이웃사촌이니까…… 게다가 그 애는 좋은 색시지. 인물도 그만하면 됐고…… 또……

경수 그렇지만 팔 병신에게는 안 어울리는 색시죠!

어머니 무슨 소리냐? (사이) 왜 눈치가 다르던?

경수 달라진 게 춘자뿐인가요? 아버지의 태도도 처음과 같지는 않더군요……

어머니 (변명하듯) 그럴 리가 있겠니?

경수 (점점 심각해지며) 알고 있다니까요. 아버지께선 확실히 제게 대해서 실망하고 계셔요.

어머니 그야 부모 마음이란 자식을……

경수 (자리에서 일어서며) 그렇지만 실망치곤 제 실망이 더 클 거예요.

전쟁터에서 배워온 미덕은 하루가 지나면 한 껍질씩 벗겨지고 …… 결국 남은 것은 동물들과 다름없는 벌거숭이죠. 먹고, 자고, 놀고, 물어뜯고…… (하며 허공을 향해 길게 한숨을 몰아쉰다)

아들의 이런 태도를 보고 어머니는 어떻게 위로할지 몰라 손등만을 비비고 있다. 이때 가게 문을 열고 최 노인이 들어온다. 낡은 중절모에 회색 두루마기를 입었다. 그의 찌푸린 표정으로 보아 일이 제대로 안 된 게 뻔하다. 어머니가 마루로 올라서자 최 노인도 들어온다. 최 노인은 뜰에 서 있는 아들을 보자 오만상을 찌푸린다.

어머니 (조심스럽게) 뭐래요? (하며 모자와 두루마기를 받아들어 벽에 건다)

최노인 (한탄을 하며) 말세야! 말세! (하며 주저앉아 담뱃불을 붙인다)

경수 (가까이 오며) 세무서에 가셨어요? (그러나 최 노인은 대꾸를 안 한다)

어머니 잘 안 됐수?

최노인 (퉁명스럽게) 보면 모르겠어?

어머니 그럼 어떻게 되우?

최노인 별 수 없어. 가게를 닫을 수밖에. 세금을 낼 돈이 있으면 먹고 살겠다니까 녀석들 하는 말이 세금을 안 내고도 장사하라는 법령이 생기기 전에는 안 된다잖아! 흥? 누가 세금을 안 낸댔어? 몇 억 환씩 받아야 할 놈들에게는 눈감아주면서 우리같이 송사리만 못살게 들볶을 건 뭐냔 말이야!

어머니 정말 가게를 닫기로 하셨어요?

최노인 (단호히) 닫아야지! 오늘로 당장에 닫아버려! 장사하잘 땐 먹고 살기 위해서이지 세금 내기 위해서 장사하는 건 아니니까! (하며 연거푸 담배연기만 뱉는다)

경수 (조용히) 아버지. 제가 세무서에 가서 사정해 보겠어요.

최노인 (힐끗 돌아보며) 네가? 애비가 가서 안 되는 일이 너라고 된다던?

경수 실은 세무서에 동창생이 있으니까 사정을 하면……

어머니 (희망을 얻은 양) 그럼 진작 네가 갈 일이지. (최 노인에게) 어떻게 잘 될 거예요.

최노인 (냉담하게) 친구가 있으면 네 취직자리나 부탁해라. 그것이 빠른 길이지.

경수 예?

최노인 부탁도 내 것 지니고 있을 때 들어주지 일자리도 없이 가면 얕잡아보는 게 일쑤니라.

경수 그럴 친구가 아니에요. 웬만하면 틀림없이 들어줄 거예요. (하고는 수돗물을 퍼서 후적후적 세수를 하고는 뜰아랫방으로 들어간다)

그동안 최 노인은 아직도 풀리지 않는 분을 가라앉히지 못하고 시무룩하게 앉아 있다.

어머니 (경수 쪽을 살피며) 제발 저 애에게 쌀쌀하게 대하지 마세요.

최노인 내가 어쨌다는 거야?

어머니 (행여 들릴세라) 조용조용히 말 못하시겠소?

최노인 아니 갑작스리 왜 이래?

이때 와이셔츠에 양복저고리를 걸친 채로 경수가 방에서 나오자 어머니가 정답게 웃어 보인다.

어머니 지금 곧장 가겠니?

경수 예. 아버지 가게 문을 닫을 필요는 없어요. 세무서에서 한 번 떠보는 소리지 그렇게 쉽사리 차압되나요?

어머니 네 말이 옳다. 법이 무섭다기로 사람 있고 법도 있지 그렇게 쉽사리……

최노인 (어머니를 흘겨보며) 아니 이게 벙어리가 말문 터졌나? 오늘따라 혼자서 잘난 척하니……

어머니 (뜰로 내려서며) 그렇지 뭐예요?

최노인 마음대로 해! (하며 가게로 나가며 유리문을 소리 나게 닫는다)

그리고는 돌아앉아서 돋보기로 신문을 읽는다. 경수가 대문으로 가자 어머니가 따라 나선다.

어머니 경수야.

경수 예?

어머니 (가게 쪽을 살피며) 이거 가지고 가라.

경수 뭔데요?

어머니 (치마 밑에 찬 쌈지주머니에서 백환짜리 몇 장을 꺼내며) 점심 값이다.

경수 (망설이며) 있어요.

어머니 받아둬. 아무리 바빠도 끼니는 제 때에 사먹어 응? 그리고 술은 마시지 말고…… (하며 양복 어깨의 먼지를 털어준다)

경수 (말없이 돈을 받아서 손바닥에 놓고 내려다보더니) 이렇게 많이는 필요치 않아요.

어머니 남으면 버스표라도 사려무나. 어서 넣어두래도! (하며 최 노인 쪽을 본다)

경수 (입술을 꾹 깨물고는) 어머니!

어머니 응?

잠시 어머니의 얼굴을 내려다보더니 치밀어오르는 눈물을 꾹 참으며 말없이 대문 밖으로 나간다.

어머니는 갑자기 어떤 허무감에 사로잡혀 멍하니 서 있다. 어머니는 서서히 돌아서 함석통 앞에 쭈그리고 두 손으로 들려던 순간 그대로 엉덩방아를 찧으며 뒤로 넘어진다. 그와 함께 함석통이 쾅 하며 땅에 떨어진다.

어머니 에그머니!

그 서슬에 물방울이 튕겨 앞자락이 젖는다. 그러나 어머니는 허리를 다쳤는지 일어나지 못하고 앓는다.

어머니 여보! 여보!

신문을 보고 있던 최 노인이 유리문을 열고 안경 너머로 돌아보더니 안경을 벗어던지고 황급히 뛰어온다.

최노인 어찌 된 일이야? 응? 아니…… (하며 안아 일으키려 한다)

어머니 (허리에 아픔이 심한 듯) 아이구 허리야! 아이구 허리야……

최노인 허리를 다쳤어? 이거 야단났군! (하며 간신히 일으켜 마루에다 눕힌다)

어머니 함석통을 들려다가 그만……

최노인 힘 드는 일은 애들에게 시키지 왜 임자가 해! (하며 허리를 슬슬 문지른다)

어머니 과히 무겁지도 않은데, 글쎄……

최노인 늙었다는 징조지! 강약방에게 고약이라도 달라고 할까?

어머니 좀 나아요. 둬두세요.

최노인 들찜이라도 하지.

어머니 이러다가 낫겠죠.

두 노인은 갑작스레 고독감에 사로잡힌다.

최노인 사남매를 두었어도 어느 놈 하나 거들어줄 손이라곤 없군. 에잇 빌어먹을!

어머니 이렇게 늙은이 둘이서 앉은 채로 무슨 일을 당해도 누가 알아주겠수?

최노인 (담뱃불을 붙이며) 아…… 되는 일이라곤 하나도 없구먼! 일은 안 되더라도 몸이라도 성해야 할 텐데……

어머니 (사이) 참 들으셨수? 옆집 얘기……

최노인 준식이네?

어머니 예. 오늘부터 헐린대요. 5층 집을 세운다나요.

최노인 빌어먹을!

어머니 아무래도 우리도 옮겨야 하려나 봐요.

최노인 어째서?

어머니 저렇게 좌우로 높은 집들이 들어서면 우리는……

최노인 (악이 받쳐오르며) 우리 집이 어쨌단 말이야! 흥! 5층이건 10층이건 세우라지! 나는 한 발도 비켜서지 않을걸!

어머니 그래봐야 하늘 보고 침 뱉기지요.

최노인 흥! 될 대로 돼봐라! 이래도 한 평생이고 저래도 한 평생인걸!

하며 뜰가에 가꾸어놓은 야채며 꽃에다가 물을 주기 시작한다. 어머니는 간신히 신을 벗고 마루에 올라앉아서 벽에 기댄다.

어머니 (허리를 만지며 혼잣소리로) 운수가 사나우면 접시물에도 빠져 죽는다더니…… 아이구……

이때 대문이 열리며 춘자가 들어선다. 전보다 훨씬 얼굴이 피어서 아름답긴 하지만 어딘지 수심이 깃들어 보인다. 손에 핸드백을 들었다.

춘자 안녕하세요?

어머니 (반가워하는 낯으로) 어이구! 춘자가 아니냐? 어서 올라오너라.

최노인 (비로소 알아듣고) 춘자가 왔어?

춘자 (인사를 꾸벅 하며) 뭘 하세요?

최노인 오냐. 다들 안녕하시냐?

춘자 예. (하며 마루로 온다)

어머니 (다정스럽게) 어서 앉아. (옷차림을 보고) 곱게도 차렸구나.

하며 몸을 앞쪽으로 구부리고 춘자의 치마를 만지려다가 허리에 통증이 생기는지 깜짝 놀란다.

어머니 아이구 허리야!

춘자 어디 편찮으세요?

최노인 (뒤를 돌아다보며) 아까 허리를 다쳤단다. 제길헐. (하며 물 뿌리던 일을 멈추고 손을 턴다)

춘자 허리를요?

어머니 응, 함석통을 들려다 그만 허리가.

춘자 그럼 찜질약이라도 붙이셔야죠.

최노인 글쎄 그렇게 하자니까. 여보 내 강약방한테 가서 찜질약이라도 지어 오겠소. 아무래도 안 되겠어!

어머니 내버려 두시라니까……

최노인 내게 맡겨둬. 춘자도 왔으니 이야기나 하구려. (하며 돌아선다)

춘자 다녀오세요.

최노인이 대문 밖으로 사라지자 어머니는 춘자에게 미소를 던진다. 그것은 흡사 약자가 강자에게 곱게 보이려는 교태와도 같다.

어머니 (넌지시) 참 경수는 아까 세무서에 간다고 나갔는데……

춘자 아뇨. 저, 경애에게 빌려준 책을 가지러 왔어요. (하며 몹시 당황하는 눈치다)

어머니 (실망하며) 책을? 무슨 책인데?

춘자 예…… 새로 봄 스웨터를 맡기려는데 본을 좀 보겠다고 진작 빌려갔거든요.

어머니 (실망하며) 아까 나간 모양인데……

춘자 관두세요. 나중에 또 한 번 들리겠어요. (변명하듯) 동대문 시장에 털실 사러 가는 길에 들렀어요.

어머니 참 춘자는 손재주가 좋아서, 시집가도 물찬 제비 모양으로 차릴 거야. 홋호……

춘자 아이 아주머니도……

어머니 (화제를 돌리며) 참 경수에게 그런 값비싼 선물을 받고도 아직 인사도 못 차렸으니……

춘자 (약간 난색을 보이며) 그런 말씀 마세요. 저는 그저……

어머니 (소리를 낮추며) 어제 경수가 찾아갔다면서?

춘자 예. 오빠하고 얘기하시다가 가셨어요.

어머니 춘자하고는 얘기 안 했었나?

춘자 제가 어떻게요?

어머니 어떻게라니?

춘자 (초조하게 시선을 돌리더니 일어서며) 저 이만 가봐야겠어요.

어머니 벌써 가?

춘자 시장에 들러 가야니까요.

어머니 모처럼 왔는데 점심이라도 먹고 가야지. 경수도 곧 돌아올 테니까.

춘자 (마치 도망쳐 나가듯) 또 들리겠어요. 그리고 경애에겐 책 이야기 좀 전해주시고요.

어머니 응, 정말 갈테야?

춘자 어머니께서 냉큼 나갔다 오래서요.

춘자가 대문 가까이 갔을 때 경수가 밖에서 들어선다.

춘자 어머! (당황하며 두어 발 물러선다)

경수 춘자 왔어?

어머니 (희색이 만면해지며) 호랑이도 제 말 하면 온다더니…… 호호…… 마침 잘 돌아왔다. 그렇지 않아도……

경수 (춘자에게) 왜 벌써 가려고?

어머니 내 말이 그 말 아니냐. 이웃사촌도 보통 이웃이 아닌 처지에 이사를 하고는 오늘이 처음인데…… 놀다가 점심이라도 먹고 가라고 했더니 글쎄……

경수 그렇게 해요. 오랜만에 이야기도 좀 하고……

어머니 그래 네 방으로 들어가거라.

춘자 (난처한 빛을 보이며) 괜찮아요……

경수 그럼 여기 앉아!

하며 뜰아랫방 툇마루에 앉는다. 춘자도 마지못해 걸터앉는다.

어머니 과일이라도 사올까?

경수 어머닌 일이나 보세요!

어머니 참 그렇지.

뜻 있는 웃음을 웃으며 안방으로 들어간다. 두 사람만이 남게 되자 서로가 멋쩍게 땅만 내려다보고 있다. 경수는 담배를 꺼내어 피워 문다. 그동안 춘자의 태도엔 억지로 태연한 채 꾸미려는 기색이 완연하다.

경수 (외면을 한 채로) 언제고 한 번 만나서 조용히 이야기하고 싶었어.

춘자 (핸드백에서 손수건을 꺼내서 마지못해 콧등을 누른다)

경수 (넌지시) 간밤에 내가 춘자 집을 나왔을 때 춘자가 버스정류소까지라도 따라 나올 줄 알았는데……

하며 춘자를 돌아보자 우연히도 춘자의 시선과 마주친다.

경수 내가 처음 찾아갔을 때 춘자가 대문까지 따라 나왔지만 처음 일이라 서로가 사양하는 게 좋을 것 같아서 나는 아무 말 안 했지만……

춘자 저도 그럴 생각은 있었어요.

경수 (지금까지보다는 또렷하게) 그럼 어젯밤에도 나올 수도 있었지 않았어? 생각이 있었다면 말이야.

춘자 (말없이 고개를 숙인다)

경수 춘자네 식구들도 우리 두 사람의 관계를 다소는 눈치 채고 있을 테니까. 그런 것쯤은 눈감아 줬을 텐데……

춘자 우리들의 관계라뇨?

경수 나는 전선에 있었을 때 춘자가 보낸 편지를 읽을 때가 가장 행복했었어. 편지를 손으로 쓰다듬고 있노라면 마치 춘자 머리칼을 어루만지는 것 같이. (점점 타오르는 감정의 불길을 억지로 삼켜버리기라도 하듯 담배를 빨아 연기를 그대로 삼켜 버린다. 춘자. 사이) 이야기할 게 없어? 내게 대해서 말이야……

춘자 제 편지 지금도 가지고 계세요?

경수 물론이지! 어젯밤에 늦게 돌아와서는 그걸 죄다 꺼내서 읽었지.

춘자 왜요?

경수 여자의 마음이란 그런 것인가 하고…… (하며 쓰디쓴 웃음을 뱉는다)

춘자 예?

경수 마주앉으면 제대로 말도 하지 않는 춘자가 어떻게 그런 긴 편지를 썼을까 하고 말이야.

춘자 (망설이며) 저도…… 앞으로……

경수 잠깐만! 내 얘기를 들어줘. 그러나 나는 그 편지를 썼을 때의 춘자와 지금의 춘자는 별개의 인간이라는 것을 발견했어!

춘자의 어깨가 가늘게 물결친다.

경수 맨 처음 찾아갔을 때는 그래도 전과 다름없이 보였는데, 적어도 어젯밤의 춘자는 나를 고의로……

춘자 그런 게 아니에요…… 다만……

경수 (날카롭게) 다만 뭐야?

춘자 어머니나 오빠께서 나를 감시하고 있어요!

경수 춘자의 마음은 변함이 없는데도 말이지?

춘자 말이 없다.

경수 왜 대답을 못해?

춘자 못하는 게 아니라 하고 싶지 않아요.

경수 뭐라고? (분노가 타오르는 표정이다)

춘자 자세한 이야기는 며칠 후 편지로 말씀드리겠어요!

경수 알았어! (사이) 편지까지 쓸 필요는 없소. 내가 그 답을 읽고 새삼스럽게 놀라거나 느끼는 것도 아닐 테니까!

춘자 그럼 제 마음이 변했단 말인가요?

경수 (침울하게) 내가 팔 병신이 되던 순간부터 춘자는 변했을 거야!

춘자 (울면서) 제가 약한 인간임에는 틀림없어요. 더구나 아버지 없이 오빠 밑에서 자라난 저로서는 오빠의 의사를 반대할 순 없어요.

경수 그것이 나를 피하게 된 이유란 말이야?

춘자 (원망스럽게) 그럼 저더러 어떻게 하란 말이에요. (하며 눈물 어린 얼굴로 경수의 얼굴을 쳐다본다)

경수 (격해지는 감정을 억제하며) 어떻게 해달라는 건 아니야! 나와 같은 팔 병신을 변함없이 대해 달라는 내가 어리석은 놈이니까! 그렇지만…… (다시 울분이 폭발되며) 내가 병신이 되고 싶어서 되었나? 나도 남과 같이 멋지게 살고 싶었어! (일어서서) 내가 팔을 다치던 그날 밤만 하더라도 나는 보초선에 서서 밤하늘을 쳐다보며 우리들의 장래를 생각하고 있었어! 제대하면 학교에 복교해서 고학을 해서라도 졸업을 마쳐야겠다고…… 그리고 우리들의 결혼도 말이야……

춘자 (말없이 흑흑 느껴 운다)

경수 그 순간 난데없이 적군의 탐색대의 기습을 받아서…… (현실로 돌아오며) 이런 얘길 해서 뭘 해! 나는 춘자에게 강요하고 있는 것은 아니야! 그렇지만 춘자가 그렇게 약할 줄은 몰랐어! 윗사람에게 순종할 줄만 알지 자신을 펴보이지도 못하고 죽을 수는 없지 않아?

춘자 오빠 말에는 어쩔 도리가 없어요. 어려서부터 그렇게 버릇이 들어서…… 우리 집안에서 오빠의 말은……

경수 (분노를 터뜨리며) 우린 누구를 위해서 사는 거야? 응? 우린…… (하며 주먹으로 마루를 쾅 친다)

춘자 모르겠어요! 어떻게 하면 좋을지 저도 모르겠어요! (하며 운다)

얼마 전부터 이 광경을 보고 있던 어머니가 마루 끝으로 다가오며 조심스럽게 말을 건다.

어머니 얘 경수야! 경수야……

이 말에 춘자는 반사적으로 고개를 들고 눈물을 씻으며 대문 밖으로 뛰어나간다. 경수는 돌처럼 움직이지 않는다. 어머니는 걱정스런 표정으로 아들을 내려다본다.

어머니 얘, 왜 춘자가 말도 없이 나가니? 춘자는 마음씨가 고운 처녀야 …… 네가 없는 동안 여러 가지로……

경수 그만 해두세요! (하며 한 손으로 이마를 치며 괴로워한다)

어머니가 다시 무슨 말을 하려는데 최 노인이 손에 약봉지를 들고 들어온다. 경수를 보자 멈칫하며,

최노인 집에 있었구나? (대문 밖을 향해) 들어오우. (경수에게) 누가 찾아왔다. (하고는 마루 쪽으로 간다)

경수 예?

하며 얼굴을 고쳐 일어서는데 영복이가 들어선다. 색안경을 써서인지 인상이 날카로워 보이며 차림이 매끈하다.

영복 경수! 날세! (하며 색안경을 벗는다)

경수 (잠시 훑어보더니) 오…… 영복이! 아니 웬일이야? (하며 정답게 악수를 한다)

최 노인 부부는 의아한 낯으로 두 사람의 거동을 보며 소곤거린다.

영복 자네가 가르쳐준 약도와는 아주 다른데? (하며 좌우를 본다) 마침 골목 어귀에서 자네 춘부장을 만났으니 망정이지…… 하마터면 허탕을 칠 뻔했어. 핫하…… 그래 경기가 어때?

경수 경기? 살인적 불경기야! 자넨?

영복 그저 밥은 안 굶지. 나갈까? 오랜만에 한 잔 하지! 자네에게 의논할 일도 있고…… (경수가 망설이는 눈치를 보자) 술값은 내게 있어! 핫하…… 자…… 가자니까!

경수 그래. (하며 일어선다)

영복 (최 노인 부부에게 인사를 꾸벅 하며) 안녕히 계세요! (하고는 앞장을 서서 나간다)

최노인 (목례를 하고 나서 경수에게) 세무서엔 다녀왔니?

경수 (나가려다 말고 어물어물하며) 공교롭게 친구가 출장 중이었어요.

최노인 출장? 흥! 쇠털같이 흔한 날에 왜 하필이면 오늘이 출장이라던? (하며 못마땅하게 흘겨본다)

경수 내일 돌아온다니까 다시 한 번 가봐야겠어요. (하며 돌아선다)

어머니 누구냐? 지금 나간 사람……

경수 중학교 동기생인데 얼마 전에 우연히 만났어요…… 7년 만에 만

난 친구라……

어머니 그래? 일찍 들어와. 술은 조금만 하고!

경수가 대문 밖으로 나가는 동안 최 노인은 고약을 펴서 입김을 쏘이고 어머니는 저고리 윗자락을 치켜올리며 돌아앉는다.

최노인 어디요?

어머니 여기예요. 좀 아래……

최노인 여기? (하며 고약을 붙인다)

어머니 에그! 너무 누르지 말아요.

최노인 (손을 떼어 담배를 피워 물며) 젊은 녀석이라곤 버르장머리가 없어.

어머니 누가요?

이때 골목에 들어서는 트럭의 엔진소리 들린다.

최노인 지금 나간 녀석 말이야! 어른 앞에서 까불어대는 게 꼭 협잡꾼 같아. 나가면서 인사하는 꼴 좀 보라지! 빌어먹을!

어머니 그래도 말쑥하게 차린 게 벌이는 괜찮은가 봐요.

최노인 겉치레 하는 놈 치고 뱃속엔 똥밖에 안 들었지! (하며 화초밭으로 간다)

어머니 홋호…… 지금 세상에 영감 눈에 드는 사람 찾기는 모래밭에서 깨알 찾아내기죠.

이때 연달아 들어오는 트럭의 엔진소리와 조수들의 신호 소리가 드높아진다.

최노인 빌어먹을! 시끄러워 사람이 살 수 있나!

어머니 (넘어다보며) 공사가 시작되나 봐요.

이때 담과 대문이 흔들리며 우구루루 하고 무엇이 허물어지는 소리가 무대를 진동시킨다. 그리고 뽀얀 흙먼지가 골목에서 퍼져오른다.

어머니 무슨 소리예요?

최노인 (제자리에 서서 눈을 크게 뜨며) 우리 집 담이 무너진 게 아냐? (하며 밖으로 뛰어나간다)

어머니는 불안한 표정으로 골목 쪽을 바라본다. 사람들의 웅성거리는 소리가 점점 퍼지는 가운데 최 노인의 악에 받친 목소리가 쨍쨍 골목을 울린다.

최노인 (소리만) 이놈들아! 눈깔은 어디다 쓰라는 눈깔이야! 응? 그래 차를 남의 집에다 처박고도 운전이라고 해?

거기에 대해서 뭐라고 변명하는 소리가 들리며 최 노인과 트럭 운전수가 들어온다.

운전수 (손이 발 되도록 빌며) 죄송합니다. 미안합니다!

최노인 그래 죄송하니 어떻다는 거야? 응? 왜들 나를 못 잡아먹어서 이러는 거야?

운전수 원 무슨 말씀을 그렇게 하십니까? 글쎄 그 조수 녀석이……

최노인 조수고 우수고 허물어버릴 바엔 모조리 허물어 버리지! 다 허물어 버리래두! (하며 땅에 쭈그리고 앉아서 삿대질을 한다)

운전수 그저 모든 게 제 실수입죠!

최노인 그러니 어떡하겠단 말이야?

운전수 곧 사람을 시켜서 담을 다시 쌓아 올려 드리겠습니다.

최노인 도대체가 이 좁은 골목에 트럭을 몰고 들어온 그 심사부터가 밉단 말이야…… 응? 돈을 얼마나 벌었는지 모르지만 예전엔 리어카 한 대 들어오기도 조심스러웠는데 글쎄 그 큰 차에 짐은 또 도둑놈 물건 신듯이 처올려 가지고 들어오니 안 걸릴 게 뭐람! 걸려서 싸지! 싸!

운전수 (머리를 긁으며) 모두가 제 실수올습니다.

최노인 사람들이 염치가 있어야지! 요즈음 세상이 어떻게 막 되어가는 것도 모두가 그 염치 때문이라니까……

운전수 영감님. 저, 이 길로 곧 가서 사장님께 말씀을 드리고 담을……

최노인 암! 당장에 쌓도록 해야지! 오늘 안으로 해야 돼! 밤새 도둑이라도 들어오면 어떻게 하겠어? 그렇잖아?

운전수 예. 알겠습니다. 그럼…… (하고 도망이라도 하듯 대문 밖으로 나간다)

어머니 (혼잣소리로) 이게 무슨 꼴이람! (하며 일어서려다가 허리에서 오는 아픔을 못 이겨) 아이구…… 아이구…… (하며 다시 주저앉는다)

최노인 (불쑥 일어나며) 흥! 우리가 살아가는 게 그렇게 보기 싫으냐? 이놈들아! 나도 악착같이 살 테다! 내 고집을 꺾을 수 있을 것 같아? 응 어림도 없다!

이 말을 비웃기라도 하듯 트럭에서 재목이며 벽돌을 부려놓는 소리가 요란스럽게 들려오는 가운데 성난 최 노인의 발악은 도리어 처량하게 보인다.

–막

제3막

무대

전막부터 약 2개월 후. 초여름의 어느 일요일 오전 10시경. 가게 문은 굳게 닫혀 있다. 준식이네 집터에는 고층 건물을 공사하느라고 통나무를 얽어맨 작업보조대가 높다랗게 서 있고 거적대기로 보기 흉하게 가려져 있어서 이 집 뜰 안에선 하루 종일 햇볕이 안 들게 되었다. 삼면이 고층건물로 둘러싸인 이 집은 마치 타다 남은 장작처럼 처량하고 음침하다.

막이 오르면 거리의 소음이 잇달아 들려오고 공사장에서 울리는 소음도 섞였다. 수돗가에서 경운이가 함석통에 담겨 있는 빨래를 빨고 있고 화단 앞엔 아까부터 최 노인이 쭈그리고 앉아서 벌레를 잡기도 하고 잎사귀를 살피기도 한다. 입에 물린 파이프에서 이따금 뱉어지는 담배연기가 한가롭다. 잠시 후 경재가 물지게를 지고 좁은 대문을 간신히 빠져나와 경운 앞에다 부려놓는다. 어머니는 부엌에서 설거지를 하고 있다.

경재 어유! 오늘은 웬 사람이 그리도 많아…… 공동수도엔 난장판인걸! (하며 항아리에다가 물을 붓는다)

경운 (여전히 빨래를 하며) 일요일이라서 집집마다 빨래하느라고 그럴 테지.

경재 아버지. 우리도 제발 물이 흔한 집으로 이사 가요. 물만 긷다가 내년 봄 입학시험엔 낙제하게 생겼는걸요. 하루 이틀도 아니고…… 물은 안 주면서도 세금은 꼬박꼬박 받아간단 말이야! 쳇!

최노인 (돌아보지도 않고) 그래.

경운 애도 속없는 소리 잘 하긴 경애 언니 닮았나 봐! 누가 이따위 골목에서 살고 싶어서 살고 있니?

경재 살기 싫으면 딴 데로 옮기면 될 걸 왜 이런 게딱지 굴 속에서 살지?

최노인 (눈을 크게 부릅뜨며) 무슨 소리냐? 이 집이 어때서?

경재 아버지나 좋아하시지 우리 식구 중에서 이 집을 좋아하는 사람이 누가 있어요?

최노인 싫은 놈은 언제건 나가라지. 절이 미우면 중이 나가는 법이야.

경재 (남은 물통을 비우며) 중도 없는 절을 뭣에 쓰게요. 도깨비나 날걸!

최노인 (약간 핏대를 올리며) 도깨비가 나건 노다지가 나건 제 집 지니고 산다는 걸 다행으로 알아. 이놈아!

경재 (못마땅하게) 다행으로 알 건덕지가 있어야죠!

최노인 (획 돌아보며) 뭐 뭐야?

경운 (재빨리 공기를 수습하려고) 경재야. 한 번만 더 길어와. 물이 끊어지면 어떡헐려고……

경재 (불평스럽게) 또야? 친구하고 약속이 있는데……

경운 (눈을 흘기며) 너 그러면 나와 약속한 일 국물도 없다!

경재 (짜증을 내며) 정식이네 집에서 공부하기로 했는걸……

어머니 (설거지통을 들고 부엌에서 나오며) 바쁘면 어서 가려무나. 설거지가 끝나면 내가 길을테니.

경재 엄마가 제일이야! 그 대신 내일 아침엔 식전에 다섯 지게 길을게요. 엄마!

어머니 (웃으며) 그럼 물 항아리를 더 사놔야겠구나…… (하며 수챗구멍에다 물을 버린다)

경재 (손을 씻으며) 항아리 값은 우리 집의 재무장관인 작은 누나가 치르구. 핫하……

하며 손에 묻은 물을 경운의 얼굴에 뿌리며 아랫방으로 뛰어간다.

경운 깍쟁이! (얼굴에 튀어온 물방울을 손등으로 씻으며) 어머니가 어떻게 물을 길으신다고 그러세요? 아직도 허리 쓰시기가 거북하시다면서. (하며 빨래를 쥐어짠다)

경재가 부르는 휘파람이 신나게 들려온다.

어머니 이제 괜찮어.

최노인 고약은 다 붙였어?

어머니 예. (허리를 가볍게 치며) 훨씬 부드러워졌어요. 벌써 두 달 가까이 붙여놨는데……

최노인 뭐니 뭐니 해도 그 강약방의 처방이 제일이야. 내 청이라면 친형제 일보다 정성껏 봐주니까.

어머니 하기야 이 동리에서 옛부터 사귀어온 집은 이제 강약방하고 우리 집 뿐인걸요.

최노인 그래. (회상에 잠기며) 우리가 이 집에서 살아온 지가 꼭 47년이고 그 강약방이 40년이 되니까. (한숨) 그러고 보면 나도 무던히 오래 살았어. 이 종로 바닥에서 자라서 장가들어 자식 낳고 길러서 이제 환갑을 맞게 되었으니……

어머니 (마루 끝에 앉으며) 그 50년 동안에 이웃 얼굴 바뀌고 저렇게 집이 들어서는 걸 보면 세상 변해가는 모양이 환히 보이는 것 같아요. 제가 시집왔을 때만 하더라도 어디 우리 집 뜰 안을 넘어다보는 집이 있었던가요?

최노인 사실이야. 빌어먹을 것! (좌우의 건물을 쏘아보며) 무슨 집들이 저따위가 있어! 게다가 저것들 등살에 우린 일 년 열두 달 햇볕 구경이라곤 못하게 되었으니…… 임자도 알겠지만 옛날에 우리 집이 어디 이랬소?

어머니는 마루에 걸레질을 한다.

경운 (웃으며) 아버지도. 세상이 밤낮으로 변해가는 세상인데요.

최노인 변하는 것도 좋고 둔갑하는 것도 상관치 않지만 글쎄 염치들이 있어야지 염치가!

경운 왜요?

최노인 제깟 놈들이 돈을 벌었으면 벌었지 온 장안 사람들에게 내 보라는 듯이 저따위로 층층이 쌓아올릴 줄만 알고 이웃이 어떻게 피해를 입고 있다는 걸 모르니 말이다!

경운 피해라뇨?

최노인 (화단 쪽을 가리키며) 저기 심어놓은 화초며 고추 모가 도무지 자라질 않는단 말이야. 아까도 들여다보니까 고추 모에서 꽃이 핀 지는 벌써 오래 전인데 고추가 안 열리지 않아. 이상하다 하고 생각을 해봤더니 (이웃 건물을 가리키며) 저 멋없는 것들이 좌우로 턱 틀어막아서 햇볕을 가렸으니 어디 자라날 재간이 있어야지. 이러다간 땅에서 풀도 안 나는 세상이 될게다. 말세야, 말세!

어머니는 한숨을 쉬며 안방으로 들어간다. 얼마 전에 경재가 제복을 차려입고 책을 들고 나와서 신을 신다가 아버지의 얘기를 듣고는 깔깔 웃는다.

경재 원 아버지도……

최노인 이놈아 뭐가 우스워?

경재 지금 세상에 남의 집 고추밭을 걱정하며 집을 짓는 사람이 어디 있어요?

최노인 옛날엔 그렇잖았어!

경재 옛날 일이 오늘에 와서 무슨 소용이 있어요. 오늘은 오늘이지! (웅변 연사의 흉을 내며) 역사는 강처럼 쉴 새 없이 흐르고, 인생은 뜬구름처럼 변화무쌍하다는 이 엄연한 사실을, 이 역사적인 현실을 똑바로 볼 줄 아는 사람만이, 자신의 운명을 개척할 수 있다는 사실을 최소한도로 아셔야 할 것입니다. 에헴!

경운 홋호……

어머니가 방에서 나오다가 따라 웃으며 툇마루에서 빨래에 풀을 먹이기 시작한다.

최노인 아니 저 자식이 아침부터 조팝을 먹었어? 웬 잔소리냐 잔소리가!

경재 (옷을 털며) 잔소리가 아니라고요. 이건 웅변대회 때 써먹은 원고의 한 구절이에요. 핫하…… (경운에게 가서 손을 벌리며) 누나 약속 이행을 해야지!

경운 아쉰 소리 하는 편이 더 권리가 당당하구나.

경재 노동의 대가를 청구하는 건 당연한 권리 행사죠!

경운 하지만 고용주가 돈이 없다고 딱 잡아떼면 찍소리 못하더라!

경재 누가?

경운 우리 인쇄소에서도 두 달치나 밀린 봉급을 엊그제야 받았지만, 종업원들이 아무리 말해도 회사 측에서는 마이동풍이지 뭐니.

경재 그러나 우리 누나는 그런 악덕 기업주는 아니신데 뭐! (하며 비위를 맞춘다)

경운 위험한 비행기! (물 젖은 손을 뿌리며 지갑에서 돈을 꺼내준다) 일찍 돌아와! 골목마다 깡패가 득실거린다던데.

경재 내가 도리어 깡패들의 덕을 보게 될 형편인걸! 없는 놈은 빼앗길 게 없어서 좋거든! 헛허……

어머니 (풀빨래를 손보며) 말도 말아라. 끼니 끓일 것은 없어도 도둑 맞을 것은 있단다.

경재 염려마세요. 다녀오겠습니다. (나가려다 말고) 아버지.

최노인 왜?

경재 절 보기 싫으면 중이 나가야죠?

최노인 그래. 그건 왜 또 묻는 거냐?

경재 (좌우의 고층건물을 가리키며) 저게 뵈기 싫으니 우리가 떠나야죠.

최노인 뭐 뭐라고?

경재 시외로 나가면 후생주택이 얼마든지 있대요. 집값도 싸고 무엇보담도 터전이 넓어서 화초며 채소는 얼마든지 심어 먹는데요. 공기 좋고 조용하고 게다가 집집마다 맑은 우물이 있어서 아주 멋지게 살 수 있대요.

어머니 참 창용이네도 지금 들어있는 집을 팔고 후생주택으로 옮긴답데다. 준식이네 집과 가깝대요.

최노인 (쏘아붙이며) 그렇게 가고 싶걸랑 따라가 살구려. 난 죽을 때까지 이 집에선 한 발자국도 안 떠날 테니까!

경재 (과장한 표정으로) 아버지의 원자탄 고집이 폭발하기 전에 나가야지!

하며 나가자 어머니, 경운 웃는다.

이때 아침 목욕에서 돌아오는 경애 등장. 손에는 빨간 목욕 대야가 들렸고 얼굴은 콜드크림으로 마사지를 해서 번질번질하다. 앞머리는 핀 칼을 했고 머리엔 수건을 감았다.

경재 (휘파람을 불며) 유! 미스 코리아가 오시네!

경애 까불지 마!

경재 도대체 큰 누나는 언제 영화에 출연하는 거요?

경애 가까운 장래. (하며 마루에 앉는다)

경재 (과장하며) 혜성처럼 나타난 뉴 페이스 최경애 양인가?

경애 (핀 칼을 풀며) 한국의 킴 노박이다!

경재 (이마를 짚으며) 하나님 맙소사! 오 주여! 최 호박이 아니기를!

경애 (성을 내며) 아니 이 녀석이……

하며 때리려 하자 경재가 잽싸게 도망친다. 모두들 웃는다.

최노인 경재는 어디 가든 제 밥벌이는 할 거야! (하며 만족한 표정이다)

어머니 좀 경한 편이죠. (빨래에 물을 뿌리며 턴다)

최노인 (표정이 일그러지며) 그래도 밤낮 익모초 씹는 쌍판보다는 낫지! 이 집에 그 어느 놈처럼……

어머니 원 영감도.

하며 경운이와 시선을 마주친다. 경애는 아랑곳없다는 듯 손톱에 손질을 한다.

최노인 (험악한 어조로) 경수는 어젯밤에도 안 들어왔지?

어머니 (두둔하듯) 친구 집에서나 잤겠죠.

최노인 (성을 내며) 제 집과 남의 집 분간도 못하는 놈이 어디 있어! (하며 담배를 피워 문다)

어머니 내버려두시구려. 그 애에게 그런 재미도 없어서야 되겠수?

최노인 재미? 지금 우리 형편이 재미를 보기 위해서 살아갈 팔자야?

어머니 그렇지만 마음대로 안 되니까……

최노인 임자는 잠자코 있어!

하며 소리를 버럭 지른다. 경운은 빨랫줄에다 빨래를 널며 눈치만 보고 경애는 재빨리 건넌방으로 들어간다.

최노인 (훈계조로) 사람이란 염치가 있어야 하는 법이야. 제놈이 군대에 갔다왔으면 왔지 놀고 먹으라는 법은 없어. 취직이 안 된다 핑계치고 비슬비슬 놀고만 지내면 돼? 첫째로 경운이 보기가 미안해서도 그럴 수는 없지!

경운 오빤들 마음조차 없겠어요? 아무리 일자리를 구하려 해도 안 써주는 걸. 사회가 나쁘지 오빠야 무슨 잘못이에요?

어머니 사실이에요.

최노인 뭐가 사실이야? 나이 어린 누이가 그 굴 속 같은 인쇄 공장에서 온종일 쭈그리고 앉아서 활자 줍는 노동으로 번 쥐꼬리만 한 월급에 매달려 사는 것이 사실이란 말이야? 나도 가게가 예전같이 세가 나간다면 이런 소리도 않지. 하지만 골목 안의 똥개까지 신식만을 찾는 세상이라 사모관대나 원삼 족두리는 이젠 소꿉장난감이 되고 말았으니 원…… 지난 봄철만 하더라도 꼭 네 번뿐 아냐? 이럴 때 신식 나일론 면사포나 두어 벌 있다면 또 모르지만……

경애 (미닫이를 열고 화장하던 얼굴을 내밀며) 아버지. 조금만 기다리세요. 제가 최신식 미제 면사포를 사올 테니까요.

최노인 네 말은 이제 콩으로 메주를 쑨대도 안 믿겠다. 네가 활동사진 배우가 되기를 기다리다간 엉덩이에서 꼬리가 나오게 됐어!

경애 두고 보세요. 오늘은 꼭 무슨 기별이 있을 테니까!

어머니 경애야. 너도 이제 그만 했으면 바람이 잤을 텐데 시집갈 궁리나 해.

경애 시시하게 시집이 다 뭐예요! 난 시집 안가요! (하며 눈썹을 그린다)

최노인 그럼 처녀로 늙을 셈이냐? 속 차려! (하며 뒤뜰로 돌아간다)

경애 영화계로 나선 이상 끝까지 이름을 내고야 말겠어요. 오늘 신인 배우 모집 시험이 있어요.

어머니 흥! 넌 도대체 몇 번 시험을 치르는 거냐?

경애 이번은 진짜 시험이에요.

경운 언닌 자신 있수? (하며 미닫이 앞 마루로 와서 앉는다)

경애 (화장을 하며) 십중팔구는 확실해.

경운 어떻게 그걸 미리 알우?

경애 (의미 있는 웃음을 뿜으며) 심사위원하고 미리 언약이 되어 있거든.

경운 어머나! 영화계에도 사바사바가 있수?

경애 실력이 어느 정도는 있어야지!

경운 실력이라니 언니가 언제 연기 공부를 해봤수?

경애 영화에 연기가 무슨 필요가 있니?

경운 하지만 대사는 말할 줄 알아야잖아?

경애 모르는 소리! 지금 배우들 가운데 제 목소리가 그대로 나오는 사람이 몇이나 되는 줄 아니?

경운 (무슨 뜻인지 몰라서) 예?

경애 입만 들썩거리지 소리는 방송극에서 나오는 성우들이 죄다 대신해서 녹음한단다.

경운 그래요?

경애 그러니까 우선 배우가 되려면 마스크가 개성적이면서 육체미가 있으면 돼!

경운 얼굴만 예뻐도 안 된다던데요?

경애 누가 그래?

경운 영화 잡지에서 읽었어요.

경애 (약간 주저하며) 그, 그야 전혀 연기력이 없어도 곤란하지만 역시 용모가 제일이지! (하며 거울을 쳐들고 눈을 떴다 감았다 한다)

경운 그럼 언니는 용모에는 자신 있수?

경애 그걸 내가 어떻게 아니? 심사위원이 결정할 문제지.

경운 (추궁하듯) 심사위원과 언약이 되어 있다고 했잖아요?

경애 (비위가 상한 듯) 애가 왜 이렇게 두더지처럼 파고만 들어! 잔소리 말고 이리 들어와서 허리 좀 졸라매 주려무나. (하며 옷을 훨훨 벗기 시작한다)

경운 허리를? 또 언젠가처럼 기절하려고? 훗……

경애 잔소리 말고 어서 들어와!

경운이 방으로 들어가자 경애는 이미 옷을 벗고 슈미즈만 걸쳤다.

경운 언니는 살이 쪘나봐! 웬 배가 그렇게 불렀수?

어머니 (질색을 하며) 얘! 누가 볼까 두렵다. 문이나 닫아라!

경운이가 씩 웃으면서 미닫이를 닫는다.

최노인 (부엌 쪽에서 나오며) 저 빌어먹을 녀석을 좀 봐! 남의 집에다가 구정물을 버리다니. 저, 저런…… (하며 옷을 털며 나온다)

어머니 누가요?

최노인 (좌편 '다방'이라고 붙은 건물을 가리키며) 저 2층 다방에서 버린 물이 뒤뜰 나무 밑에 흥건히 고였어! 2층에서 뽑아내린 수채통이 터졌나봐…… 망할 자식들! 돈 벌 줄만 알았지 남의 집 망치는 건 모르나? (화가 다시 치밀어서) 도대체 요즘 녀석들은 염치가 없단 말이야!

어머니 설마 알고야 그랬겠어요? 탓하지 마세요.

최노인 앗따 속이 넓기는 동해 바다로군! (소리를 돋구며) 내 집이 다 썩어 가는데도 탓하지 말아?

어머니 하지만 이웃들이 집터를 높게 돋우어서 집들을 지으니까 낮은 우리 집으로 물줄기가 모여드는 게지 누가 일부러야……

최노인 아니 이 귀신이…… 그래 우리가 잘못이란 말이야?

어머니 누가 잘하고 못하고가 있어요? 우리도 남들처럼 집터를 높이 돋아올리지 않은 다음에야 어디……

최노인 돈! 돈이 있어? 돈이 어디 있어? 세금 때문에 가게 문을 닫아버린 판국에 돈을 뿌려서 집터를 돋아올리자고?

어머니 아니 누가 그렇게 하쟀어요? 참.

최노인 그럼 어떻게 하는 말이오?

어머니 (토라지며) 낸들 알겠수! 여편네 말이라면 문풍지 우는 소리로 아는데.

최노인 (넋두리를 외우듯) 나 원…… 일이 이렇게 하나부터 열까지 뒤틀어지기만 하니. 에잇! 자식이라고 벌어들이는 놈이 있나, 장사가 제대로 되나! 게다가 가게 문을 닫은 지가 두 달이 지났는데도 세금은 꼬박꼬박 재촉이지! (공사장의 소음이 꺼지자) 설상가상으로 저 낮도깨비들 때문에 흔한 햇빛까지 안 들어 화초밭이 엉망이 되어가니…… 쯧쯧……

어머니 (잠시 생각에 잠기다가 최 노인의 눈치를 봐가며) 영감……

최노인 뭐요?

어머니 내 생각 같아서는…… (사이)

최노인 뭣이 어쨌어?

어머니 다른 집으로 갈아잡는 게 상책인 것 같으오만……

최노인 (말없이 눈만 부릅뜬다)

어머니 애들하고도 여러 번 의논도 했어요.

최노인 아까 경재 얘기 말이오?

어머니 예!

최노인 내가 싫다면 안 되는 일이야.

어머니 그러니까 여태 말을 못 꺼냈죠.

최노인 이거 내 집이라는 걸 알아야 돼.

어머니 사람이 살기 위해서 집이 있지 사람 죽고 집만 있으면 뭘 해요.

최노인 우리에게 남은 것이라곤 이 집뿐이야.

어머니 누가 그걸 모르나요. 하지만 이 집을 영영 없애버리자는 것도 아니고 좀 작은 집으로 갈자는 게죠.

최노인 이 집은 돌아가신 아버님께서 지으신 집이야.

어머니 그렇다고 자식들이 제 구실을 못하고 기도 못 피는 꼴을 보고만 있겠어요?

최노인 뭐라고?

어머니 경수만 하더라도 빈손으로 취직을 하자는 게 틀린 채산이죠. 요즘 세상에 공 안 들이고 되는 일이 있답데까?

최노인 그래 경수 취직 자금을 얻기 위해서 집을 팔자는 거야?

어머니 그것뿐이 아니죠. 경애도 시집보내야겠고 내년이면 경재도 대학엘 가야 하고…… 앞으로 돈으로 메꾸어야 할 일이 어디 한두 가지인가요?

최노인 (긴 한숨을 내쉰다)

어머니 낸들 무엇이 좋아서 오십 년 동안 살아온 집을 팔자고 하겠수. 하지만 창대같은 자식을 위해선……

최노인 (말없이 일어서 화초밭으로 가서 물끄러미 내려다보고만 있다)

어머니 우리야 이제 살면 얼마나 더 살겠어요. 젊은 애들이 불쌍하지…… (하며 눈시울을 누른다)

경운이가 어느새 나와 마루에 서 있다. 최 노인은 좌우의 건물을 번갈아가며 쳐다보더니 서서히 대문 쪽으로 나간다.

어머니 어디 가시우?

최노인 내 좀 다녀오겠소.

어머니 그럼 지금 얘기는……

최노인 (쏘아붙이며) 생각을 해 봐야지. (하며 퇴장)

어머니 어유 저 고집 때문에 이 고생이지.

경운 어머니 너무 염려마세요. 어떻게 되겠지요. 설마 굶어 죽기야 하겠어요.

어머니 (눈물지으며) 굶는 게 두렵겠니? 사는 일이 두렵지.

이때 화려하게 양장을 한 경애가 방에서 나온다.

경운 (감탄을 하며) 언니. 그렇게 차려 놓고 보니 진짜 배우 같군요!

경애 언제는 가짜였니?

경운 김칫국 먼저 마시네요. 호……

경애 요 계집애가…… (하며 구두를 신는다)

어머니 일찍 좀 들어오너라.

경애 일찍 끝나야죠. 참 어머니. 오늘 일이 해결만 되면 염려 없으셔. 이보다 더 좋은 집도, 자가용도, 그리고 오빠 취직도 만사 오케이로 척척박사일 테니까요.

어머니 잔소리 말고 시집이나 가! 그까짓 영화배우를 평생 할 테냐?

경애　어머나. 남의 인격을 무시해도 유분수이시지! 나는 지금 나의 일생을 결정짓는 가장 중대한 인생 위기에 서 있는 거예요.

경운　언니두. 그런 말을 어머니께서 알아들으셔야죠.

경애　(명랑하게 웃으며) 나의 유일한 협력자요, 후원인은 너뿐이구나! 그럼 다녀올게요! (하며 가볍게 춤을 추듯이 퇴장)

어머니　어유 언제나 속이 들려는지 원……

경운　천성인 걸요 뭐! 좋지 않아요?

어머니　좋긴 뭐가 좋아!

경운　명랑하고 솔직하고 자기의 생각대로 직선으로 행동할 수 있는 언니의 성격이 좋지 뭐예요. 난 언니 성격을 10분지 1만이라도 닮았으면 해요.

어머니　그러면 이 어미는 진작 늙어 죽었을 게다.

경운　원 어머니두. (문득 생각이 난 듯) 참, 언니가 좀 이상해 보이지 않아요?

어머니　뭐가?

경운　아까도 옷을 갈아입는데 보니까 아무래도 몸에 이상이 있는 것 같아요.

어머니　(눈이 번뜩 뜨이며) 몸이?

경운　전에는 그런 일이 없었는데 아랫배를 꽁꽁 졸라매면서……

어머니　멋을 내기 위해서 그런 게지.

경운　글쎄요…… 게다가 요즘은 밥도 잘 안 먹지 않아요!

어머니　(고소를 뱉으며) 언제는 그 애가 뭘 먹더냐? 피부가 고와져야 한다는 둥 살이 찌면 밉다는 둥…… 망할 것! 그러기에 멋내다가 얼어 죽고 체면 차리려다가 굶어죽는댔지!

경운　저도 그렇게 생각은 하지만서도…… 웬일인지 마음이 안 놓여요.

어머니　난 그보다도 네게 미안해서 원…… 네가 있기에 얼마나 마음이

든든하고 미더운지 모른다. (한숨) 너에게 너무 고생을 시켜서 ……

경운 어머니 그런 말씀하시면 싫어요. 내가 취직을 하고 싶어서 했지 딴 생각은 없으니까요.

어머니 왜 너는 대학엘 가겠다고 했지 않았니?

경운 누구나 한 번씩 해보는 소리죠. 언니도 못간 대학엘 내가 어떻게 갈 수 있으며 또 집안 형편이 어디 그렇게 넉넉했어요?

어머니 정말 네가 여학교에 들어가던 때만 해도 괜찮았지.

경운 지금이라도 오빠가 취직만 되고 좋건 궂건 배우로 뽑히기만 한다면 남부럽지 않게 살 수 있을 거예요.

어머니 그걸 어떻게 믿을 수가 있니? 네 아버지께서 집을 팔겠다고 하시기 전에는……

경운 (사이) 이 집을 판다면 얼마나 받을 수 있을까.

어머니 복덕방 얘기로는 오백만 환은 받을 거라고 하더라만……

경운 오백만 환이요?

어머니 그래.

경운 그러고 보니 우리도 아주 가난뱅이는 아니군요. (하며 앳되게 웃는다)

어머니 집만 있으면 뭘 하니? 칼은 써야 드는 법인걸.

경운 그럼 우선 후생주택에 들고 남은 돈으로 이리 저리 굴리면 되겠는데요.

어머니 글쎄 내 얘기가 그 얘긴데도 네 아버지가 그 모양이니 일은 다 틀렸잖니? (쓴웃음을 지으며) 그렇게만 하신다면 너를 고생 안 시키고도 살 수 있을 텐데!

경운 저더러 인쇄소를 그만 두라고요?

어머니 그럼 뭣이 좋아서 그런 곳에다 너를 가둬둔단 말이냐?

경운 원 어머니두.

어머니 아니다. 나는 늘 마음 속으로 너에게 대해서 얼마나 미안했는지 …… 남들은 별의별 사치를 하고 다녀도 그 주먹만 한 도시락을 싸들고 비가 오나 바람이 부나 인쇄공장에 틀어박혀서 일하는 일을 생각하면 내가 꼭 무슨 죄를 지은 것 같기도 했단다.

차츰 울먹거리는 음성으로 변해지자 동요하는 심정을 억제하려고 경운은 불쑥 일어선다.

경운 (토라진 소리로) 남에게 동정을 받고 싶어서 취직한 못난이가 아니에요. 어머니는 공연히 그러셔!

어머니 오냐, 내가 잘못했다! 다만 네가 벌어대는 돈만 믿고 사는 게 미안해서 그랬을 뿐이지.

경운 자식이 부모를 위해서 생활하는데 무슨 미안이에요? 어머니두 그런 말씀 마세요!

어머니 오냐. 이젠 안 하지.

이때 경수가 힘없이 등장. 발걸음이 약간 휘청거리는 게 술에 취한 것 같다. 어머니와 경운은 각각 반가움과 동정으로 맞아들인다.

어머니 경수 오니?

경수 말없이 마루 끝에 가 주저앉아서 후줄그레한 윗저고리를 벗는다.

경운 오빠. 아침은?

경수 먹었다.

어머니 어디서? 또 그 영복이 집에서?

경수 아침 해장국까지 얻어먹었죠.

그의 태도는 어딘지 차고 쌀쌀하며 자포자기적이다.

경운 (일부러 농조로) 서울 인심은 아니군요?

어머니 (상을 찌푸리며) 술 좀 삼가해라. 제 몸을 생각해야지!

경수 생각 끝에 마신 걸요. 헛허……

어머니 원 애두…… 참 영등포 어느 공장에서 오란다는 얘기는 어떻게 되었지?

경수 기다리라더군요.

어머니 (실망하며) 그래……

경수 (혼잣소리로) 밤낮 기다리라지! 육시랄! 죽을 때까지 제깟 놈 말만 기다리고 살란 말인가?

어머니 그렇지만 기다리라면 진득이 기다려 볼 수밖에 없지.

경운 요즘 취직이 그렇게 쉽게 되나요.

경수 그래 네 말대로야! 누구나 하는 소리가 그렇지! 친구고 선배고 겉으로는 아주 염려한다는 표정으로 하는 소리가 매양 그렇지! 제길……

경운 (금시 울음이 터지려는 표정으로) 오빠 전 결코 그런 뜻으로 말한 게 아니에요.

경수 (허튼 웃음을 지으며) 그래 너만은, 내 귀여운 동생만은 아니지! 도대체 실업자도 많지만 자기 직업에 대해서 너무 떨고 매어달리는 사람이 더 많은가 봐요.

어머니 그게 무슨 얘기니?

경수 한 번 직장을 붙들면 죽기 아니면 살기로 매어달리니 일자리가 빌 턱이 있겠어요.

경운　그래요. 그렇지 않고서는 살 도리가 없으니까요.

경수　싱거운 친구들! 싫으면서도 싫다는 얘기 하나 못하고 울면서 겨자 먹기로 직업에 매달려 사니 생전 가야 우리 몫이 나긴 글렀다 이 말씀이죠!

어머니　그렇지만 전쟁터에서 돌아온 사람은 좀 달리 봐줘야지……

경수　(냉소를 뱉으며) 그걸 안다면 세상이 이 꼴이겠어요? 모두가 자기에게 필요한 때만 형님이요, 아저씨지 볼장 다 보면 지나가는 똥개 취급이라니까요. 핫하…… 요컨대는 취직에도 먹자판이지! 밑천 안 넣고는 어림도 없어! 그러니까 또 취직만 되면 그 본전에다 복리까지 가산해서 주워 잡수시기가 일쑤 아니에요. 그러나 내겐 그 돈도 없어! 돈!

어머니　아무리 세상이 막 되었기로 그래 인정도 의리도 없단 말이냐?

경수　인정이요? 에미가 자식을 버리고 자식이 애비를 죽이는 판국에 인정이요? 흥? 재주는 곰이 넘고 돈은 왕서방이 받아먹는 격이죠?

하며 마룻바닥에 드러눕는다. 모든 슬픈 표정으로 내려다본다.

경운　오빠. 들어가서 쉬세요.

경수　너는 이 오빠가 밉지?

경운　(일부러 명랑하게) 취하셨나봐!

경수　내가 취했다구? 천만에!

경운　주정하는 사람이 자신을 가리켜서 취했다고 하는 법은 없다나요?

경수　(크게 웃으며) 네가 벌써 그런 소리를 하게 되었다니! 이제 시집을 가야겠구나.

경운　흥! 춘자 언니가 오빠에게 시집오기 전엔 안 갈걸.

경수　뭣이? (벌떡 일어나 앉으며) 너 지금 뭐라고 그랬지? (하며 대든다)

경운 오빠가 그렇게 이기적이니까 춘자 언니도……

경수 내가 춘자에게 어쨌단 말이야?

어머니 경운아! 너는 오빠를……

경운 오빠를 존경했어요. 누구보다도 믿었어요. 하지만 지금은 의심하고 있어요.

경수 의심한다구?

경운 오빠! 오빠는 대학 중도에 군문에 들어갔고 이제 제대가 되었으니까 사회생활에 대해서는 아직 경험이 없으시겠지만 저는 이래봬도 뭇 남성 여성 사이에 끼어 3년 동안 사회 맛을 봐온 사회인이에요.

경수 그래 네가 이 오빠에게 설교를 할 작정이냐?

경운 설교가 아니라 의견이지요. 오빠가 제대한 이후 우리 집안은 더 형편이 어렵고 또 오빠 때문에 집안 식구가 얼마나들 괴로워하는지 아세요?

어머니 경운아!

경운 어머니는 잠자코 계세요. 아까도 오빠 얘기는 돈이 없어서 취직을 못한다고 하셨지만 그런 말씀 어머니 앞에서는 삼가하세요. 우리 집에 오빠 취직을 위해 쓸 돈이 있으면서 안 냈겠어요?

경수 뭐라고? 이 계집애가 못할 소리가 없구나.

경운 저를 때리시겠어요? 때리세요. 그러나 그것으로 오빠는 만족하지도 못하실 걸요.

경수 (혼잣소리로) 내가 그렇게 미웠던 것을……

경운 사회가 나쁘고 주위가 무관심한 것만을 탓하고 자신의 몸가짐을 아무렇게나 펼치고 다니는 것은 약한 짓이라고 봐요! 오빠! 저를 건방진 년이라고 여기시겠죠? 그렇지만 우리는 무슨 짓을 해서라도 살아야만 하는 거예요!

경수 나더러 도둑질을 하란 말이야?

경운 할 일 없으시면 집에 계세요. 술 마시고 행패하고 집안사람을 울리지 마세요. 어머니는 오빠 때문에 밤잠도 안 주무시는 줄이나 아세요? 어젯밤에도 새벽 두 시까지 안 주무시고……

어머니 그만 두지 못하겠니?

그녀의 뺨에는 눈물이 흐르고 있다. 경수는 멍하니 땅을 내려다보고만 있다.

경운 오빠가 취직을 안 하신다고 당장에 굶지는 않으니까요. 제가 아직은 벌 수 있어요!

어머니 (애원하듯이) 오늘부터는 밖에 나가지 말고 집에 있거라. 어쩌면 이 집이 팔리게 되면 조용한 시외로나 옮기자. 넓은 터전에다 채소도 가꾸고 닭이며 돼지를 치며 살자꾸나! 경수야! 세상이 아무리 막되었기로 제 속을 남에게까지 빤히 펴보이며 살 필요는 없잖니? 응?

경수 (조용히) 어머니.

어머니 응?

경수 경운아. (사이) 그런 얘기는 알고도 남음이 있어! 하지만…… (차츰 흥분하며) 보기 싫은 걸 어떡하지? 가만히 앉아 있을 수 없는 걸 어떻게 해! 정부가 우리에게 무얼 해줬어?

경운 그런다고 어느 누가 눈썹 하나 까딱거려요. 오빠! 참는 것뿐예요.

경수 참아? 기다려? 나중에 보자? 힘을 써보자? (거의 광증을 일으키며) 그게 나를 병신 취급하는 수작들이야! 나를 농락하는 건방진 짓이야! 부모도 형제도 나를 적당히 놀리고 있는 거야!

어머니 경수야! 왜 이러니? 경수야!

경수 어머니, 나 술은 먹었어요! 그렇지만 먹고 싶어서가 아니에요. 어머니나 경운이 말대로 참기 위해서, 그 놈들 말대로 기다리기 위해서요. 그러나 참을 수도 기다릴 수도 없는데 어떻게 해요. 어머니. 나는 불쌍한 놈이에요!

하며 어머니 무릎 아래 엎드려 운다. 격동하는 심적 고통을 참으며 어머니는 경수의 머리를 쓰다듬는다. 경운은 돌아앉아 울고 있다.
옆집 공장에서는 망치소리가 요란히 들려온다.

어머니 (울음을 겨우 삼키며) 경수야…… 낸들 왜 네 마음을 모르겠니…… 안다. 세상 사람이 다 몰라도 나는 알아. 설마 산 사람 목구멍에 거미줄이야 치겠니? 경운이 말대로 아직은 어떻게 살 수 있으니 집에서 쉬도록 해라. 응?

그동안 경수는 말없이 고개를 들고서 돌아앉는다. 눈물을 한손으로 씻고 있지만 어깨는 여전히 들먹거린다.

경수 (조용히) 어머니.

어머니 응?

경수 저…… 실은…… 시골에 좀 내려갈까 해요.

어머니 시골이라니?

경수 서울선 아무래도 일자리가 날 것 같지도 않으니까 시골에 가서 닥치는 대로 일을 하겠어요.

경운 그렇지만 오빠가……

경수 (고소를 뱉으며) 팔 병신으로서도 할 일이야 있겠지. 부산이고, 여수고, 목포고 바람도 쐴 겸 떠돌아다니다 오겠어…… (하며 담배

를 꺼내서 피워 문다)

어머니와 경운은 서로 시선을 마주치면서 말없이 앉아 있다.

경운　그렇다고 빈손 쥐고야 갈 수 있어요?

경수　실은 그것 때문에 내 친구가 우선 부산까지의 여비는 대주겠다지만 내 수중에 동전 한닢 없이는 안 되겠다고 해서…… 경운아…… 염치없는 얘기다만 어떻게 돈 만환 돌릴 수 없을까?

어머니　만환?

경수　내려가서 돈벌이가 생기면 곧 올려보낼 테니까. 하다못해 부두에서 하역인부 노릇이라도 하면 못하겠니? 팔 하나라도 힘은 세니까.

어머니　얘! 그런 생각 말고 집에 있거라. 서울서도 어려운 일이 시골이라고 되겠니?

경수　(괴로움을 이겨내려는 듯 심호흡을 하며) 제발 내가 하고픈 대로 내버려 두세요. 이상 더 집엔 있을 수가 없어요. 아버지 뵙기도 민망하고…… 또 내가 있으므로 식구들이 우울한 나날을 보내야만 하니……

경운　오빠! (사이) 식구들을 위해서라면 집에 계세요. 그게 훨씬……

경수　(말없이 경운을 쏘아본다)

경운　하룻밤을 밖에서 지내도 어머니께선 걱정을 하시느라고 밤잠을 못 주무시는데 오빠가 낯선 시골엘 가신다면……

어머니　정말이다! 이 에미는 아마 속을 새까맣게 태우다가 죽을 게다! 경수야!

경수　(다시 짜증스럽게) 그럼 도대체 저더러 어떻게 하란 말이에요. 어떻게…… (하며 채 타다 남은 담배를 발길로 비벼 꺼버린다)

이때 최 노인이 대문 안에 들어서려다가 이 광경을 보고 멈칫 제자리에 서서 엿듣는다. 경수는 그런 줄 모르고 더욱 흥분한다.

어머니 아무래도 너 약주를 너무 많이 한 게로구나! 어서 들어가서 쉬어라! 응! (하며 경수 등을 민다)

경수 (어머니의 손을 털며) 놓으세요! 어머니까지 저를 주정뱅이 취급을 하시는군요! 흥! 경운아! 어떻게 돈 좀 빌려주라니까! 응?

경운 아이 오빠도. 글쎄 없는 돈을 졸지에 어디서 만들어내라고 그러세요? 참……

경수 제길! 이런 때 집이라도 팔면 오죽 좋아! 굶으면서 집만 지니고 있으면 뭘 해! 사람이 살고 집도 있지……

하면서 일어나 뜰아랫방으로 가려다가 최 노인과 마주친다. 최 노인은 말없이 눈을 부릅뜨고 서 있다. 어머니와 경운이가 불안한 표정으로 바라본다.

최노인 뭐 집을 팔아? 어느 아가리에서 그따위 소리가 나와?

경수 (말없이 툇마루에 걸터앉는다)

최노인 꼴 좋다! 대낮에 술 처먹고 어린 동생에게 돈을 졸라? 흥! 그래 어느 놈 먹여 살리려고 그러니? 네 말대로 굶는 판에 술은 좋으냐?

어머니 그런 게 아니라……

최노인 임자는 가만히 있어! (하고 소리를 지르자 어머니는 경련을 일으킨 사람처럼 움찔해진다) 말 좀 해봐! 입은 언제 뒀다 쓰려는 입인데…… 아까는 제법 기세가 당당하게 떠들더구나! 뭐 이럴 때 집을 팔면 오죽 좋아? 이놈아. 그래 이 집까지 팔아 없애야 시원하겠느냐? 이게 어떤 집인데 네 놈 술값 대기 위해서 팔아?

경수 (빈정대며) 할아버지 아니라 임금이 사줬으면 뭘 해요!

최노인 (기가 차서) 뭐 뭣이 어째? 저놈 하는 소리 좀 들어봐! 얘 경운아! 너 들었지? (공허한 웃음을 웃으며) 헛허…… 이게 애비에게 대한 대접이란다.

경운 아버지 오빠가 돈 얘기 한 건 술값 때문이 아니라요…… 저……

최노인 안이고 껍질이고 듣기 싫다! (경수에게) 이놈아! 임금님이 준 집이라도 팔아 없애잔 말이냐? 자고로 조상을 몰라보는 놈 치고 잘되는 놈 못 봤다! 똑똑히 들어. 이 집은 내 집이야!

경수 누가 아니랬어요?

최노인 그리고 이 집은 내 눈에 흙이 덮이기 전엔 못 판다! 아니 내가 죽은 후라도 못 팔아! 네가 장남 아니라 장장남일지라도 못 판단 말이다!

어머니 여보. 술이 과해서 한다는 소리가 그런 게죠. 경수야 어서 들어가!

최노인 (분노가 머리끝까지 차서) 이놈아! 왜 애비를 못살게 하느냐? 아주 집안 식구가 몰살하는 꼴을 봐야 시원하겠니?

경수 (담담하게) 집을 팔면 더 잘 살 수 있죠!

최노인 내 집을 내가 못 판다는데 네놈이 무슨 상관이냐? 상관이……

경수 그렇지만 집을 팔아서 모든 식구가 행복해질 수 있는데도 아버지께서는 고집을 부리시니 딱하시잖아요.

최노인 흥! 언제부터 그렇게 집안 식구를 골고루 생각해줬니? 네가 두 번만 집 걱정을 하다간 기쁜 눈물로 홍수가 나겠다! (하며 무섭게 눈알을 부릅뜬다)

어머니 (난처해하며) 경수도 보기에 딱해서 그런 게지 일부러 누가……

최노인 딱해서라고? 아니 그래 미안한 줄 아는 놈이 넉 달이 다 되도록 이 꼴이야? 이놈아! 네가 집안에 보리쌀 한 톨 가져와 봤니? 늙은 에미 허리를 다쳤을 때 고약 한 장 사왔니? 너는 처음부터 집안이 망하기를 바라던 놈이야! 그렇지? 두말 말고 나가라!

경수 (끓어오르는 격분을 이기려고 애쓰며) 집을 나가라고요?

어머니 (못마땅하게) 그게 무슨 당치도 않은 소리요?

최노인 그래 못 나가겠단 말이냐? 나도 지금까지 참고 견디며 살아나왔다. 그렇지만 이상 더 참을 수는 없어! 네가 없는 동안도 우리는 살아왔다! 네가 없으면 차라리 속이라도 편하겠다! 안 보이면 약이란 말이다!

경운 아버지. 고정하세요. 오빠가 집을 팔자는 데는 그럴 만한 이유가 있는 걸요.

최노인 있을 테지! 나는 그게 마땅치 않단 말이다!

경운 (무슨 뜻인지 모르겠다는 듯) 예?

최노인 저 녀석은 제 손으로 이 집을 팔아 진탕 쓰고 싶어서 그러는 거야! 그 돈을 제놈 혼자서 진탕 써버리고 싶어서 말이야!

경수 (반항적으로) 아버지! 그, 그런……

최노인 그렇지 않단 말이냐? 너는 이 애비가 하루 빨리 죽기를 바라고 있을 게다! 그렇게 되어야만 모든 재산을 네 마음대로 처리할 수 있을 테니까! 흥! 내가 그걸 모르고 있는 줄 아느냐? 이놈아! 그렇지만 내가 눈 감기 전에는 이 집 안의 시든 풀 한 포기일지라도 손을 못 댄다! 못 대! (하며 뜰을 이리저리 서성거린다)

경수 (서서히 일어서며) 아버지. 너무하세요. 제가 언제 그런……

경운 아버지! 그런 말씀은……

최노인 (발악적으로) 어떻든 나는 이 집은 안 팔아! 그러니 저마다 제 갈 길을 찾아 가거라! 자식을 믿는 부모도 어리석거니와 부모를 쳐다만 보는 놈도 얼빠진 놈이지!

어머니 여보! 그게 말이라고 하우?

최노인 듣기 싫어! 이건 내 집이야! 내 맘대로 하겠다는데 누가 참견이야?

경수 (반항적으로) 맘대로 하세요! 누가 하지 말랬어요?

최노인 뭣이 어째?

경수 혼자서 잘 먹고 잘 사세요! 십환 한 장 달라지 않을 테니까 염려 말아요!

최노인 어니 저, 저 자식 말버릇 좀 봐!

경수 (자포자기한 말투로) 아버지 하시고 싶은 대로 하시란 말이에요. (울음이 터지며) 그런데 왜 그러세요? 내가 어쨌다는 거예요? 네? 아버지! 내가 언제 아버지를 일부러 못살게 했어요? 아버지! 난 난……

하고 싶은 이야기를 다 하지 못하는 안타까움을 이기려고 애쓰다 가슴과 셔츠를 쫙 찢어 헤친다.

경운 아버지. 너무하세요!

어머니 가난은 나라에서도 못 막는다는데 경수가 잘못이에요? 나라를 위해 싸우다가 빨갱이들에게 팔까지 빼앗긴 사람에게 일자리 하나 못 주는 나라가 잘못이지! 도적놈들! 대통령이고 국회의원이고 어느 놈이 백성 걱정을 해준대요?

경운 오빤들 어떻게 해요? 밤낮 감투 싸움에만 눈이 뒤집혔지 사회 복지나 제대 장병들의 생활보장 하나 제대로 못하는 정치가가 나빠요!

어머니 (울고 있는 경수의 어깨에 손을 대며) 경수야! 아버지 성질을 너도 잘 알지 않아? 응? 그러니……

경수 (어머니의 손을 털며) 제게 손을 대지 마세요! 부모도 자식도 아닌데…… 저리 가세요!

하며 허공을 뚫어지게 응시하더니 대문 쪽으로 걸어간다. 이때 경애가 힘없이 들어서다가 한 귀퉁이에 숨는다. 그러나 모두들 경수에게만 시선이 쏠린다.

어머니 어딜 가니?

경운 오빠! 제발 집에 있어요!

경수 무어라고 말을 하려고 어머니와 경운을 돌아보더니 그대로 휙 나가버린다.

어머니 경수야! 경수야!

최노인 갈 놈은 가라고 내버려둬! 다 가거라! 나 혼자 집을 지킬 테니까!

어머니 여보! 어쩌자고 이러세요? 예?

최노인은 담배를 피우고 어머니는 눈물을 짠다. 답답한 분위기를 수습하려는 듯 경운이 뜰로 내려오다가 경애를 발견한다.

경운 언니 오늘은 웬일이우. 이렇게 일찍……

경애는 그 말에는 대꾸도 않고 말없이 마루 끝에 걸터앉아서 땅만 내려다보고 있다. 모든 사람은 서로 얼굴만 쳐다보고 있을 뿐이다.

경운 (가까이 와서 어깨를 흔들며) 언니 왜 이래?

경애 (히스테리컬하게) 제발 나 혼자 있게 내버려둬!

어머니 경애야!

경운 또 낙제요? (사이) 그까짓 일로 그렇게 낙심할 게 뭐요? 기회는 앞으로 얼마든지 있을 텐데.

경애 (중얼거리며) 도적놈들! 모두가…… 모두가…… 협잡꾼들이야! (하며 엎드려 울기 시작한다)

어머니 어유…… 그러기에 내가 뭐라든. 진작 마음 잡고서 시집이라도 가라니까!

경운 원 어머니두! (경애의 등을 흔들어 일으키며) 언니 얘기 좀 해요!

최노인 얘기는 들으나 마나 빤하지 뭐냐!

경애 (서서히 고개를 들며) 처음부터 이상스런 예감이 없는 것도 아니었지만…… 그렇게 감쪽같이 속여넘길 줄은 몰랐어!

경운 속이다니 누가 말이우?

경애 그 영화사라는 게 가짜였어!

어머니 가짜? (하며 서로 시선을 마주친다)

경애 신인배우를 모집한다는 광고를 미끼로 수속금만 몽땅 긁어먹구서……

경운 아니 그럼 심사위원은요?

경애 자기네들도 모르는 일이래. 2백 명이나 되는 지원자에게서 카메라 테스트 비용이라면서 5천 환씩이나 걷어가지구선 테스트도 안 하고 자취를 감추었어…… (하며 다시 울기 시작한다)

경운 그까짓 돈 5천 환이 뭐예요. 소매치기 당한 셈 치고 잊어버려요.

경애 (더욱 슬퍼지며) 돈이 문제가 아니야! 나는…… 나는……

하며 채 말을 털어놓기도 전에 건넌방으로 황당히 들어가더니 울음보를 털어놓는다. 모든 사람은 말없이 한숨만 내쉰다.

최노인 말세야…… 말세!

어머니 (행여 경애 귀에 들릴세라) 제발 그만 좀 덮어줘요! 그 앤들 마음이 얼마나 아프겠수!

최노인 세상이 아무리 변해가기로 밤이 낮이 되고 낮이 밤 되라는 법은 없지. 그래도 행여나 하고…… 자식을 믿고 살아온 우리가 등신이지! (화가 치밀어 올라) 이게 무슨 꼴이람! 어서 죽어야 해!

어머니 아무래도 이 집터가 센가 봐요! 되는 일이라곤 없으니…… 이사를 가야만 운이 트이려나 봐요!

거리의 소음이 침묵 가운데 퍼지더니 정오 사이렌이 울린다. 최 노인은 대문 근방을 서성거린다.

경운 어머니 점심이나 차릴까요?

어머니 그래. 아버지께서 시장하시겠다. 경재는 밖에서 먹겠지……

경운 (일어서서) 나 옷 좀 갈아입고요. (하며 건넌방으로 들어간다)

어머니 여보 영감. 경수에게 너무 그러지 마세요. 그 애가 군대 가기 전엔 어디 그랬었수?

이때 방에서 경운이의 비명소리가 들려온다.

경운 (소리만) 앗! 어머니! 어머니!

어머니 아니 왜 그래?

경운 (반신만 급히 나타내며) 언니가…… 언니가 큰일 났어요!

하고는 다시 들어가 언니를 연달아 부른다.

어머니 경애가? (하며 허둥지둥 들어간다)

최노인 (아직도 자신의 귀를 의심하며) 무슨 일이냐? 경애가 어쨌어?

잠시 후 어머니와 경운이가 경애를 부르며 통곡하는 소리가 집안을 뒤흔든다. 이때 어머니가 한 장의 종이를 들고 나온다.

어머니 (날카로운 최 노인의 시선을 피하며) 경애가 약을……

최노인 뭣이? (하며 급히 올라간다)

최노인은 문지방까지 올라갔다가 방을 들여다보더니 그대로 맥이 탁 풀려 힘없이 돌아서 걸어나온다. 유서를 몇 줄 읽다 말고 넋나간 사람처럼 흐느적거린다.

최노인 (기가 막혀) 이게 무슨 꼴이람! 이런 팔자도 있담?

하며 모래섬이 쓰러지듯 마루 끝에 주저앉아서 소리 죽여 울기 시작한다. 어머니가 얼굴을 감싸 쥐며 나와 최 노인 옆에 선다.

어머니 약은 아까 들어올 때 이미 먹었었나 봐요. 그런 줄도 모르고…… 어유……

울고 있던 최 노인은 발광하는 사람처럼 고개를 들자, 눈빛이 이상하리만큼 반짝인다.

최노인 내 앞에서 자살을 해? 이놈! 이놈이 죽어넘어진 꼴을 봐야지!

하며 벌떡 일어나 방으로 들어가려 하자 경운이와 어머니가 말린다.

어머니 여보! 왜 이러세요!

경운 들어가지 마세요. 아버지!

최노인 이 팔을 놔라! 불효스런 놈을…… 놔!

경운 아버지! 언니의 마지막 길이나마 평안하게 보내줍시다. 언니가 불쌍하지 않아요? 네?

어머니 게다가 그애 몸은…… 이미……

최노인은 심한 흥분이 차츰 가시자 숨이 차며 말을 더듬거린다.

최노인 사람 목숨이 그렇게 값없지는 않을 텐데…… 못난 것들…… 너희들 사남매를 길러낼 때 이 애비는 죽음이란 생각조차 못했었다…… 아…… 자식들마저 부모 곁에 있기를 싫다는 바에야 우리 늙은이가 살아서 뭘 해! 응? 뭘 해? 아…… 경애야! 경수야! 내 이놈! 이놈! (화초밭 가까이 오며) 이 집안에서 되는 거라곤 하나도 없어! 흔한 햇볕도 안 드는 집에 뭣이 된단 말이야! 뭣이 돼!

하며 화초며 화분을 마구 짓밟고 깨뜨린다. 그는 완전히 이성을 잃은 사람 같다.

어머니 (뛰어오며) 여보! 이게 무슨 짓이오. 그렇게 정성을 들여서 가꾼 것들을…… 당신도! (하며 눈물을 쏟는다)

최노인 내가 정성을 안 들인 게 뭐가 있어! 나는 모든 일에 정성을 들였지만 안 되잖아! 하나도, 씨도 말이야!

하며 다시 화초를 짓밟으려 하자 경운이가 말린다.

경운 아버지! 참으세요!

이때 옆집 공사장에서 들려오는 소음이며 모터 소리가 최 노인을 비웃기라도 하듯 요란스럽게 울려퍼진다.

–막

제4막

무대

전막과 같음. 전막부터 2주일 후 오후. 짓밟힌 화단은 형편없이 되었고 몇 개의 화분이 남아있을 뿐이다. 경애가 거처하던 건넌방은 덧문까지 닫혀 있어 지금은 사용치 않고 있다.

막이 오르면 어머니가 마루에 앉아서 옷보따리를 풀어놓고 다 낡아빠진 옷을 골라내고 있다. 이마에 하얀 띠를 동였다. 며칠 앓고 난 뒤라서 아직도 두통은 가시지 않았나 보다. 이따금 한숨을 내쉬며 멍하니 허공을 쳐다보곤 한다. 집안은 전보다 더 어둡고 침울하여 마치 이사 나간 집처럼 냉한 바람이 감돈다. 경재가 뜰아랫방 툇마루에 걸터앉아서 영어 참고서에 색연필로 표적을 하며 공부하고 있다. 마루에 걸린 낡은 벽시계가 네 시를 가리킨다.

경재 지금 네 시 쳤지요?

어머니 (힘없이) 응……

경재 누나가 왜 안 올까?

어머니 오늘도 허탕인가 보구나. (한숨) 점심도 못 먹었을 텐데. 못 찾았으면 일찌감치 돌아오지 않구서…… 경운이가 못 당할 일이지……

경재 (책을 덮으며) 막연히 찾아다니면 어떻게 해요. 하루 이틀도 아니고 벌써 2주일이 되는데……

어머니 (금시 눈물이 핑 돌며) 그러기 말이다…… 지금쯤 어디서 밥을 먹는지 죽을 마시는지…… 망할 녀석!

경재 또 눈물바람이셔! (일어서며) 형이 한두 살 난 애기예요? 걱정 없어요.

어머니 너는 그날 일을 안 봤으니까 그렇지. 그 길로 뛰어 나간 지가 벌써 보름이나 되었으니…… 지지리도 복도 없는 놈이지…… (느껴 운다)

경재 형이 어디 가면 밥 굶을까봐 그러세요? 염려마시래도! 화난 김에 집을 나갔으니 화가 풀리면 곧 돌아올 거예요.

어머니 어디 가 있는지 소식이라도 알았으면 덜 답답하겠다.

경재 형은 겉으로는 그렇게 사나워 보이지만 실상 마음은 약한 성격이에요. 군대 가기 전의 형이 어디 그랬어요?

어머니 (고개를 들며) 하긴 그래……

경재 지금쯤은 후회하고 있을걸! 사실은 집에 돌아오고 싶어도 멋쩍어서 어디 친구 집에서 뒹굴고 있을지도 몰라요. 헛허!

어머니 그렇게라도 서울에만 있다면야 오죽 좋겠니……

경재 아버진 요즘 어딜 그렇게 나다니신대요?

어머니 누가 아니? 아침상을 물리치기가 바쁘게 휭 나가신단다. (건넌방을 바라보며) 하긴 엊그제 송장을 친 집안에 무슨 낙을 붙여서 들어앉겠냐. (넋두리 외우듯) 망할 것! 죽긴 왜 죽어……

경재 차라리 그렇게 마실이라도 도시는 게 다행인지도 모르죠.

어머니 다행이라니?

경재 하루 종일 집안에 들어앉아서 신경질만 내시면 더 곤란하잖아요?

어머니 이젠 신경질 낼 건덕지도 없어졌지 뭐냐. (한숨)

이때 대문을 삐걱 열고 복덕방 노인이 고개를 내민다.

복덕방 계슈?

경재 누구세요?

복덕방 응…… 나야. (뒤를 돌아보며) 잠깐 들어오세요! (하며 뜰 안에 들어

선다)

그 뒤를 따라 아랫배가 장구통처럼 부른 중년 신사가 들어온다.

어머니 어디서 오셨죠?

복덕방 헷헤…… 마나님 절 모르시겠어요? 나예요. 구멍가게 옆에……

어머니 (상반신을 내밀어 눈여겨보더니) 예! 복덕방 아저씨세요?

복덕방 예. 어디 나가셨어요?

어머니 (어물어물하며) 예. 잠깐…… 나가신 모양인데……

복덕방 멀리 가셨을까요?

어머니 글쎄요. 왜 그러세요?

복덕방 예…… 저 저 상의할 일이 있어서……

하며 집안 여기저기를 둘러보고 있는 중년 신사에게 말을 던진다.

복덕방 어떡하실까요? 주인 영감이 안 계신 모양인데.

신사 (거만하게) 그럼 마나님에게 말해보슈. 대충 얘기는 알고 있을 테죠.

경재 무슨 얘기신데요? 제가 아버지께서 돌아오시면 말씀드릴게요.

복덕방 사장님! 좌우간 좀 앉으세요. (하며 마루 한 끝을 훅훅 불며 비켜준다)

신사 (무거운 엉덩이를 천천히 앉히며) 실례합니다. (하며 숨을 몰아쉰다)

어머니 누추합니다.

신사 영감님께선 쉽게 안 돌아오실까요?

어머니 예. 석양 때가 훨씬 지나야……

복덕방 그럼 제가 먼저 말씀드리고서. 예…… 마나님! 다른 게 아니라 이 어른은 (앞집 공사장을 가리키며) 저 집 주인 되시는 분인뎁쇼.

어머니 예 그러세요?

복덕방 실은 전에도 말씀드린 바와 같이 저기다 저렇게 높은 집이 들어서게 되는데 말씀이야…… 댁의 집이 바로 인접이 되어놔서 공사에 지장이 많을 뿐만 아니라……

어머니 공사에 지장이 있다니요?

신사 (담배를 피우다 말고) 뭐 이 집 때문에 공사가 안 된다는 게 아니라 모처럼 큰 건물이라고 짓고 보니 집의 규모로 보나 짜임새로 보나 이 집터까지 다 썼으면 꼭 제격이 되겠는데……

복덕방 그렇습죠! 그러니까 간단히 말씀드려서 이 집터까지 이 어른께서 사시겠단 말씀입죠. 예……

어머니 글쎄…… 그런 일은 바깥어른께서……

복덕방 물론 그러실 테죠. 그래서 오늘 이렇게 주인 영감님을 직접 찾아 뵙고 의논하시려고 왔습죠.

신사 어떻습니까? 이 집을 파실 의향은……

어머니 아마 어려울 거예요.

신사 어렵다뇨?

어머니 (흥미 없다는 듯) 집을 파실 생각이라곤 해본 적이 없답니다.

복덕방 글쎄 그러는 게 아니에요. 집이란 원래가 사고팔게 마련이죠. 더구나 이렇게 낡고 보잘 것 없는……

어머니 누가 아니래요. 그렇잖아도 애들까지도 여러 번 의논해서 제 아버지께 졸랐지만 주인 고집이 어디 보통이라야죠……

신사 시세보다 썩 비싸게 사겠는데요.

어머니 주인은 돈이 문제가 아니랍니다. 더군다나 요즈음 우리 집엔 이 집 까닭으로 이것저것 우환이 많아서요. 그런 일엔 생각조차 미치지 못해요……

복덕방 나도 소문 들었지만…… (더 강조하며) 그럴수록 이 집을 팔아버리셔야지. 미신일지 모르지만 이 집터가 센 것만은 확실해요.

경재 그런데 왜 아저씨는 사려고 하세요?

복덕방 그야…… 주택으로는 나쁘지만 빌딩으론 괜찮지! 안 그래?

경재는 혼자서 웃음을 깨문다.

어머니 어떻든 이 집에 대해서는 바깥어른이 계셔야지 난 몰라요!

신사 우린 한시가 바쁜데요. 밤에는 들어오시겠죠?

어머니 예…… 하지만 말씀을 건네봤댔자 본전도 못 찾으실테니 일찌감치 단념하세요.

이 말에 신사와 복덕방은 서로 얼굴을 쳐다보며 못마땅한 표정이다.

신사 (일어서며) 그럼 다시 한 번 찾아오든지 복덕방 영감이 오겠지만 마나님께서 미리 얘기나 건네보세요……

어머니 (시원찮게) 예.

복덕방 그럼 부탁합니다. 실례했어요.

신사와 복덕방은 뭐라고 수군거리며 나간다.

어머니 안녕히 가세요.

경재 (어머니에게로 오며) 항상 이 집이 말썽이군. 정말 아버진 이 집을 안 파시려나.

어머니 팔 생각이 있으셨으면 벌써 처분하셨지! 이 집만 팔았어도 경수나 경애가 이런 꼴이 안 됐지!

경재 그렇지만 아까 그 뚱뚱보가 시세보다 더 내겠다잖아요?

어머니 글쎄 시세 아니라 황금세면 뭘 하니? 팔 생각이 없는데…… 요즈음 아버지는 넋이 나간 사람이야. 전에도 그렇긴 했지만 누구하고 얘기를 고분고분 하시지도 않고 멍하니 허공만 쳐다보고…… 약주는 매일같이 자주 마시니…… 정말 이러다간 아버지께서 병이 나시겠어!

경재 아버지 고집을 꺾어낼 사람이 있으면 상이라도 주겠는데……

어머니 늙어지면 할 수 없단다.

경재 그렇지만 너무 하시잖아요? 이대로 가다간 굶어 죽기 똑 알맞지 뭐예요. 가게도 저렇게 되고……

어머니 누가 아니래……

이때 대문을 밀치며 경운이 들어온다. 얼굴이 전보다 피곤해 보인다.

경운 (대문 밖을 향해) 어서 들어와요.

어머니 누가 왔니?

경운 춘자 언니예요. (뒤를 향해서) 어서…… 뭐가 부끄러워요?

어머니 응? 춘자가 웬일이냐?

이때 춘자가 손등으로 입을 가리며 난처한 표정으로 들어온다.

춘자 안녕하셨어요?

어머니 (서먹서먹한 표정으로) 오랜만이구나.

경운 자 어서 일루 와 앉어요……

춘자 ……얼마나 마음 아프세요…… 경애가 그렇게 되리라고는 꿈에도 생각 못했어요……

어머니 어유…… 누가 아니래. 전세에 이 에미 죄가 컸나부지……

춘자 오늘에야 처음 알았어요.

하며 눈시울을 누르다가 경재를 보자 정답게 말을 건다.

춘자 학교 잘 다니니?

그러나 경재는 노골적으로 경멸의 눈초리로 흘겨보며 뜰아랫방으로 건너간다.

어머니 (그 눈치를 알아차리고 분위기를 수습하려고 경운에게) 춘자를 어디서 만났었니?

경운 내가 찾아갔어요.

어머니 네가?

경운 혹시 오빠 소식을 알고 있을까 해서 물어보려구……

어머니는 무슨 얘기를 하려다 말고 어물어물하다가 깊은 한숨을 내리쉰다.

춘자 걱정되시겠어요. 여러 날 동안 소식도 모르시다니……

어머니 (울먹거리며) 그러게 말이야…… 이렇게 연거푸 불행한 일만 생기니……

춘자 경운이에게서 대강 얘기는 들었어요. 그렇지만 경운이 오빠는 어디 계시든 걱정 없으실 거예요.

어머니 아니 걱정 없다니?

경운 (여러 사람을 보며) 오빠는 서울에 계세요. 시골엔 안 내려갔대요.

어머니 정말이냐?

춘자 저 실은…… 그저께 미아리에서 만났어요.

어머니 우리 경수를?

춘자　예.

어머니　(안도의 한숨을 몰아쉬면서도 입맛을 쩍쩍 다시며) 부모한테 욕바가지를 퍼붓더라도 좋으니 집에만 있으면 좋겠어…… 그래 지금 어떻게 지낸데?

춘자　다방에 들어가자기에 따라갔었는데 별 얘기도 없었어요. 오늘 경운이가 찾아와서야 모든 사정을 알았지만……

어머니　그럼 집안 얘기도 않던가?

춘자　다만 앞으로는 자립을 해야겠는데 세상이 뜻대로 되지 않는다면서…… (차츰 서글픔이 솟아오르는지 울먹거리며) 이렇게 된 일인 줄 알았으면 더 자세히 좀 물어봤을 텐데……

어머니　그래 걸친 옷이라도 말끔히 빨아 입은 것 같던?

춘자　예. 저, 불빛 아래서 봐서 그런지 잘 모르겠어요.

어머니　어유…… 그럼 경애가 죽은지도 모르고 있겠구나…… 망할 녀석!

경재　(무표정하게) 어떻든 서울에 있는 것만은 사실이니까 안심이죠.

어머니　도대체 모를 일이구나! 좋건 궂건 내 집인데 왜 집을 두고 밖에서 사서 고생이냐 말이다……

경재　경우에 따라서는 그렇게 되는 수도 있죠. 인생은 원래가 파란이 따르는 법이니까요. 안 그래 누나?

경운　네가 뭘 안다고 참견이냐? (마루에 올라가서) 어머니 꼭 2주일 만에 소식을 안 셈이죠?

어머니　그러기 말이야. 춘자를 만났기에 다행이었지. 참 점심 안 먹었지?

경운　춘자언니 집에서 먹었어요. 채전 밭에서 갓 뜯어온 상추쌈을 어떻게 맛있게 먹었던지…… 훗후……

춘자　찬도 없어서……

경운　우리는 언제나 그런 집에서 살게 될는지…… 양지바르고 어찌나 시원한지 일어나고 싶은 생각이 있어야지……

이때 최 노인이 말없이 대문 안에 들어선다. 얼굴이 벌겋게 그을렸다. 약간 휘청거리는 발걸음은 술기운도 있겠지만 거의 허탈한 상태에 놓인 심리적인 작용인지도 모른다. 그는 집안 식구를 보고도 본체만체한다.

경재 아버지 오세요?

그러나 최 노인은 대꾸도 안 하고 마루로 간다.
어머니는 만지작거리던 옷보따리를 한구석에 밀쳐버린다.
최노인은 숨을 길게 몰아쉬며 눈을 감고는 허공을 쳐다본다. 춘자와 경운은 아버지의 모습을 차마 정시 못한다.

춘자 (나직한 목소리로) 안녕하셨어요?

하며 절을 한다.

최노인 (무심코 고개를 돌리며) 누구던가? (하며 눈을 가늘게 뜬다)
어머니 춘자 아니에요? 앞집에 살던…… (하며 혀를 쯧쯧 찬다)
최노인 오…… 춘자! 웬일이냐?
춘자 예. 놀러왔어요.
최노인 놀러? 그래…… 일할 땐 하고 놀 땐 놀아야지!
어머니 또 약주 드셨어요?
최노인 (그 말에는 대꾸도 안 하고) 냉수 한 그릇 가져오너라.

경운이가 부엌으로 들어간다.

어머니 (눈치를 살피며) 경수가 아직 서울에 있다는군요.

최노인 경수가? (하고 눈빛이 약간 날카로워지더니 다시 몽롱해지며) 그럼 제 놈이 서울에 있지 어디 가 있겠어?

이때 경운이가 물그릇을 갖다 내밀자 한숨에 마셔버린다. 모든 사람은 최 노인의 거동만 주시한다.

경재 아버진 알고 계셨어요?

최노인 알긴…… (넋두리를 외우듯) 바보 같은 녀석! 제놈 고집이 며칠이나 가나 보자!

경재 (씨익 웃으며) 아버지보다야 성능이 약하겠죠!

최노인 이놈아! 내 고집은 좀 달라!

어머니 영감도 다 잘했다고 우길 수는 없어요. 젊은 애들의 기를 죽이는 고집이 뭐가 대견해요? 경수만 하더라도 영감 앞에선 주눅이 들어서 그렇게 된 걸요.

최노인 이제 와선 자식 성질 못난 것도 내 탓이야? 그럼 경애년 뒈진 것도 내 책임인가?

어머니 왜 죽은 자식은 들먹거려요?

최노인 내가 배우가 되라고 권했단 말이야? 누가 애를 배랬어? 흥! 애비 시키는 대로 했던들……

경운 (날카롭게) 아버지!

그녀의 눈이 이상스러우리만치 반짝이다가 금시 이슬이 맺혀서 넘친다. 경운의 말없는 가운데 번져나오는 힘에 눌려 최 노인은 감전된 사람처럼 앉아 있더니 그대로 눈을 살그머니 감는다.

최노인 (조용히) 오늘은 공장에 안 나갔니?

경재 일요일 아니에요?

경운 (울음을 삼키며) 아버지 제발 언니 얘기는 하지 마세요. 좋았건 나빴건 저승길을 가버렸잖아요…… 언니에게 잘못은 없어요. 너무 꿈이 많았던 게 흠이라면 흠이죠. 언니의 꿈을 악이용해서 속이는 사람이 나빠요!

최노인 (손을 저으며 순순히) 오냐. 그 얘기는 안 하기로 하자. 안 하면 되지? 헛허……

경재 아버지! 참 아까 복덕방 영감이 왔던데요.

최노인 복덕방이?

어머니 예. 집을 팔라나요? 뭐 저 집 짓는 사람이 이 터까지 써야 한다면서……

최노인 그래 뭐라고 했어?

어머니 물어보나 마나죠! 아예 염사조차 먹지 말랬죠!

이때 대문 밖에 자전거 종소리가 나더니 대문 앞에 인기척이 난다. 얼마 전부터 무대는 어두워지기 시작해서 골목 안은 제법 어둡다. 이윽고 대문이 열리며 우체부가 들어선다.

우체부 이 댁에 최경수란 사람 있습니까?

최노인 예? 예…… 왜 그러시오?

우체부 속달우편입니다. (하며 편지를 내민다)

최노인 속달우편이라고요? (하며 편지를 눈 가까이 대보며) 눈이 어두워서 원…… 어디서 왔소?

우체부 (나가다 말고 돌아보며) 영등포예요. 안녕히 계시우. (하며 나간다)

최노인 수고했소.

이윽고 자전거가 골목을 벗어나가는 소리. 노인은 마루 쪽으로 나온다.

최노인 영등포? 내 안경이 어디 있던가…… (하며 주머니를 더듬는다)

어머니 무슨 일이 났나요?

경재 아버지! 형의 편지를 왜 뜯어요? 남의 편지를 함부로 뜯어본다는 것은 위법이에요!

최노인 위법? 이놈아! 애비가 자식의 편지를 읽는 게 위법이야? 저 녀석은 말끝마다 아는 척하는 게 사고야. 내 안경이……

어머니 그러지 말고 경재 보고 읽으라 하세요!

최노인 그래! 네가 읽어봐!

경재 (편지를 받아 뒷면을 읽으며) 광일제약주식회사? 영등포에 있는 회사군요. (하며 봉투를 뜯는다)

어머니 혹시 취직되었다는 소식이 아니냐?

경재 (편지를 읽다 말고) 아버지! 됐어요!

최노인 되다니?

경재 형님 취직 말이죠!

어머니 정말이냐?

경재 (편지를 읽으며) 귀하를 본사 업무과에서 채용코저 하오니 오는 30일까지 출사하여 주시기…… 어때요?

최노인 (빙그레 웃으며) 틀림없구나!

어머니 제약회사라니 약 만드는 데니?

경재 예. 앞으론 어머니 찜질약은 공으로 가져올 수 있죠! 핫하……

춘자 정말 기쁜 소식이에요.

어머니 (기쁨에 못 이겨 또 눈물바람을 하며) 원…… 이렇게 고마울 데가 어디 있담!

최노인 그러기에 무슨 일이건 꾹 참고 견디어 나가야 해!

어머니　경수가 이 소식을 알면 얼마나 기뻐하겠수? 밤낮 서리맞은 호박 잎처럼 풀죽어 하던데…… 이젠 살았어요!

경운　오빠에게 이 소식을 알려줘야 할 텐데……

어머니　그러게 말이야! (춘자에게) 만났을 때 거처라도 알아두었으면 오죽 좋아? 쯧쯧……

춘자는 새삼스럽게 미안한 감을 누를 수 없어 손수건만 만지작거린다.

춘자　(문득 무슨 생각이 들었는지) 제가 알아보고 오겠어요! (하며 일어선다)

경운　짐작이 가는 곳이라도 있수?

춘자　응. 그날 오빠를 따라 돈암동 어느 다방에 들어가서 얘기를 했었는데 그 다방 레지하고 주고받는 말투가 퍽 낯익은 사이 같았어!

경운　그래요? 그럼 그 레지에게 물어보면 혹시 연락이 될지도 모르겠군요?

춘자　어떻든 내가 다녀올게! 그 편지 줘. (하며 편지를 받아서 핸드백에 넣는다)

어머니　그럼 이왕 나선 발걸음이니 수고 좀 끼쳐야겠어.

춘자　미안한 건 바로 저예요.

어머니　그게 무슨 소리야. 춘자에게는 전부터 늘 신세만 지고서……

춘자　그렇지만 제가 사과할 일이 더 많은가 봐요. 경운이 오빠 일만 하더라도……

어머니　원 그런 당치도 않은 소릴! 모두 제 복 없어서 그렇지!

경운　그런 얘기 할 필요가 뭐예요. 춘자언니 수고 좀 해줘요. 난 또 저녁을 지어야 할 테니까.

춘자　그럼 다녀올게요. (하며 급히 대문 쪽으로 걸어간다)

경운　(대문까지 따라나서며) 언니. 이거 가지고 가세요. (하며 백환짜리

서너 장을 쥐어준다)

춘자 이거 뭐니?

경운 합승이라도 타세요.

춘자 글쎄 내게 차비가 없을까봐? 싫어. (하며 안 받는다)

어머니 춘자야. 가지고 가. 응? 연락이 닿으면 택시라도 타야지!

춘자 글쎄 그런 염려마세요! (하며 급히 나간다)

경운과 어머니는 서로 시선을 마주친다.

어머니 춘자는 정말 좋은 처녀야!

경재 흥! 그렇게 좋았으면 형에게 대해서 그럴 수가 있어요?

경운 네가 뭘 안다고 그래?

경재 다 알아! 그러니까 (노래하듯) '변하기 쉬운 건 여자의 마음'이라나! (하며 방으로 들어간다)

어머니 정말 춘자는 변치 않았어!

경운 (어머니에게) 춘자 언니는 아직도 오빠를 못 잊어 하고 있어요. 아까도 오면서 여러 가지로 얘기했지만 이번 오빠 일에 대해서도 가책을 느끼고 있나 봐요!

어머니 제 오라비가 정한다는 혼담은 어떻게 되었누?

경운 알고 보니 본처가 있는 남자여서 흐지부지되었다나 봐요!

어머니 그래. 사람이란 겉 다르고 속 다르니까. 이제 네 오빠가 돌아오기만 하면 장가도 들어야지! 이제 취직도 되었으니 뭐가 부럽겠니? 안 그래요? (하며 담배만 피우고 섰는 최 노인을 본다)

뜰아랫방에서 영어독본을 읽는 경재의 목소리가 한결 명랑하게 들린다.

어머니 얘. 저녁을 지어야지. 아버지께서 시장하실 텐데……

경운 예. 저자나 보고 와야겠어요. 국거리가 없으니……

하며 부엌에서 장바구니를 들고 대문 쪽으로 간다. 경운이가 대문을 열다 말고 소스라치게 놀라며 물러선다.

경운 (경계하며) 누구세요? (사이) 어마나! 오빠 아니세요?

최노인 경수가?

경운 예! 오빠예요! (밖을 향해서) 어서 들어오세요! 네?

모든 사람이 시선을 집중시키자 경수가 천천히 들어온다. 잠시 말이 없다. 거리의 소음이 뚜렷이 들린다. 전보다 더 초라한 모습이다. 경재가 안에서 뛰어나와 달려든다.

경재 형님!

최 노인 말없이 바라본다.

어머니 경수가? 어디? (하며 신을 찾아 신는다)

경수 어머니.

어머니는 잠시 멍하니 서 있더니 금시 울음을 터뜨리며 버선발로 경수 품에 파묻힌다.

어머니 이 자식아! 어디 갔다가……

경수 죄송합니다.

어머니 이럴 수가 있느냐? 응? 이럴 수가……

경수 (자기의 잘못을 탓하는 줄로 잘못 알고) 그동안 너무 염려를 끼쳐드려서……

경운 그렇지 않아도 지금 오빠를 찾아가려던 참이었는데……

어머니 경수야! 이리 와 앉어라. 어서 앉어!

경수 말없이 앉는다.

최노인 왜 왔느냐?

어머니 여보! 제 집을 찾아온 아들에게 그게 무슨 소리요?

최노인 임자는 가만히 좀 있어! (경수에게 따지듯) 집이라고 찾아왔느냐 그렇잖으면……

경수 (냉철하게) 예. 실은 잠깐 들러서 인사라도 여쭙고 가려고요……

어머니 경수야!

경운 오빠!

경수 (흔들리는 마음을 억제하며 일부러 명랑하게) 경운아. 전에 얘기한 대로 내일 아침 떠나기로 했다. 그동안 여비가 이럭저럭 모아져서…… (쓴웃음) 너에게 부담을 안 지게 되어서 다행이다. 네가 어떻게 여기건 난 조금치도 언짢게 여기지는 않아! (경운은 어이가 없어 멍하니 쳐다만 본다) 나로서도 여러 가지로 생각 끝에……

최노인 내일 떠난다고?

경수 예. 부산에 있는……

최노인 (벼락같은 소리를 지르며 아들의 빰을 친다) 이놈! 뉘 앞에서……

어머니 여보!

경수는 돌처럼 앉아 있다.

경운 오빠! 너무하세요!

경수의 얼굴에서 삽시간에 핏기가 가신다. 잠시 무거운 침묵이 흐른다.

경재 (울음 섞인 소리로) 남이야 죽건 말건 형 혼자만 잘 살면 제일이야? 비겁해! (하며 벽에다 얼굴을 대고 운다)

어머니 경수야! 이제 내 곁을 떠나서는 안 돼! 너마저 가버리면 우린 못 산다!

경운 오빠…… (눈물을 삼키며) 그동안 집에서 일어난 일 모르시니까 그러시겠지만…… (사이) 경애 언니가…… 죽었어요.

경수 뭐…… 경애가?

경운 예…… 2주일이 지났어요…… 오빠가 집을 나가던 날……

경수 (속삭이듯) 그게 정말이냐?

경운 건넌방에 들어가 보세요! 참말보다 더 큰 사실이 있어요.

경수가 급히 신을 벗고 들어가려 하자 최 노인은 막는다.

최노인 안 된다! 너는 내 아들도 경애의 오래비도 아니다! 들어가서는 안 돼! 어서 나가거라!

경수 아버지!

최노인 너는 네 하고 싶은 대로만 하라니까! 우리 집하고는 아랑곳없으니 네 마음대로 부산이고 군산이고 어서 가! 가라니까!

어머니 경수야! 제발 떠나지 마라! 아버지께선 너를 미워하신 건 아니야! 경애가 영화배우 되는 걸 찬성은 안 했지만서도 혹시나 하고 바랐던 부모 앞에서 저런 죽음을 당한데다가…… 또 너까지 보름 동안이나 소식이 없이…… (흐느낀다) 그런데 어쩌면 너는 아버지 생각은 안 하고서……

경수 어머니! 저는 지금 아무 말도 하고 싶지 않지만…… 살아보겠다는 욕심이 있으니까 떠나는 것뿐이에요. 새 출발하기 위해서죠!

경운 오빠는 안 가셔도 돼요. 이 집에서도 새 출발할 수 있게 되었어요.

경수 뭐라고?

경재 형에게 일자리가 생겼어요! 영등포에서 통지가 왔어요.

경수 영등포에 있는 제약회사?

경재 그 편지 어디 있지요?

어머니 아까 춘자가 가지고 나갔잖아?

경재 참 그렇지! 춘자 누나가 형에게 알리겠다고……

경수 (의아하며) 춘자가 어떻게 여길……

어머니 말도 말아라. 너 때문에 온 집안 식구가 알만한 곳은 다 더듬어 다녔지만…… 춘자까지 나서서…… 에그…… 그걸 모르고 너는 또 이렇게 떠나가다니 그게 될 말이냐? 응? 너도 사람의 자식이면 체면이 있어야지!

훈계도 푸념도 아닌 어머니의 말에 경수의 굳어진 표정이 서글프게 풀려간다. 그것은 춘자에 대한 애정이 다시 고개를 쳐들려는 전조이기도 하다.

경운 오빠! 이제 아시겠어요? 네? 오빠가 가지고 싶어 하던 것을 이제 다 가지게 되었는데 또 어딜 가시겠단 말이에요? 아버지께서는 경애 언니가 죽었을 때도 오빠 이름을 더 크게 부르셨어요! 오빠를 찾으셨어요!

어머니 암 그렇고말고!

경재 형! 형마저 가시게 되면 우린 일년내 해도 안 비치는 이곳에서 곰팡이처럼 살다가 죽어요!

경수는 눈물이 그칠 새 없이 흘러내리는 얼굴을 들고 여러 사람을 돌아보더니 아버지에게 시선을 멈춘다.

경수 (조용히) 아버지! 용서하세요! 저는……

최 노인 모든 것을 알았다는 듯 고개를 끄덕이며 한손을 살살 젓는다. 그 이상 말하지 말라는 표식이다. 그러나 울고 있는 것이다.

어머니 (기쁨을 못 이기며) 네가 사과하면 만사는 되는 거야! 이상 더 바랄 것이 무엇이냐? 우리 식구가 하나 줄었지만.

경수 아버지! 저는 오늘부터 이 집을 지키겠어요. 아무리 햇볕이 안 들고 난쟁이같은 집일망정 내 손으로 지켜 나가겠어요!

어머니 여보! 들으셨죠? 뭐라고 한마디 하세요!

최노인 내가…… 내가…… 무얼 말하겠소? 젊은 애들의 의사에 따르지!

경재 예? 아버지가요?

경수 아버지. 그렇지만 이 집을 팔자고 하지 않을 테니 염려마세요! 그 대신 내가 돈을 벌어서 이 집터에다가 새 집을 지을 때가 올 거예요!

경운 오빠!

기뻐서 어찌할 바를 모른다.

최노인 (조용하나 또렷하게) 그건 안 돼!

경수 예?

모두들 의아스런 표정이다.

어머니 안 되다뇨? 경수는 팔자는 게 아니에요.

최노인 글쎄 그게 안 된다니까!

경재 그럼……

최노인 이 집은 팔아야 돼!

일동 자신의 귀를 의심하듯 서로의 눈을 바라본다.

어머니 이 집을 팔아요?

최노인 (단호하게) 팔아야지! 이미 팔기로 확정했어!

경수 아버지. 그건 안 돼요! 이 집은 아버지께서 생명보다 아끼던 집인걸요.

최노인 그러니까 파는 거야!

경수 아버지! 그렇게 말씀하시면 제가 난처해요! 팔지 마세요. 그 대신 내가 벌어서……

최노인 집도 팔고 너도 취직을 하고 그리고 새 집으로 이사하잔 말이야!

어머니 영감! 도대체 이건 어떻게 된 일이에요? 그렇게 고집하시던 집을……

최노인 그렇다고 내 고집이 죽은 건 아니야! 그러니까 나는 누가 뭐라고 해도 팔기로 했어!

경재 그럼 어디로 이사 가요?

최노인 벌써 갈 집을 봐뒀다. 저 녹번리에 있는 후생주택인데……

어머니 그게 정말이세요?

최노인 아니 그럼 내 말이 헛소리란 말이오? 이 열흘 동안 매일 같이 집을 보러 다녔어! 그래 오늘이야 쓸 만한 집이 나서서…… 대지가

60평에 건평이 15평이니 우리 식구 살기에는 넉넉하겠더라……

경수 (감동되어) 아버지! (하며 새로운 눈물을 흘린다)

어머니 우린 그런 줄 모르고…… (하며 흐느낀다)

최노인 늙어지면 자라나는 아이들에게 모든 걸 맡겨야지! 그렇다고 나까지 먹여 살리라고 하지 않을 테니 염려 말아! 나하고 네 엄마하고는 구멍가게를 하건 닭을 치건 해서 밥값은 벌어 댈 테니까!

경운 어머니! 나는 아직도 믿을 수가 없어요!

이때 대문이 열리며 춘자가 들어온다.

경운 춘자 언니. (하며 내려선다)

춘자 못 만났어!

경운 오빠가 오셨어요!

춘자 오빠가? (하며 가까이 온다)

경수 춘자!

두 사람은 서로 터질 듯이 많은 생각을 품었어도 그 이상 말을 못한다.

어머니 괜시리 헛걸음만 했지! 어서 일루 와 앉아!

춘자 괜찮아요. 참 이거. (하며 취직 통지서를 내밀며) 축하합니다……

경수 고마워요!

하며 편지를 끄집어내서 읽는다. 그의 얼굴에 미소가 번져간다.

경수 역시 이 친구만은 신의를 지켜주는군! 지금 세상에도 역시 신의는 살아있었군!

어머니 (경애 생각이 나는지 울먹거리며) 며칠만 더 일렀던들…… 우리 식구가 모두 한 자리에 모여서…… 오죽 좋아…… 어유…… 불쌍한 것……

최노인 불쌍할 것도 없어! 모두가 제 타고난 팔자인걸! 식구 하나 줄었어도 우리가 얻은 것이 얼마나 많소? 응?

춘자 (조심스러우나 또렷하게) 아주머니, 제가 경애 대신 식구가 되겠어요.

어머니 응? 아니 그게 무슨 소리야?

춘자 사실은 그동안 몇 번이고 찾아와 뵈려고 했지만 용기가 나질 않았어요. 그러나 그저께 밤에 경애 오빠를 만나고 나서는 잠시도 가만히 앉아 있을 수가 없었어요! (차츰 흥분이 눈물로 변하며) 경애 오빠가 이렇게 변한 것은 모두 저 때문이었어요!

어머니 춘자야, 그런 소리 말어……

춘자 (간절하게) 저는 지금까지 하나부터 열까지 어머니와 오빠의 뜻대로 살아나왔지만 이번만은 제 의사대로 하겠어요!

경수 (얘기의 초점이 자기에게 옮겨지는 것을 느끼자) 춘자! 안 돼, 춘자는 오빠 말을 따라야 해!

춘자 싫어요, 싫어요!

경수 고집부리지 말고 어서 돌아가! 나는 가난하고 무능하고…… 남이 다 가진 팔도 없는 놈이야!

춘자 제발 저에게만은 그런 소리 말아주세요! 제가 좀 더 의지가 강했던들 경수 씨를 이렇게 타락의 길로 몰아넣지는 않았을 거예요! 결코 제 마음이 변한 건 아니어요. 앞으로 그 두 배 세 배의 속죄를 하게 해주세요! 저에게 남은 일은 그것뿐이에요!

하며 마룻바닥에 손을 짚으며 느껴 운다. 모두들 감동되어 아무 말이 없다.

경운　오빠! 춘자 언니의 마음을 받아줘야 해요. 그보다 더한 호의가 또 어디 있겠어요?

어머니　그렇고말고…… 춘자가 우리 식구가 되어 주기를 우린 진작부터 바라고 있었단다…… 네가 전쟁터에 있을 때부터 말이다. 그러니……

경운　오빠!

경수　어떻든 오늘은 시간이 너무 늦었으니까 돌아가요. 내일 만나서 자세한 얘기를 할 테니까…… 응? 춘자……

경재　그럼 춘자 누나도 우리와 함께 있겠단 말이군요? 네? 햇볕이 흔한 집에서 말이에요!

경수　(빙그레 웃으며) 그래! 해바라기처럼 태양을 향해 다시 한 번 살아 보자! 경재야!

어머니　(좋아서) 경수야!

최노인　(기쁨과 괴로움이 뒤범벅되어) 이러고 있을 게 아니라 춘자는 어서 집에 가봐야지. 어른들이 기다리실 텐데…… 경재야. 정류장까지 바래다 줘라……

경수　제가 가겠어요! (하며 나간다)

춘자　그럼 안녕히들 계셔요!

두 사람이 대문을 향해 나가자 경운, 경재도 따라나선다. 대문 밖에서 서로 작별하는 인사말이 들려온다. 두 사람만 남게 되자 한층 쓸쓸해 보인다. 최 노인은 길게 한숨을 몰아쉬며 어머니와 시선을 마주친다.

어머니　(조용히) 경애는 갔지만 두 사람이 살아났으니 얼마나 다행한 일이오.

최노인　(눈을 감고서) 이사를 하려면 짐이 많을 거야…… 50년간 살아나온걸!

거리의 소음이 멀어지고 애상적인 음악이 다방에서 흘러나온다.

-막

소낙비 (1막)

• **등장인물**

할아버지(60세)

성준(21세), 재수생

성민(17세), 고교 2년

성찬(15세), 고교 1년

성옥(12세), 초등학교 6학년

광만, 그들의 작은아버지

• **때**

현대. 여름

• **곳**

도시

• **무대**

중류 이상의 양옥집 응접실이다. 응접실의 소파나 집기, 그리고 사진 액자가 좀 퇴색한 느낌을 주어야 한다. 그런데 이 응접실은 학생의 공부방으로도 겸용되고 있는 것이다. 그러니까 오른쪽 테이블 근처 벽에 학생들이 좋아하는 그림이나 캘린더를 걸어두는 것도 좋겠다. 이 무대는 어느 면으로 좀 기울어져 가는 가문의 응접실이라는 기분을 나타내면 좋겠다.

무대

실업가 홍광희의 집 응접실. 그다지 넓지는 않으나 구색은 맞추어져 있어 중류층의 가정임을 알 수 있으며, 가구들도 약간 유행에서 밀려나간 것들이다.

왼쪽 벽에 퇴색한 커튼이 드리운 큼직한 유리창. 오른쪽으로 사무용 책상과 의자가 있고, 오른쪽 벽에 내실로 통하는 출입문. 무대 중앙에 응접세트가 놓여 있고, 왼쪽 벽과 정면 벽이 이어진 부분에 현관으로 통하는 문이 있다. 방 전체의 분위기는 어딘지 우중충하며 이 가정의 사정을 암시하는 것 같다.

막이 오르면 성찬이가 책상머리에 앉아서 공부를 하고 있다. 이따금 허공을 향해 눈을 감은 채 중얼거리는 게 아마 영어 단어라도 암기하는 모양이다. 그러나 2층에서 들려오는 광적인 기타 소리에 짜증스럽게 눈살을 찌푸린다.

때는 여름 오후. 소낙비라도 쏟아질 것 같은 후텁지근한 날씨이다.

성찬 (연필을 내던지고는 혀를 차며) 형! 작은형! 조용히 좀 해요!

그러나 여전히 발광하듯 기타 소리가 튕겨 나오고 있다.

성찬 저것도 음악이라고 하나? 흥! 차라리 무당 푸닥거리를 듣는 편이 낫지. 떠드는 통에 단어를 욀 수가 있어야지…… (하며 다시 영어 단어를 왼다)

이때, 현관 쪽 도어가 열리며 작은아버지 홍광만이 들어선다. 어딘지 인품이 천해 보이는 중년.

광만 아무도 없는…… (하다 말고 성찬이와 시선이 마주친다)

성찬 (거의 무표정하게) 작은아버지 오셔요? (하고는 계속 책만 보고 있다)

광만 (못마땅해서) 성찬아! 인사를 하려거든 똑바로 해야지! 도대체 요즘 녀석들은 어른 알아보기를 마치 헌 고무신짝 보듯 한다니까! (하며 소파에 앉아 손수건으로 이마의 땀을 씻는다. 대머리가 유난히도 번들거린다. 담배를 꺼내며) 세상이 제아무리 변한다기로 삼강오륜까지 변한다더냐? 세상 돌아가는 꼬락서니하고는……

성찬 (여전히 필기를 하며) 저한테 설교하러 오셨나요?

광만 뭐, 설교? 그 그야 못할 것도 없지! 도대체 우리나라 사람에겐 그 자유니 민주주의니 하는 게 사치란 말이다! 옛날 일제시대에 우리 학생들은……

성찬 자유도 민주주의도 몰랐다 이 말씀이죠?

광만 그런 걸 몰랐어도 출세할 사람은 출세하고, 돈 벌 사람은 돈 벌고, 다 제 갈 길 갔지! 그저 사람은 삼강오륜을 익혀야 해! 부모에게 효도하고 형제간에 우애하고……

성찬 알았어요! 지난날 작은아버지가 큼직한 감투 쓰신 자랑인가요?

광만 그렇지. 게다가 나와 네 아버지는 어디 가나 일심동체였지! 네 아버지가 이만큼 실업계에서 자리를 잡게 된 것도……

성찬 작은아버지 덕택이란 말이죠?

광만 그렇지. 내가 음으로 양으로 도와드렸기에 이만큼……

성찬 그렇다면 하루 빨리 아버지를 구해주셔도……

광만 뭐라구?

성찬 지금 형무소에서 고생하시는 아버지를 풀려나오도록 하시라니까요!

광만 아니, 이놈이 뉘 앞에서 시비냐, 시비가? 그러니까 이렇게 삼복더위에 동분서주하고 있잖아! (하고 벌떡 일어나 창가로 간다. 두 사람 사이에 말이 끊기더니 2층에서 다시 터지는 기타 소리) 망할 녀석 같으니…… 에그 형님이 불쌍하지! 아들이면 다인가? 쓸만한 놈이 있어야지! 큰 놈은 백수건달, 둘째 놈은 초랑이패, 셋째 놈은…… (다음 순간 성찬이와 시선이 마주치자 멋쩍게 돌아선다) 할아버진 어디 나가셨니?

성찬 작은아버진 세상에 모르는 일이라곤 없으실 텐데, 그것도 모르세요?

광만 내가 무슨 점쟁이라던?

성찬 바로 맞췄어요!

광만 맞추다니?

성찬 점치러 가셨어요, 할아버지께서……

광만 점을 치러?

성찬 아버지께서 언제쯤 석방되시나 하고요.

광만 망령이시지! 점을 친다고 형무소에서 풀려 나오나?

오른쪽에서 성민이가 기타를 들고 나온다. 차림새가 경박하다.

성민 안녕하세요? (하며 의자에 앉아 기타 줄을 고른다)

광만 성민아! 넌 그것만 가지고 세월을 보낼 테냐?

성민 (기타 줄을 고르며) 그런 재미라도 있어야 살맛도 나죠! (하며 콧노래를 부른다)

광만 재미? 이 녀석아! 집안에 우환이 가득 차 어른들은 밤낮없이 걱정만 하는 판국에 너는 재미를 보겠다고?

성민 그럼, 저더러 어떻게 하란 말이어요? 아버지 따라 형무소에 가란 말이어요?

광만 이 자식, 주둥이 놀리는 꼴 좀 보라지. 그럼, 아버지는 어찌되었건 너만 편하게 살 테냐? 걱정도 같이, 기쁨도 같이 해야지!

성민 싫습니다! 난 아버지도 작은아버지도 싫어요!

광만 뭐라고?

성민 (소파에 벌렁 눕듯 하며) 어른들은 싫단 말이어요! 우린 밤낮 어른들에게 속아 살아온 셈이니까요!

광만 아니, 이놈이 갑자기 미쳤나?

성민 흥! 입으로는 애국이니 애족이니 하면서 뒷구멍으로는 호박씨 까는 사람들! 싫단 말이어요. 지겨워요!

광만 성민아! 아버지나 내가 어쨌기에 악담이냐?

성민 몰라서 물으세요? 아버지가 왜 형무소에 가셨는지 잘 아실 텐데요. (하며 소파에서 일어나 나간다)

광만 또 어딜 나가니?

성민 모르겠어요. 나가 봐야지!

광만 이 놈아! 갈 곳이 어딘지도 몰라?

성민 (능청스럽게) 앞으로 일어날 일을 내다보는 사람이 있나요? 안 그러니 성찬아!

성찬 작은형이 있잖아! 흥!

성민 (화를 내며) 까불지 말아!

성찬 혼자서 잘난 체하지 말아! 작은형도 아직 멀었다구!

성민 뭐라구?

성찬 도대체 형은 본분이 뭐요? 학생이요, 유행가 가수요?

성민 (큰소리로) 입 닥쳐, 임마!

광만 (두 아이 사이에 끼어들며) 얘! 왜들 이러니? 응?

성민 가만히 듣고 있자니까 정말…… 아직 뒤통수에 피도 안 마른 게 ……

성찬 고등학교 1학년하고 2학년이 다르면 얼마나 다를까! 흥! 세상이 어떻게 돌아가고 있는지 알기나 해요!

성민 흥! 너처럼 책벌레나 되면 대수인 줄 아니?

광만 성민아! 성찬이 말이 옳지. 너도 정신 차려! 네 형처럼 재수생 신세로 백수건달 되겠어? 대학 시험에 2년이나 미끄러진 데다가 ……

성민 (비꼬며) 그러니까 공부 잘 하는 성찬이가 있는데 무슨 걱정이세요?

광만 그러는 게 아니야! 게다가 네 아버지께서 저렇게 되셨으니, 그 동안이라도 네가 동생들 타이르며 집안일도 도와야지! 그런데 너는 밤낮 그 기타만……

성민 저는 제 혼자 일만으로도 벅찹니다. 그러니 엉망진창이 된 집안일까지 걱정하다가는 이 해골에 금이 갈 지경이죠. (하며 나가려는데 할아버지가 들어선다. 육순이 지났으나 나이보다는 곱게 늙었다)

성민 할아버지! 돈! (하며 손을 내민다)

할아버지 이놈아! 넌 철이 있냐 없냐?

성민 왜요?

할아버지 지금 용돈 주게 되었어?

성민 그렇지만 필요한 걸 어떡하죠?

할아버지 없는 걸 또 어떡하지?

성민 점칠 돈은 있으시면서 뭘 그러세요? 헛허……

할아버지 (웃음이 저절로 나오며) 너는 언제나 철이 들겠니? 쯧쯧…… (돈을 꺼내 주며) 옜다!

성민 에게! 겨우 이백 원?

할아버지 그것뿐이야, 가진 게! 싫으면 이리 내놔!

성민 오늘은 재수에 옴 올랐구나! 헛…… (하며 휘파람을 불며 나간다)

광만 아버님! 더위에 왜 나가세요. 점을 치셨다고요?

할아버지 (한숨을 몰아쉬고 앉으며) 답답해서 견딜 수가 있어야지. 그래 앞집 성자네 할머니가 한사코 영험한 복술가가 있다기에 갔더니만……

성찬 뭐라던가요?

할아버지 허탕이야.

광만 허탕이라뇨?

할아버지 글쎄, 그 점쟁이가 무슨 사기꾼한테 속아 집까지 날려버리고는 이제 점도 안 친다더군!

성찬 점쟁이가 사기를 당했어요? 그 점은 왜 못 쳤을까? 헛허……

광만 그러기에 중이 제 머리 못 깎는 거나 마찬가지지.

할아버지 그래, 만나보겠다던 사람은 만났니? 뭐라던.

광만 매양 같은 소리죠! 돈이 있어야 되는 일에 돈이 없으니 원.

할아버지 접때 가져간 30만 원은 어떻게 하고?

광만 원 아버님도! 그건 벌써 교제비로 썼죠! 그리고 이번에는 진짜로 형님을 담당하는 법관들과 직접적으로……, 만나서 사정 얘기를 해야 할 텐데…… 글쎄……, 에그, 그 돈이 어느 구석에 박혀 있는지 원……

성찬 작은아버지, 그게 정말이세요?

광만 뭐가?

성찬 돈으로 되는 일일까요?

광만 이놈아, 그럼 돈으로 안 되는 일이 어디 있어? 말이야 바로 말이지, 어느 세상이 되어도 돈만 있으면야 안 되는 게 없지! 돈만 있으면 내일이라도 네 아버지를 무사히 꺼내 올 수 있지! 암 있고 말고! (하며 눈치만 살핀다)

할아버지 (눈물이 글썽해지며) 글쎄, 그 사람이 무슨 죄가 있다고…… 사업을 하다가 보면 실패도 있고, 실패를 하다 보면 돈이 딸려 종업원들에게 임금을 못 주는 경우도 있잖아. 그런데도 그걸 죄라고 가두다니…… 사실이지 그 사람은 일밖에 모르는 사람이 아니냐? 그래서 상처를 하고도 십 년이 넘도록 재취할 생각도 없이 사업에만 열중해 왔는데……

광만 누가 아니래요. 형님에게 죄라곤 없어요. 그 주변 사람들이 나빴지요.

할아버지 그런데 왜 안 풀어주지? 벌써 한 달이 넘도록……

광만 아버님. (사이) 그러니까 제가 말씀드린 대로 하시자니까요. 그 길밖에 없어요. 사람 있고 돈 있지요! 예?

할아버지 집문서 말이냐?

광만 예. 그걸로 돈을 융통해서 우선 형님을 구해놓고 봐야죠.

할아버지 그렇지만 어디 그걸……

광만 (성찬의 눈치를 경계하며) 어물어물하다가 무슨 일이 나면 어떻게 해요. 물론 형님도 안 계신데 집문서를 함부로 내줄 수야 없겠지만, 그걸 매도하자는 것도 아니고……, 우선 빌려 쓰는 거니까 형님이 나오셔서 또 일이 잘 되면 갚으면 되죠. 안 그래요?

할아버지 글쎄다. 그렇지만……

광만 또 뭡니까? (사이) 아버님, 저를 못 믿겠다는 말씀인가요?

할아버지 그, 그게 아니라……

광만 그러실 테죠. 이제 와서 저를 도둑으로 보시는군요.

할아버지 무슨 소리냐?

광만 (토라지며) 그만두세요! 제가 그런 눈치조차 모를 줄 아십니까? 아버님께서 그렇게 보시니까 (성찬을 가리키며) 조카들까지 저를 괄시하고……

성찬 (책을 챙기며) 제가 언제 괄시했어요?

광만 나는 지금까지 네 아버지를 위해서 충신 노릇을 해왔다. 왜 그런 줄 아니? 네 아버지 일은 바로 내 일이기도 하고, 네 아버지가 성공해야 나도 성공한다는 생각에서였어. 그런데 이제 와서 나까지 못 믿을 사람으로 몰아버리다니……

할아버지 (절망적으로) 이게 무슨 변이냐? 죄 없는 사람을 가둬놓구서……

성찬 전혀 죄가 없는 것도 아니죠.

광만 저 녀석 하는 소리 좀 보게!

할아버지 죄라니?

성찬 생각해보세요. 사업도 중하고 돈도 중하지만, 기업주가 불쌍한 종업원의 임금도 안 주다니 말이 됩니까?

광만 누가 안 준다고 했니? 회사 사정상……

성찬 회사 사정은 사정이고, 보수는 보수 아니어요.

광만 아니, 그런데 이 녀석이!

성찬 어린 놈이 건방지다고 하시겠죠? 그럼 철이 든 어른들이 해 놓은 일이 뭡니까? 난 아버지 회사 일이 신문에 보도되자 학교에 가서도 쥐구멍만 찾았어요. 아버지 때문에 왜 저까지 죄인이 되어야 합니까? 어른들이 하는 일은 자식들과 무관하다고 생각하세요? 명예욕, 권세욕, 물욕에 눈이 어두워서 날뛰는 어른들에게 죄가 없다고 보세요. 솔직히 말해서 아버지가 이 지경이 된 걸 나는 당연하다고 봐요.

할아버지 성찬아, 그게 무슨 소리냐?

성찬 할아버지는 모르실 거여요. 그러나 저는 어느 정도 다 알고 있지요.

광만 우리가 알고 싶은 건 네 아버지를 구하는 방법이다. 안 그래요? 아버님!

할아버지 그렇지! 집안에 어른이 있어야 일이 되지.

성찬 그건 아무도 몰라요.

광만 그럼, 언제까지나 이대로 있어야 한단 말이냐?

성찬 그렇다고 돈으로 되는 일은 아니지요! 과거에는 그렇게 되었겠지만 지금은 그게 아니죠. 신문도 못 읽으셨나요? 부조리를 없애고 관기를 바로잡기 위해서 정부에서 얼마나 신경을 쓰고 있는가를…… 모든 정치나 행정은 국민을 본위로 해야 하고, 민원 사무는 단시간 내에 처리한다는……

광만 그것과 이것과는 다르잖아!

성찬 마찬가지죠. 작은아버지의 생각이 구태의연할 뿐이죠.

광만 뭐라고?

성찬 돈으로 법을 어기고, 돈으로 관직을 팔고, 돈이면 다 된다는 사고방식은 이미 버려야 했어요. (하며 오른쪽으로 나간다)

광만 아니, 저 자식이 아침에 뭘 먹었기에…… 뭐 돈으로 되는 세상은 아니라고? 그럼 산신령처럼 이슬 마시고 살란 말이냐? 좋아! 그렇다면 앞으로 나도 너희들 일에는 관여 안 하겠다! 나도 먹고 살기에 바쁘단 말이야. 그래도 어린 조카들의 장래를 위해 애써왔는데, 뭐 구태의연한 사고방식을 버리라고? 기가 막혀서…… (하며 자리에서 일어선다)

할아버지 왜 가려고?

광만 그럼 뭣 때문에 이 집에 머물러 있어야 합니까?

할아버지 어디 그럴 수가 있니? 철없는 아이들이 지각없이 내뱉은 일 가지고 뭘 그러냐. 이런 때일수록 형제간의 우의를 생각해야지.

광만 누가 아니랍니까. 형님이 이 꼴이 되니까 평소엔 형님 발바닥도 핥을 듯이 따라다니던 놈 가운데 어디 한 놈이라도 있습니까? 그 김 비서인가 목 비서는 줄행랑을 놨지…… 그래도 저는 형님을 위해서 이렇게 뛰어다녔는데도, 마치 내가 형의 구명 운동을 구실 삼아 금품이라도 탐내는 양 곡해를 하니 견딜 수가 있어야죠.

할아버지 참아야지. 그래도 네가 참아야지. 성찬이가 뭘 알겠어. 앉아서 얘기나 하자.

광만 (마지못해 앉으며) 그러니 아이들 앞에서는 냉수도 못 마신다구요.

할아버지 (사이) 그래, 집문서를 가지면 얼마나 빌릴 수 있다던?

광만 (눈치를 보며) 한 2백만 원은 될 거예요. 그렇지만 이젠 그런 심부름은 못 하겠어요. 성민이나 성찬이를 시키십쇼! 예!

할아버지 (일어나며) 그러지 말고 앉아서 기다려. 내 안에 들어갔다 올 테니…… 사실 이럴 때 성준이라도 제대로 집안일을 봐준들 오죽 좋겠는가만……

광만 망할 녀석! 대학에 두 번이나 낙제할 바엔 차라리 군대에나 나갈 일이지 원.

할아버지 그러게 말이야. 이 핑계 저 핑계로 연기 신청만 하구서……

광만 요즘은 단속이 심해서 병역 기피자는 엄벌에 처한다나 봐요.

할아버지 네 형도 형이지만, 아이들이 걱정이다.

광만 아버님! 어서 집문서나 내오세요. (시계를 보며) 시간이 없어요.

할아버지 알았어. (하며 오른쪽으로 퇴장. 혼자 남은 광만은 회심의 미소를 지으며 담배를 피워 문다)

광만 흥! 일이 이렇게 척척 들어맞아야 사는 재미도 나지. 헛허. (하며 방 안을 서성거린다. 멀리서 뇌성 소리가 울려 퍼지며 바람이 불어오자 커튼이 흩날린다) 아! 그 바람 한번 시원하구나! 소낙비라도 한바탕 퍼부었으면 좋겠다! (다시 한번 뇌성 소리가 지나간다. 이때 왼쪽 도어를 열고 막내아들 성옥이가 급히 들어선다. 손에는 수영복을 수건에 매어 들었다)

성옥 다녀왔습니다. (다음 순간, 광만을 보자 멈칫 선다)

광만 성옥이구나! 어딜 갔다 오니?

성옥 수영장에요. (안을 향해 크게) 할아버지, 할아버지.

이때, 교복 차림의 성찬이가 몇 권의 책을 들고 나온다.

성옥 형! 중대 뉴스다!

성찬 중대 뉴스?

성옥 알아 맞춰봐! 뭐게?

성찬 3차 대전이라도 터졌니?

성옥 형은 전쟁 터지는 게 그렇게 좋아?

성찬 아직도 정신 못 차리고 낮잠에 취한 사람들을 깨어나게 하는 길은 전쟁뿐일 게다.

광만 (불쾌해지며) 성옥아, 중대 뉴스란 게 뭐냐?

성옥 어쩜 아버지께서 나오실지도 모른데요!

광만 뭣이?

성찬 아니, 누가 그러던?

성옥 수영장에서 길수를 만났는데, 길수 아버지가 그러시더래.

광만 길수 아버지라니?

성옥 을지로 6가에서 큰 재목상 하는 아저씬데, 아버지 친구분이세요.

광만 (난처한 표정으로) 그럴 리가 없을 텐데.

성찬 그럴 리가 없다니요? 작은아버진 아버지가 풀려나오시는 게 싫으세요?

광만 그, 그럴 리가 있니? 다만 요즘같이 법이 엄한 세상에다가 네 아버지가 노임으로 밀린 돈이 자그마치 3천 7백만 원이나 되니, 아마 형을 받더라도 최소한……

성옥 작은아버지는 아버지가 그렇게 되시기를 바라는 말투이시군요.

성찬 성옥아! 너 아직 모르니?

성옥 뭘?

성찬 (연설조로) "소년은 미래에 살고."

성옥　(덩달아서) "어른은 과거에 살고."

성찬　틀렸어! "어른은 이해관계에 산다."지, 헛허……

성옥　그건 누구의 말이지? 형!

성찬　우리나라 일부 어른들의 철학이지. 헛허. (하며 광만의 눈치를 본다)

성옥　그래요? 헛허……

이때, 할아버지가 서류 봉투를 들고 나온다.

할아버지　너희들은 무슨 경사 났느냐?

성찬　할아버지, 중대 뉴스래요!

할아버지　무슨 일이냐?

성옥　아버지가 무사히 나오실지도 몰라요.

할아버지　뭣이? 그걸 어디서……

성찬　길수 아버지가 그러시더래요.

할아버지　성옥아! 정말이냐?

성옥　예!

성찬　할아버지! 제가 가서 알아보고 오겠어요.

할아버지　네가? (광만에게) 네가 좀 알아봐.

광만　원 아버님두! 어린애들 얘길 곧이 들으시기여요? 잘못된 얘기겠죠.

성옥　정말이어요.

성찬　성옥아, 같이 가서 알아보자.

성옥　응……

할아버지　너희들이 어떻게 알아보니…… (광만에게) 잘 통하는 사람이 있다면서 전화라도 걸어 봐. 어른이 앞장서야지.

광만　(마지못해서 전화를 건다. 뇌성 소리가 전보다 더 크게 울려 퍼진다)

할아버지　소낙비가 쏟아질 것 같구나.

성찬 제발 그렇게 되었으면 좋겠어요.

광만 통화중이군요. (하며 수화기를 놓고 돌아선다)

할아버지 그럼, 이 문서는 어떻게 한다.

성찬 (잽싸게 눈치 채고) 그거 집문서 아니어요?

할아버지 응? 응……

성찬 그럼, 그대로 가지고 계세요. 아버지께서 나오실지도 모르니까요!

광만 아버님! 일루 주세요. (하며 서류를 만지려 하자, 성찬이가 잽싸게 봉투를 가로챈다)

성찬 안 돼요!

광만 아이들이 참견할 일이 아니야!

성찬 작은아버지는 우리 집 일에 참견 안 하신다고 했잖아요.

광만 뭣이?

얼마 전부터 비가 쏴하고 쏟아지기 시작한다. 도어가 열리며 성준이가 들어선다. 비에 흠뻑 젖었다.

성찬 큰형!

할아버지 성준아! 어디를 쏘다녔어?

성준 소낙비가 시원스럽게 내리는군요……

성찬 소낙비가 문제가 아니어요!

성준 그럼 뭐가 문제지? 이렇게 시원스럽게 비가 내리는데 뭐가 문제냐! 아……

성찬 소식 못 들으셨어요?

성준 아버지 소식?

할아버지 알고 있었니?

성준 예. 다방에서 방송을 들었어요.

광만　방송에 나왔어?

할아버지　얘들아, 라디오 좀 틀어 봐!

성찬　뉴스 시간은 지났어요.

광만　(당황하며) 성준아! 뭐라던?

성준　증거 인멸이나 도피할 우려가 없으니 일단 불구속으로 하되, 30일 이내에 정리하기로 아버지께서 약정서를 쓰셨다나 봐요.

광만　무슨 재간으로 정리를 하니? 무슨 재주로 4천만 원을 갚느냐구……

성준　없는 것도 아니죠. 공장을 처분하고 부동산을 팔면야……

성옥　그럼 전화로라도 알려주시지……

성준　갑자기 결정된 일이라서 아마 그럴 시간이 없었겠지.

할아버지　우린 그렇게 된 줄도 모르고 있었다니…… 성준이 너도 너지! 왜 진작 알리지 않고……

성준　죄송합니다, 할아버지! 그러나 저대로 여러 가지 결심한 바가 있어서……

성찬　큰형! 결심이라뇨?

성준　응…… 나, 군에 입대하기로 했다.

성찬　입대하세요?

성옥　큰형! 진짜야?

성준　어느 때고 한 번은 가야 할 일이었지. 지금까지 그걸 피하려고 했던 내 자신이 얼마나 어리석었던지…… 대학교는 군대 갔다 와서 새 사람이 되어 새 출발하기로 했지.

할아버지　(감동되어) 성준아!

성준　마음이 홀가분하고 시원해요. 마치 목에 걸린 생선 가시를 뽑아낸 기분이라니까요! 헛허……

성찬　소낙비가 갠 뒤의 기분?

성준 그래. 내가 재수를 하면서 병역을 기피해 온 일이 얼마나 어리석은 자기 학대였던가를 새삼스럽게 느꼈다. 역시 사람이란 예외가 있을 수 없나 봐. 모두가 가는 길을 자기만이 안 가려는 일이나, 남이 안 가는 길을 혼자서 가려는 일은 옳지가 않은 거야.

성찬 오늘따라 큰형이 철학자가 되셨군! 헛허.

성준 사실 그렇게 되었을지도 몰라. 철학이 별거라던? 생각하는 사람이 바로 철학자지! 얼마 전까지만 해도 나의 앞길이 막연하게만 여겨졌지만, 지금은 그게 아니야. 사람이란 한 가지 일부터 착실히 처리하고 넘어가야 한다는 걸 알았으니까. 대학에 가는 일과 병역을 기피하는 일과 그리고 날마다 편히 살려는 일을 동시에 하려니까 괴로울 수밖에! 안 그러니?

성옥 무슨 뜻이야? 그럼, 나처럼 어린 사람은 어떻게 살지?

성준 물론 너한테는 좀 어려운 얘기가 될지 모르지만, 결국 사람이란 스스로 일어서고, 스스로 일하고, 스스로 살아가는 길뿐이라니까! 개인도 가정도 그리고 국가도 마찬가지야. 남의 힘에 의지하고 그 그늘 아래서 살려고 하는 건 잘못이라구.

성찬 그게 바로 주체 의식이지?

성준 맞았어. 주체 의식! 그것을 빨리 느끼면 느낄수록 행복은 빨리 온다! 안 그래요? 작은아버지!

광만 (난처해서) 흥. 나같이 무식한 사람에겐 무슨 소린지 모르겠는걸!

할아버지 아니야, 성준이 얘기에도 일리가 있어! 암, 사람이란 자기 힘으로 살아야 해! 그렇지 않으면 그게 기생충이지. 사람이 아니라 벌레라니까. 우린 지금까지 그런 기생충에 불과했다. 안 그러냐? (하며 광만을 본다. 광만은 눈 둘 곳을 모르는 듯 저만치 피해 간다)

이때, 전화벨이 울린다.

성찬 제가 받을게요! (급히 전화 수화기를 든다) 여보세요! 예……, 예? (기쁨에 넘치며) 아버지세요?

이 말에 모두들 전화 가까이 몰려든다.

할아버지 아버지라고?

성옥 아버지! 아버지! (하며 수화기에 매달린다)

성찬 조용히 좀 해! 예? 예. 지금 모두 계세요. 예. 큰형도 와 있어요. 예. 아버지 지금 어디 계세요? 예? 이발소에서요? 예……

할아버지 얘. 전화 좀 바꿔!

성찬 아버지! 할아버지가 전화 받으시겠대요.

할아버지 (수화기를 받으며) 아범이냐? 응! 나다. (금시 울먹거리며) 그래……, 아니다…… 우리야 무슨 고생이냐? 아범이 고생이지…… 오냐……, 오냐! 그렇게 하자…… 응? 광만이? 응, 여기 와 있어! 왜……, 바꿀까? 응? (긴장하며) 뭐라구? 아니 그게 사실이냐? 응……, 응…… 그럼 기다리겠다. (할아버지가 경직된 표정으로 광만을 쏘아본다. 광만은 당황한 표정을 지으며 돌아서 나가려 한다)

성찬 작은아버지 왜 가시게요?

광만 응? 응. 급히 들를 곳이 있어서…… 그럼, 아버님……, 전……, 이만……

성준 아버지께서 곧 오실 텐데 만나보시고 가세요.

광만 아, 아니야…… 난 가봐야겠다. 이럴 때는 조촐하게 식구끼리만 있는 게 피차간에 마음이 편할 테니까.

성찬 작은아버진 우리 식구가 아닌가요?

광만 그, 글쎄 알았어! 그럼 아버님! 이만…… (그는 허리를 굽실하고는 도망치듯 나가 버린다)

성준 작은아버지가 왜 저러시지?

성찬 알았다! 집문서를 못 가져가게 해서 아마 노하셨나 봐.

성준 집문서를?

할아버지 (혼잣소리처럼) 몹쓸 놈 같으니! 이럴 수가 있담. 이럴 수가……

성준 할아버지! 왜 그러시죠?

성찬 아버지가 뭐라고 하셨기에요? 예?

할아버지 글쎄 지금까지 네 아버지를 빼내겠다고 교제비를 가져갔는데, 글쎄 그걸 몽땅 딴 곳으로 써 버리고서 이제 와선 집문서까지……

성준 작은아버지가요?

성찬 어쩐지 제 육감이 이상하더라니……

할아버지 아무리 돈이 좋기로 그럴 수가 있겠니? 그래 형무소에 갇힌 사람은 죄가 있었기로서니 그 형을 빼내겠다는 구실 삼아 돈을 우려내다니…… 이런……

성찬 그래도 할아버지 아들인 걸요!

할아버지 정말 요즘 세상은 믿을 것이 없다. 아까 성준이 말대로 자기밖에 믿을 사람은 없어!

성옥 할아버지! 아버지가 오시기 전에 시장을 봐야죠. 부엌 누나하고 시장에 가게 돈 좀 주세요.

할아버지 그래! (지갑에서 돈을 꺼내 주며) 오늘 저녁은 너희들도 실컷 먹게 고기를 사 오라고 해라.

성옥 예. (하며 안으로 들어간다)

창밖을 내다보고 있던 성찬이가 환호성을 지른다.

성찬 아, 비가 갰어요. 아……, 햇볕이 눈부셔요.

성준 정말! 나무 잎사귀에 매달린 이슬이 진주보다 더 아름답구나.

성찬 소낙비가 지나간 뒤의 풍경은 더 아름답지? 이 세상의 모든 때를 깨끗이 씻어 내린 듯이……

할아버지 그래! 저렇게 맑고 아름다운 세상이 꼭 있을 게다. 너희들 젊은이들이 어른이 되는 날에는 말이다.

성준 할아버지! 제가 어리석었어요!

할아버지 아니다. 너는 한때 먹구름에 싸인 하늘이었어. 이제 그 먹구름은 가셨으니까 이젠 활짝 갠 날씨다. 헛허.

성준 헛허.

성찬 핫……

이때, 성민이가 기타를 들고 들어선다.

성민 아니? 우리 집에서 웃음소리가 나다니. 이건 무슨 기적일까?

성찬 작은형! 오늘 같은 날은 기타 솜씨 좀 부려 봐. 아버지도 나오시고 큰형도 군대에 가신대.

성민 그래? 그것 참 희소식하고도 비소식이군!

할아버지 뭐? 비소식이라니?

성민 인생이란 게 다 그렇죠. 한편에서 기뻐하면 다른 한쪽에서는 슬퍼하고, 한쪽이 밝으면 다른 한쪽은 어둡죠. 헛허…… 자, 그런 뜻에서 우리 노래로 달래보실까요?

성민이가 흥겹게 기타를 타자 모두들 유쾌하게 웃으며 마침내 합창으로 변해 간다.

–막

산불 (5막)*

• **등장인물**

김 노인(78세), 귀머거리, 약간 노망했음

양 씨(55세), 김 노인의 며느리, 과부

점례(28세), 양 씨의 며느리, 과부

귀덕(17세), 양 씨의 딸, 등신

사월(27세), 점례의 친구, 과부

최 씨(45세), 사월의 어머니, 과부

쌀례네(30세), 과부

정임(22세), 과부

이웃 아낙 갑(50세)

이웃 아낙 을(50세)

끝순이(17세)

병영댁(45세), 포목 도붓장사

규복(30세), 공비, 전직 교원

원태(45세), 자위대장

대장(40세), 공비, 식량 보급의 쟁책 爭責

공비 갑, 을

사병 A, B

아낙 A, B

기타 부녀들 다수

---

* 〈산불〉은 희곡집 「대리인」에 실린 판본을 수록하였음.

• **때**

1951년 겨울부터 이듬해 봄

• **곳**

소백산맥 줄기에 있는 촌락

제1막

무대

주위가 온통 산으로 둘러싸인 P부락. 그 가운데 비교적 널찍한 마당이 있는 양 씨의 집 안팎이 무대로 쓰인다. 무대 우편에 부엌과 방 두 개와 헛간이 ㄱ자형으로 구부러진 초가집이 서 있다. 지붕은 이미 삼 년째나 갈아입지 못해서 잿빛으로 시들어 내려앉았고 흙벽도 군데군데 허물어진 채로 서 있다.

안방과 건넌방 사이에 두 칸 남짓한 마루가 있고 건넌방은 제4벽이 없어 내부가 환히 보인다. 마루 안쪽엔 뒤뜰로 통하는 나무문이 나지막이 걸려 있다. 부엌과 안방이 이어진 모서리 처마 밑에 낡은 옹기 항아리가 놓여 있어 낙숫물을 받을 수 있게끔 앉혀 있다. 헛간은 문도 없이 다만 흙담으로 쌓아 올렸고 관객 쪽은 그대로 훤히 트이어서 그 안이 샅샅이 들여다보인다.

그 안에는 가마니며 짚단이며 몇 자루의 농구가 아무렇게나 놓여 있다. 무대 중앙에 간신히 사람 하나 들어앉을 수 있는 움막이 서 있다. 이것이 뒷간인 동시에 이 집 마당과 행길과의 경계를 지어 주는 표식이기도 하다.

비바람에 삭아서 끊어진 새끼 토막으로 이 뒷간과 부엌 뒤쪽을 연결시켜서 구획을 삼고 있는 셈이다. 뒷간 옆으로 오르막길이 있어 무대 안쪽으로 통하며 이 길은 다시 무대 상하로 뻗친 길과 교차된다. 그러므로 행길 위에 서 있노라면 이 집 마당이 눈 아래 내려다보임과 동시에 멀리 배경으로 소백산맥의 산줄기와 험준한 천왕봉이 보인다.

무대 좌편 행길 아래에 최 씨네의 초가집이 도사리고 앉았다. 일자형의 집으로 부엌을 사이에 두고 두 개 나란히 보일 뿐 마당 안팎엔 별로 보이는 것이 없다. 다만 대문이 서 있어야 할 자리에 어울리지 않게 사철나무가 서 있다. 지형상으로 보아 등장인물은 상하 어디에서나 등장할 수 있다.
때는 구정이 가까워지는 겨울의 저녁 때. 사방이 산이라 보기엔 포근해 보이지만 사실은 분지가 되어서 눈이 많고 추위가 혹심한 고장이다.

막이 오르면 뒷산에서 까마귀 우는 소리가 요란하다. 멀리 보이는 석양의 마지막 입김이 지금 막 사라지고 있다. 그러나 이 집 안팎에는 이미 산 그림자와 어둠이 내린지 오래다.
마당 한복판에 멍석을 깔고서 그 주변에 동리 아낙네들이 제각기 식량 보따리를 들고 서 있다. 멍석 위에 양 씨가 올라앉아서 한 사람씩 차례로 내미는 곡식 아니면 감자를 되질해서는 각각 나누어 부어 놓는다. 그 옆에서 등잔불을 켜고 점례가 공책에 치부를 하고 몇 사람은 가마니에 담는다. 남자라고는 등에 업힌 젖먹이와 안방 안에서 상반신을 내민 채로 곰방대를 물고 있는 김 노인뿐, 모두가 부녀자들이다. 추위도 추위이려니와 차림새는 한결같이 허수룩하고 불결하다. 노인네들은 마루에 앉아 있고 젊은이들은 마당에 서 있기도 하고 몇 사람씩 짝지어 쭈그리고 앉아서 쑥덕공론을 하는 축도 있다.

양씨 (홉되로 쌀을 되다 말고) 아니 이건 한 홉도 못 되는구먼 그래! (하며 최 씨를 쳐다본다)

최씨 (거만하게) 그것도 큰맘 먹고 퍼 왔어! 우리 살림에 쌀 한 홉이면 어디라고…… (하며 외면한다)

양씨 누군 쌀 귀한 줄 몰라서 그런가. 반회에서 일단 공출하기로 작정한 일이니까 홉은 채워야지…… 어서요, 사월이네!

최씨 (비위가 상한 듯) 그것밖에 없는 걸 어떻게 하란 말이우?

양씨 (쓴웃음을 뱉으며) 궁하기는 매한가지지. 그러지 말고 어서 채워 와요! 쌀이 없으면 보리, 보리가 없으면 감자라도……

최씨 (성을 불쑥 내며) 없는 곡식을 나보고 도둑질하란 말이우?

양씨 (약간 비위가 거슬린 듯) 사월이네…… 악담도 작작 하우. 누가 도둑질해 오랬소?

최씨 글쎄, 없어서 못 내겠다는데도 꾸역꾸역 우기니까 말이지.

양씨 사월이네보다 더 못사는 집에서도 아무 말 없이 내놓는 걸 가지고 뭘 그래요. 어서 가져와요!

최씨 (불쑥 일어서며) 싫으면 그만 두구랴! 흥, 강 건너 마을까지 가서 간신히 추수한 쌀이에요! (하며 양 씨 손에 들린 홉되를 가로채서 자기 치마 폭에다 쌀을 쏟고는 홉되를 양 씨 눈앞에다 내동댕이친다. 그 서슬에 되가 양 씨의 손등에 부딪친다)

양씨 아얏! (하며 반사적으로 손등을 만진다) 아니 이 여편네가 미쳤나? (하며 성난 눈초리로 쳐다본다)

최씨 (매섭게 노려보며) 뭐가 어째?

양씨 눈깔은 어디다가 쓰라는 눈깔이야! (이때 모든 사람들의 시선이 두 사람에게로 집중된다)

최씨 아니 못된 소갈머리에 웬 시비야 시비가, 응?

양씨 내가 언제 시비를 했어? (하며 일어선다. 지금까지 말없이 지켜보던 점례가 비로소 사이에 들어선다)

점례 어머니, 그만 좀 해 둬요.

양씨 에미야! 너도 봤지? 우리가 어쨌다는 거야, 응?

최씨 (입가에 조소를 띄우며) 흥! 잘난 이장인가 반장을 맡았다고 세도를 부리긴가? 까마귀 똥도 약이라니까 칠산 바다에 찍 한다더니 …… 원…… (하며 비웃는다)

양씨 (대들면서) 내가 언제 세도를 부렸단 말이야? 응? 내가 언제……

최씨 (무섭게 쏘아보며) 아니, 웬 반말이야 반말이? 응? 저놈의 혓바닥을 그냥 둔담?

양씨 (대들며) 어떻게 할 테야? 찢을 테야? 응? 반말을 할 만도 하니까 했지? 자네보다 나이가 열 살 위인데 반말 좀 썼기로 어때?

점례 (두 사람을 번갈아 보며) 왜들 이러세요? 제발 좀 참으시라니까요! (혀를 차며) 석양이 지났는데 언제 곡식을 모아요?

양씨 누가 하고 싶어 하는 일이냐? 자위대에서 시키는 일이니까……

점례 하지만 안 하려면 몰라도 책임을 맡은 이상은 정해진 시간에 해내야죠. 일해 놓고도 욕을 먹게 생겼잖아요.

양씨 우리가 게을러서 안 되는 일이냐? 자위대에서 나오면 이렇게들 협력을 안 하니까 못 하겠다고 사실대로 말하지!

최씨 옳지! 그렇게 해서 은근히 나를 꼬아 바치겠단 말이지? 꼬아 바칠 테면 바쳐 보라지! 뉘 말을 더 믿는가 두고 봐.

양씨 뭐라고?

점례 (불쾌감을 억지로 누르며) 아주머니도 그런 억지 소리는 하시는 게 아니에요. 한두 살 난 애기도 아니고, 누가 꼬아바친댔어요?

최씨 (기고만장하여) 금방 그랬잖아? 여기 있는 사람이면 다 들었지! 안 들었수? (하며 옆 사람을 둘러본다)

점례 딱한 소리 다 듣겠네요. 이런 일을 누가 얼마나 하기 좋아서 하는 일이겠수?

최씨 (비꼬며) 흥…… 싫다는데 맡길려구?

양씨 아니 그럼, 내가 자진해서 맡았단 말이야? (하며 다시 덤빈다)

최씨 흥! 누가 그 속을 모를 줄 아나? 그렇지만 아무리 요사 간사를 다 떨어도 반동이란 딱지는 안 떨어지지! 안 떨어져! (이 말에 부락 사람들은 전에 없이 동요하기 시작한다. 그러나 김 노인은 아랑곳없다는 듯 담배만 피우고 있다)

점례 (정색을 하며) 말씀 다 하셨어요?

최씨 점례! 그럼 자네 집안이 반동이 아닌가? (대들며) 응? 자네 서방이 반동이 아니면 왜 도망갔지? 인민군에게 붙들려 죽을까봐 도망갔잖아? (오금을 박으며) 아니면 아니라고 똑바로 말해 봐!

점례 (분함을 억제하며) 제 남편이 반동이건 붙잡혀 죽건 이 일과 무슨 상관이 있어요?

양씨 아니, 왜 남의 죽은 자식을 들먹거려?

점례 어머닌 가만히 좀 계세요.

최씨 (유들유들하게) 상관이 있고 말고… 자네 시어머니는 자위대에서 억지로 떠맡겼으니까 별 수 없이 이장을 지낸다지만 실상은 그 잘난 이장 노릇으로 충성을 다 바쳐야만 사람 행세를 할 수 있기에 맡았지! 안 그래?

양씨 옳지! 말 잘했다! 그래 내 아들이 반동으로 몰린게 누구 때문이었지?

최씨 흥! 그러기에 음지가 양지 되고 양지가 음지 되는 법이야. 내 사위를 빨갱이로 몰아 죽인 놈들은 모두 원수야! 내 딸 사월이를 청상과부로 만든 놈을 왜 내가 가만 둬! 이젠 세상이 뒤바뀌었으니까 우리도 잘 살아 봐야지!

양씨 흥! (비꼬며) 사위 하나는 고금 천지에 없는 인물이었지! 술은 말술이요, 타작마당보다 투전 마당이 제격이었으니까…… 호호……

최씨 당신 아들은? 흥- 똥 묻은 개가 겨 묻은 개 흉보는 격이군…… 무슨 청년단 간부랍시고 낭패만 부린 일을 생각 못 하나? 그래도 내 아들은 중학공부 마쳤어!

양씨 신식 공부, 한 놈치고 잘된 놈 없더라! (이 말에 어떤 사람들은 통쾌하다는 듯 웃어 젖힌다)

최씨 (더욱 약이 올라서 웃는 사람들의 얼굴을 노려본다) 잘들 한다. 내 사위가 반동 손에 죽은 것이 애린 이빨 빻는 격이란 말이지? 네 것들은 모두가 반동이지? 쌀례네, 갑돌이네, 성만이네!

쌀례네 웃는다고 반동이라니, 그럼 안 웃으면 뭐가 되지? 홋호…… (다시 웃음이 퍼진다)

정임 (최 씨 편을 들며) 쌀례 엄마도 말조심해요! 도둑이 제 발 저리니까 그렇지!

쌀례네 내 발은 저릴 것도 말 것도 없지…… (노랫가락조로) 팔자가 사나와서 서방 하나 잘못 만나 청상과부 된 것이 죄지. 아이고 내 팔자야…… (일동 한바탕 웃는다)

김노인 (영문도 모르고 소리 내어 웃는다) 좋다, 좋아……

이웃 아낙 갑 말이야 바른 말이지만 누가 빨갱이고 노랭이고 있어? 그저 못 먹고 못 배운 게 흠이지…… 미련한 백성이야 어느 세상이고 매일반이야. 이리 가라면 이리 끌리고 저리 가라면 저리 흔들려서…… 안 그랬어? (하며 좌중을 돌아보자 서로 고개를 끄덕이는 눈치들이다)

점례 그만 좀 해 둬요. 언제까지 이러고 있을 게 아니라 빨랑빨랑 해치워야 하잖아요? 이제 곡식을 가지러 올 시간이 지났는데. 그리고 오늘 밤 야경 나갈 사람은 그 채비를 해야지요.

이웃 아낙 을 그렇게 합시다. 이장! 어서 해치워요. (발을 구르며) 발이 얼어서 못 살겠어. 육시랄…… 언제나 따뜻한 아랫목 차지하려나……

점례 (양 씨에게) 어머니! 이제 몇 사람 안 남았는데…… (하며 치부책을 들여다본다)

양씨 매시꼬와서 일을 보겠냐? 하고 싶은 년 보고 하라지. (하며 코를 팽 풀고는 마루로 간다)

최씨 (다시 약을 올리며) 뭣이 어째?

점례 (성을 내며) 왜들 이러세요, 글쎄. 슬하에 며느리 사위 거느린 마나님들이 하는 짓은 꼭 어린애들 같이… 제 시간까지 곡식을 준비 안 하면 우리가 어떻게 된다는 것을 잊으셨어요? 이 마을은 불바다가 되는 거예요.

최씨 가만히 있는 사람들 또 오장 뒤집게 하잖아?

쌀례네 (혀를 차며) 옛 어른들 말이 옳지. 집안에 남자 어른이 없으면 똥개까지 잘난 척한다더니 원! (군중, 다시 까르르 웃는다) 글쎄 이 통에 웃음이 나오게 됐어? (넋두리를 하며) 우리 마을에 사내다운 사내가 한 사람이라도 살아 있던들 이렇진 않지 뭐야!

이웃 아낙 갑 그러기에 말일세. 경찰은 경찰대로, 인민군은 인민군대로 해방 후부터 이날 이때까지 번갈아 가면서 쓸어갔으니…… 글쎄 이 산골에 사내란 사내는 멸종이 되었잖아. (눈물을 찔금거리며) 차라리 늙은 것들이나 잡아가잖구……

김노인 아가…… 저녁은 아직 멀었느냐? 왜들 안 가고 이렇게 떠드냐? 시장해서 못 견디겠다.

양씨 (큰소리로) 조금만 기다리세요! 이 난리통에서 밥을 짓게 되었어요? 쯧쯧……

이웃 아낙 갑 어이구, 진즉 가야 할 늙은이는 안 데려가고 애매한 젊은 놈만 아깝게시리…… 귀신도 눈이 멀었어.

이웃 아낙 을 (콧등이 저려 오는지 코를 텡 풀며) 형님 말씀이 옳아요. 사내들이 해야 할 일을 여편네들이 하나부터 열까지 다 해야만 되니 일이 제대로 될게 뭐람! 암탉이 울면 집안이 망한다는데. (이 사이에 점례는 몇몇 부녀자들에게 손짓을 하며 곡식 걷는 일을 대신 한다. 그러나 집안의 분위기는 어딘지 우울하다. 까마귀가 한바탕 요란스럽게 울어젖힌다)

쌀례네 (좌편 행길 쪽을 향해) 빌어먹을 까마귀 떼들이 왜 또 극성이야!

난 저 소리만 들으면 똥물까지 넘어온다니까. 저리 가!

이웃 아낙 을 쌀례네, 그건 또 왜? (하며 쌀례네 쪽으로 다가온다)

쌀례네 작년 겨울에 아범 송장을 찾으러 나갔을 때 일이에요. 무네미 산골을 넘어가려니까 저 까마귀 떼 우는 소리가 들리지 않겠어요? 그때 문득 까마귀는 송장을 찾아다닌다는 말이 생각나서 그쪽을 더듬었지요. 그랬더니 토끼바위 바로 아래에 까마귀들이 새까맣게 모여서 무엇을 쪼아 먹고 있지 않겠어요. 그래 가까이 가 봤더니 그게 바로 아범의……

이웃 아낙 을 저런!

쌀례네 얼굴이며 손에 붙은 살은 까마귀밥이 되고 뼈만 허옇게 남았는데…… (그때의 참경을 상기했는지 눈살이 찌뿌려진다)

정임 그런데 어떻게 서방인 줄 알아봤수?

쌀례네 옷을 봤지요. 고동색 조끼와 회색 솜바지가…… 게다가 재작년 대보름달 산불을 끄다가 태운 불구멍이 바지에 남아 있는게 틀림없었으니까…… (한숨을 내쉰다)

정임 송장을 찾아 줬으니까 까마귀에게 도리어 절을 해야죠, 형님.

쌀례네 그렇지만 그것들이 울어대지 않았던들 그 징그러운 꼴을 안 봤을 게 아닌가? 눈알도 없고 코도 없이 허연 이빨과 광대뼈만 앙상하게 남은 꼴이…… (스스로의 감정을 억제치 못하여 흑흑 흐느껴 울기 시작한다. 몇 사람이 등을 어루만지며 위로해 준다)

이웃 아낙 갑 (혼잣소리처럼) 젊은 것들이 불쌍했지! 늙은이들이야 다 산 목숨이지만 오뉴월의 은어처럼 펄펄 뛰놀던 젊은 놈들이…… (눈곱이 낀 뱁새눈을 찔끔거리며) 언제는 국군에게 밥을 해 냈다고 죽이고, 언제는 빨갱이 놈들에게 아부했다고 경을 치고…… (한숨) 똥파리만도 못한 목숨인 줄은 알지만 정말 억울했지… 억울해…

양씨 (그녀의 손을 붙잡으며) 큰일 날 소리 다 하지. 지금이 어느 세상이라고…… 말조심해요, 동생.

이때 다시 까마귀가 울어대자 쌀례네는 미친 듯이 뛰어나가 고함을 지른다.

쌀례네 듣기 싫어! 저리 가지 못해!

바로 이때 무대 우편 산길에 원태가 앞장을 서고 대장과 공비 세 사람이 내려온다. 공비들은 남루한 차림이다. 다만 대장은 솜바지에 방한모를 썼다.

원태 (쌀례네를 보며) 웬 지랄이야!

대장 우리 보고 그러는 거요, 동무?

원태 아, 아닙니다…… 저…… 어서 내려서십시오.

이 말에 쌀례네는 꿈에서 깨어난 사람처럼 겁에 질려 뒤돌아와서 사람들 틈바구니에 숨는다. 군중들은 마치 고양이 앞의 쥐처럼 허리를 제대로 펴지 못하고 헛간 있는 쪽으로 몰려온다. 양 씨와 점례는 내키지 않으면서도 비굴하리만큼 허리를 굽히며 인사를 한다. 공비들은 감시하듯 행길에 서 있다.

원태 (거수경례를 하며) 이장 동무, 수고하오. (대장에게) 자, 앉으십시오. (하며 마루 쪽을 가리킨다)

이 말에 양 씨는 재빠르게 마루를 걸레로 훔친다.

양씨 누추하지만 잠깐 앉으실 걸……

원태 (앉으며) 그래 준비는 다 됐나?

양씨 (시원찮은 말투로) 예, 예……

대장 얼마나 모았소?

양씨 예…… 저…… (점례에게) 저 쌀이……

점례 (두 사람의 시선을 피하며) 저…… 쌀이 한 말 서 되고요…… 보리가 서 말 두 되, 그리고 감자가 네 말 엿 되…… 전부 그렇게 되나 봐요……

대장 (만족한 웃음으로 가마니를 툭 차며 원태를 향하여) 생각보다는 성적이 좋군…… 흠……

원태 (아첨하듯) 헷헤…… 제가 단단히 일러두었더니만 어떻게 실수는 없었나 보군요……

대장 자위대장 동무가 하는 일인데 어련하시겠소? 헛허…… (원태도 손을 비비며 따라 웃는다) 그럼 우선 집합을 시켜 주시지…… 내가 먼저 얘기를 하고서……

원태 (재빠르게) 예…… 그렇게 하시죠.

호주머니에서 호루라기를 꺼내서 요란스럽게 불어 젖힌다. 일동은 서로 얼굴만 바라보며 웅성거릴 뿐 질서가 없다.

대장 (위엄을 보이려고 애쓰며) 뭣들 하고 있소? 이쪽으로 가까이들 서시오. 빨리 빨리…… (양 씨에게 눈살을 찌푸리며) 이장이 가만히 서 있으면 되오?

양씨 (어찌할 바를 모르며) 예…… 예. (군중에게) 자! 어서들 이쪽으로 가까이 모여 봐요, 어서. 그쪽에 서 있지 말고.

군중들은 어슬렁거리며 가까이 온다. 세 공비는 무대 중앙 행길에서 써레기* 담배를 말아서 피워 물려다 말고 서로 눈짓을 하고는 웃는다. 아마 대장을 경원하는 눈치다.

원태 (부러 점잔을 부리나 두서없는 연설조로) 에…… 오늘 여러분들을 모이라는 것은 다름이 아니라 상부에서 이렇게 나오셔서 여러분들께 직접 지시하실 중대지사가 있기 때문이요. 따라서 끝까지 조용한 가운데 잘 들어야 할 것이며, 동시에 아울러 우리 마을의 명예를 더럽히지 않기를 자위대 대장으로서 간절히 부탁하는 바이며, 끝으로 한 가지 여러분께……

이때 대장은 더 이상 참을 수 없다는 듯이 원태의 귀에다 대고 몇 마디 소곤거린다.

원태 (굽실거리며) 예…… 예, 알겠습니다. 예… 그러시면 대장 동무께서 직접? 예, 그렇게 하시죠.

이 사이 군중은 긴장을 잃고 얼어붙은 발을 동동 구른다.

원태 (엄숙하게) 조용히… 그럼 지금으로부터 상부에서 나오신 동무의 말씀이 계시겠습니다. (하고 깍듯이 경례를 붙이고는 자기 자리를 비켜선다)

대장은 권총 혁대에 한 손을 대고 다른 한 손으로 야무지게 경례를

---

* 칼 따위로 썬 담배.

붙이고는 군중을 날카롭게 훑어본다. 군중들은 저마다 침을 꿀꺽 삼키며 귀를 쫑그린다.

대장 동무들! 날씨가 추운데 수고들 하시오. 그러나 이제 한 고비만 넘기면 노동자 농민들이 다 함께 잘 살 수 있는 세상이 올 것이오. 그저께 보위부에서 들어온 무전에 의할 것 같으면 우리 민족의 영도자 김일성 수상께선 남반부에서 투쟁하고 있는 우리들께 최후의 일각까지 미 제국주의의 앞잡이 이승만 도당과 과감히 싸우라는 격려 메시지를 보내 왔다오. (여기까지 한숨에 지껄이고서 긴 숨을 내리 쉰다)

원태가 군중을 선동하듯 박수를 치며 눈짓을 하자 여기저기서 손뼉치는 소리가 터져 나온다.

대장 항간엔 유엔군과 이승만 괴뢰군이 전승을 거듭하고 있는 듯이 소문을 퍼뜨리고 있지만 우리들의 뒤에도 중국과 소련의 거대하고도 영웅적인 군대가 뒷받침하고 있다는 것을 잊어서는 아니 되오.

원태 옳소! (하며 박수를 치자 군중들도 마지못해 손뼉을 친다)

대장 (윗주머니에서 수첩을 꺼내며) 그럼, 다음은 여러 동무들에게 내린 새로운 과업을 말하겠소!

김노인 (방문을 확 열어 젖치며) 에미야! 저녁은 아직 멀었냐?

양씨 (질겁을 하며) 어이구! 주책이지. 어서 문 좀 닫아요, 어서! (하며 문을 밖에서 닫아 버리자 방안에서 뭐라고 투덜대는 소리가 난다. 양씨는 대장과 원태에게 송구스러운 듯이 시선을 돌린다)

대장 이미 자위대장을 통해서 시달은 했으니까 다 알고 있겠지만……

원태 예. 벌써 이장 회의에서 말했고 또 반회의에서도 말했습죠.

대장 오늘부터 다시 야경 근무를 해 줘야 되겠는데……

군중 가운데 웅성거리는 소리가 들린다.

대장 이 고장은 사면이 산으로 둘러싸인 산악지대라 원수의 경찰들이 감히 침범을 못하고 있는 천연의 요새이기도 하오. 따라서 백 오십리 밖엔 이승만 도당이 판을 치고 있지만 저기 흐르는 남강을 경계로 한 이 고을은 아직도 엄연한 인민 공화국이라 말이오. 그러나 요즘 최후 발악을 꾀하는 원수들은 가소롭게도 탐색대를 파견하여 민심을 교란시키려는 망상을 하고 있다니 다시 야경을 하기로 결정을 봤소.

군중들 쑥덕거리는 소리, 점차로 퍼져 간다.

대장 내가 알기에 이 고장은 8·15 해방 후 많은 동무들이 미제와 이승만 괴뢰들에게 항쟁하는 데 가장 영웅적이었다는 사실이오. 따라서 동무들의 아들, 동무들의 남편, 그리고 동무들의 동생의 원수를 갚기 위해서도 다음의 조항을 엄수해야 하오. (사이) 첫째, 수상한 사람이 나타났을 땐 곧 이장이나 자위대에 신고할 것. 둘째, 원수에게 식량을 제공하거나 기타 이적 행위를 하는 자는 엄벌에 처한다. 셋째, 야경 근무를 태만히 하는 자도 엄벌에 처함. (수첩을 주머니에 넣고는) 만약 한 사람이라도 어길 땐 이 마을은 잿더미가 된다는 걸 잊지 마시오. 우리는 저 산에서 모든 정보를 다 듣고 있으니까.

원태 다들 알아들었소? 한 집에서 한 사람씩은 꼭 나와야 합니다.

좌중은 다시 웅성거린다. 이때 최 씨가 앞으로 나온다.

최씨 나리.

대장 뭐요?

최씨 한 마디 올릴 말씀이 있어요……

좌중의 시선이 일제히 최 씨에게 모인다.

원태 무슨 얘기요?

최씨 우리 같은 사람은 야경을 할 필요가 없지 않아요?

대장 필요가 없다고?

최씨 (양 씨 쪽을 흘겨보며) 반동들의 경찰에 아들과 사위를 한꺼번에 몰살당한 것도 분한데 이 엄동설한에 야경까지 서라니 말입니다.

원태 아니, 남편과 아들을 뺏긴 사람이 동무뿐이겠소?

최씨 그러니까 말씀이에요. 이런 일은 지난날 대한민국에 충성을 다 했던 사람들에게 시키면 된단 말예요. 이젠 그 사람들이 고생을 해야 할 차례가 아니겠수? 흥!

군중의 동요가 확대되어 간다.

쌀례네 그런 법이 어디 있어? 마을 일은 온 마을 사람이 함께 해야지……

정임 (최 씨의 편을 들며) 쌀례네는 언제부터 그렇게 의리에 밝았수?

최씨 대한민국 시대에 날뛰던 것들이 인민 공화국이 되어도 행세할 수는 없잖아요?

대장 그야 그렇지. 아니, 그럼 동무들 가운데 아직도 그런 반동이 있단 말이오?

최씨 (머뭇거리며) 없다곤 할 수 없죠.

이웃 아낙 갑 그만 좀 덮어둬요, 사월이네.

최씨 (악에 받쳐) 내 사위 죽은 것도 뼈가 아픈데 이제 와서 되지도 못하게시리 세도를 피우려니 말이지! (하며 양 씨를 노려보자 군중은 두 파로 갈라져서 웅성거린다)

원태 조, 조용히! 왜들 이러는 거야?

양씨 (앞으로 나서며) 제가 말씀드리겠어요. 말은 바른 말이지 지금 우리 살림에 양식이 남아 처진 집이 어디 있겠수? 그렇지만 다 내기로 작정되었으니 내줘야 한다니까 글쎄, 사월이네는 저렇게……

대장 (위엄을 보이며) 알았어! 조용히! 동무들이 모든 어려움을 참아 가면서 투쟁하고 있다는 건 상부에서도 잘 아는 사실이요. 그러나 저 천왕봉 험산준령을 타면서 주야불출 투쟁하는 우리들의 노고를 생각했다면 그와 같은 개인적인 불평은 있을 수 없소. (차츰 위협적으로) 우리가 산에서 무엇 때문에 누구를 위해서 이 고생을 하고 있는지 모르겠소? 동무들을 잘 살게 하기 위해서라는 걸 모르오?

군중들은 완전 맥이 없다. 이때 멀리서 총포 소리가 은은히 들리자 대장은 긴장의 빛을 보인다.

대장 알겠소? 우리는 지금 전쟁을 하고 있다는 걸 잊지 마시오. 이 가운데 한 사람의 반동, 한 사람의 불순분자가 있을 땐 여러분의 집과 생명은 이 수중에 매달려 있다는 걸 아시오! (하며 주먹을 흔들어 보이며 공갈한다. 공비들에게) 자, 동무들! 이 식량을 가지고 가자! (하고 명하자 공비들은 제각기 가마니를 등에 메고 산길을 올라간다. 대장은 원태에게 몇 마디 소곤대더니 민첩하게 사라진다)

원태 (그가 사라진 뒤를 바라보고 나서) 야경에 나올 사람은 일곱 시 반까지 당산나무 아래로 나오시오! 알았어? (하고는 좌편으로 퇴장)

이때 군중들은 삼삼오오 짝을 지어 사방으로 흩어진다. 최 씨는 자기 집 부엌으로 들어간다. 마당엔 양 씨가 우두커니 서 있고 점례는 멍석이며 되를 치운다. 무대는 전보다 더 어둡고 멀리 밤하늘에 초저녁별이 떴다. 말할 수 없는 적막과 허무가 산보다 더 무겁게 내리누른다.

양씨 (중얼거리며) 이제 뭘 먹고 살아간담… 보름이 멀다 하고 양식을 뺏어가니…… 우라질 것들. 우리를 잘 살리기 위해서라고?

점례 (주위를 경계하듯) 어머님! 말조심하세요. 아까 얘기 못 들었어요?

양씨 (손등으로 눈물을 씻으며) 이젠 정말 못 살 것 같다. (멍석을 헛간에다 내동댕이치며) 어느 세상이 두 다리를 펴고 산다더냐? 이렇게 숨도 제대로 못 쉬며 내 것 가지고 내 맘대로 먹지도 못하며 살 바엔 차라리 죽는 게 상팔자지. 어유! (하며 마루 끝에 앉는다. 이때 방문이 열리며 김 노인이 나온다)

김노인 에미야! 아니, 저녁은 아직 멀었어? 뱃가죽이 등에 붙게 생겼는데 왜 밥을 안 주나? 응?

양씨 (성을 내며) 누가 밥을 안 준댔어요? (투덜거리며) 늙은이가 어서 죽어 버리기나 하지, 어유…… 이게 무슨 팔자람.

점례 할아버지, 조금 기다리세요. (수건을 머리에 쓰며) 그런데 귀덕 아가씨가 웬일일까요? 돌아올 때가 되었는데……

양씨 빌어먹을 년! 나무는 안 하고 또 어디서 까치알이나 구워 먹고 있겠지.

점례, 뒤뜰에서 땔나무를 한아름 들고 나와 부엌으로 들어간다.

양씨 에미야! 감자는 얼마나 남아 있냐?

점례 (부엌에서 나뭇가지를 꺾으며) 작은 항아리에 반은 남았어요.

김노인 아가! 오늘 저녁엔 이밥이냐? 감자는 이제 삶지 마라!

양씨 (심술궂게) 이 난리에 이밥이 어디 있어요? 원! 늙으면 양도 준다는데 저 늙은이는 뱃속에 거지가 들어앉았나?

이때 산길에서 지게에다 나무를 해서 진 귀덕이가 무엇에 쫓기는 듯 내려온다. 멀리서 아이들의 희롱하는 소리와 함께 비웃는 소리. 귀덕의 헝클어진 머리며 옷차림도 그렇거니와 어딘지 등신같다. 그러나 젖가슴은 그녀가 성숙한 여성임을 보여 준다. 귀덕은 사나운 눈초리로 뛰어오더니 오던 길을 향해 돌을 던진다.

귀덕 영감 땡감 부랄이 홍시감! 힛히……

양씨 (금세 눈에 살기가 돌며) 아니, 저년이 또… 귀덕아! 귀덕아!

귀덕 (사내처럼) 머.

양씨 이년아! 나무를 했으면 빨랑빨랑 돌아오지 않고서 무슨 개소리냐? 응?

귀덕 (마당으로 들어서며) 저 새끼들이 막 내 치마를 벗기잖아!

멀리서 아이들이 놀리는 소리가 들린다. 귀덕은 지게를 뒷간 앞에다 세운다. "곰보딱지 코딱지. 아가리 딱딱 벌려라. 열무김치 담아 주마."

귀덕 (다시 응수하려고) 영감 땡감……

양씨 (가까이 가 머리채를 휘어 쥐며) 그 아가리 좀 닫지 못해! 남 부끄럽게시리! (하며 몇 번 등을 친다)

귀덕 아얏, 아야… (하며 도망을 가자 점례가 부엌에서 나오며 감싸 준다)

형님! 형님!

점례 어머니, 그만 좀 해 두세요. 말귀를 알아듣지도 못하는데…… 그만둬요.

귀덕 (매달리며) 형님! 나 좀 살려 줘.

점례 그래, 어서 방으로 들어가요.

양씨 어유, 열일곱이나 처먹은 게 저 꼴이니…… 어서 뒈져! 뒈져! (하며 쥐알리려* 하자 귀덕은 소리를 지르며 방안으로 뛰어들며 소리내어 운다)

점례 어머니! 귀덕 아가씨가 불쌍하잖아요?

양씨 불쌍하긴. 이제 와선 자식이 아니라 원수다. 원수야. 저런 병신이 될 바엔 차라리 그때 뒈지게 내버려 둘걸……

점례 어머니도 원…… (하며 부엌 벽에 걸린 시래기 말린 것을 풀며) 난리가 나기 전에도 저랬던가요? 그 공습통에 놀랜 후부터 제 정신을 잃어버린 걸…… 저래 뵈도 속은 다 있어요. 나이가 말하잖아요.

양씨 듣기 싫어! (사이) 저 오래비를 닮았던들 저런 등신은 안 되었을텐데. (허공을 쳐다보며) 이 자식은 어디서 죽었는지 살았는지 기별이라도 있었으면 차라리 잊어버리기라도 하잖아……

점례 (한숨을 길게 뿜으며 일부러 감정을 억제하며) 살았으면 여태 소식이 없겠어요. 2년이 되어가는 데……

양씨 망할 녀석! 조상이 남겨 준 땅이나 파먹고 살 것이지 제 놈이 뭘 안다고 청년단은 무슨 지랄이야…… (혀를 차며) 에미 생각을 손끝만큼이라도 했던들 이렇게는 안 됐지.

점례 그렇지만 어머니에게 효성이 지극했어요… 그건 누구보담도 제가 알아요.

---

* 쥐어박으려

양씨 (문득 며느리가 가엾어지면서) 그렇지, 그 애 이야기는 네가 잘 알 테지. 이런 줄 알았다면 씨라도 떨치고 갈 게 아냐? 손주만 하나 있어도 난 덜 외롭지. 분명 어디서 얼어 죽고 말았을 거다.

얼마 전부터 최 씨 안방에선 호롱불 밑에서 저녁을 먹는 세 사람의 그림자가 비치더니 마침내 아기 우는 소리가 나자 사월이의 앙칼진 목소리가 터져 나온다.

사월 (소리만) 뚝 그치지 못해! 이년이 꼭 밥상을 받으면 울음이라니까. (하며 매질을 하자 아기 우는 소리가 더 높아 간다)

최씨 (소리만) 왜 때리긴…… 어린 것을 때리면 그게 알아듣겠니? 말로 하잖구……

사월 (소리만) 어머닌 가만히 계세요. 이렇게 두둔을 하니까 버릇이 잘못 들어서 더 하잖아요. 죽어! 이년아! (하며 사월이 문을 요란스럽게 열고 밖으로 나온다)

방안에선 손주 딸을 어르고 달래는 최 씨의 소리가 한결 구슬프게 들린다. 사월은 병석에서 일어난 사람인지 차림이 한층 협수룩하다. 그녀는 쏟아지는 슬픈 눈물을 삼키려고 사철나무에 기대어 흐느낀다. 부엌에서 나와 땔감을 가지러 가려던 점례가 가까이 다가온다.

점례 사월이…… 왜 그래?

사월 (여전히 소리 죽여 운다)

점례 감기는 다 나았어? 날씨가 찬데 왜 밖에 나왔어, 응?

사월 난…… 난… 죽어 버렸으면 좋겠어. 이렇게 살 바엔 차라리…… (하며 구슬피 운다)

점례 (쓸쓸히 웃으며) 원, 말끝마다 죽는다지… 죽는다는 게 그렇게 쉬운가. 이따가 밤에 놀러 나와, 응? 야경은 어머니가 나갈 테지?

사월 응……

점례 꼭 놀러 나와. 쌀례네도 온다고 했으니까. 버선볼이나 대면서 얘기하게……

사월 (수그러지며) 응…… 갈게.

점례 어서 들어가.

이때 안방에서 김 노인이 나오며 또 밥 재촉을 한다.

김노인 에미야! 밥은 아직 멀었냐? 응? 집안에 어른이 있는 것두 몰라? 천하에 배우지 못한 것들. (곰방대로 마루를 치며) 천도가 없는 줄 아느냐?

부엌에서 고개를 내민 양 씨와 바삐 들어서는 점례가 우연의 일치로 대꾸를 한다.

양씨

(농조로) 예…… 알았어요.

점례

–막

제2막

무대

전막과 같음. 전막부터 약 세 시간 후. 밤하늘에 초승달이 걸렸다. 멀리서 산개 짖는 소리가 들린다. 막이 오르면 점례의 방에서 점례와 사월이 그리고 쌀례네가 버선볼을 꿰매고 있다. 점례가 재빨리 기름 심지를 돋우자 방안이 환해진다. 방안엔 질화로와 앞닫이 이외엔 세간살이라곤 별로 없다.

점례는 벽에 기대어 멍하니 생각에 잠겨 있는 사월의 옆얼굴을 보자 무슨 말을 꺼내야 할지 망설이는 눈치다.

점례 누룽지 안 먹어?

사월 (한숨) 응- 이가 아파.

점례 (꽁꽁 얼어붙은 듯한 누룽지를 툭 분질러서 내밀며) 먹어 봐. 처음에 단단해서 깨물기가 싫지만 침이 배어들면 괜찮아. 제법 구수한데. 자, 어서.

사월 (마지못해 입에 넣으며) 응……

쌀례네 (히쭉거리며) 별 수 있어? 그대로 사는 게지. 안 그래? (하며 뜻있는 듯이 웃는다)

점례 뭐가?

쌀례네 글쎄, 사월이가 저렇게 맥이 없이 앉아 있는 게 보기가 딱해서 하는 말이야.

점례 앓고 난 사람이 그럼 맥이 있을라구?

쌀례네 앓긴…… 흠…… (의미있는 미소로) 새파란 과부의 병이란 속앓는 병이니 무서울 건 없대두…… 홋호……

점례 (무슨 뜻인지 비로소 알겠다는 듯 웃으며) 아이 망할 것 쌀례네는 남의 병 진맥도 잘 하니 속 편하겠구먼. 홋호……

쌀례네 중이 제 머리 못 깎는다고 낸들 말은 안 하지만…… (한숨) 그렇지만 과부 속을 과부가 안 알아주면 누가 알겠어? 홋호……

점례와 쌀례네가 소리 내어 웃다 말고 쓸쓸히 앉아 있는 사월이에게 시선을 돌린다.

사월 자네들은 웃을 수 있으니 얼마나 좋아……

쌀례네 그렇다고 울 수도 없잖아?

사월 (혼잣소리처럼) 시집이나 가 버릴까?

점례 시집?

쌀례네 누가?

사월 누구긴 누구? 내가 가는 거지.

쌀례네 (어이없다는 듯) 뭐라구?

사월 왜, 나는 시집 못 가니? (하며 두 사람의 어이없는 듯한 표정을 쏘아본다)

쌀례네 그, 그야 못 갈건 없지만……

사월 흥! 나 같은 과부를 누가 맞아 주느냐 말이지? 더구나 자식까지 딸렸으니까… (그녀의 얼굴에 일종의 광기가 깃들어 보인다)

점례 (부러 태연한 척 하며) 홋호…… 넌 갑자기 미쳤어? 시집이 다 뭐야? 시집이… 홋호.

사월 아니, 내가 시집을 간다는 게 그렇게 우스워? 흥! 나는 이렇게 산골짝에서 과부로 썩는 게 더 우습단 말이야.

점례 별 수 없잖아? 이제 와서 탓한들 무슨 소용 있어? 죽은 자식 나이 세기지. 깨진 그릇인 걸…… (한숨)

쌀례네 (버선을 꿰매며 노랫가락으로) 아이구 내 신세야. 미투리도 짝이 있고 헌 버선도 짝 있는디 어쩌다 이 내 신세는……

사월 (신경질적으로) 듣기 싫어!

쌀례네 (질겁을 하며) 아이, 깜짝이야! 애를 안 뱄기가 다행이지, 하마터면……

점례 홋호… 겁도 많지…

두 사람은 서로 쳐다보며 웃는다.

사월 (신경질적으로) 자네들은 홀어미 신세가 되도 아무렇지 않단 말이군? 흥! (날카롭게 쏘아보며) 거짓말 마! 내가 모를 줄 알구?

점례 아니, 뭘 말이야?

사월 (낮은 소리로) 자네들은 이태 동안 서방 없이 살아도 아무렇지 않았어? (쌀례네에게) 바른 대로 말해 봐. 말해 보래두!

쌀례네 홋호…… 그걸…… 누가, 홋호……

사월 점례는? 왜 말 못 해?

점례 (얼굴이 붉어지며) 모, 몰라! 어떻게 내가 그걸…

사월 우리끼리 사이에 말 못 할 게 뭐람! 나는 정말이지 이대로는 못 살 것 같아. 자식이고 부모고 없어. 우선 내가 살고 봐야지.

점례 그렇다고 혼자서만 잘 살 수도 없지, 뭘 그래. 죽을 먹건 헐벗건 식구가 한 자리에서 사는 게 좋지. 사월이네처럼 그렇게……

사월 (다시 흥분하며) 내가 어떻다는 거야! 이 나이에 사람 구경도 제대로 못하면서 한평생을 도토리 껍데기가 되란 말인가? 내일 모레면 우리도 서른이야! 알겠어?

쌀례네 누가 제 나이도 모를까봐? (하며 실꾸리를 들어 바늘귀에 실을 꿴다)

사월 말이 있잖아? 설 지난 무와 서른 지난 계집이라고.

점례 (담담하게) 멀지 않아 한 세상 볼 때가 오겠지, 뭐. (하며 누룽지를 소리내어 깨문다)

멀리서 개 짖는 소리가 한결 이 분위기를 처량하게 만든다. 이따금 솔바람 소리.

사월 그래? 한 세상 살 때가 올까?

쌀례네 암, 와야지. 자네 말대로 우리에게 무슨 죄가 있다고 이대로 썩어?

사월 그렇지만 지금 같아선 어림도 없는 생각이지. 누워서 떡 떨어지기만 기다리다간 할망구가 돼 버려! 더구나 저렇게 길이 막혀서 마음대로 나다닐 수도 없고 건뜻하면 산에서 내려와 노략질이나 당하고.

쌀례네 쉿! 말조심해요!

바람이 차츰 강하게 분다.

사월 우린 가난한 죄밖에 없어. 우리 서방이 죽고 자네 서방이 없어진 것도 못 먹고 못 배운 탓이지. 안 그래? 점례!

점례 (깊은 한숨) 누가 아니래. 그러기에 가난은 나라에서도 못 막는다고 했잖아.

쌀례네 (소리를 죽여) 말이 나왔으니 말이지, 언제 세상이 또 뒤바뀔지도 모르겠어.

점례 (겁을 먹으며) 왜?

쌀례네 아까 그 산도적놈들 얘기로는 우리들을 잘 살게 해 준다지만 두더지처럼 산속으로만 파고드는 주제에 어떻게 우리를 잘 살릴 것 같아? 게다가 우리가 겨우 먹고 살 식량까지 빼앗아 가니.

점례 그렇다고 누굴 붙잡고 통사정할 수도 없잖아.

쌀례네 그러니 우리는 속아 넘어가고 있는 거지 뭐야. 자기들만 믿고 있으란 얘기겠지만 뒷집 총각만 믿다가 처녀 귀신이 되는 격이지.

사월 (비뚤어진 어조로) 처녀 귀신이 아니라 청과부 귀신이야.

쌀례네 핫하…… 맞았어. 과부 귀신…… 핫하……

이때 행길 쪽에 끝순이가 등장. 얼굴을 온통 보자기로 싸서 생김새를 분간할 수 없다. 손에 죽창을 들었다. 뜰 안에 들어서자 입에 손을 모아 김을 훅훅 분다.

끝순이 귀덕아!

점례 (두 사람에게) 누가 부르잖아?

쌀례네 (경계하며) 누굴까? 아이, 무서워. (이불을 둘러쓰며) 난 안 나가.

점례 나가 봐.

끝순이 아무도 안 계세요? (가까이 오며) 방에서 인기척이 나던데.

점례 (조심스럽게 문을 열며) 누구요?

끝순이 어머! 방에 있으면서 대답도 안 했어요? 끝순이에요.

점례 (안도감에 가슴을 쓰다듬으며) 오, 끝순이! 어서와! 웬일이야?

끝순이 여기 쌀례 엄마 왔어요?

쌀례네 왜 그래? (하며 이불을 걷어 젖히며 나온다)

끝순이 야경 다음 차례라고 빨리 나오래요.

쌀례네 육시랄. 이럴 땐 시간도 빨리 가더라. 벌써 그렇게 됐어?

끝순이 예, 쌀례 엄마가 나와야 다음 사람이 집에 돌아갈 수 있대요.

점례 거기 서 있지 말고 방에 들어와.

끝순이 들어가도 괜찮아요?

점례 그럼, 어서.

끝순이가 죽창을 마루 끝에 세워 놓고 머리를 싸맨 보자기를 풀어 옷을 털며 들어간다.

쌀례네 (무명 목도리로 얼굴을 싸며) 이 추운 밤에 야경을 서면 뭘 해? 사람만 못 살게 들볶는 지랄이지.

점례 또 고생해야겠군. 나는 어머니가 돌아오셔야 나갈 테니까.

쌀례네 (마루로 나오며) 어잇, 추워! (신을 신고서) 그럼 나 먼저 가!

점례 응!

사월 (꿰매던 버선을 주워 들고 나오며) 나도 가 봐야지.

점례 왜 더 놀다가 가지.

사월 일찍 방돌이나 줆어지고 자야지. 과부 재미는 잠자는 재미니까. (하며 나와서 신을 신는다)

이 사이에 끝순이는 방 한가운데 놓인 깨진 질화로를 안고서 불을 쬔다. 그리고 옆에 있는 누룽지를 날름 집어서 오도독 깨문다.

점례 (나가는 두 사람에게) 조심들 해.

쌀례네 이따 만나.

쌀례네는 행길로 나와 좌편으로, 사월이는 자기 집 방으로 퇴장한다. 바람 소리가 더욱 세차다.

점례 (방에 들어오면서) 춥지?

끝순이 (무를 캐먹다 들킨 사람처럼 깨물던 누룽지를 삼키려다가 목에 걸려 캑

캑거린다)

점례 왜 그래? 응?

끝순이 (간신히 누룽지를 삼키며) 누, 누룽지가…… (하며 사레가 들어 기침한다)

점례 홋호…… 천천히 먹지 않구…… (하며 앉아서 하던 일을 계속한다)

끝순이 귀덕이는 자나요?

점례 응, 저 방에서 할아버지하고.

끝순이 어머! 할아버지하고요? 홋호…… 아니, 다 자란 계집애가 할아버지하고 자요? 홋호…… 그 앤 정말 병신인가 봐.

점례 그런 소리 하는 게 아냐. 불쌍하잖아……

끝순이 흠…… (하며 빨갛게 상기한 볼을 문지른다)

점례 참, 엄마 병이 다시 도졌다면서?

끝순이 (무표정하게) 이제 죽을 날이 닥쳐왔나 봐.

점례 그게 무슨 소리냐? 벌 받으려고.

끝순이 우리 팔자에 이상 더 받을 벌이 있을라구요.

점례는 그 한 마디에 응수할 길이 없어 길게 숨을 모아서 뱉는다.

점례 밥은 먹었니?

끝순이 서운네 집에서 제사 지냈다고 호박나물하고 명태전을 가져와서 끼니를 때웠다우.

점례 엄마는 굶고?

끝순이 먹을 것도 없지만 입맛이 없대요. 그러니까 죽을 날이 가까웠지.

점례 너는 말끝마다 죽는다는 소리구나?

끝순이 정말 어서 죽었으면 좋겠어.

점례 누가?

끝순이 우리 엄마.

점례 어머, 그런 소리 하는 게 아냐.

개가 다시 짖는다.

끝순이 형님! (사이) 저…… 나 말이야. (부젓가락을 집적거린다)

점례 어서 말하래두.

끝순이 엄마가 죽으면 서울이고 부산이고 갈래.

점례 (놀라며) 네가?

끝순이 그럼 나밖에 갈 사람이 우리 집에 누가 있수?

점례 어떻게?

끝순이 (씩 웃으며) 그러는 수가 있어. 저, 형님만 알고 있어야 돼요.

점례 그래, 말해 봐.

끝순이 엄마한테 꼬아바치려고?

점례 나 혼자만 알고 있겠대도… 누가 데리고 간다던?

끝순이 응…… (다가오며) 우리 마을에 드나드는 병영댁 있잖아?

점례 병영댁이라니? 오! 옷감 가지고 다니는 도붓장사 얘기는 들었지.

끝순이 응! 지난 추석 대목에 왔을 때 하는 말이, 도회지에 가서 식모살이 하면 배부르게 먹고 월급 받고 그런대.

점례 (혼잣소리로) 식모살이를?

끝순이 정말 여기선 못 살겠어. 아버지가 그렇게 안 죽었어도 또 모르겠는데 게다가 엄마는 아버지가 죽은 뒤부터 저렇게 일 년 가까이를 운신도 못 하니 누구를 믿고 살아요?

점례 끝순이 지금 몇 살이지?

끝순이 설 쇠면 열일곱.

점례 열일곱 살…… 벌써 그렇게 돼?

끝순이 그러니까 실속을 차려야죠. 식모살이해서 돈 모으면 장사를 할래. (끝순이의 눈에는 희망이 떠돈다)

점례 어디서?

끝순이 타관이면 아무 데서나.

점례 (한숨을 뱉으며) 끝순이는 그렇게라도 할 수 있으니 마음 편하겠어.

끝순이 형님도 마음먹으면 할 수 있지 뭐.

점례 나는 안 돼. 내게 걸려 있는 사람이 몇이라고…… (절망적인 한숨)

끝순이 (조소를 뱉으며) 그까짓 시집 부스러기가 무슨 소용 있어?

점례 아니, 너는 정말…… 홋호…… 못 할 소리가 없구나.

끝순이 나 살고 남도 있지. 이렇게 한 세상도 못 살아 보고 죽으려오?

점례 그게 아니야. 너는 몰라, 내 마음을.

끝순이 왜 몰라. 홋호……

점례 뭐가 우습니?

끝순이 (은근히) 귀덕이 오라버니가 살아서 돌아올지 모른다 이 말이죠? (하며 힐쭉거린다)

점례 (침착하게) 사실이야. 꼭 살아 있을 것만 같아. 난 믿어.

끝순이 (단정적으로) 죽었을 걸요.

점례 아냐. 틀림없이 살아 있을 게다.

끝순이 (잠시 눈치만 보다가) 살아 계시다고 해도 무슨 소용 있어요?

점례 (의아한 표정으로) 뭐라고?

끝순이 이제 살아 나와도 사람 대접 받기는 틀렸죠. 이 고장에선 백날 살아 봐야…… 그러니 형님도 나하고 같이 가요.

점례 (말없이 돌아본다)

끝순이 형님은 얼굴도 예쁘고 간이 학교를 다녔으니까 더 좋은 일자리를 얻을 수 있을걸. 예? 내가 도붓장사 병영댁이 오면 알아봐 드릴까요? 시집도 갈 수 있대요.

점례 (어이없다는 듯) 시집? 홋호…… (허탈한 웃음)

끝순이 정말이래두.

이때 산길 쪽에서 규복이가 나타난다. 남루한 옷에 제대로 먹지도 못한 데다가 다리를 다쳤는지 절뚝거린다. 그는 사방을 휘둘러보며 숨을 곳을 찾는다. 행길 위에서 여기저기 보더니 점례네 집 뒷간으로 급히 숨는다. 그가 급히 내려오는 바람에 돌멩이가 낭떠러지에서 굴러 떨어지는 소리가 크게 들린다.

점례 누구여? (하며 바깥 기색을 살핀다)

이 서슬에 끝순이는 점례의 등에 철썩 붙어서 와들와들 떤다. 밖엔 어느새 눈송이가 하나 둘 흩날린다. 먼데서 개 짖는 소리가 있을 뿐이다.

끝순이 아무도 아닌가? (멀리서 비상소집용으로 쓰이는 깡통이 흔들리는 소리) (눈이 휘둥그레지며) 어머나! 무슨 일이 났나 봐!

점례 그러게 또 산에서 내려왔을까?

끝순이 저녁나절에 식량을 빼앗아 갔는데 또 올 리가 있어요?

점례 나가 보고 올게. 너 여기 있을래?

끝순이 싫어. 나 혼자 무서워서 어떻게.

이때 다시 깡통 흔드는 소리. 잠시 후 최 씨가 몸을 술항아리 싸듯 싸매고 행길에서 등장. 역시 손에 죽창을 들었다. 이와 반대쪽에서 두 사람의 아낙이 총총걸음으로 나오다가 행길에서 마주친다.

아낙 A 무슨 일이에요?

최씨 함덕이네가 서 있는데 숲속에서 무엇이 바스락거리더래.

아낙 B 그럼 도둑놈일까?

최씨 그렇지 않아도 다들 나오래. 어서들 가 보게.

아낙 A 형님은요?

최씨 우리 손주 망가루* 좀 끓여 먹이고 곧 갈게. (하며 바삐 언덕길을 내려 자기 집으로 들어간다. 아낙 A, 아낙 B도 불안한 표정으로 좌편으로 퇴장)

끝순이 (보자기를 쓰며) 그만 가 봐야겠어.

점례 그래 먼저 가 봐. 나도 곧 갈 테니까.

끝순이 (밖으로 나오며) 예…… 지금 얘기는 아무한테도 하지 마!

이때 행길에는 여기저기서 아낙들이 몰려나오며 서로들 불안한 얼굴로 수군거린다.

군중 A 빨리들 나오래요!

이 말에 한층 떠들썩해지며 좌편으로 나간다. 최 씨는 다시 방안에서 나와 행길로 올라간다. 마루에 서 있던 점례는 고개를 갸웃거린다.

점례 무슨 일이 터지기는 터졌나 보군. (하며 방으로 들어가 목도리로 머리를 쓰고 불을 끈 다음 마루로 나온다)

무대는 잠시 바람 소리와 눈송이가 있을 뿐, 태고의 적막이 흐른다. 점례가 헛간으로 들어가 죽창을 찾는 사이에 뒷간에 숨어 있던 규복이

---

* '미숫가루'의 방언.

는 뜰 안으로 들어서 부엌 쪽으로 들어간다.

점례 (헛간에서 나오며) 죽창이 여기 있었는데… 부엌에다 뒀나…… (하며 부엌으로 들어간다. 다음 순간 규복이와 마주친다. 규복, 칼을 들이대며 위협한다) 누, 누구요? (그러나 소리는 목에 걸려 떨리며 제대로 나오질 않는다)

규복 (낮은 소리로) 소리를 지르면 알지? 내가 시키는 대로만 해.

점례는 와들와들 떨면서 뒷걸음질쳐 간다.

규복 (점례에게 바싹 다가오며) 우선 먹을 것 좀 줘. 물하고……

점례 (말없이 고개만 끄덕인다)

규복 그리고 석유 있지?

점례 석유를? 앗! 그건 안 돼요. 불을 지르시면 안 돼요……

규복 불? 아냐! 다친 다리의 상처를 우선 소독 좀 해야겠어.

점례 다리를요?

규복 빨리! (하며 아픔을 못 이기겠다는 듯 두손으로 다리를 짓누르며 신음한다)

점례 (차츰 마음의 여유가 생기며) 예! 어디서 다치셨어요?

규복 낭떠러지에서… 아… (아픔을 이기려고 애쓴다)

이때 멀리서 인기척이 난다.

규복 (당황하며) 무, 무슨 소리요? 이리로 오나? (하며 행길 쪽을 살핀다)

점례 그래요.

규복 (매달리며 간절하게) 나 좀 살려 줘. 은혜는 잊지 않겠소. 난 빨갱이가 아냐. 나는 아무 것도 몰라.

점례 그럼, 천왕봉에서? (하며 새삼스럽게 훑어본다)

규복 예? 예. 그러니 어서 나를 살려 줘요. 어디 가 숨으면 돼?

점례는 잠시 생각에 잠기더니 규복의 어깨를 잡아 일으킨다.

점례 내 어깨를 붙잡아요.

규복 (채 알아듣지 못하여) 예?

점례 서둘러요. 사람이 온다니까, 어서.

점례는 규복을 이끌듯하며 무대 우편 대밭 쪽으로 급히 퇴장한다. 잠시 무대가 비더니 양 씨가 숨을 헐떡거리며 등장.

양씨 아가, 아가! 잠이 들었나?

죽창을 마루에 걸쳐 세우며 옷을 턴다. 눈이 펑펑 쏟아진다.

양씨 (방문을 열어 보고 아무도 없음을 알자) 이상하구나. 벌써 야경에 나갈 차례는 안 되었을 텐데.

이때 우편에서 점례가 나오다가 양 씨를 보자 몹시 당황한다.

점례 어머니, 벌써 오셨어요?

양씨 아니, 한밤중에 대밭엔 왜?

점례 예…… 저 죽창이 없어서 대를 꺾을까 하고요…

양씨 죽창을 내가 가지고 간다고 했잖아? 거기 있다.

점례 (마음의 동요를 감추려고 애쓰며) 홋호…… 참, 그렇군요. 내 정신 좀 봐.

양씨 별일 없었지?

점례 예? 예…… 참, 아까 깡통은 왜 흔들었어요?

양씨 글쎄, 함덕이네 얘기는 분명히 뭣이 산 쪽에서 내려와 도망쳤다고 수선을 떨지만 누가 믿을 수가 있니?

점례 원래 그분은 겁이 많잖아요?

양씨 그러게 말이다. 우리들이 똑똑히 봤느냐고 물었더니 제 눈을 빼라면서 우기는구나 글쎄, 홋호……

점례 어머니, 어서 방에 들어가 쉬세요.

양씨 오냐…… 어서 가 봐라. 모두들 기다리더라. (하며 방으로 들어간다)

무대에 혼자 남은 점례는 허공의 일점을 쳐다보며 걸어 나온다.

점례 분명히, 빨갱이가 아니라고 그랬어…… 어디서 왔을까?

그녀는 괴로운 듯이 허공을 향해 고개를 들어 눈을 감는다. 눈이 함부로 얼굴에 쏟아진다. 멀리서 개 짖는 소리.

–막

제3막

1장

무대

제1막과 같음. 1막부터 약 3주일 후. 오전. 따스한 햇살이 마루와 헛간을 비추고 있다. 그러나 아직도 바람은 차다. 막이 오르면 양 씨가 마루에 앉아서 계란을 짚꾸러미에 넣고 있다. 그 옆에서 귀덕이가 멍청하게 내려다보고 있다. 점례가 부엌에서 설거지통을 들고 나와서 변소 옆 거름통에다가 버리고는 돌아선다. 그녀의 얼굴은 전보다 명랑해 보인다.

귀덕 (응석을 부리며) 나도 따라갈 테야. 엄마, 응……

양씨 (여전히 꾸러미를 만들며) 안 된다니까. 네 올케하고 집을 봐.

귀덕 싫어. 장 구경하고 싶어.

양씨 이년아, 오고 가기 육십 리를 어떻게 걸어간다고 그래. 잠자코 에미 말 들어라.

귀덕 백 리라도 갈 수 있다니까……

점례 (부엌으로 들어가다 말고) 어머니, 데리고 가세요. 모처럼의 장날인데 구경도 시킬 겸……

양씨 너도 소갈머리 없게시리…… 오늘은 대목장이라 장터가 여간 붐비지 않을 게다.

귀덕 그러니까 재미나지 뭐.

양씨 안 돼. 또 언젠가처럼 사람 사태에 길을 잃어버리면 누구 애간장 녹이려고? 집에 있어. (달걀을 세다가) 아니, 또 두 개가 없어졌구나! (하며 귀덕을 쏘아본다) 이년아! 네가 또 훔쳤지?

귀덕 (펄떡 뛰며) 아냐…… 난 몰라.

양씨 (주먹으로 귀덕의 등을 치며) 이 등신아? 왜 먹지 말라는데도 솔랑 솔랑 빼 먹느냐 말야?

귀덕 (금세 눈물을 짜며 등을 만진다) 정말 안 먹었다니까.

양씨 네년이 안 처먹으면 이 집구석에서 누가 먹어? 응? 뱀이 삼켰단 말이냐, 쥐가 훔쳤단 말이냐? 망할 년! (점례는 듣기가 민망스럽다는 듯 황망히 부엌 쪽으로 간다) 전엔 이런 일이 없었는데 이년이 갑자기 식충이가 됐나? (일을 계속하며) 이 달갈마저 없으면 우린 굶어 죽어. 새 보리가 나올 때까진 이거라도 모아서 양식과 바꾸어야 한다는 걸 몰라? 이년아, 이제 설 쇠면 열여덟 살이야. 옛날 같으면 자식새끼를 낳고 엄씨 말 들을 나이래두.

귀덕 난 안 먹었어. 형님보고 물어 봐. 내가 언제 닭장에 가 보기나 했나?

양씨 지난번에도 먹었다면서?

귀덕 그때는 형님이 한 개 줘서 먹었지만 이번엔……

양씨 듣기 싫다. 어유, 망할 년! 저렇게 등신이 되어 에미 속 썩일 줄 알았으면 차라리 그때 뒈지게 내버려 둘 것을. 없는 돈에 약까지 썼지.

점례 (손을 씻으며 부엌에서 나온다) 원, 어머니두. 살아난 것만이라도 다행이지…… 그런 말씀 마세요.

양씨 하늘도 무심하지. 기둥같이 믿던 아들은 없어지고 병신 딸을 남겨 줄 게 뭐람.

점례 배 안의 병신인가요? 제가 시집왔을 때만 해도 얼마나 상냥하고 야무졌는데…… (하며 귀덕의 머리를 쓰다듬어 준다)

양씨 (귀덕에게) 썩 나가지 못해! 산에 가서 땔감이나 긁어 와.

귀덕 (한 걸음 물러서며) 싫어! 나도 갈 테야. 엄마가 안 데리고 가면 나 혼자 가서……

양씨 저년이 쥐둥이는 살아서……

점례 데리고 가세요. 저렇게 가고 싶어하는 데……

양씨 집을 비워서야 되겠니?

점례 제가 있잖아요?

양씨 너 혼자서? 세상이 이렇게 뒤숭숭한데 혼자서 무섭지 않아?

점례 (웃으며) 어머니두…… 그렇다고 한낮에 호랑이 가 나오진 않겠죠. 홋호…… 괜찮아요.

귀덕 산 손님이 나온대, 힛히……

양씨 원, 빌어먹을 것. 귓구멍은 뚫려서 남이 하는 소리는 잘도 귀담아 들었지. 쯧쯧……

점례 귀덕 아가씨가 집에 있으면 도리어 마음이 안 놓여요, 데리고 가세요.

양씨 (잠시 생각하다가) 그럼, 어서 세수하고 머리나 빗어.

귀덕 힛히…… 세수는 했어. 이봐. (하며 손을 펴 보이며 웃는다)

점례 홋호…… 오늘은 웬일이야? 세수를 다 하고.

양씨 병신이 육갑한다더니…… 원. (하며 옷을 털고 계란 꾸러미를 망태기에다 담는다. 그리고 방으로 들어간다)

점례 (귀덕에게) 이리 와요. 머리 좀 쓰다듬게.

귀덕 응! (하며 마루 끝에 와서 천연스럽게 앉는다. 점례는 머리를 풀며 방을 향해 말한다)

점례 어머니! 빗 좀 주세요. (귀덕에게) 갔다 오면 머리 좀 감아요. (하며 이를 잡아 준다) 한 살 더 먹게 되니 착해져야지.

귀덕 (힐쭉 웃으며) 응……

양 씨가 방에서 빗을 던져 준다.

양씨 옛다!

점례는 빗을 주워 들고 머리를 빗기기 시작한다.

귀덕 형님!

점례 응?

귀덕 (혼자서 웃으며) 나… 시집갈까?

점례 (어이가 없다는 듯) 시집을?

귀덕 응…… 나보고 시집가재.

점례 (흥미를 느끼며) 누가? 언제?

귀덕 꿈에.

점례 꿈에? 홋호…… 난 또.

귀덕 정말이야.

점례 그렇지만 꿈은 꿈이지 뭐야……

귀덕 장터에 가면 총각들 많이 있지?

점례 글쎄, 있을 테지……

귀덕 여긴 총각도 없으니까 시집 못 가잖아? 홋후…… 장에는 많을 거야.

이때 양 씨가 풀을 빳빳이 먹인 무명 저고리 치마로 말쑥하게 갈아입고 나온다. 허리띠를 질끈 맨다.

양씨 머리 다 빗었으면 어서 가자.

점례 (땋아 내린 뒷머리채를 눌러 주며) 다 됐어요. (귀덕은 어린애처럼 껑충 뛰며 뜰에 내려선다)

양씨 (신을 신으며) 이 목도리 둘러라.

귀덕 난 안 추워. 엄마가 둘러.

점례 그럼 (계란 꾸러미를 들며) 이걸 들고 가지.

귀덕 응! (하고 손을 내밀자 양 씨가 손을 털며 가로챈다)

양씨 (점례에게 눈을 흘기며) 말이라고 하느냐? 쥐에게 곡식 가마니를 지키라는 격이지. 내가 들어야 해.

점례는 무안해서 얼굴을 붉힌다.

양씨 그럼, 내 다녀올 테니 집을 잘 봐라. 참, 할아버지 일어나시면 죽을 데워 드려.

점례 예, 다녀오세요.

양씨 집은 비게 하지 말구…… 끼니 먹을 것은 없어도 도둑맞을 것은 있단다.

어느새 귀덕은 행길로 뛰어 나가고 없다. 양 씨가 신바람 나게 나가 버리자 점례는 푹 숨을 내리쉰다. 문득 생각이 난 듯 부엌으로 들어간다. 잠시 후 계란 두 개와 밥그릇을 치맛자락에 싸며 바삐 나온다. 까마귀가 까욱거리며 지나간다. 점례는 헛간 앞에서 잠시 주위를 경계하더니 급히 우편 대밭 쪽으로 퇴장.

이때 좌편에서 도붓장사 병영댁이 들어온다. 큼직한 보따리에 자를 끼워서 들었다. 집안을 기웃거리며 들어선다.

병영댁 (혼잣소리로) 아무도 없나… 좀 쉬어 갑시다.

마루에 보따리를 부려 놓고 한숨을 후유 쉰 다음 치마를 걷어 젖히고 쌈지 안에서 값싼 궐련을 꺼내어 피워 문다.

병영댁 (집안을 둘러보며) 아침부터 마실을 돌리가 만무하고…… 어딜 갔나? (하며 뜰로 내려서 부엌을 들여다보며) 아무도 없어? (하며 돌아선다)

이때 안방 문이 열리며 김 노인이 고개를 내민다. 자다가 일어난 백발머리가 마치 사자머리같이 흉하다.

병영댁 (질겁을 하며) 에그머니! 사, 사람 살려! (하며 토방 아래에다 엉덩방아를 찧는다)

김노인 (멍청하게) 아가…… 어디 갔니? (눈을 비비며) 원, 이놈의 눈이……

병영댁 (일어서며) 방에 있으면서 대꾸가 없다니, 원.

김노인 (무슨 말인지 못 알아차리며) 요강은 어디 있어……?

병영댁 뭐, 요강이라고? (손을 떨면서) 휴우…… 난 낮도깨빈 줄 알았지. (가까이 오며) 할아버지, 혼자 계세요?

김노인 (딴전을 부리며) 머리가 가려운 게 비가 오려나…… (하며 머리를 득득 긁는다) 다들 어디 갔수?

병영댁 (어이가 없다는 듯) 아니 누가 물어 볼 말인데요…… 참……

김노인 글쎄, 밥을 주고나 나갈 일이지…… 쯧쯧……

병영댁 귀머거리 마귀시군. 흥! (소리를 돋우어) 할아버지! 다들 어디 갔소?

김노인 (눈부신 햇살을 가리며) 글쎄… 요즘 것들은 버르장머리가 없어. 어른을 몰라 보고서, 에미야…… 귀덕아! (하고는 가래를 뱉는다)

병영댁 이건 정말 솜방망이로 다듬이질하기군 그래.

이때 우편에서 점례가 나오다가 이 광경을 보고는 빈 그릇을 어떻게 처리할까 망설인다. 다음 순간 그녀는 헛간에다 그릇을 내던지고는 시치미를 떼고 나온다.

점례 왜 그러세요, 할아버지?

김노인 (돌아보며) 아니, 어디 갔다가 오니?

점례 예…… 저, 잠깐.

병영댁 날도둑들이 집안을 몽땅 뒤져 가도 모를 뻔했구랴. 할아버지께서 요강을 찾아요. 어서 가 보우.

점례 (방으로 들어가며) 할아버지 들어가세요. 요강은 뒷 토방에 있잖아요.

김노인 어서 밥을 가져와! (하며 방으로 사라진다. 점례는 방 안에 들어가더니 다시 나와서 문을 닫는다)

병영댁 (직업적인 미소를 띄우며) 구경 좀 하시구료.

점례 (제정신으로 돌아오며) 예? 뭔데요……?

병영댁 감이죠. 새로 나온 저고리, 치맛감을 가져왔지요.

점례 (마루로 돌아오며) 우리 형편에 옷 걱정하게 됐어요? 알몸만 가리고 살면 다행이지

병영댁 (능청스럽게) 어이구, 젊은 새댁 말씀 좀 들어 보라지. 아니 젊었을 때 옷 욕심 없다니 될 말이우? 어서 이리 와 봐요.

점례 욕심이야 왜 없겠어요. 원수의 돈이 없지.

병영댁 돈이 없으면 곡식이라도 돼요. 어떻든 구경이나 하고 나서…… (하며 차곡차곡 얹힌 물건을 하나씩 펴 보인다. 형형색색의 인조견이 햇살 아래 한층 눈부시다)

점례 (무심코 손이 가며) 어머나! 곱기도 해라!

병영댁 (간사스럽게 웃으며) 거 봐요 홋호…… 색시 보고 침 안 흘리면 고자요 비단 보고 욕심 안내면 절구통이지, 홋호……

점례 (따라 웃으며) 아주머니는 말주변도 좋으시네. 마음 내키는 대로 하자면 하루에 열두 벌도 갈아입고 싶지만.

병영댁 (앞질러 말하며) 사람 있고 돈 있지. 그러지 말고 눈 딱 감고 끊어

요. (하늘 빛 인조견을 자르르 풀어내며) 자, 이걸로 들여 놔요. 헐값으로 드릴 테니…… 응? 의복이 날개라고 이것으로 차려 보시지. 물찬제비처럼…… 홋호…… 길에 나가면 동네방네 잡놈들이 오뉴월 거름통에 구데기 끓듯 할 텐데…… 힛히……

점례 어마! 나 같은 게 어디.

병영댁 어이구, 별말씀을…… 이런 산골에서 썩기는 아까운 일색이요. (낮은 소리로) 아직도 혼자 지내우?

점례 (쓴 웃음을 뱉으며) 별 수 있나요.

병영댁 (사뭇 동정하는 척하며) 저런…… 정말 언제나 마음 놓고 살 세상이 될는지 원…… (자 끝으로 턱밑을 긁으며) 참 오는 길에 들은 얘기지만 이 근방에는 아직도 산 손님이 있다면서요?

점례 (놀라며) 예…… 예…… 그렇다나 봐요.

병영댁 그래서 버스를 타고 오는데도 그렇게 조사가 심했군. 그저 정류소마다 헌병이다, 순경이다, 향토 방위대다 하고 도민증을 보자니 처음부터 숫제 도민증을 손에 쥐고 있어야 했다니까…… 이거 봐요. 이건 도민증이 아니라 휴지 조각이지! (하며 쌈지에서 구겨진 도민증을 내 보인다)

점례 (신기하게 보며) 우린 아직 이런 것도 없어요.

병영댁 하긴 나같이 일 년 열두 달 떠돌아다니는 사람 아니면 도민증이야 있으나마나지. 하지만 요즘은 이것 없으면 5리 밖에도 못 나가요. 차표도 안파니 말이우……

점례 (생각에 잠기며) 참… 댁에선 이곳저곳 널리 돌아다니시니까 바깥 세상 돌아가는 꼴을 잘 아시겠네요.

병영댁 뭐, 잘 알 것도 없지만…… 읍내만 하더라도 사람 살기가 괜찮은데 강하나 넘으면 벌써 딴 세상이야. 더구나 이 산골에 들어선다 치면 찬바람이 휑하지 뭐유. 글쎄 논두렁이며 들판엔 강아지 새끼 한 마리 볼 수가 없으니……

점례 그래요…… 하긴 빨갱이들이 산으로 도망간 뒤엔 경찰도 한두 번밖에 안 다녀갔으니까요.

병영댁 그래서 요즘도 가끔 그놈들이 내려와서 노략질이군? 지척이 천 리라더니 강하나 사이에 두고 이렇게 세상이 멀 수가 있담. 꼭 백 리 길을 걸었으니.

점례 그래도 아주머니는 그렇게 해서 돈도 벌고 세상 구경도 하니 오죽이나 좋겠어요.

병영댁 목구멍이 포도청이라 먹고 살기 위해선 별 수 없어요. 이젠 웬만한 촌에 가 봐야 누가 물건을 사야지. 그러니까 하는 수 없이 이렇게 깊숙한 마을까지 왔지 뭐유.

점례 정말, 아주머니 용하시네요.

병영댁 내가 이 지랄을 안 하면 다섯 식구가 굶는 건 고사하고 우리 아들이 학교를 그만둬야 하니……

점례 아주머니도 바깥주인이 안 계시나 봐.

병영댁 (금세 눈시울이 젖으며) 예…… 빨갱이들이 들어와서 그만……

점례 (동정의 빛을 보이며) 예…… 그러세요……

병영댁 국민학교 교원으로 있었는데 글쎄 반동이라고……

점례 (크게 놀라며) 국민학교 교원?

병영댁 아이들에게 글을 가르쳐 준 죄밖에 없는 위인인데 글쎄…… (울먹거리며) 사람 하나 없어지니 집안에 저축이 있소, 집 한 칸이 있소? 중학교 다니는 아들을 맏이로 5남매만 덩그라니 남았으니…… (속치맛자락으로 코를 풀고 나서) 그러니 나라도 뭘 해야겠다고 시작한 게 이 장사지요. 어유, 정말 몹쓸 놈의 세상 만나 고생하는 사람이 어디 나뿐인가 싶으니까 살아왔지, 양잿물을 먹으려고 마음먹기가 한두 번이 아니예요.

점례　그러시겠어요. (사이) 참, 그런데…… 한 가지 물어봐도 괜찮아요?

병영댁　뭐예요?

점례　입산하면 죽이나요?

병영댁　입산이라뇨?

점례　저 빨갱이들 따라서 산에 들어간 사람 말이예요.

병영댁　암! 빨갱이야 죽여야죠.

점례　속아서 따라갔다가 도망쳐 나온 사람도요?

병영댁　(뜻하지 않은 질문에 난색을 보이며) 그, 글쎄요. 하지만 뭐가 이뻐서 살려 놓겠수?

점례　(풀이 죽으며) 역시 죽이겠죠…… 죄는 죄니까.

병영댁　아니, 갑자기 그건 또 왜 물우?

점례　그저 물어 보는 말이에요. 내가 아는 사람이 있는데 자수해서 죽음을 당하나 산에서 굶어 죽으나 죽기는 매한가지니까 잘 죽었다 싶어서……

병영댁　(위로하며) 그렇지만 또 알우? 죽었던 사람이 살아 나오는 수도 있으니까, 글쎄, 이런 일이 있었죠. 우리 먼 일가 되는 분인데, 난 가을 빨갱이들이 후퇴하면서 마을 유지란 유지들을 굴비 두름 엮듯 해서 끌고 가지 않았겠수? 그래 큰 구덕에다 몰아넣고서는 창으로 마구 쑤셔 죽였는데, 온 몸에 열두 군데나 상처를 입고도 살아나왔지 뭐유 글쎄. 그래 집안에서는 선영께서 돌봐 주셨다고 하면서, 전에는 돌보지도 않던 선산을 고치고 다듬고 하며 그런 야단이 없었다우. 홋호……

점례　이 마을에도 그런 일이 있었죠. (쓰라린 과거를 더듬으며) 인민군이 처음으로 쳐들어오자, 하루는 집안의 남자들은 토끼바위 아래로 모이라지 않겠어요.

병영댁　왜? 죽일려고?

점례 처음부터 그런 줄 알았으면 누가 따라나섰겠어요. 무슨 시국 강연회인가 뭔가 있으니 한 사람 빠짐없이 나오라고 해서 집집마다 남자란 남자는 다 나갔죠. 그때가 석양 때여서 아낙들은 저녁을 짓느라고 한창 서두르는 판인데…… 얼마 후에 요란스런 총소리가 나지 않겠어요.

병영댁 저런…… 가지 말 것이지.

점례 그렇지만 설마 그렇게 무참하게 죽일 줄이야 누가 알았겠어요. (지난날을 회상한다)

병영댁 그래, 왜 죽였대?

점례 기가 막힌 일이죠. 토끼바위 아래에 모이자 난데없이 대한민국 국군이 총칼을 들이대면서 '공산주의를 반대하는 사람은 줄밖에 나오너라' 하더라나요. 그래 모두들 겁에 질려서 손을 들고 너나 할 것 없이 줄 밖으로 나오니까 금세 총을 쏘더래요.

병영댁 옳지. 그게 국군이 아니라 빨갱이들의 마음을 떠보려고 꾸민 것이었구먼. 쯧쯧……

점례 (눈물을 글썽거리며) 두 눈으로 차마 볼 수가 없었어요. 그런데 그 속에서 총알 두 발이나 맞고도 살아나온 분이 있었어요. 끝순이 아버지라고 아주 착한 어른인데 결국은 몇 달 후에 그로 인해 죽었지만서도……

병영댁 (한숨을 쉬며) 지지리도 박복한 백성이지! 올라가면서 죽이고 내려오면서 쳐붓고…… 백성이 무슨 동네 북인가? 생각나면 때리고 죽이고……

점례 이런 난리가 또 있을까 무서워요. 제 남편은 그 난리가 일어나기 전에 피해 버렸지만 죽었는지 살았는지 종무소식이고…… (하며 고름 끝으로 눈시울을 누른다)

병영댁 항상 흐린 날씨겠수? (화제를 돌리며) 한 감 안 들여 놓겠수?

점례 지금은 안 돼요. 추석 대목에나 모를까……

병영댁 (금세 못마땅한 표정으로) 차라리 손주 환갑 때나 봅시다. (하며 보따리를 싸려고 한다)

이때 한 길 쪽에서 끝순이, 정임 등장한다.

정임 여기 있구만.

점례 어서 와, 정임이.

정임 (끝순이를 돌아보며) 도붓장사 아주머니가 왔다기에…… 무얼 샀어?

점례 돈이 있어야지. 정임이네는 부자니까 한 벌 살 테지만.

병영댁 (비위를 맞추며) 어서 구경들이나 해보세요. 사고 안 사고는 둘째고 우선 물건 구경부터 하세요. 장사라는 것도 기분이니까요…… 자 이거 어때요?

정임 속치맛감 있어요?

병영댁 있구말구요. 자…… (천을 펴며) 이 새로 나온 다이아 무늬 어때요?

끝순이 이왕이면 치마저고리를 사시지.

점례 치마저고릴?

끝순이 (정임을 가리키며) 정임 언니는 시집간대.

점례 그래? 그게 정말이야?

정임 끝순아! (하며 눈을 흘긴다)

끝순이 어때요? 어차피 다 알게 될 텐데요, 뭐…… 홋호……

병영댁 거참, 경사로군! 그럼 이걸로 하실까? 살결이 희니까 이 빛깔이 어울릴 거야. 응? 어때! (하며 천을 정임의 어깨에다가 걸친다)

끝순이 아이, 예쁘기도 해라!

점례는 어느새 그들에게서 밀려나온 사람처럼 저만큼 앉아서 멍하니 허공을 쳐다본다. 세 사람은 이것저것 고르느라고 수선을 떤다. 이때 안방 문이 열리며 김 노인이 소리를 지른다.

김노인 뭣들 하는 거야!

세 사람 깜짝 놀라며 물러서고 병영댁은 물건을 가슴에 안은 채로 일어선다.

끝순이 아이, 깜짝이야!

김노인 왜 밥을 안 주냐? 응? 불사스런 것들, 어른 배 곯리고 잘되는 놈 못 봤다.

점례 지금 차릴 테니 기다리세요. (하며 부엌으로 들어간다)

병영댁 (보따리를 싸며) 아가씨! 남의 집에서 이러고 있을 게 아니라 댁으로 가서 차분히 고르시지.

끝순이 그렇게 하세요, 형님, 그리고 나하고 할 얘기도 있고……

병영댁 (보따리를 싸며) 응? 홋…… 호…… 그래, 처자에게도 할 얘기가 있고말고.

정임 같이 갑시다.

세 사람은 신바람이 나서 나간다. 이때 점례가 부엌에서 초라한 밥상을 들고 나와 안방으로 들어가자 김 노인의 호통치는 소리가 난다. 이때 바른편 헛간 뒤에서 규복이가 조심스럽게 등장한다. 면도질을 해선지 전보다 혈색이 좋고 다리 상처도 나아가는지 전보다는 자유스럽다. 멀리서 비행기 폭음 소리. 방에서 나오는 점례를 보자 낮은 소리로 부른다.

규복 이봐요. 점례, 점례……

점례 (소스라치게 놀라 신을 끌고 오며) 안 돼요. 여기까지 나오시면…… 앗, 저리 가요. (하며 헛간으로 떠밀고 들어간다. 그 바닥에 두 사람은 서로 안은 채 짚더미 위에 쓰러진다) 앗!

규복 (힘껏 안으며) 점례!

점례 지금은 안 돼. 할아버지가 아직 계세요. 할아버지가 마실에 나가시면 갈 테니까 어서 대밭에서 기다려요.

규복 대밭 속에 앉아 있으면 산속에서 지내던 일이 자꾸만 생각나서 못 견디겠어. (괴로움을 씹으며) 점례, 난 어떻게 하면 좋아? (하며 점례의 손목을 잡으려 한다. 점례는 주위를 살피며 뿌리친다)

점례 이러시면 안 돼요. 어서 돌아가 계세요. 곧 갈 테니까요.

규복 (절실하게) 같이 있어 줘! 점례! 나하고 같이 있어 줘! (하며 손목을 잡아끈다)

점례 (이끌려 가며) 예…… 가겠어요, 가겠어요. 누가 보면 어떻게 해요. 자…… 손을 놓고 가 계세요. 곧 갈 테니까.

김노인 (방안에서) 에미야! 숭늉 가져와!

점례 부르고 있어요. 난 가 봐야 돼요.

규복 할 얘기가 있으니까 꼭 와야 돼!

점례 예…… 어서 가 봐요.

규복이가 미련 서린 표정으로 다시 대밭 쪽으로 사라진다. 점례는 안도의 숨을 몰아쉰다. 이때 무대가 서서히 회전하면서 어두워진다.

암전

2장

무대

대밭 속에 사람 하나 들어앉을 움을 파고 짚과 가마니로 간신히 지붕으로 가렸다. 낙엽이 수북이 쌓여서 얼핏 보기엔 알아볼 수가 없다. 굵은 대가 빽빽하게 들어서 있어서 바깥 세상은 안 보인다. 움 앞에 큼직한 바위가 놓여 있다. 대나무 잎에 가리어서 한낮에도 음침하고 햇빛이 안 든다. 무대가 밝아지며 움 속에 두 사람이 나란히 앉아 있다. 말은 없지만 서로가 의지하고 사랑하는 기색이 농후하다. 이따금 바람이 대밭을 흔들고 지나가는 소리가 으스스 찬 기운을 돋운다.

규복은 점례의 허리에 손을 감고 열띤 시선으로 돌아본다.

규복 (더 힘껏 안으며) 점례, 나를 버리지 말아 줘.

점례 꼭 어린애 같은 소리.

규복 나는 이제 비로소 산다는 것이 무엇인가를 안 것 같아. 점례가 나를 대밭 속에 숨겨 주던 그날부터 나는 줄곧 그것만을 생각했으니까.

점례 저는 무식해서 무슨 말인지 모르겠어요.

규복 몰라도 좋아! 이렇게 둘이서 가까이만 있다면. (하면서 더 굳세게 허리를 조인다)

점례 (끓어오르는 욕정을 이겨 내려고 눈을 감으며) 아, 이러지 말아요. 이러시면…… 저는…… (그러면서도 규복이가 하는 대로 몸을 맡긴다)

규복 그래, 점례 말대로 나는 죄인이야. 그렇지만 점례를 좋아하고 있다는 건 속일 수 없어. 내 생명을 구해 주고 내게 잃었던 사랑을 되찾아 주고, 그리고…… (스스로의 욕정을 지탱 못하는 괴로움이 짙다)

점례 그만…… 그만 해 둬요. (하며 규복의 목을 꽉 껴안는다)

멀리서 까치가 운다.

점례 선생님……

규복 응? (꿈꾸듯)

점례 역시 내려가셔야 해요.

규복 (제 정신으로 돌아오며) 내려가다니…… 나보고 자수하란 말이야?

점례 언제까지나 이렇게 숨어서 살 수는 없지 않아요? 다른 생각일랑 마시고 자수하세요.

규복 (고민이 짙어지며) 그렇지만 나는……

점례 (자신을 가지며) 어때요? 선생님이 사람을 죽인 것도 아니고 그저 끌려 다녔을 뿐인데…… 그만큼 벌을 받으시면 되잖아요?

규복 그만큼? 안 돼. 나는 살고 싶어. 나는 내려갈 순 없어!

점례 그렇다고 여기 있으면 어떻게 해요? 네?

규복 자수하면 나는 총살당할 거야. 부모들도 친구들도…… 그리고 내가 가르쳤던 어린 것들까지도 나를 보고…… 그러니 나는 올 수도 갈 수도 없는 몸이야! 점례! 내가 살 수만 있다면 대밭이고 돼지우리고 상관없어.

점례 그럼 산으로 도로 올라가세요!

규복 뭣이? (분노가 끓어오르며) 그걸 말이라고 해. 그 산이 싫어서 도망쳐온 나더러 다시 돌아가라니… 그 놈들은 나를 죽음으로서 맞아줄거야. 점례, 그러니…

점례 (자신의 고민을 억제하려고 애쓰며) 그러니, 저더러 어떻게 하란 말이에요? 내게 돈이 있수, 학식이 있수? (울먹거리며) 내 몸 하나도 갈피를 못 잡고 송장처럼 사는 년더러 어떻게 하라고…… 난 아

무것도 없는 몸이에요. 있는 것이라고는 상처투성이인데. (하며 흐느껴 운다)

규복 (잠시 점례를 내려다보며 냉정하게) 알겠어. 점례는 역시 내가 옆에 있는 게 겁이 나는 거야. 귀찮을테지. 싫을 거야. (하며 낙엽을 움켜쥔다)

점례 (눈물이 흘러내리는 얼굴을 들어 보이며) 예? 그런 말씀 마세요. (울먹거리며) 싫어하는 남자한테 제 몸을 내맡기는 여자도 있나요? 예? 남편도 아닌 남자한테.

규복 (감격하며 손목을 쥐며) 그럼 나를 살려 줘. 아니 점례만 좋다면 우리 둘이서 아무도 모르는 곳으로 도망가. 이제부터라도 나는 사람답게 살고 싶어.

점례 …… (눈물이 글썽거리며 바라볼 뿐 말이 없다)

규복 굶어도 좋다니까. 언제 죽을지 모르는 몸이지만 사는 날까지는 살고 싶어. 점례! 어때, 나와 같이 가겠어?

점례 어디로?

규복 아무 데나……

점례 그렇지만 도민증이 없는 걸 어떻게 가요?

규복 도민증이라니?

점례 요즘은 5리 밖엘 나가더라도 도민증이 없으면 차표도 안 준대요.

규복 그래…… (실망의 빛이 짙다) 여기서 2백리 만 벗어 나가면 친구 집이 있는데……

점례 그 친구가 반겨줄 것 같아요?

규복 사범학교 동기생이야, 아주 친한.

점례 그 친구가 반겨줄 것 같아요?

규복 뭐라고?

점례 선생님이 산에 들어가지만 않았던들 그 친구분도 반가이 맞아

줄 테죠. 그렇지만 지금은……

규복 안 될까? 내가 빨갱이라고 싫어할까?

점례 (똑바로 쳐다보며) 선생님! 제 말대로 자수를 하세요. 몸소 가기가 어려우시다면 제가 가서 얘기할게요.

규복 경찰서에다가?

점례 예. 그리고 20일 동안 선생님을 감추어 둔 죄는 저도 함께 가서 받겠어요.

규복 점례!

점례 법에 의해 벌을 받고 난 우리를, 이 세상 아무도 우리 두 사람을 욕하지도 건드리지도 못할 거 아니에요?

규복 그렇지만 경찰에서 나를 살려 두지 않을 거야.

점례 그럴 리가 없어요. 자수해서 용서받은 사람이 많았대요.

규복 그렇지만……

점례 그렇게되면 나도 선생님을 따라가겠어요. 언제까지 이렇게 혼자서 살 수는 없으니까요.

규복 점례! 고마워. 그럼 나도 며칠만 더 생각해볼게 응?

점례 예. 하루라도 빠를수록 좋아요. 비는 사람의 목은 못 벤다고, 무턱대고 죽이는 게 법은 아닐 테니까요.

규복 그래…… 점례 말대로야. (희망과 고민이 교차되며) 언제나 밝은 태양 아래서 고함을 지르며 살까? 이렇게 그늘에서 숨을 죽이며 살기는 지긋지긋해. 마음껏 소리 좀 질러 봤으면.

점례 쉿, 소리가 너무 커요.

규복 (긴장했다가) 핫하… 내 소리는 점례밖에 들을 수 없으니까 괜찮아. (하며 포옹한다)

이때 돌이 굴러가는 소리와 함께 바스락거리는 소리가 나자 점례가 소스라치게 깨어나 두리번거린다.

점례 무슨 소리예요? (하며 일어나서 소리나는 쪽을 본다)

규복 왜 그래?

점례 분명히 사람 발자국 소리 같았어요.

규복 사람이? 아니, 그럼 누가……

점례 글쎄요. 이 대밭에 들어올 사람은 없는데…… 죽순이 나오기 전엔……

규복 다람쥐 아니면 들쥐겠지.

점례 (불안한 한숨을 돌리며) 이만 가봐야겠어요.

규복 좀 더 말동무가 되어 줘.

점례 집을 너무 비워 두었어요. 자리가 습하면 가마니를 한 장 더 가져 올까요?

규복 괜찮아… 아무리 불편해도 산에서 지내던 때보다는 천국이니까. (미소를 지으며) 지금의 내 자신이 얼마나 행복한가를 점례는 이해 못 할 거야.

점례 그럼, 이만 가 봐야겠어요.

규복 밤에 와 주겠소? (손목을 쥐었다가 놓는다)

점례 예. 그렇지만 기다리지 마세요. 야경이 어떻게 될지 모르니까. (하며 걸어가자 규복은 안타깝게 바라본다. 바람이 대밭을 불어간다)

암전

3장

무대

3막 1장과 같음. 최 씨가 소리를 버럭 지르며 거칠게 방문을 열고 나온다. 사월은 마루 끝에 멍하니 앉아 있다. 그러나 눈빛엔 일종의 광기가 돈다.

최씨 미친 년. 맘대로 해! (침을 뱉고서) 그래, 자식새끼 있는 년이 새서방을 얻어? 응? 그게 무슨 화냥년의 짓이라든?

사월 (자포자기한 빛이나 냉소하듯) 내가 화냥년이면 어때요? 어머니가 무슨 상관이오? 상관이, 나는 한번 한다면 해요.

최씨 해라! 부산이고 갑산이고 가서 갈보가 되든 식모가 되든 맘대로 해.

사월 걱정 말아요. 누가 어머니더러 여비 대라고 할까봐 걱정이오?

최씨 꼴좋겠다. 네가 타관에 가면 어느 놈이 밥상 받쳐들고 기다릴 게다.

사월 흥! 산 입에 거미줄은 안 쳐요.

최씨 가거라, 가! 이 에미는 까치밥이 되도 네년만 잘살면 된단 말이냐?

사월 (히스테리컬하게) 나더러 어떻게 하란 말이에요? 언제까지나 이렇게 죽은 송장이 살아나기를 기다리란 말이에요? 못하겠어. 난 못 해!

최씨 그러니 자식새끼가 있잖아?

사월 흥! 자식이 무슨 소용이에요. 그게 나를 잘살게 해 줘요?

최씨 이년이 정말 환장을 했나? 갑자기 왜 이러냐? 흥? 무얼 못 먹어서 이 발광이냐?

사월 (한숨을 푹 들리며) 다 귀찮아요. 이것이 사는 것이라면 차라리 부엉이가 되어서……

최씨　마음대로 해! 네년 신상 네가 알아서. (하며 밖으로 휑 나가 버린다)

사월이는 갑작스레 치밀어 오르는 허무감에 못 참겠다는 듯 자리에서 일어나 대밭 쪽을 행한다. 이때 대밭에서 내려오는 점례를 발견한다.

사월　(가까이 오며) 점례!

점례　(소스라치게 놀라며) 응? 응…… 인제 좀 나아? (하며 억지로 미소를 짓는다)

사월　(부러 점잖게) 재미가 좋아?

점례　재미라니? 홋호… 이 산골에 무슨 재미가 있겠어? 야경하는 재미와 도둑맞는 재미나 있을까……

사월　(눈빛이 날카로와지며) 나는 못 속여.

점례　뭘 말이야, 사월이?

사월　(바싹 다가서며) 지금 그 사람이 누구야? 응?

점례　(당황하며) 아, 아니…… 누군 누구야?

사월　내가 묻고 있는 거야! (달래듯) 아무한테도 말을 안 할게 어서 대!

점례　도대체 무슨 얘기야?

사월　정말 이렇게 헛소리만 뱉을 텐가. 그럼 내가 직접…… 물어보고 올 테니까. (하며 대밭 쪽으로 간다. 몇 발 옮길 때까지 보고 있던 점례의 얼굴에서 새하얗게 핏기가 가신다)

점례　(사월을 따르며) 어딜 가는 거야?

사월　찾아볼 사람이 있어 그래.

점례　누군데?

사월　젊은 남자! (돌아보며) 누구지?

점례　아니, 그럼 사월이는……

사월　알고 있었지. 홋호… (속삭이듯) 어디서 왔지? 서방님은 아닐 테고, 응? 말 좀 하라니까.

점례 (어찌할 바를 몰라서) 그럼 역시, 아까 그 소리는……

사월 친척? 점례에게 그런 친척이 있었던가? (하며 딴전을 부린다)

점례 아니……

사월 (추궁하듯) 왜 이렇게 우물쭈물 하고 있지? 응? 누구난 말이야?

점례 (큰 결심이라도 하듯) 사월이가 나하고 약속해 준다면 가르쳐 주지.

사월 뭘 말야?

점례 다른 사람에겐 말 안 하기로……

사월 호호…… 누굴 어린앤 줄 아나?

점례 정말이지? 그 약속을 어기면 우린 다 죽고 말아.

사월 (심상찮게 여기며) 죽다니?

점례 그러니까 사월이만 알고 있어…… 응?

사월 그래. 어서 말이나 해.

점례는 사방을 훑어보더니 사월의 귀에다가 뭐라고 귓속말로 소곤거린다. 듣고 있던 사월의 표정이 돌처럼 굳어 간다.

사월 아니, 그럼 빨갱이 아냐?

점례 쉿!

사월 (생각에 잠겨) 그래, 그러니까 지난번 눈 오던 날 밤에…… 천왕봉에서 내려 온……

점례 (고개만 끄덕인다)

사월 (어려운 수수께끼를 풀려는 듯) 알 수 없는 일이야, 점례가 어째서 그런 사람을 살렸을까?

점례 어째서라니? 그건… 저…… (말문이 막히자 사월의 시선을 피한다)

사월 (눈빛이 달라지며) 점례는 그 사람을 왜 살려 줬지? 밉지 않아?

점례 밉고 곱고가 있어? 그저 어쩐지 불쌍해서.

사월 불쌍해서?

점례 국민학교 선생님이였데… 그런데 친구를 잘못 만나 그만 꼬임에 넘어가 이산 저산으로 끌리어 다니다가……

사월 (점례의 속셈을 떠보려고) 어떻든 빨갱이 아냐? 점례 남편을 죽였을지도 모를… 죽건 말건 내버려 두지 왜 데려다가 숨겨 가면서 살리지? 아무도 모르게 말이야.

점례 어디 그럴 수가 있어? 사정을 들어 보니까 딱해서……

사월 (넌지시) 점례 사정이 더 딱하지, 흠……

점례 내가?

사월 (단정적으로) 그리고 나도. (한숨) 우리보다 더 가엾은 인생이 어디 있겠어? 산송장이나 마찬가지지.

점례 (영문을 모르겠다는 듯) 왜?

사월 왜냐구? 그걸 내가 말해야 알겠어? (비웃듯) 하긴 지금 점례는 그런 괴로움을 잊어버렸을테지.

점례 그런 괴로움이라니.

사월 (점례에게 정욕에 타오르는 시선을 퍼부으며) 그래. 나이 찬 여자가 홀몸으로 지내야하는 괴로움은 모를 리 없잖아. 점례는 다행이지.

점례 내가?

사월 좋은 남자가 생겼으니까. 안 그래? (하며 야비한 웃음을 던진다)

점례 (홍당무가 되며) 어머…… (하며 외면한다)

사월 (바싹 다가서며) 점례!

점례 (상대방의 얘기를 경계하며 서 있다)

사월 나도 그 남자를 돕고 싶어.

점례 (생기가 돌며) 정말?

사월 점례가 그 남자를 동정하는 마음씨를 나도 알고 있어.

점례 (손목을 잡으며) 고마워. 그럼, 아무에게도 말 안하겠지?

사월 그럼! 그 대신 나하고 한가지만 약속해 줘.

점례 약속이라니?

사월 우리 둘이서 하루씩 번갈아 가면서 그분을 돌봐주잔 말이야.

점례 (의아한 표정으로) 번갈아 가면서?

사월 그래. 나도 그이에게 밥을 해 주겠어. 산 속에서 얼마나 굶주렸겠어! 점례 혼자선 짐이 무거울 테니까.

점례 (감격하며) 그렇게만 해 준다면 얼마나 좋아! 정말 그이는 착한 사람이야. 자기가 빨갱이들 말에 속았다는 것을 뉘우치고 있어.

사월 그 대신 내가 하는 일에 참견해서는 안 돼.

점례 참견이라니?

사월 내가 그 사람을 만날 때는 점례는 모르는 척하란 말이야. 알겠지?

점례 그렇지만……

사월 그 약속을 못 하겠다면 나도 처음 약속을 안 지키겠어. 어때?

점례 (괴로워하며) 사월이가 무슨 생각을 하고 있는지 알겠어. 하지만 그이는 결코 나쁜 사람이 아니니까 제발 괴롭히지 마, 응?

사월 (비위가 상한 듯) 그럼, 나더러 가까이 하지 말란 말이야. 점례만이 그 사람을 먹여 살려야 한다는 권리가 어디 있어?

점례 그런 게 아니라, 그 분은……

사월 듣기 싫어! 그럼, 점례 마음대로 해. 내게도 생각이 있으니까. (하며 점례를 뿌리치고 가려 하자 점례가 길을 막는다)

점례 사월이! 그게 아니라……

사월 마음대로 하라는데 왜 그래?

점례 (울음을 터뜨리며) 제발 소원이야. 아무 짓을 해도 상관없으니 그이만은 살려 줘! 그이는 불쌍한 분이야.

사월 (씩 웃으며) 약속을 지키겠어?

점례 그러니 밖에 말이 안 새도록만 해 줘. 그이도 상처만 나으면 제 발로 가서 자수하겠대. 그러니……

사월 염려 말래두. 점례에게 소중한 남자는 내게도 소중하니까. (불타오르는 욕정을 억제하며) 고이 간직하겠어. 염려 말아.

점례는 미어질 듯한 가슴을 안고 마루 끝에 가서 쓰러져 운다. 사월이는 천천히 대밭 쪽으로 걸어간다.

-막

제4막

무대

전막과 같음. 전막부터 약 3개월 후, 이른 봄 오후, 양지바른 언덕길이며 뜰 한구석에 파릇파릇한 풀이 돋아나고 개나리가 꽃을 피웠을 뿐 모든 것은 전과 다름없다. 하늘엔 정찰기의 폭음 소리가 파도처럼 밀려왔다간 밀려간다. 이따금 총포 소리가 멀리서 터지며 산골짝 위에 메아리쳐 간다. 그러고는 다시 고요가 깃든다. 양 씨 집 마루 끝에 양 씨, 이웃 아낙 갑, 이웃 아낙 을, 쌀례네가 쑥이며 산나물 캐어온 걸 다듬고 있다. 최 씨는 자기 집 마루 끝에 멍하니 앉아 있다.

쌀례네 (비행기 소리를 따라 하늘을 쳐다보며) 저렇게 빙빙 돌지만 말고 한바탕 결판을 내지 않고…… 원 답답해서……

이웃 아낙 을 겁도 없지. 난 그 대포 소리며 총소리는 지긋지긋해, 또 난리가 터지면 어떻게……

쌀례네 난리는요? 이제 국군이 쳐들어왔으니…… (산을 가리키며) 저놈들은 독 안에 든 쥐새끼지 뭐요.

이웃 아낙 갑 좀 더 일찍 왔던들 우리가 고생을 덜 했지 뭔가? 그동안 저놈들에게 빼앗기고 시달린 일 생각하면 치가 떨리지……

양씨 지난번에 경찰지서에서 나오신 분 얘기 못 들었어요? 이 고을은 산이 험해서 겨울엔 싸움하기가 힘들어서 늦었다고. 그렇지만 이제 해동이 되었으니 아마 대판 콩볶듯 하려나 봐.

쿵 하고 포 터지는 소리.

이웃 아낙 을 국군이 들어온다니 한시름 덜었지만 앞으로 보릿고개가 걱정이죠. 그동안 마음 놓고 농사도 짓지 않았을 테니.

양씨 하지만 산 목구멍에 거미줄 치겠어요? 칡뿌리만 있으면 살 수 있으니까.

이웃 아낙 을 칡뿌리 캐는 게 그렇게 수월해요? 게다가 캐러 갈 사람이 있어야지. 형님 댁엔 며느리 있겠다 딸이 있으니까 꼼짝없지만 우리 집엔… 어유! 정말이지 못 살아.

쌀례네 (뜰 가운데 나오다가 우두커니 앉아 있는 최 씨에게) 왜 그렇게 꾸어다 놓은 보릿자루마냥 앉아만 있수? 일루 건너와서 얘기나 합시다.

최 씨, 서서히 걸어온다.

이웃 아낙 갑 참 사월이 몸은 어떻수?

최씨 (한숨) 매한가지예요. 재수 없는 놈은 뒤로 넘어 져도 코를 깬다더니, 집안에 우환이 그칠 새 없으니…

이웃 아낙 을 왜 그럴까? 지금 그 나이면 솔잎도 달게 먹는 나이일 텐데.

최씨 글쎄, 먹는 것마다 토하니 사람이 살 수가 있어야죠. 없는 돈에 미음을 쑤어서 줘도 오약! (하며 손을 입에 대고 토하는 시늉) 죽을 먹어도 오약! 하니 옆에서 볼 수가 있어야죠.

쌀례네 속 모르는 사람이 보면 애기를 가졌다겠네요. 홋호……

이웃 아낙 갑 망할 것. 서방도 없이 애기를 낳아?

최씨 목구멍을 넘어가는 게 없으니 뼈만 남은데다가 눈은 십 리나 들어가서… 게다가 말을 물어도 대답이 없이 방구석에만 들어 있으니…… 보기가 딱해서 내가 밖으로만 돌아 다닌다우.

양씨 참, 별스런 병두 다 많지. 가까운 데 의원이나 있으면 보일 걸.

쌀례네 시집 못 가서 화병 났는가?

이웃 아낙 갑 망측도 해라, 시집이라니.

쌀례네 지난 겨울만 하더라도 시집가겠다고 수선을 떨었잖아요?

최씨 이제 그 소리는 없어. 정말 요즘 같아선 데려가겠다는 임자만 나서면 그렇게라도 하는 게 좋겠어. 늘그막에 이게 무슨 고생이람.

이웃 아낙 갑 (일어서며) 모두가 타고난 팔자라 억지로 되는 일이 아니야…… 그러다가도 때가 오면 낫겠지. (다른 사람들에게) 그만들 가 보지.

이웃 아낙 을 (따라나서며) 예… 오래 놀았수.

최씨 (자리에서 일어서며) 뭣 좀 먹었는지…… 원… (하며 자기 집으로 간다)

양씨 살펴들 가세요. (여전히 쑥을 다듬는다)

세 사람은 대답을 하며 행길로 퇴장한다.

쌀례네 점례는 어디 갔어요?

양씨 칡뿌리 캐러 갔어.

쌀례네 (사이) 아주머니,

양씨 응?

쌀례네 나 이상한 소문을 들었다우.

이때 좌편 최 씨 집에선 최 씨가 방문을 열어 보며 소리를 지른다.

최씨 어이구! 또 건구역질이야? 이를 어쩐담. 가만히 좀 있어. 내가 들어가서 등을 문질러 줄 테니. (하며 급히 방안으로 사라진다)

양씨 이상한 소문이라니?

쌀례네 (주위를 살피며) 아주머니만 알고 있어야 돼.

최씨 어서 말이나 해. (쑥을 다시 고른다)

쌀례네 저, 우리 마을에 낯선 사내가 드나든대요……

양씨 낯선 사내?

쌀례네 예, 그것도 야밤에 저 토끼바위 쪽에요.

최씨 (놀라며) 아니, 그 귀신이 난다는 토끼바위엔 왜 가나? 개도 얼씬 안하는 곳인데.

쌀례네 게다기 꼭 사내하고 계집하고 한 쌍이니 이상하잖아요?

양씨 도깨비라도 본 게 아냐?

쌀례네 아뇨, 먼발치로 본 사람이 있다니까요.

양씨 누가?

쌀례네 (낮은 소리이면서 자신있게) 내가 봤어요.

양씨 응? 쌀례네가? 언제?

쌀례네 지난 한식날 밤이었지요. 죽은 쌀례 아범 생각이 나서 발길 쏠리는 대로 간 곳이 바로 토끼바위 쪽이 아니었겠어요?

양씨 그래서?

쌀례네 그런데 분명히 계집과 사내가 쏜살같이 숲속으로 숨어 버리는 걸 봤다우. 저는 어찌나 놀랬는지 그만 얼굴을 감싸고 돌아섰지요.

양씨 거 참, 이상한데. 이 마을에 사내가 어디 있어?

쌀례네 그런데 용식이네도 한 번 봤대요.

양씨 역시 토끼바위에서?

쌀례네 예.

양씨 (생각에 잠겨서) 하필이면 그런 끔찍스러운 곳엘 갈까? 귀신이 난다고 대낮에도 가기 꺼리는 곳인데…

쌀례네 그래야만 남의 눈을 피할 수 있을 게 아니에요?

양씨 하긴 그럴 법도 해. 그래 그 계집이란 누구야?

쌀례네 그게 말이에요…… 저……

양씨 응? 누구? 아이, 답답도 해라.

쌀례네 (최 씨 집 쪽을 가리키며) 사월일 거라는 소문이에요.

양씨 (크게 놀라며) 사월이가? 아니 그럼…

쌀례네 그러니 수상하잖아요? 저렇게 건구역질만 하고 음식을 통 먹질 못한다니……

양씨 (이제 비로소 알았다는 듯) 옳지! 그러니까 사월이는 애기를……

쌀례내 그렇게밖에 생각할 도리가 없죠. 여편네 병은 빤한 걸.

양씨 그렇지만 그 사내가 누군지 알 수가 있어야지.

쌀례네 정말이지 귀신이 곡할 노릇이죠. 그렇다고 직접 본인더러 물어볼 수도 없구요.

양씨 사월이가 애기를 뱄어. 과부가 애기를? 홋호…

쌀례네 아니, 왜 그러세요?

양씨 그런 뚱딴지같은 일이 어디 있어? 잘못 본 게 아냐? 정말 봤어? (날카롭게 추궁한다)

쌀례네 (약간 뒷걸음질 치며) 밤이라 얼굴을 똑똑히 보지는 못했지만서두 사월이가 자리에 눕기 시작한 시기와 병세로 봐서 뻔하지 뭐유. 누군 애기를 안낳아 봤어요?

양씨 (낮게) 쌀례네! 자넨 정말 그 입 좀 조심해. 그런 소릴 어디 가서 함부로 했다간 없는 상투를 뽑힐 거야.

쌀례네 그러니까 아주머니한테만 말씀드린다고 했잖우.

양씨 그래, 그 이야기는 이걸로 딱 끊어요. 괜히 소문 퍼뜨렸다가 생사람 죽이지 말구.

쌀례네 예! 알아 모시겠습니다. (하며 행길 쪽으로 나간다. 혼자 앉아 있는 양 씨는 잠시 생각에 잠기더니 최 씨의 집 쪽으로 간다. 그녀의 얼굴엔 호기심이 가득 차 있다)

양씨 사월이네 있수? (방에서 대꾸하는 소리) 나야. 좀 어때?

최씨 (문을 열고 고개를 내밀며) 글쎄, 밤낮 그래요. 지금도 똥물까지 토했다우. (하며 머리를 득득 긁는다) 좀 들어와요.

양씨 (시치미를 떼며) 어서 좋아져야 할 텐데, 어떻게 하누…… (하며 방으로 들어가서 문을 닫는다)

이때 우편 대밭 쪽에서 규복이가 조심스럽게 나타난다. 전보다 혈색이 창백하긴 하나 살은 쪘다. 그는 물그릇을 들고 사방을 살핀 다음 부엌으로 들어간다. 이때 안방에서 김 노인이 기지개를 켜며 나와 마루 끝에 앉는다. 물그릇에 물을 채워 나오던 규복과 김 노인 시선이 마주친다. 규복은 벼락 맞은 사람처럼 제자리에 서 버린다.

김노인 자넨 언제 돌아온 머슴인가?

규복 (말문이 막혀) 예……저, 예……

김노인 망할 년들, 일하기 싫으니까 머슴까지 들여놓고…… 음…… 고얀 것들.

규복은 당황하여 어느 쪽으로 가야 할지 모른다. 이때 행길에 귀덕이가 나타난다. 한 손으로 풀피리를 불며 한 손에는 나물 바구니가 들렸다. 인기척을 알아차리자 규복은 급히 우편으로 도망쳐 버린다. 노인은 저고리를 벗어 이를 잡는다. 그러나 눈이 어두워서 잘 안 보이는지 눈만 비빈다. 귀덕이가 피리를 불며 들어서도 김 노인은 모르고 있다.

귀덕 할아버지! 엄마 어디 갔어?

김노인 (딴전을 부리며) 글쎄, 봄이라서 그런지 가려워 못 살겠구나…… (하며 몸을 긁는다)

귀덕 헷헤… 할아버진 말귀도 못 알아듣는 바보야.

김노인 네가 이 좀 잡아라.

귀덕 싫어! (바구니를 토방에 내려놓고) 엄마, 엄마!

이때 최 씨 집에서 양 씨가 나온다.

양씨 잘 조섭해. 길만 가까우면 무당에게 푸닥거리나 시킬걸. 난 가요! (하며 문을 닫고 나온다. 그녀의 얼굴엔 비뚤어진 웃음이 서렸다) 흥! 혼자서만 잘난 척하더니 꼴좋지. (하며 뜰 안으로 들어선다)

귀덕 엄마, 밥 줘.

양씨 뭐? 밥? 네년 뱃속엔 걸구가 들었냐? 해도 안 넘어갔는데 무슨 밥이냐? 망할 것. (하며 소리를 지르자 김 노인도 알아차린다)

김노인 나도 시장해 못 살겠다. 밥을 가져와.

양씨 어이구! 조부님과 손녀께서 어쩌면 저리 장단이 맞누? (혀를 차며 가까이 가서) 밥이 어디 있어요? 하루에 두 끼니 먹는 것도 다행으로 아셔야죠.

김노인 (화를 내며) 그래 늙은이 밥 먹이는 것은 아깝고 젊은 머슴 밥 먹이는 것은 장하단 말이냐?

양씨 아니, 난데없이 머슴은 무슨 말라빠진 머슴이요? 우리가 언제 머슴을 부릴 팔자였다고.

김노인 늙은이 괄시한 놈치고 잘 되는 놈 못 봤다. 머슴 먹일 밥이 있으면 내게 가져와. 가져오래도.

양씨 아니, 정말 노망기가 났나? 별안간 머슴을 들먹거리고……

귀덕 할아버진 병신이야, 히히……

양씨 (밉살스럽게) 어이구, 네년은? 일 없으면 산에 가서 칡뿌리나 캐와. 네 올케도 갔으니까.

귀덕 싫어. 이렇게 나물을 캐 왔는걸. (하며 바구니를 내민다)

양씨　(바구니를 받아 보며) 아니… 이걸 나물이라고 캐왔니?

귀덕　나물 아니구!

양씨　이년아! 이게 나물이야? 응? 어디서 먹지도 못할 풀만 뜯어다 놓구서. 어유, 뒈져! 어서! (하며 귀덕의 머리채를 잡아챈다)

귀덕　아야! 아야!

이때 정임이가 곱게 단장을 하고 행길에서 내려온다. 먼길을 떠나려는지 손에 낡은 트렁크가 들려 있다. 하늘빛 인조 치마에 분홍 저고리가 한층 촌스럽게만 보인다.

정임　아주머니.

양씨　정임이, 웬일인가? 그렇게 곱게 차리가 나서… 응? 어딜 가나?

정임　(수줍어하며) 예. 떠나기 전에 인사나 여쭙고 싶어서……

양씨　그래서. 역시 가는구만. 참, 신랑이 부자라며?

정임　그저 먹고 살기엔 그만하면……

양씨　잘 생각했어. 정임이는 홀몸이니까 쉽게 개가할 수도 있지만……

귀덕은 정임의 옷을 앞뒤로 돌아가며 부러워한다.

귀덕　시집가나베? 흠…

정임　귀덕이도 잘 있어. (양 씨에게) 점례 오면 못 보고 간다고요.

양씨　그래 어서 가 봐.

정임　(밖으로 나오며) 막상 떠나자니까 서운해요.

양씨　어디 가든지 서방님 잘 섬겨. 뭐니 뭐니 해도 계집은 서방을 잘 만나야 해.

귀덕이도 따라 나온다.

정임 참, 사월이도 좀 만나보고 가야지. (하며 최 씨 집으로 들어간다. 방문 앞에서) 계세요?

최씨 (방안에서) 누구요?

양씨 정임이가 오늘 떠난대요.

최씨 (방문을 열고서) 정임이가? 어이구, 이거 시원섭섭해서 어떻게 하누?

정임 사월이는 어때요?

사월이가 나온다. 머리를 풀어헤쳐서 한층 여위고 신경질적으로 보인다.

정임 사월이.

사월 (손목을 잡으며) 시집간다 간다 하더니 기어코 가는구먼.

정임 응. 별도리 없는걸. 남들이 욕하건 말건…

사월 욕하긴 누가?

정임 (눈을 내리깔며) 새서방 얻는다고 흉본다나.

이 말에 최 씨와 양 씨는 서로 멋쩍어하며 외면한다.

사월 흉보는 사람이 덜 됐지 뭐야. 그렇다고 언제까지나 홀몸으로 살 수는 없어. 정임이는 참 잘했어.

정임 (속삭이듯) 사월이도 어서 해 버려.

사월 (동요의 빛을 보이며) 아냐…… 난… (사이) 어서 가 봐.

정임 응! 그럼 잘 있어. (하며 행길 쪽으로 나간다. 양 씨, 최 씨, 그리고 귀덕이가 뒤를 따르며 퇴장)

멍하니 문에 기대어 선 사월이의 눈에 금세 눈물이 쭈르륵 흘러내린다. 산새가 울어댄다.

사월 새라도 되었던들 훨훨 날아가 버릴 걸. 날이 갈수록 괴롭고 무거우니…… (하며 배를 만져 본다)

이때 산 쪽으로 점례가 칡뿌리를 망태기에다가 담아 이고 내려온다. 집으로 들어가려다가 문에 기대어 서 있는 사월을 보자 가까이 간다.

점례 (사무적으로) 좀 어때?

사월 그저 그래. 칡을 캤어?

점례 심심풀이로 씹어 보겠어? (하며 조그마한 칡토막을 골라 준다)

사월 아무것도 먹고 싶지 않아.

두 사람 사이에 무거운 침묵이 흐른다. 나지막이 떠가는 정찰기의 폭음 소리.

점례 앞으로 어떻게 할 셈이지?

사월 뭘?

점례 나는 못 속여. (사월의 복부를 주시하며) 애기 말야.

사월 아…… (괴로운 듯 배를 가린다)

점례 어차피 알게 될 텐데…… (사이)

사월 내가 벌을 받았나 봐. 내게 애기가 무슨 소용이람. (괴로움을 참으며) 아, 이젠 죽고만 싶어.

점례 죽는다고 일이 끝장나나?

사월 그럼 어떻게 하란 말이야?

점례 그이와 함께 도망을 가든지 해야지 이대로 있다간 모든 일이 탄로가 나잖아?

사월 왜 내가 그이와 도망을 간단 말야? 그럼 점례, 너는?

점례 나는 그이와 함께 살 계집이 못 돼.

사월 아니, 그게 무슨 소리야?

점례 난 비로소 알았어. 전 남편과 같이 산지가 6년이 되도록 애기를 못 가졌을 때 나는 남편의 잘못이라고 생각했어. 그렇지만 이제야 내가 애기를 못 가질 여자라는 걸 알았어. (한숨) … 그러니까 사월이는 나보다 더……

사월 그게 무슨 소용이야? 나는 자식은 싫어. 생각만 해도 지긋지긋해.

점례 그런 소리 말아. 여자가 애기를 못 가진다는 건 병신이야. 귀덕이가 병신인 것처럼 나도 병신이라니까. (하며 울기 시작한다)

사월 아… 하느님도 짓궂지. 가지고 싶어 하는 사람에겐 안주고 가지기 싫어한 사람에겐 몇이고 주다니!

점례 그런 소릴 하면 벌 받아.

사월 벌? 홋호…… (히스테리컬하게 웃는다)

점례 왜 이래?

사월 우리에게 그만큼 벌을 줬으면 됐지. (울먹거리며) 이상 벌을 받아야겠어? 응?

점례 그렇지만 우리가 잘못을 저지른 것만은 빤하니까 별 수 없어!

사월 (눈빛이 벌겋게 타오르며) 한 사내를 둘이서 좋아한다는 게 잘못일까?

점례 (고민을 깨물며) 이만저만 잘못이 아니지. 더구나 죄를 지은 사내를 지금까지 숨겨 놓고서. 아, 어떻게 하면 좋을지 난, 난 뭐가 뭔지 모르겠어… (하며 운다)

사월 (무섭게 쏘아보며) 점례가 모르면 누가 알아?

점례 이제 멀지 않아. 국군이 이 산을 둘러싸게 되면 그이도 어느 때고 붙잡히게 될 게 아냐?

사월 그래? 아니, 그게 사실이야, 점례?

점례 천왕봉에 숨어 있는 빨갱이들을 깡그리 없애 버리기 위해서 산에 불을 놓는다는 소문도 있으니……

사월 불을? (다시 가까워지는 비행기 소리)

점례 저렇게 갑자기 비행기가 뜬 것도 산사람을 찾아다니는 소리래. 그러기에 내가 시킨 대로 진작 자수를 했으면 좋았을 텐데.

사월 (매섭게) 나 때문에 못 했단 말이지?

점례 사월이의 탓도 없는 건 아니야.

사월 이제 와서 내 탓이야? 응, 내가 그이를 못 살게 했단 말이지?

점례 그렇지. 그때 사월이가 나를 눈감아 줬던들 우리 두 사람은 자수를 해서 멀리 타관으로 떠났을지도 몰라. 그런데 사월이가 한사코……

사월 듣기 싫어! 볼장을 다 보고 나니까 내게 뒤집어 씌울려고? 점례가 그이를 좋아했다면 나도 마찬가지였어. 나도 점례와 꼭 같은 과부였으니까. 2년 동안을 서방 없이 살아 나온 여자였다는 건 매한가지야. 이제 와서 우리 두 사람 가운데 누가 잘하고 못 하고가 있어?

점례 그렇지만 우리는 이대로 있다간 다 함께 죽는 거야.

사월 그럼, 어떻게 하지?

점례 (문득 생각난 듯) 사월이. 우리 셋이서 도망을 칠까?

사월 도망친 다음은?

점례 (말문이 막힌다)

사월 죽을 때까지 셋이서 같이 살겠다는 건 아니겠지?

점례 (당황하며) 그, 그야…… 물론 셋이서 어떻게…

사월 (괴로워하며) 그러니 어떻게 하면 좋다는 거야? 이렇게 배는 불러오르기 시작하니…… (하며 벽에다가 이마를 치며 운다)

점례는 물끄러미 그 모양을 내려다보다 말고 말없이 일어서 나온다.

사월 (히스테리컬하게) 점례…… 우린, 우린 어떻게 하면 좋아!

그러나 점례는 입을 꼭 다물고서 천천히 걸어 나온다. 그녀는 헛간 쪽으로 가다가 현기증을 느꼈는지 그대로 헛간 벽에 기대어 멍하니 눈을 감고 서 있다. 사월은 괴로운 듯 방안으로 들어간다. 이때 규복이가 천천히 나타난다. 점례를 보자 가까이 와서 선다.

규복 점례! 점례!

점례 (번쩍 눈을 뜨며) 왜 여기까지 나왔어요?

규복 할 얘기가 있어서… (하며 헛간 쪽으로 끌고 간다)

점례 안 돼요. 이 손을 놔요. 누가 오면 어떻게… 어서요.

규복 (표정이 굳어지며) 오면 어때?

점례 나 혼자 있게 내버려 둬요.

규복 그렇지만 나는 언제까지나 소나 돼지 노릇을 하고만 있을 수는 없잖아?

점례 아니, 그게 무슨 소리예요?

규복 (자신을 저주하며) 울안에 갇힌 채로 가져다주는 먹이나 먹고 억지로 억지로 붙여 준 암컷과 자는 돼지. 나는 사람이 아니라 짐승이 되고 말았어. 돼지야!

점례 선생님.

규복 이상 참을 수 없어. 난 결심을 했어.

점례 어떻게요?

규복 이제 국군들의 소탕 작전이 시작된다니까 그전에 내 자신을……

점례 자수하겠단 말인가요?

규복 그 길밖에 없잖아?

점례 그럼, 나와 사월이는 어떻게 되죠? 선생님을 의지한 우리는……

규복 의지했다고? 거짓말! 거짓말 말아!

점례 (매달리며) 가지 마세요. 안 돼요.

규복 나를 의지한 게 아니라 이용했어. 2년 동안 굶주려 온 당신네들의 욕망을 채워 보려고 나를 짐승처럼 길렀어.

점례 그렇지만 애당초엔 제가 선생님보고 자수하라고 권했잖아요?

규복 그런데 왜 지금은 말리는 거야? 응? (사이) 왜 말을 못 해?

점례 아! 모르겠어요! 몰라.

규복 좋아! 이제 나 따위는 쓸모없는 인간이 되었단 말이지? (하며 나가려 하자 점례가 말린다)

점례 안 돼! 지금 가면 안 돼요. (하며 매달린다)

규복 놔요. 나는 이미 죽음을 각오한 사람이야. 사월이도 나를 이용할 대로 이용하고서 며칠 전부터는 그림자도 안 보이고… 내가 죄인이라고 깔보고 있는 거야.

점례 (냉정하고 또렷한 어조로) 사월이는 애기를 가졌어요.

규복 애기를? (사이) 아니, 그럼?

이때 비행기에서 쏘아 붓는 기관총 소리와 경폭탄 터지는 소리가 전보다 가까이서 퍼져 울린다.

규복 이게 무슨 소리야?

점례 어서 들어가 숨어요. 그 애기는 나중에 하구요. 어서!

이때 행길 쪽에 군중들이 몰려나와 천왕봉 쪽을 보며 웅성거린다.

점례 어서요! 사람이 와요!

규복, 잠시 망설이더니 급히 우편 대밭 쪽으로 사라진다. 모질게 터지는 기총 소사가 천지를 진동시키는 가운데 점례는 넋을 잃은 사람처럼 땅 위에 쓰러진다.

–막

제5막

무대

전막과 같음. 전막부터 이틀 후. 저녁 때. 포탄 터지는 소리며 기총소사 소리가 한바탕 요란스럽게 퍼붓는 가운데 막이 오른다.

뜰 한복판에서 양 씨와 최 씨가 서로 옷소매를 걷어붙이며 다투고 있다. 두 사람을 에워싸듯 이웃 아낙 갑, 이웃 아낙 을, 귀덕, 그밖에 몇몇 사람이 둘러서서 싸움 구경을 하고 있다.

최씨 (삿대질을 하며) 어느 년이 그런 소문을 퍼뜨렸는지 대라니까!

양씨 아니 뉘 앞에서 삿대질이야?

최씨 삿대질쯤 하면 어때? 글쎄, 내 딸이 애기 뱄다는 소문을 퍼뜨린 년을 대면 되잖아?

양씨 (거만하게) 못 댄다면 못 대. 몇 번 말해야 알아듣겠어?

최씨 정말 말 못 하겠어? (하며 위협한다)

양씨 (빳빳이 대꾸하며) 그래. 못 하겠으니 어쩔 테냐? 응? 산 손님에게 가서 꼬아바칠 테냐? 세상이 바뀌었으니까 내 목을 베라고 해 보시지! 흥! (하며 비웃는다)

최씨 옳지! 말 한번 잘 했다. 이제 국군이 들어왔다고 보복을 할 셈이군. 좋아, 마음대로 하래두! (악에 받쳐서) 그렇지만 경을 치기는 매일반이지. 이 마을에서 산사람들에게 협력 안 한 년이 있으면 나와 보라지. 어차피 망칠 바엔 나도 다 걸고넘어질 테니까. (옆 사람들이 불안하게 동요되자 한층 신바람이 나서) 산사람들에게 양식을 안 대준 사람이 있어? 야경을 안 한 사람이 있느냐 말이야. 응? 게다가 이장이랍시고 충성을 바친 년은 누구지?

양씨 환장했나 보군.

최씨 복도깨비가 복을 못 줘도 화는 준단 말이야. 자, 어서 그년 이름을 대.

이웃 아낙 갑 (사이에 들며) 무슨 소리들이야? 지나간 일 캐내면 가물치가 용될라구…… 쯧, 쯧. 요즘 세상에 털어서 먼지 안 나는 사람이 있어? 우리가 언제는 제 주견대로 살아왔던가? 안 그래? (모두들 동의의 빛을 나타낸다) 왜정 시대는 어떻고 해방 후는 어떻고…… 누가 누구 잘못을 캘 필요도 없어. 그래 봐야 하늘 보고 침 뱉기지. 그러니 그만들 덮어둬요.

최씨 내 딸이 새파란 과부가 된 것만도 머리가 희게 생겼는데 난데없이 애를 뱄다니 생사람 잡을 일이 아니유, 글쎄.

이웃 아낙 을 딸자식 가진 사람은 으레 빈총 맞기가 일쑤죠. 지금 그 얘기도 공연히 누가 지어낸 얘기겠지. 글쎄 이 과부 마을에서 애기를 뱄다면 누가 믿겠수? 홋호.

최씨 그러니까 그 말을 지어낸 년이 누군가 대면 될 텐데 저렇게 빳빳이 버티잖아요.

양씨 나보고 물을 게 아니라 자네 딸에게 물어 보면 되잖아. 흥!

최씨 뭐라고?

양씨 (참았던 화를 풀며) 그렇게 딸이 귀엽고 예쁘면 본인보고 물어 보란 말이야. 한 지붕 밑에 살면서 딸 몸이 어떤지 눈치도 못 채? 응? 자네는 애기도 안 낳아 봤어?

양 씨의 말이 너무나 자신 있고 조리가 있었던지 최 씨는 잠시 말문이 막혀서 어리둥절해 한다.

이웃 아낙 갑 제발 그만들 덮어둬요. 내일 모레면 할미소리 들을 나이에

그까짓 헛소문 가지고 싸울 게 뭐람.

최씨 (양 씨에게 다시 도전하며) 내 딸에게 물어 봐서 헛소문이면 어떻게 하지?

양씨 내 머리를 뽑아 신을 만들지.

최씨 (다짐을 받으며) 정말이지? 가만히 있어! (하며 가려고 하자 이웃 아낙 을이 말한다)

이웃 아낙 을 꼭 어린애들 같군. 그런 시간 있으면 나물이나 캐요. 과부끼리 사노라면 으레 헛소문이 나는 법이래도!

최씨 끝까지 결판을 짓고야 말걸! 이런 억울함을 당하고도 그대로 있어요? 기가 막혀서 원!

이때 행길 좌편에서 국군 사병 두 사람이 완전 무장을 하고 등장한다. 모두들 불안에 떨며 한 귀퉁이로 몰려서서 주시한다.

사병 A 여기가 이장 댁이요?

서로들 눈치만 보고 대답이 없다.

사병 B 누가 이장이요?

역시 공포에 떨며 대답을 못 한다.

사병 A (최 씨에게) 아주머니요?

최씨 아니에요. (사이, 눈치를 보다가 양 씨를 가리키며) 저 사람이에요.

사병 B 알면서도 대답을 안 하오?

양씨 (굽신거리며) 예…… 저…… 저는 이름만 이장이지 실은 제 며느리가 다 알아서 해 왔죠. 눈에 식자라도 든 사람이라고는 며느리 밖에 없어서……

사병 A 어디 갔소?

양씨 예…… 저…

두 사병은 서로 눈짓을 한다.

사병 A 그럼 아주머니라도 상관없으니 같이 갑시다.

양씨 (감전된 사람처럼) 예? 제, 제가……

남은 사람들은 금세 비명이라도 지를 듯이 놀란다.

양씨 저는 아무 죄도 없어요. 저는……

사병 B 글쎄 따라와 보면 알 테니까, 가요.

양 씨는 땅바닥에 주저앉으며 발을 동동 구른다.

양씨 왜 하필 나보고 가자는 거예요? 못 가요! 나는 못 가!

사병 B 허, 글쎄 누가 죽인다고나 했소? 소대장이 보자니까 따라와요.

양씨 싫어, 못 간단 말이요.

이웃 아낙 갑 아니, 대관절 무슨 일이라도 있었나요?

사병 B 우리는 데리고 오라는 명령만 받았으니까…… 자 어서 일어나요.

이웃 아낙 을 귀덕 엄마, 가보세요. 설마 죄 없는 사람을 죽이겠어요?

양씨 (문득 무슨 생각이 들었는지 최 씨를 쳐다보더니) 알았다. 네년이 꼬아바쳤지?

최씨 (무슨 영문인 줄 몰라서) 내가 꼬아받쳐?

양씨 그렇지 뭐야? 오냐! 좋아! 가지! 네가 끝내 나를 못 살게 한다면 나도 가서 말하지. 누가 이 세상에 나왔을 때 입이 없어서 말을 못 하는지 아나베? 흥, 좋아! (불쑥 일어나서 옷을 털며 사병들에게) 갑시다. 할 말이 있으니까요. (하며 앞장을 서서 나간다. 사병 A, B는 서로 난처한 표정을 지으며 따라간다)

귀덕 엄마, 어디 가? 나도 따라갈래.

이웃 아낙 을 귀덕아!

양씨 (돌아다보며) 귀덕아. 네 올케 오거든 곧 내려오라고 해.

귀덕 엄마, 나도 갈 테야. (하며 따라 나서자 모두들 말린다)

양 씨가 퇴장하자 모두들 가슴을 치며 당황해 한다. 그러나 최 씨만은 저만큼 서서 생각에 잠긴다.

이웃 아낙 갑 무슨 일일까?

이웃 아낙 을 누가 또 고자질을 한 게 아니에요?

이웃 아낙 갑 그렇지만 지난번에 국군이 나왔을 때도 지난날의 허물은 탓하지 않을 테니 걱정 말라고 했잖아.

이웃 아낙 을 하긴 그래요.

멀리서 다시 기관총 소리.

이웃 아낙 을 귀덕아! 그렇게 멍하니 서 있지 말고 올케를 불러 와야지, 어디 간다던?

귀덕 우물가에 빨래하러 갔어.

이웃 아낙 갑 그럼, 어서 데리고 와. 네 어머니가 국군에게 붙잡혀갔다고, 어서!

귀덕 싫어. 엄마가 나 안 데리고 갔으니까 나도 말 안 들을래.

이웃 아낙 을 어유, 이 등신아! 말귀도 못 알아듣긴. 어서 데리고 와, 우리 집에 오면 색 헝겊 줄게.

귀덕 정말? 그럼 곧 다녀올게요. 색 헝겊 많이 줘요. 힛히…… (하며 토끼처럼 뛰어 나간다)

이웃 아낙 갑 (한숨) 또 걱정이 생겼구랴!

이웃 아낙 을 뭐가요?

이웃 아낙 갑 저렇게 한 사람씩 불러들이기 시작하면 꼭 누가 다치고야 말지. 관에서 사람 오라가라 하는 날엔 무슨 변통이 나지 않던가베.

이웃 아낙 을 글쎄요.

이때 최 씨는 서서히 자기 집으로 건너간다. 총소리가 다시 요란해지면서 멀리 아래쪽에서 연기가 피어오른다. 군중들, "불이야", "불났어" 하며 언덕 위로 올라간다.

이웃 아낙 갑 불이 났어?

이웃 아낙 을 모르죠. 저렇게 총을 쏘아 대니 불도 나게 됐지 뭐유.

이때 하수에서 쌀례네가 숨을 헐떡거리며 바삐 올라온다.

이웃 아낙 을 무슨 일이 났수?

쌀례네 이제 빨갱이들이 영락없이 몰살당하게 됐어. (하며 속시원하다는 듯 웃는다)

군중들 다시 쌀례네를 둘러싼다.

이웃 아낙 을 어떻게 된 일이야.

쌀례네 잘은 모르지만 숲이란 숲엔 불을 질러버린대, 그러면 숨을 곳이 없어질 게 아냐. 아까 오면서 보니까 석유를 뿌리고는 총을 몇 방 쏘니까 화악하고 타오르는 게 아주 속이 시원해. (하며 옆 사람에게 자랑삼아 말한다)

이웃 아낙 갑 속이 시원하다고? 자네는 미쳤나? 불이 나는 게 속이 시원해?

쌀례네 하지만 이 불은 좀 다르잖아요? 내 욕심 같아서는 아주 이 산을 불살라 버렸으면 좋겠어.

이웃 아낙 을 뭣이?

쌀례네 이제 이곳에서 살긴 지긋지긋해. 우리도 끝순이나 정임이처럼 자리를 떠야지. 이런 촌구석에서 백년 있어 봐야 고생문만 환하지. 아……

이웃 아낙 을 참, 오는 길에 귀덕 어머니 못 봤어?

쌀례네 아뇨. (모두들 웅성거리자) 왜요?

이웃 아낙 갑 글쎄 국군에게 붙들려 갔어.

쌀례네 예? 귀덕 어머니가 무슨 죄가 있다구……

이웃 아낙 을 사실 따지자면 죄가 없는 것도 아니지. 이장을 지냈으니까.

쌀례네 원, 형님도. 이장이야 대한민국의 이장이었지…

이웃 아낙 을 하지만 빨갱이들이 들어와서도 했지 뭐야.

쌀례네 그 까닭만으로 데려가지는 않았을 거예요.

이때부터 불은 점점 퍼지기 시작한다. 우편에서 점례가 급히 내려온다. 광주리에 흰 빨래가 들렸다.

점례 (숨가쁘게) 우리 어머니가 붙들려 갔다구요?

이웃 아낙 갑 그러게 말야. 어서 가 봐요. 뭐, 소대장이 불렀다니까. 그저께 여기서 연설한 군인이겠지.

점례 (마루에다 빨래 광주리를 놓고 손으로 머리를 쓰다듬으며) 무슨 일일까요? 저렇게 불길이 솟고, 비행기가 지저대고, 정신을 못 차리겠어요.

쌀례네 나하고 같이 갈까?

점례 괜찮아. 저 빨래나 손봐 줘. (앞치마를 풀어서 던지고) 저 아래로 내려갔어요?

이웃 아낙 을 응. 어서 가 봐. 어쩌든지 잘못했다고 빌어. 비는 죄인의 목은 못 벤다니까. 응?

점례 예. 그럼 다녀올게요. (하며 바삐 비탈길을 올라서자 귀덕이가 부른다)

귀덕 어디 가, 형님? 나도 갈래.

점례 집에 있어요.

귀덕 싫어. 따라갈래.

점례는 하는 수 없이 귀덕을 데리고 퇴장한다. 모두들 이 광경을 보더니 어이없다는 듯 혀를 찬다.

이웃 아낙 을 망할 것, 무슨 명절인 줄 아나 보지?

이웃 아낙 갑 그러기에 사람은 속이 차야 하고 대나무는 껍질이 차야 쓸모가 있다니까.

쌀례네 어유, 저 불 좀 봐. (하며 감탄하는 표정이다)

이때 최 씨 집에서 모녀가 다투는 소리가 왁자지껄 하더니 마침내 최 씨가 문을 열고 나온다. 눈빛에 살기가 등등하다. 사월이는 문지방에 기댄다.

최씨 그래, 천지간에 하나밖에 없는 이 에미를 속여? 응? 이년아! 하고 많은 사람을 두고 에미를 속일 게 뭐냐?

사월 어머니, 이제 말한들 무슨 소용이 있어요.

최씨 도대체 어느 놈의 씨냐? 그놈 이름을 대라! 너를 이 꼴로 만든 그놈이 누구야?

이 사이에 우편에 모인 사람들은 호기심을 가지며 웅성거린다.

사월 (담담하게) 말할 수 없다니까요.

최씨 말할 수 없어? 그놈이 만석꾼의 아들이냐, 정승댁 대감이냐?

최 씨는 분함에 못 이겨 뛰어가 사월의 머리채를 휘어잡고 다짐을 한다.

최씨 어서 말해! 이제 이렇게 되면 너 죽고 나 죽는 거야.

사월 (말없이 견디고 참는다)

쌀례네 (뛰어가서 말리며) 아주머니, 이 손을 놔요. 오랫동안 앓고 난 사람에게 약은 못 줄망정 매질을 할 거야 없잖아요? 자, 놔요.

최씨 저리 비켜. 이건 내 딸이 아니라 원수라니까.

쌀례네 참으세요. 앓은 사람을 이렇게……

최씨 (쌀례네의 힘에 못 이겨 저만치 밀려나가며) 이년아! 누가 애를 배랬어? 응? 어느 놈의 씨인데 이 꼴이 되어서, 아이구……… (자신의 분을 참지 못해 방바닥에 주저앉아 버린다) 아이구… 이년아, 아이구! (하며 슬피 울기 시작한다)

그러나 사월은 눈물 한 방울 흘리지 않고 앉아 있을 뿐이다.

쌀례네 사월이! 어서 안으로 들어가. 눠 있어! 어서!

사월 괜찮아.

쌀례네 글쎄 어서 들어가. (하며 억지로 부축하여 방으로 들이민 다음 방문을 닫는다)

최씨 (울음 섞인 소리) 설마가 사람 잡는다더니 정말… 나를 두고 하는 말이지. 내 딸을 화냥년으로 만들고… 내 신세를 이꼴로…… (하며 땅을 친다)

동네 사람이 와 최 씨를 부축하여 양 씨 집으로 데리고 온다.

이웃 아낙 갑 참아요. 참는 수밖에 없어. 우린 이날 이때까지 밤낮 참고만 살아왔으니까, 잊어 버려……

최씨 어이구, 이렇게 가슴이 아픈데 어떻게 잊어버려요. 나 물 좀 줘 …… 물……

최 씨의 말은 어떤 때는 노랫가락 같기도 하고, 어떤 때는 우는 소리 같이도 들린다. 쌀례네가 재빨리 부엌에서 우는 소리 같이도 들린다. 쌀례네가 재빨리 부엌에서 물을 떠와서 준다. 최 씨는 물을 마시고 나서 낮은 곡성을 울린다.

이때 좌편 행길에 양 씨, 점례, 사병 A, B 그리고 귀덕이가 쫄랑거리며 따라온다. 사병의 한 사람은 석유통을 들었다.

이웃 아낙 을 귀덕 어머니가 돌아오는구만.

모두들 반가워서 몰려온다. 그러나 양 씨와 점례의 얼굴엔 각각 저마다의 근심이 가득 찼다.

이웃 아낙 갑　무슨 일이야?

양씨　(시무룩해지며) 그런 법이 어디 있어? 저 대밭이 어떤 대밭이라고.

이웃 아낙 을　아니, 대밭이라니?

양씨　글쎄, 저 뒷산에 있는 우리 대밭에 불을 지르겠으니 그리 알라는 거야.

쌀례네　그건 또 왜요?

사병 A　여러 아주머니들도 잘 아시겠지만 앞으로 대대적으로 공비를 소탕하기 위해서는 공비들이 숨을 수 없게 해야 합니다. 그리고 비행기에서 내려다 볼 때 환히 보일 수 있어야만이……

군중들은 그 참뜻을 알았다는 듯 수긍을 한다.

양씨　그렇지만 저 대밭만은 안 돼요. 우리 조상 대대로 지켜 내려온 대밭을 내 눈 앞에서 불사르다니 그게 될 말이요. 차라리 나를 죽이고 나서 해요.

사병 B　(딱하다는 듯) 몇 차례 설명하면 알겠소? (사병 A에게) 자, 가세.

두 사람이 우편 대밭 쪽으로 가려고 하자 점례가 길을 가로막는다.

점례　가까이 가서는 안 돼요.

사병 A　당신은 또 뭐야?

점례　(빌면서) 그 대밭만은 태우지 말아요. 그걸 잃어버리면 우린 다 죽어요. 우리 식구를 살리려거든 대밭을 살려주세요. 네?

점례의 절실한 태도에 모두들 절박감을 느낀다.

사병 A 군대는 명령에 따라 움직이는 겁니다. 개인적인 사정으로 군 전체의 뜻을 움직이게 할 수는 없으니까요. 저리 비키시오.

점례 제발! 소원이에요. (하며 매달리자 양 씨는 사병B에게 매달린다)

양씨 여보시오! 당신네 집에선 제사도 조상도 모르오? 제발 우리 사정 좀 봐 줘요. 내 아들이 팔아서 장사하겠다고 조를 때도 내가 싫다고 우긴 대밭이에요. 그런데 이렇게……

사병 B (휙 뿌리치며) 어서 가…… (하며 급히 뛰어가자 사병A도 급히 뒤를 따른다)

점례 (미칠 듯이) 안 돼요! 거기 들어가면 안 돼요!

양씨 아이고! 우리 집이 망한다. 우리 집이… (하며 덤비자 옆에서들 말린다)

잠시 후 총소리가 연달아 일어나자 대나무에 불붙는 소리와 함께 연기가 퍼져 나온다. 점례와 양 씨는 넋이 나간 사람처럼 말없이 뒷걸음을 쳐 간다. 거기엔 절망이라기보다 공허감이 더 짙다.

쌀례네 정말 아까운 대밭이었는데……

이웃 아낙 을 이제 얼마 있으면 죽순이 한창일 터인데… 아깝지……

이웃 아낙 갑 어이구…… 우리 살림은 하나씩 없어지기만 하고 느는 것은 나이뿐이니……

하늘엔 불꽃이 모란보다 더 곱게 물들어 간다. 여기저기서 사람들이 모인다. 훨훨 타오르는 불길 앞에서 그저 혀만 차고 있는 허탈한 얼굴들.

점례 (갑자기 일어서며) 선생님! 선생님! 안 돼요. (하며 뛰어가려 하자 몇 사람이 붙들고 말린다)

쌀례네 참어! 점례! 정신을 차리라니까.

점례 나도 같이 타 죽을 테야. 대밭으로 보내 줘.

양씨 (이제 지칠 대로 지쳐서) 아이구, 이 자식아. 이럴 줄 알았으면 차라리 그때 네 말대로 팔아나 버릴 것을.

이때 "저 놈 잡아라", "누구야" 하며 외치는 군인들의 목소리. 그와 함께 총소리가 연달아 일어난다. 모두들 겁에 질려서 오른편으로 물러간다. 점례는 그 자리에 서 있다.

쌀례네 무슨 소리야?

이웃 아낙 을 누가 있었나 부지? (이때 방에서 김 노인이 나온다)

김노인 오늘은 귀가 신통히도 잘 들리는구나. 무슨 사냥이냐? 멧돼지 고기에 소주는 제 맛이다만…

이때 사병 A와 B가 총에 맞아 의식을 잃은 규복을 질질 끌고 나온다. 군중들 사이에 새로운 파동이 퍼진다. 규복을 마당 복판에 눕힌 다음 사병은 군중을 휘돌아본다.

사병 A 이 사람이 누구요?

아무도 대답이 없다.

사병 B 이 마을 사람이 아니오?

이웃 아낙 갑 우리 동네에서 사내 냄새가 없어진 지는 벌써 이태나 된 걸요.

사병 두 사람은 이상하다는 듯 고개를 갸우뚱거리며 뭐라고 수군거린다.

이웃 아낙 을 정말 귀신이 곡할 일이지. 그 대밭 속에 사내가 숨어 있었다니.

이웃 아낙 갑 혹시 산에서 내려온 사람이 아닐까?

사병 A가 급히 행길 쪽으로 퇴장한다.

사병 B 대밭에다 움을 파고 오랫동안 살아온 흔적이 있는데 아무도 모른단 말이오?

서로가 고개를 좌우로 젓는다. 점례는 멍하니 내려다보고만 있다.

양씨 우리 대밭에 사내가? (점례에게) 너도 못 봤지?

점례 …… (고개를 저을 뿐 대답이 없다)

쌀례네 이상한 일이지…… (하다 말고 양 씨에게 눈짓을 하자 그것이 무슨 전염병처럼 퍼져 최 씨에게 집중된다)

아까부터 반신반의의 상태에 있던 최 씨는 자기에게로 시선이 집중되고 있음을 의식하자 화를 낸다.

최씨 왜 나만 보고 있어? (사이) 옳지. 내 딸이 이 사내하고 정을 통했단 말이지? 좋아. 그럼 내가 데리고 나와서 결판을 지을 테니. (하며 사월이 이름을 부르며 자기 집으로 들어간다)

이때 가까이 와서 시체를 들여다본 김 노인이 무릎을 탁 치며 소리를 지른다.

김노인 이놈은 바로 새로 들어온 머슴이구먼.

일동 (약속이나 한 듯) 머슴?

양씨 (큰 소리로) 아버님 아는 사람이에요?

김노인 응…… 우리 집 머슴 아니냐?

양씨 노망했어, 노망! 우리가 머슴 부릴 팔자예요?

일동은 크게 웃는다. 이때 최 씨의 비명 소리가 들리며 밖을 내다본다.

최씨 사람 살려요! 우리 딸이…… 우리 딸이……

쌀례네 사월이가?

군중은 우하니 그쪽으로 몰려간다. 최 씨의 통곡 소리가 높아가고 애기 우는 소리도 간간이 들린다.

이웃 아낙 갑 양잿물을 먹었어? 저런……

점례는 말없이 규복의 시체 옆에 다가와서 손발을 반듯이 제자리에 놓는다.

사병 손을 대지 말아요.

점례 (거의 무표정하게) 내가 손을 댔다고 시체가 되살아나서 말을 하진 않을 거예요. 모든 것은 재로 돌아가 버렸으니까…… (하며 서서히 일어난다)

하늘이 피보다 더 붉게 타오르자 규복의 얼굴에도 반영되어 한결 처참하게 보인다.
멀리서 까치 우는 소리. 마루 끝에 앉아 있던 김 노인이 또 밥을 재촉한다.

김노인 밥은 아직 멀었냐. 오늘은 귀가 터진 것 같구나.

최 씨의 곡성이 높아 간다.

—막

갈매기떼 (4막 6장)

• **등장인물**

해남댁(45세), 객줏집 영흥관 여주인. 과부

효심(21세), 해남댁의 딸. 양재학원 학생

옥란(25세), 작부

화자(22세), 작부

금순네(50세), 가사도우미

쿡크(50세), 요리사

칠성(19세), 심부름꾼

할아범(65세), 영흥관에 기식하고 있는 노인

서윤근(30세), 갈매기떼 한 사람. 일명 진돗개

나만수(45세), 갈매기떼 두목

한기수(40세), 부두노동조합장

임상옥(55세), 시의원

외팔이(29세), 갈매기떼

딱총(23세), 갈매기떼

꺽다리(28세), 갈매기떼

시골청년(30세)

윤순희(28세)

임정빈(25세), 임상옥의 아들

형사(35세)

선장(50세)

기관장(45세)

갈매기떼 A, B, C

주객 A, B, C, D, E, F

기타 남녀 군중 다수

- **때**

1958년 여름

- **곳**

남한에 있는 항구도시

제1막

1장

무대

남한에 있는 어느 항구.

선창가에 있는 객줏집 영흥관의 아래층 전경이 무대의 3분의 2를 차지하고 있다.

여관과 주점을 겸한 건물이라 청결하다기보다는 부산한 분위기를 자아내준다.

한길과 바다 위에 걸쳐서 지은 집이라 마룻방은 바다 위에 있고 홀은 육지에 위치하고 있어 어딘지 불안해 보인다.

한길로 면한 좌편에 유리문 여닫이 출입구가 있고 이 문과 잇닿은 정면에 부엌으로 통하는 통로가 있다. 문은 없고 메뉴가 쓰인 커튼으로 가려져 있다. 홀 안에는 서너 개의 긴 탁자와 간이의자가 적당히 놓여 있다.

탁자엔 검은 때가 절어서 이 집의 역사를 말해주는 듯하다.

홀보다 한 계단 높게 꾸며진 마룻방은 역시 손님을 맞는 방이다.

다만 신을 벗고 올라앉게 되어 있는 점이 다를 뿐 식탁이며 꾸밈새는 거의 같다.

무대 정면은 원래 유리 창문이 빙 둘러서 있으나 여름철로 들어서면서부터 창문을 떼어버려서 멀리 바다와 섬들의 풍경이 시원스럽게 내다보인다.

난간에 기대면 바로 눈 아래가 바다인 것이다.

좌편 벽엔 부엌과 통하는 창이 있어 음식을 나르게 되어 있다.

우편엔 2층으로 통하는 층계가 반쯤 보이고 이 층계 뒤를 돌아 우편은 숙박용 방이 있는 뒤채로 통한다.

그리고 우편엔 안채로 통하는 문과 통로가 있다.

한길로 접한 집 기둥에 '영흥관'이라고 쓰인 간판등이 어울리지 않게도 큼직하게 걸려 있다. 유리문을 나서면 약간의 공터가 있고 다시 돌층계가 있다.

이 층계는 선창으로 통하며 그 위에 가로등이 외롭게 서 있다.

층계 아래는 쓰레기통이 놓여있다.

층계 위에 올라서면 항구의 일부와 바다 풍경과 그리고 밤이면 반짝이는 등대가 보인다.

따라서 통행인은 층계 위와 그 밑과 그리고 건물 앞을 지나 우편으로 통할 수 있게 되어 있다.

때는 초여름 낮. 두 시경.

막이 오르면 뱃고동 소리와 함께 갈매기떼의 울음소리가 한동안 들린다. 가까이서 크레인 소리며 부두 노동자들의 하역 작업 소음이 들린다. 몸집이 비대한 해남댁이 마룻방 한가운데 서서 삼군을 지휘하듯 사람을 부리고 있다. 그녀의 손가락 사이엔 반쯤 타들어간 담배가 끼어 있다. 허리가 굽은 순칠 할아범이 손님이 다녀간 지저분한 홀 바닥을 쓸고 있다. 일손을 멈추고 담배꽁초를 줍는 꼴을 보자 해남댁의 미간에 사납게 주름이 간다.

해남댁 (독이 오른 소리로) 할아범! 순칠 할아범!

할아범 예…… (재빨리 꽁초를 담고 비질을 한다)

해남댁 예가 아니에요! 예가…… 빨랑빨랑 치워요! 홀 하나 치우는데 몇 시간이나 걸려요? 원…

할아범 (급히 서두르다가 쓰레받기에 담은 쓰레기가 엎어진다) 예, 예, 지금 다 됐습니다. 예……

해남댁 에그…… (혀를 차며) 오늘은 바빠요! 귀한 손님이 오신다는 걸 몰라요?

할아범 예…… 압니다…… 알고말굽쇼. (주눅이 들린 사람처럼 어찌할 바를 모른다)

해남댁 여느 때는 몰라도 이런 때나 제 밥값을 해야잖아요? 날이 날마다 굼벵이처럼 밥이나 죽이고 방돌이나 짊어지는 할아범의 신세가 누구 덕인 줄 아세요?

할아범 예…… 예…… (하고는 가까스로 쓰레받기를 들고 한길에 나가 쓰레기통에다 버린다. 해남댁은 파리채를 들어 식탁 위에 앉은 파리를 잡는다)

해남댁 그러기에 예부터 머리 검은 짐승은 거두지 말랬지! 집도 절도 없는 영감탱이를 그래도 불쌍해서 멕여 살렸지만…… 쯧쯧…… (혼잣소리로) 오늘따라 웬 파리가 이렇게 많아! (하며 파리채로 내리친다)

부엌 쪽에서 요란스럽게 물을 버리는 소리.

해남댁 (부엌을 향해) 금순네! 물 좀 아껴 써요! 항구 바닥에선 식수가 황금만큼 귀하다는 걸 몰라?

금순네 (소리만) 예…… 예……

해남댁 (파리를 잡으며) 우라질 것들, 이놈이나 저놈이나 대답들은 잘 하지! 김 씨! 김 씨!

순칠 할아범이 서서히 뒤채 있는 쪽으로 퇴장.

이때 부엌 쪽에서 에이프런을 두른 쿡크 김 씨가 나온다. 양돼지처럼 살이 찐 중년. 어딘지 모르게 조용하고 소극적인 표정이다.

쿡크 왜 그래요?

해남댁 (억지로 부드러운 체) 어떻게 준비는 다 되어가우?

쿡크 예, 찜도 얹어놓고 꼬리도 고아놨으니까… 이제 횟감만 들어오면 다 되는 셈이죠.

해남댁 칠성이는 웬일일까? 전복을 사러 간지가 언젠데.

쿡크 아직 시간은 있는데요 뭐. 여섯 시래죠? 연회는……

해남댁 (그 말에는 대꾸도 안 하고) 망할 녀석! 심부름 시키면 냉큼 뛰어올 것이지. 제 놈이 바다 속에 기어들어서 전복을 따올 텐가? 어유! 숫제 다 내보내고 내가 벌어먹는 게 속 편하지! 편해!

쿡크 담배 있어요? 마다무. (마담이라는 뜻)

해남댁 예…… (하며 걷어올린 저고리 소매 끝에서 담배와 성냥을 꺼낸다)

쿡크의 표정은 어디까지나 덤덤하다. 쿡크는 무표정하게 담배를 뽑자 해남댁이 재빨리 성냥을 그어댄다. 해남댁이 다른 사람을 부려먹을 때와는 사뭇 태도가 다르다.

쿡크 모두 여섯 분이랬죠?

해남댁 아까 임 의원한테서 연락오기는 열 분쯤 될 거라던데…… 그 영감은 항상 숫자를 불려서 말하니까요. 홋호……

쿡크 무슨 일이래요?

해남댁 모르겠어. 부두노동조합장 한 씨하고 갈매기떼의 나 주사도 오신다면서……

쿡크 (쓴웃음) 마다무야 갈매기떼가 오건 모조리 떼가 오건 술값만 받으면 되잖소?

해남댁 하긴 그렇지만…… 임 의원부터가 까다로운 성미를 가진 분이니 걱정이죠. 또 무슨 찍자를 부칠지. 그러니 시간되기 전에 척척 해놔야 될 텐데……

이때 2층 층계에서 화자가 내려온다. 손에 걸레와 먼지털이를 든 것이 연회 좌석을 차리고 내려옴이 분명하다.

해남댁 2층은 다 치웠어? 화자!

화자 예.

해남댁 가운데 문도 터놨어?

화자 그러믄요. 열 명 아니라 스무 명도 앉을 수 있는 걸요! (하며 머리에 쓴 수건을 벗어 턴다)

해남댁 옥란이는 어디 갔니?

화자 옥란 언니요?

해남댁 그래! 아까부터 코빼기도 안 보이잖아.

화자 미장원에 간다고 나갑디다.

해남댁 미장원?

화자 야…… (신을 신으며) 미장원에 안 간 지가 일주일째라 사자대가리가 되었다면서. (하며 우편 뒤채로 사라진다)

해남댁 망할 년! 제가 뭘 내놓을 게 있다고 꼴에 미장원에…… 쯧쯧……

쿡크 내버려 두슈! 피장파장인 걸. 헛허……

해남댁 피장파장이라니…… 그게 무슨 소리요? 김 씨!

쿡크 (자리에서 일어서며) 마다무가 오늘 밤 손님이 온다고 이렇게 안절부절 못하는 거나 옥란이가 미장원에 가는 거나 매한가지란 말이요. 헛허……

해남댁 원 별 소릴 다 듣겠네. 그럼 우리 영흥관에 오시는 손님 가운데서 오늘 밤 손님만큼 귀한 단골이 또 있어요?

쿡크 그것만이 아니죠.

해남댁 뭐가요?

쿡크 갈매기떼의 나 주사야 마다무하곤 각별한 사이니까요! 헛허……

해남댁 (얼굴이 벌겋게 달아오르며) 김 씨두! 벌써부터 망령인가?

쿡크 흣흐…… 이 김용만이 눈은 못 속여요. 20년 동안 쿡크 생활을 해나온 이 눈은 말입니다. 쓱 봐서 싱싱한지 갔는지는 백발백중이니까요…… 헛허……

해남댁 그럼 내가 뭐 생선 토막인 줄 아시오?

쿡크 사람이건 생선이건 이 눈빛은 매한가지라니까요.

해남댁 그래 내 눈은 썩었소?

쿡크 (능청맞게) 글쎄…… 싱싱하다면 거짓말이고 한물갔다면 죄송하고…… 그저 삼삼하다고 해둡시다. 핫하……

해남댁 (어쩔 수 없이 따라 웃으며) 김 씨도 괜히 바람피우지 말고 마누라나 얻어요!

쿡크 마누라? 머리에 서리가 내리는 나이에 무슨 마누라는…… (하며 해남댁을 본다) 글쎄요. 실은 내게도 마음에 둔 과부가 있기는 한데……

해남댁 아니 그게 누군데요?

쿡크 (담배 연기를 뱉으며) 마다무도 잘 아는 사람이죠.

해남댁 예? 홋호…… 김 씨도 알고 보니…… 능구랭이구먼…… 어느새 그런 사람을 다……

쿡크 우습소? 나 같은 쿡크가 여자를 아는 게……

해남댁 아니죠. 어서 새 마누라를 얻으셔야죠.

이때 무대 우편에서 칠성이가 광주리를 실은 자전거를 타고 등장. 광주리 속에는 시장에서 사온 민어며 채소 등속이 한 짐 들어있다. 자전거 벨 소리가 가까이 오자 해남댁이 먼저 한길 쪽을 본다. 스포츠형으로 머리를 깎은 순박한 청년이다.

해남댁 칠성인가?

칠성 (자전거를 세우고 광주리를 내리며) 예.

해남댁 (내려서며) 뭘 하고 있어! 여태…… 이렇게 바쁜 날은 심부름도 급행을 타요. 급행을!

칠성 (광주리를 들고 들어서며) 앗따 마나님은 속도 모르시고…… 그러셔. 어이셔! (하며 광주리를 내려놓는다) 급행치고도 특급열차를 탔어요.

쿡크 전복 사왔어?

칠성 (땀을 씻으며) 글쎄 그 우라질 전복 사려다가 이렇게 늦었어요.

해남댁 왜?

칠성 오늘은 전복 배가 안 들어왔다나요.

해남댁 배가 안 들어왔어? 쇠털보다 흔한 날에 하필이면……

칠성 바닥이 세어서 잠수질을 못했다잖아요.

쿡크 그럼 술안주로 횟감이 없잖아?

칠성 그래서 이 민어를 사왔지요. (하며 큼직한 민어를 꼬리부터 들어보인다) 어때요? 싱싱하죠? 헛허……

해남댁 (김 씨를 훔쳐보며) 흥! 싱싱한지 삼삼한지는 김 씨가 알지 내가 아나?

칠성 (무슨 영문인 줄 몰라) 예?

쿡크 잔소리 말고 가지고 들어가!

칠성 예…… (하며 광주리를 들고 부엌으로 퇴장)

해남댁 (서성거리며) 영흥관 술상에 전복이 안 오르다니 말이 돼?

쿡크 그렇지만 전복 배가 안 들어왔으면 할 수 있어요? 처녀한테서 뭣 따기지. 헛허…… (하며 부엌으로 들어간다)

해남댁 망할 것! (치마끈을 졸라매며) 내가 가봐야지!

하며 나가려 하자 옥란이가 팔짱을 끼고 들어선다. 옷차림이며 생김새가 아직도 세련된 맛은 없으나 토실한 턱이며 도톰한 입술이 육감적이다. 어울리지 않게 머리 모양만이 유행을 따른 최신형이다. 콧노래를 흥얼대며 들어선다.

해남댁 (눈살을 찌푸리며) 너는 어딜 갔다 오니? 응? 오늘이 무슨 날인지도 몰라?

옥란 (의자에 걸터앉으며) 머리가 가려워서 사람 살겠습니꺼? 그래서 ……

해남댁 옥란아!

옥란 왜 그러십니꺼?

해남댁 도대체 네 벌이가 얼마나 된다고 미장원엔 사흘이 멀다고 다녀?

옥란 (담배를 꺼내 물며) 흥! 돈 벌어서 뭘 합니꺼? 나 같은 년…… 서방이 있십니꺼 부모형제가 있십니꺼.

해남댁 그럼 죽어야 시원하겠구나?

옥란 있으면 먹고 없으면 굶는기라. 생기면 쓰고 안 생기면 낮잠이나 자고……

해남댁 (혀를 차며) 잘 주워삼킨다! 너도 정신 차려! 여자 팔자는……

옥란 내게 무슨 팔자인교! 칠자도 못 되는 년 아닙니꺼!

해남댁 흥! 아직 세상 맛을 몰라서 그렇지만 지금 세상엔 돈이 제일이야!

옥란 (담배 연기로 재롱을 부리며) 돈이야 있다가도 없고 없다가도 있는 거 아닙니꺼.

해남댁 그러니까 젊었을 때 벌어놔야지. 넌 백 환 생기면 삼백 환 쓰는 편이니……

옥란 (흥미 없다는 듯) 걱정마이소! 내사 돈 벌라코 사는 기요.

해남댁 그럼 뭐야?

옥란 (한숨) 죽지 못해 삽니더. (노랫가락조로) 살자니 고생이요 죽자니 청춘이라……

해남댁 듣기 싫어! 쥐둥이는 터져서 쯧쯧…… 잔소리 말고 어서 2층 좀 말끔히 치워라! 아까 화자가 소제했다지만 네가 봐야지.

옥란 예…… 그리고 어무이 말씀대로 화문석도 펴놓고예……

해남댁 화문석을?

옥란 어무이가 안 그랬는기요? 갈매기떼의 나 주사님이 오실 때면 그 돗자리 내놓으라고.

해남댁 망할 것! 누가 너더러 그런 걱정하랬어?

옥란 홋호…… 그러지 말고예…… 어무이.

해남댁 왜?

옥란 (낮게) 아주…… 마 해버리시이소!

해남댁 뭘 해, 하긴……

옥란 나 주사하고예 이렇게 하면 되잖은기요? (하며 두 손가락을 서로 얽혀 꼬여 보인다)

해남댁 예끼 년! (하며 파리채로 때리려 하자 옥란은 킥킥거리며 2층으로 올라간다)

옥란 홋호…… 늙은이나 젊은이나 그것은 되게 좋아하드라…… 마…… 핫하…… (얼마 동안 웃는 소리)

해남댁 저년이 정말 환장을 했나! (하며 밖으로 나가 우편으로 퇴장)

이때 좌편 층계 위에 딱총, 외팔이, 꺽다리 그리고 서윤근이가 등장. 그 가운데 시골청년이 끼어 있다. 청년은 여러 사람이 저마다 말대꾸를 하는 통에 겁에 질려 말을 잘 못한다. 한쪽 어깨가 없는 외팔이가 극성스럽게 군다. 그들은 군대용 점퍼며 색안경을 썼다. 그러나 처음엔 서로가 한 패거리가 아닌 듯이 행동한다.

외팔이 신분증 있어?

시골청년 (겁에 질려) 야?

외팔이 신분증!

시골청년 없어라우.

딱총 (부드럽게) 여보 노형. 도민증 있지 않소?

시골청년 (비로소 알아듣고) 야…… 도민증이요? 여기 있으랍녀!

하며 호주머니에서 구겨진 도민증을 조심스럽게 내보인다. 꺽다리가 구부정하게 허리를 굽히며 들여다본다. 서로 이상한 눈짓이다.

꺽다리 에무 왕* 줘 봤어?

시골청년 예?

외팔이 제일국민병 갔느냐 말이야. 군대.

시골청년 예…… 군대요? (힐쭉 웃으며) 저…… 안 갔어라우.

딱총 기피자군.

시골청년 아니어라우.

외팔이 잔소리 말고 수첩 내놔.

시골청년 저 안 가지고 왔는디요.

외팔이 안 가지고 온 게 아니라 없는 게지. 그렇지?

시골청년 (펄쩍 뛰며) 있긴 있는디 집에다 두고 왔어라우!

딱총 핫하…… 제일국민병 수첩은 가지고 다니는 거지 두고 다니는가 원……

시골청년 그러긴 그런디요…… 저…… 전 호적이 잘못 돼서요. 그래서 ……

* 엠원(M-own) 소총

외팔이 호적이?

시골청년 야. 지가 말씀입니다…… 본 나이는 서른넷인디…… 호적에는 ……

외팔이 (강하게) 거짓말!

시골청년 야?

꺽다리 아무리 훑어봐야 삼십 미만이야!

시골청년 아닙니다. 가서 물어보시면 아시지만……

서윤근 (깨물던 껌을 탁 뱉으며) 이 새끼! 누굴 어드렇게 보고 하는 소리간!

시골청년 야? (서윤근이가 접근해오자 슬슬 물러선다)

서윤근 가서 물어보라니 어디멜 가란 말이가?

시골청년 야…… 저…… (겁에 질려 눈치만 살핀다)

서윤근 네놈의 새끼가 우릴 멕여 살리갔니?

시골청년 저…… 그 그런 게 아니라요?

서윤근 아니고 껍질이고 없어! (여러 사람들에게) 긴 소리 하고 있기가? 소금은 통제품 아이가? 응?

딱총 윤근이 형님! 그럼 해치울까요?

서윤근 그럼 즉시 압수하는 거지 뭘 수첩이다 간첩이다 하니? 해치워! 난 한 잔 하겠으니. (하며 층계를 내려온다)

시골청년 (따라 내려오며) 선상님. 저 좀 보십시다. 선상님!

서윤근 (홱 돌아보며) 널 보자구? 그래 어카갔니? 응? 나를 치갔니?

시골청년 아 아닙니다! (사정을 하듯) 그것이 아니라요 저…… 그 소금은 말입니다.

서윤근 그래 어떻게 됐어?

시골청년 저…… 우리 동생이 학교에 다니는디 하숙을 하고 있단 말입니다. 그런디 글쎄 그놈 자석이……

서윤근 (무섭게) 요컨대 어카갔단 말인가? 응?

시골청년 야…… 요컨대 말입니다…… 그 소금은……

서윤근 나 원 기가 막혀서…… 촌놈 새끼가 사람을 잡는다야. 핫하……

일동 핫하……

시골청년 (따라 웃는다)

꺽다리 임마. 웃긴 왜 웃어?

시골청년 야?

서윤근 어떻든 말이야! 그 배에 실은 소금은 압수야. 알갔니?

시골청년 압수요?

서윤근 (점잖게) 그러니 잔소리 말고 가라구.

시골청년 저 그렇지만……

서윤근 (소리를 빽 지르면서) 가라우! 이것도 봐주는 거란 말이다. 응? 네가 싣고 온 소금은 통제품인 거 알지?

시골청년 야.

서윤근 통제품을 마음대로 싣고 다니면 벌금 문다는 것도 알디?

시골청년 야.

서윤근 그러니께……

시골청년 그러니께 이렇게 좀 봐주시라고 이렇게 사정하는 거 아닙니까! 저…… 사실은 말입니다……

외팔이 이 새끼가 왜 이렇게 말이 많아! 응? 조밥에 소금국 먹었어? 가자!

하고 나머지 사람에게 눈짓을 하며 앞장을 서자 딱총과 꺽다리가 따라간다. 시골청년은 그들을 잡으려다 서윤근이를 잡으려 한다.

시골청년 저 좀 봅시다요.

서윤근 저리 가라우! (하며 뿌리치자 청년은 황급히 세 사람을 좇아 층계 쪽을 퇴장한다)

시골청년 여보시오…… 나으리들…… 여보시오……

이때 좌편 쓰레기통 있는 쪽에서 효심이가 등장. 그 뒤를 정빈이가 따라 나온다. 시원스런 원피스 차림의 효심의 손엔 긴 자가 꽂힌 가방이 들렸다. 양재학원에서 돌아오는 길인가 보다. 정빈은 해사하게 생긴데다가 야비하리만큼 화려한 차림의 청년이다.

정빈 (다급하게) 효심 씨! 잠깐만. 글쎄 내 얘기 좀 들어요. (하며 길을 막아선다)

효심 왜 이렇게 대낮부터 사람을 붙들고…… 비키세요. 난 바빠요.

정빈 (멋쩍게 웃으면서) 헷헤…… 괜히 딴전 부리지 말고…… 왜 이렇게 쌀쌀하게 구는 거야?

효심 (냉철하게) 정빈 씨! 그런 얘길 하기 위해 대낮부터 양재학원 앞에서 기다리셨어요?

정빈 (다가서며) 그건 그렇고 오늘 밤엔 어때요?

효심 제발 저를 따라다니지 마세요.

정빈 뭐라구?

효심 승산이 없는 일은 처음부터 안 하시는 게 현명하실 거예요.

정빈 무슨 얘기요?

효심 시의회 부의장의 아들과 선창가 객줏집의 딸은 애당초부터 어울리지 않아요.

정빈 그게 무슨 소리요? 헛허…… 알고 보니 효심 씨도 성격이 구태를 벗어나지 못했군!

효심 지금 저에겐 그런 마음의 여유도 없거니와……

정빈 그러지 말고 오늘 밤에 만나줘요!

효심 저기 어머니가 오시네요. 저 이만 실례하겠어요.

하며 바삐 집안으로 뛰어들어 우편 안채 쪽으로 퇴장.

정빈 (뒤를 따르며) 효심 씨! 효심 씨!

하며 가게 안을 들어서려 하는 순간 혼자서 소주를 마시고 있던 서윤근의 매서운 시선과 마주치자 망설이며 나온다. 이때 우편에서 해남댁이 시장바구니에다가 전복을 담아 들고 총총히 등장하다가 정빈을 보자 깜짝 놀라더니 다음 순간 과장하리만큼 반가운 표정을 짓는다.

해남댁 어머! 작은 임 선생님이 웬일이세요. 이런 델 다 오시고. 홋호……

정빈 (어리둥절해서) 안녕하세요?

해남댁 들어가시잖구. 자 들어오세요!

정빈 아닙니다! 저 이만 가보겠습니다!

해남댁 들어오세요! 마침 생전복을 사왔으니 회나 잡수시지.

정빈 괜찮습니다.

해남댁 그런데 무슨 일로……

정빈 아 아닙니다. 그저 지나가는 길에 혹시 손님이 많은가 하고 들여다봤지요.

해남댁 에그! 우리 작은 임 선생은 인정도 많으시지! 그렇잖아도 아버님께서 오늘 밤 저희 집에서 저녁을 잡수시겠다고 연락이 왔기에 (시장바구니를 들어 보이며) 이렇게 생전복을 사왔죠! 자! 들어가세요! 맛있는 초고추장에다가……

정빈 아닙니다. 아버지께서 오신다는데 어떻게 헛허! 이 다음에 제가 또 들리죠!

해남댁 그러세요? 에그 서운해서 어떻게…… (눈치를 보며) 우리 효심이도 학원에서 아직 안 돌아왔구……

정빈 (얼굴이 붉어지며) 괜찮아요! 안녕히 계세요. (하며 급히 좌편으로 퇴장한다)

해남댁 예. 한 번 나오세요. 홋호…… (가게 안으로 들어간다. 혼자 술을 마시고 있는 서윤근을 본다) 벌써부터 한잔이우? 서 씨! (부엌에다가 시장바구니를 던지듯 하며) 이 항구 바닥에서 내가 못 사는 물건이 뭐야? (하며 수건에다 손을 씻고는 걸터앉아서 담배를 피워 문다. 부엌을 향해) 그래 사내 녀석이 그걸 하나 못 사오고 되돌아와? 숫제 그걸 떼서 뒷집 개나 줘버려!

서윤근 (넌지시) 오늘 밤에 손님이 온다구?

해남댁 예? 아니 그걸 어떻게 아우?

서윤근 (서윤근은 힐끗 쳐다보더니 힐쭉 웃는다) 우리 대장도 오죠? (하며 엄지손가락을 세워보인다)

해남댁 예. 그렇다나봐요.

서윤근 (혼잣소리로) 잘들 주워 잡수시겠다! 새끼들…… (하며 남은 소주를 한숨에 들이켠다)

해남댁 (무슨 영문인지 모르겠다는 듯) 예? 아니 그게 무슨 얘기예요?

서윤근 되로 주고 말로 잡수시겠단 말이디.

해남댁 헛허…… 아니 서 씨는 뭘 혼자서 알아들을 수 없는 소리만 하우?

서윤근 알아들을 수 없어? 흥! 두고 보라디! 그 귀하신 나으리들이 무슨 꿍꿍이로 노는디…… (해남댁을 힐끗 쳐다보며) 아주마이!

해남댁 왜 그래요?

서윤근 조심하슈.

해남댁 뭘?

서윤근 무남독녀에게 파리가 붙은 것 같아.

해남댁 파리라뇨?

서윤근 흥! 파리도 몰라? 파리야 음식도 빨디만 사람도 빤다니끼니! 흣흐……

해남댁 (가까이 오며) 우리 효심이가 어쨌어요?

서윤근 등잔 밑이 어둡수다래? 파리 새끼가 붙어서 성가시게 군다니끼니……

해남댁 아니 그거……

서윤근 (가슴을 가리키며) 이 진돗개가 언제 거짓말합디까!

해남댁 그게 누구예요? 예?

서윤근 되게 바빴군! 헛허…… 그러디 말구 효심에게 물어보소구래. 딸은 일찌감치 제짝 맞추어 보내버리는 게 상책이지 안 그래요, 해남댁. 핫하……

해남댁 내가 이렇게 물장수를 하는 것도 다 효심이 하나를 잘 키워보겠다는 건데 어느 놈이 우리 효심일……

서윤근 그렇디만 효심이는 오마니에게 대해서 별로 호감은 안 가지고 있던 걸!

해남댁 뭣이 어째요?

이때 우편에서 한복 차림으로 갈아입은 효심이가 등장. 서윤근과 해남댁은 서로 약속이나 한 듯이 효심을 돌아본다. 효심은 두 사람의 시선에 밀려나가듯 한길 쪽으로 간다.

해남댁 학원에서 언제 왔었니?

이때 시골청년이 헐레벌떡 층계를 내려와 영흥관 안으로 들어선다.

시골청년 선상님! 선상님! 아, 여기 기시구먼요.

서윤근 뭐야?

시골청년 글쎄 세상에 이런 법이 또 어디 있습니꺼! 예?

서윤근 통제품을 함부로 싣고 다니면 압수당하기 마련이디! 안 그래? (하며 해남댁을 바라보며 한눈을 찔끔 감아보인다)

해남댁 그 그럼요! 지금이 어느 세상이라고 아저씬 함부로…… 홋호…… 허지만 다행이죠. 경찰에 발각되어 벌금을 물거나 콩밥을 먹는 것보다는……

시골청년 그렇지만 그것을 팔아사 먹고 살겠는디 어쩝니까?

해남댁 (청년에게 타이르듯) 두말 말고 어서 가보세요? 일이 터지기 전에.

시골청년 그렇지만 이런 억울한 일이 어디 있습니꺼! 안 그런기라우?

서윤근 억울해? 이 쌍놈의 새끼! 정말 골패짝을 떼야 알간! (하며 한손으로 멱살을 틀어쥐며) 네 놈의 새끼가 법을 어기는 건 괜찮다 말이디? 엥? 우린 말이야. 당국에서 내준 이 신분증에 의해서 범법자를 추려내고 있단 말이야! 알간? 아직도 모르갔니? 응? (하며 패스포트로 청년의 뺨을 친다)

시골청년 (얼굴이 새빨갛게 홍조되며) 콜록…… 콜록…… 숨이 막혀요! 숨이……

해남댁 에그! 한번만 용서해 주세요! 처음 오는 길이라 잘 모르고 한 것 같은데…… 자! 놔요! (하며 서윤근의 팔을 잡아당긴다)

서윤근 알갔니? 우리 정보대에 들켰으니 오히려 다행으로 여기란 말이야! 네놈을 경찰에 넘기면 어떻게 되는 줄 아니?

시골청년 (손을 비비며) 잘못했십니더. 잘못했십니더.

서윤근 병역기피에 통제품 반입 위반으로 콩밥이야 콩밥!

시골청년 예…… 예……

하며 재빨리 달아나 우편으로 퇴장. 그 뒷모양을 바라보던 서윤근과 해남댁이 깔깔대고 웃는다. 이 광경을 아까부터 바라보고 있던 효심의 얼굴에 분노와 비애의 빛이 교차된다.

효심 (날카롭게) 어머니!

해남댁 응? 응…… 홋호…… 너 거기 있었니?

효심 어머닌…… (무슨 얘기를 하려다 말고 복받치는 울음을 억지로 삼키며 밖으로 뛰쳐나간다)

해남댁 (따라가며) 효심아! 어디 가니? 효심아! (혼잣소리) 망할 것.

이때 화자가 부엌에서 나온다.

화자 마나님! 금순네가 술이 없다고…… 전화 좀 걸으래요……

해남댁 벌써 다 썼어? 접대 가져왔는데……

화자 정종이라야잖겠어요? 점잖은 손님들이니……

해남댁 그럼 네가 약국에 가서 전화 좀 걸고 와!

화자 저도 바빠요. 화장도 해야겠고……

해남댁 그럼 내가 갔다 올테니 빨리 서둘러…… (하며 우편으로 퇴장)

화자 예…… 다녀오세요. (하며 뒤채로 들어간다)

서윤근 (생각에 잠기며) 헛허…… 요컨대 나보고 심하단 뜻이겠디? 헹…… 내가 심한디 이 세상이 심한디는 두고봐야 알디…… (술을 한숨에 마시고 나서) 내게서 모든 걸 다 빼앗아 갔디 않아? (다시 술주전자를 기울이다 말고) 술! 술 가져오라우!

이때 2층에서 옥란이가 내려오다가 서윤근을 보자 반색을 하며 반긴다.

옥란 어서 오시이소! 진돗개 아저씨! 홋호…… 한낮부터 마 되게 기분을 내십니데이! 홋호…… (하며 가까이 간다)

서윤근 옥란이! (그의 음성이 금시 침울해진다)

옥란 와 그러십니꺼?

서윤근 (조용히) 술 좀 다오!

옥란 벌써 취하십니꺼? (주전자 뚜껑을 열다 말고) 소주로예?

서윤근 응.

옥란 (교태를 부리며) 나는 막걸리로 한 잔만 할랍니더! 괜찮겠지예?

서윤근 옥란이가?

옥란 예. 진돗개 아저씨하고라면 한 잔쯤 해도 괘안심더. 홋호……

서윤근 하라우!

옥란 (손뼉을 치며) 보이소예. 여기 소주 두 홉하고 막걸리 대포로 한 잔만 주시이소!

금순네 (소리만) 예.

옥란 (담배를 피워 물며) 무슨 일이 있었습니꺼?

서윤근 응? 응……

옥란 (농조로) 갈매기떼한테 오늘은 아무도 안 걸렸나보제? 오늘 장사는 아주 파이입니꺼?

서윤근 뭣이? (그의 눈빛이 이상스럽게 빛난다. 이때 금순네가 술을 갖다 놓고 나간다. 화를 내며) 갈매기떼가 뭐가 나빠?

옥란 누가 나쁘다켓십니꺼? 난 말이제…… 이 세상에 남자는 다 뱀 같고 송충이 같이 싫어도예…… 진돗개 아저씨는 말입니더. 홋호……

서윤근 (옥란을 안으며) 핫하…… 좋아…… 옥란이는 내 속을 알아주누나! 핫하…… 자, 마시자우! (하며 술잔을 든다)

옥란 (술잔을 부딪쳐 건배하며) 예……

이때 좌편 층계 쪽에서 임상옥, 나만수, 한기호 그밖에 네댓 사람이 등장. 모두가 말쑥한 차림이다.

나만수 해남댁! (하고 들어서다가 두 사람을 보자 멈칫한다)

옥란 (일어서며) 어서 오시이소! 나 주사!

나만수 어디 나갔나, 해남댁은?

옥란 예. 금방 여기 계셨는디예……

나만수 손님이 오셨는데 어딜 갔어? 빨리 불러와! 준비는 다 됐지?

옥란 예…… 어서 올라가이소. 2층을 말끔하게 치웠십니더.

이때 남은 사람들이 줄지어 들어선다. 서윤근은 모르는 척하고 술만 마신다. 우편에서 천박한 저녁 화장을 한 화자가 나와서 반긴다.

화자 어서 오십시오. 어서 오세요!

나만수 (임상옥에게) 임 의원께서 먼저 올라가시죠……

상옥 음…… 음…… 오랜만에 영흥관 음식을 맛보겠군. 사실 집은 이렇게 허수룩해도 음식 솜씨는 그만이거든. 에헴……

기호 (옥란의 젖가슴을 만지려 하며) 오랜만에 옥란이 엉뎅이도 만지겠고. 헛허……

옥란 (상을 찌푸리며) 와 이러십니꺼! 조합장은……

기호 (음탕하게 덤비며) 네 엉뎅이 좀 문지른다고 닳아지나?

옥란 조합장은 항아리 장순기요? 밤낮 슬슬 문지르기를 좋아하시니 말입니더!

일동 하핫……

나만수 이봐! 빨리 해남댁을 불러와!

옥란 예. 지금 갑니더.

기호 2층이지?

옥란 예. 넓직하게 터놨십니더. 화자야! 어무이 어디 가셨노!

화자 약국으로 전화 걸러 갔어! 술 배달 부탁하려고……

일동 2층으로 올라가는데 서윤근은 적의에 찬 눈으로 흘겨보고 옥란은 해남댁을 부르러 나간다.

옥란 그럼 내가 가서 말씀드리고 올 테니 네가 올라가봐! (하며 급히 우편으로 나간다)

2층으로 올라가려던 나만수가 서윤근이의 시무룩한 태도에 의아심을 품으며 가까이 온다. 빈 담뱃갑을 구겨버리던 서윤근이가 나만수를 힐끗 쳐다보더니 외면을 하면서 말을 건다.

서윤근 담배 있으면 피웁시다래!

나만수 (말없이 그러나 경계하며 양담배를 던진다)

서윤근 (담뱃갑을 손에 들고) 나 주사 혼자서만 재미 보디 마시라우요……

나만수 (위압적으로) 넌 뭐가 불만이냐?

서윤근 (담배를 피우며) 나 주사는 뭐가 흡족합니까?

나만수 뭐라구?

서윤근 (은근히 협박조로) 같이 나누어 먹읍시다요! 상던 배부르면 종놈 배 곯은디 모른다나……

나만수 (따끔하게 느꼈는지 약간 부드럽게) 그게 무슨 소린가? 윤근이. (낮게) 조금만 기다려. 오늘 밤 얘기만 잘 되면 노다지가 생길 테니……

서윤근 흥! 언제는 노다지가 아니 생겼나요? 지난번 제3부두 사건의 약속은 왜 안 지키셨소? 돈 5만 환 벌기 위해서 그런 짓을 한 진돗개는 아니오!

나만수 글쎄…… 염려 말래두. 머지않아 임 의원의 배가 일본서 돌아오거든, 한꺼번에 청산해 줄 테니…… 시가 2억 환어치가 들어와!

서윤근 개놈의 새끼들! 지난번에도 일본서 한 배 실어왔디만 우리들 피래미 새끼에겐 국물도 없었디 뭐요? 이렇게 사람 병신 만들기요? 내 입 하나 열면 그만인 줄 모르오?

나만수 (당황하며) 글쎄…… 누가 그걸 모르나?

서윤근 알면 주시라우요. 사람을 부려먹었으면 싹을 줘야디 않아요?

나만수 다 알고 있대두. 내 사정 좀 봐줘!

서윤근 흥! 남 사뎡 보다가 갈보 된다는 거 모르오?

나만수 왜 그게 남 사정이야. 우리가 먹고 사는 길이지! 헛허…… (어깨를 탁 치며) 이 나만수만 믿어!

서윤근 믿는 도끼에 발등 떡긴다나! 그래 (2층을 가리키며) 임 의원하고 한 조합장은 왜 왔소?

나만수 물론 우리 갈매기떼에게 아쉬운 사정하러 왔지!

서윤근 아쉬운 사정? 흥! 아쉬울 땐 아저씨 아저씨 하디만 제 볼장 다 보고나면 뭣 취급하지 마시라요…… 정 이러기면 나도 생각이 있수다. 난 꼭두각시가 아니니까니……

나만수 그게 무슨 소리야. 응? 윤근이 자네가 없으면 되는 일이라곤 없는데. 헛허……

이때 밖에서 해남댁, 옥란이 그리고 저만치 떨어져서 효심이가 들어온다.

나만수 이봐요! 어딜 갔다 와? 손님은 진작부터 와 있는데……

해남댁 홋호…… 죄송합니다. 좀 일이 있어서…… (옥란에게) 어서 상들이고 술 좀 내오너라!

옥란 예. (하며 부엌으로 퇴장)

나만수 (음탕하게) 이봐! 오늘 밤은 취해봐야겠어. 헛허……

해남댁 왜요?

나만수 왜는 왜…… 임도 보고 뽕도 따고지……

해남댁 흥! 임은 밖에서 보고 뽕은 여기서 따는 거죠? 싫어요!

나만수 그럴 리가 있어? 난 해남댁 아니면 살 맛이 없어! 헛허…… (하며 뺨에다 입을 맞추려 한다)

이때 효심이가 들어서다가 이 광경을 보자 다시 밖으로 나와 바다 쪽으로 간다. 해남댁은 갑작스레 태도가 굳어지며 딴전을 부린다.

해남댁 이러지 마세요! 어서 올라가세요. 나 주사! 2층에서 기다리시는데…… (하며 등을 떠민다. 2층에서 손뼉을 치며 재촉을 하는 소리) 예…… 곧 올라갑니다……

나만수 이봐! 주인이 어서 올라가야지! 같이 가요…… 헛허……

해남댁 홋호……

두 사람이 손목을 잡고 2층으로 올라가는 광경을 부엌에서 나온 쿡크가 보고는 서글픈 표정으로 변한다.
서윤근이 자리에서 밖으로 나온다.
효심이와 시선이 마주친다. 서로가 호소하고 싶은 심정을 억제하는 기색이 역력히 보인다.
2층에서 떠들썩한 남녀의 웃음소리가 퍼지자 대답이라도 하듯 뱃고동 소리가 길게 흐느낀다.
옥란이와 금순네가 음식과 술을 2층으로 나른다.

서윤근 (가까이 가며) 효심이. 왜 그렇게 서 있어?

효심 (혼잣소리처럼) 이렇게 살아가야 하나요? 다른 방법은 없을까요? (애걸하듯) 이게 뭐예요? 이런 진흙구덩이에서……

서윤근　효심이 마음 하나로 얼마든지 살 수 있디 뭘……

효심　어떻게요?

서윤근　임 의원 아들하고 결혼하디 그래.

효심　뭐라구요?

서윤근　문벌 좋구 돈 있구 대학 나왔구…… 좋디않아.

효심　윤근 씨는 진심으로 말씀하시는 거예요?

서윤근　그럼 농담인둘 아나?

효심　(말없이 서윤근을 쳐다본다)

서윤근　그렇지. 사랑. (한숨) 그게 소중하긴 하디만……

효심　제가 정빈 씨와 결혼하는 것이 행복하단 말이세요?

서윤근　난 다만 효심이가 행복한 결혼을 할 수만 있다면 하고 말했을 뿐이니끼니……

효심　(절실하게) 왜 저를 어린애 취급하세요?

서윤근　(괴로움을 이기려는 듯) 난 말이디 내 자신도 제대로 이겨내지 못하는 놈이니끼니…… 난…… 나는 남을 사랑할 자격이 없는 놈이야……

효심　그게 무슨 소리예요? 자격이 없다니……

서윤근　(괴로움을 이기지 못해) 난 죄가 많은 놈이라니끼니…… (자리에서 벌떡 일어나며) 효심이처럼 깨끗한 사람이 못 돼! 내가 술을 마셨다고 헛소리하는 건 아니야. 알갔어? 나는 이 가슴속에서 푹푹 썩고 있는 이 아픔 때문에…… (하다 말고) 고만 둘테야…… (확 뛰쳐 나간다)

효심　윤근 씨!

2층에서 효심의 애타는 마음을 비웃기라도 하듯 떠들썩한 웃음소리가 터져 나온다.

암전

2장

무대

1장과 같음.

같은 날 밤.

바람이 약간 이는지 파도소리가 들려온다.

마룻방 아래의 물그림자가 천정에 드리워 비친다.

멀리 등댓불이 간헐적으로 명멸한다.

좌편 가로등과 영흥관의 간판등에도 불이 켜졌다.

홀 안에는 서너 명의 부두 노동자들이 대포술에 흥겹다.

객석 쪽으로 한가운데 자리에 꺽다리, 딱총, 외팔이 등 네댓 명 갈매기떼가 떠들썩하게 주흥에 취해 있다. 서윤근이는 보이지 않는다.

2층에선 이따금 호탕한 웃음소리며 옥란이와 해남댁의 간드러진 목소리도 섞이어 들려온다.

그럴 때마다 갈매기떼들은 못마땅하게 쳐다본다.

금순네가 술심부름을 한다.

바깥 가로등 아래선 칠성이가 하모니카를 불고 있고 할아범은 졸고 있다.

딱총 (2층을 턱으로 가리키며) 대장도 왔다면서?

꺽다리 그렇대.

딱총 무슨 일이래?

꺽다리 모르지.

외팔이 (한 손으로 풋고추에 된장을 찍어 깨물며) 자네들 소문 못 들었나?

딱총 소문이라니?

외팔이 이번에 우리도 한 그물 뜨게 됐어.

꺽다리 그게 정말이야? 꿈은 아니지?

외팔이 (주위를 살피더니 소리를 낮추어) 시의원 임상옥이가 말이야…… 이번 민의원 선거비용으로 이것을 뿌린다는 거야! (하며 손가락을 하나 세워보인다)

일동 (눈이 동그랗게 뜨이며) 천만 환? (하며 수군댄다)

외팔이 그렇지! 그런데 그 중에서 절반은 이 부둣가에다 뿌린다 말이다.

딱총 부둣가에 뿌리다니?

꺽다리 (납득이 간다는 듯) 그래서 노동조합장 한기호가 같이 껴있군 그래! (하며 2층을 본다)

외팔이 이 항구 바닥의 부두 노동자 천백 명의 표만 얻어도 그게 어디야. 응? 게다가 그 식구들까지 새끼를 칠 테니 한 가구에 유권자가 두 사람 있다 치면 8천 표는 얻을 수 있으니 5백만 환도 싸구려값이지! 핫하……

꺽다리 허지만 문제는 그 5백만 환이 과연 우리 차례까지 오느냐가 문제지!

딱총 그건 또 무슨 소리야?

꺽다리 재주는 곰이 넘고 돈은 왕서방이 먹게 될지 누가 알아? (낮게) 지난번 제3부두에 들어온 밀수품만 해도 그렇지. 더구나 그 하주荷主를 해치운 윤근이는 돈 5만 환밖에 못 받았다고 투덜거리잖아.

외팔이 병신 같은 소리 말어! (낮게) 며칠 후에 임 의원의 배가 들어와!

딱총 일본 밀무역한다는?

외팔이 그렇지! 임 의원의 아들 정빈이한테 들은 얘기니까 틀림없지! 그러니 그 배만 들어오면 틀림없이 쏟아진다! 헛허……

이때 2층에서 터지는 웃음소리와 옥란이가 비명을 지르는 소리.

꺽다리 잘들 논다! 외팔이. 그래 우리 대장은 왜 끼었어?

외팔이 (주위를 살피고 나서) 부두노동조합이 지금 두 파로 갈라져 있는 거 알지.

딱총 한기호파하고 강대명파하고.

외팔이 그렇지. 그런데 조합장 자리는 한기호가 차지하고 있지만 실질적으로 조직부장인 강대명이가 실권을 쥐고 있단 말이야!

꺽다리 음, 그래? 하긴 강대명은 대학 문턱이라도 밟았지만 한가야 보통학교도 제대로 안 나왔지.

외팔이 그러니 강대명은 젊기는 하지만 바른 말을 하는 통에 한기호는 손톱 밑에 낀 가시처럼 되어서 마음대로 뒤흔들 수가 없거든.

딱총 (흥미에 끌려서) 그래서?

외팔이 빤하지 않아! 고름이 살이 될 리 없으니까 따버리자는 거지! 흣흐……

꺽다리 (긴장하며) 강대명을?

외팔이 (입을 가리며) 쉬잇! 물론이지!

딱총 그럼 누가 그 일을 하나?

외팔이 진돗개밖에 있어? 지난번에 제3부두에 들어온 밀수선의 하주荷主를 처치한 솜씨가 있거든! 헛허…… 감쪽같이 없애 버렸으니……

꺽다리 그 강대명만 없으면 부두노동자 표는 임 의원이 도리할 수 있으니까. 말하자면 우리의 힘을 빌리자고 교제하는 셈이군?

딱총 (젓가락 끝에 술을 묻혀 상 바닥에 그리며) 그러니까 말하자면…… 오백만 환을 독식하기 위해선 강대명은 죽어야 하고…… 강 가를 꺾기 위해서는…… 우리 갈매기떼 힘이 필요하단 말이군!

외팔이 (한손으로 딱총의 등을 탁 치며) 새끼! 미련한 것 같으면서도 눈치는 빠르군! 헛허…… 자 술이나 들자! (술 주전자를 들어보고는 가벼움을 알고) 비었나? (부엌을 향해) 이봐요! 여기 술 줘요!

금순네 (소리만) 예……

꺽다리 그렇게 된다면 우리도 빈 손 쥐고 할 수 없잖아?

외팔이 그걸 말이라고 해? 이번만은 선금 아니면 안 한다.

일동 그렇지, 그렇고말고!

이때 금순네가 술 주전자를 갖다 놓고 빈 주전자를 가지고 간다.

외팔이 아주머니!

금순네 예?

외팔이 술을 가져다만 놓을 게 아니라 따라주면 어때?

금순네 흥! 내가 접대부랍디어?

꺽다리 앗다 운반부가 술 따르면 벌금 무나? 어서 한 잔 따라요!

금순네 (무뚝뚝하게) 그런 일은 옥란이나 화자를 시키세요!

투덜거리며 부엌으로 퇴장하자 모두들 박장대소한다.

외팔이 제길! 까마귀 똥도 약이라니까 칠산 바다에다 찍 한다더니 꼴에 구멍은 뚫렸다고…… 핫하…… 야! 우리 자리를 옮길까?

딱총 어디로?

외팔이 (새끼손가락을 세우며) 이것이 있어야 술맛도 나지 않아!

꺽다리 (2층을 가리키며) 나 주사 안 만나보고? 결말을 들어봐야잖아.

외팔이 오늘 밤은 우릴 안 만날 거야.

딱총 왜?

외팔이 해남댁이 그대로 놔줄상 싶어? 그 누룩돼지는 부가 있을 눈치만 보이면 악착같이 늘어질텐데……

딱총 진돗개처럼 말이지? 헛허……

다른 사람들도 따라 웃는다.

꺽다리 참! 그런데 진돗개는 어디 갔어? 아까부터 안 보이는데.

딱총 글쎄…… 요즘 눈치가 달라졌지?

외팔이 왜?

딱총 우리하곤 잘 어울려들지 않고 혼자만 다니니 말이지.

꺽다리 (흥미 없다는 듯 자작하며) 또 어느 술집에서 고향 생각이나 하고 있겠지! (노래를 부른다) 고향이 그리워도…… 못 가는 신세……

외팔이 자식도 알고 보면 불쌍한 놈이야. 겉으로는 거칠어 보이지만 ……

딱총 그러기 말이야. 6·25 때 한강을 건너다가 여편네를 잃었다며? 폭격을 맞아서……

꺽다리 (노래를 멈추며) 얘! 술맛 떨어진다! 그까짓 케케묵은 얘기…… 자 한 잔씩 들고 가자! 전쟁 때 여편네 잃은 게 저 뿐이라던? 우리는 모두가 상처받은 병신인데! 자! 술이나 들이켜고 나가자!

일동 대포잔에 한 잔씩 채워서 마시고는 일어선다. 외팔이 풋고추를 뚝 깨물고 일어서며

외팔이 (크게) 아주머니! 여기 얼마죠?

금순네 (부엌에서 나오며) 앗따! 오늘따라 술값을 치르니 웬일이오? 맞돈 내고 술 잡숫긴 씨엄씨 죽고 처음이제!

외팔이 괄세 말아요. 금순네! 이제 머지않아 우리도 노다지 캘테니.

금순네 노다지? 흥! 노다지 캘 생각 말고 일찌감치 집에 돌아가 미닫이나 닫아요! (하며 술상을 치운다)

꺽다리 금순 엄마! 왜 외팔이를 못 사귀셨소?

금순네 (행주로 상을 훔치며) 내사 사귈 것도 말 것도 없지! (쌀쌀하게) 이천 삼백 환이요. (하며 뾰로통해지며 총총히 부엌으로 들어간다)

꺽다리 핫하…… 저것 좀 봐! 마치 독이 오른 뱀대가리처럼 빳빳이 서서 …… (하며 금순네의 흉내를 낸다)

모두들 깔깔거리며 나간다. 이때 문 밖에서 졸고 앉았던 할아범이 깜짝 놀라 깨어난다.

딱총 할아범! 들어가서 자지 여기서 졸고 있소?

할아범 (가슴팍을 긁으며) 내가 잠이 들었나? 나 담배 있으면 한 대 피웁시다……

딱총 이것 피워요! (하며 입에 물었던 담배를 준다)

할아범 고맙습니다. (하며 맛있게 담배를 피운다) 왜 벌써들 가시우?

외팔이 할아범! 혹시 진돗개가 오면 말이요, 화선옥으로 가더라고 하슈!

할아범 진돗개라니……

꺽다리 서윤근이 말이오. 평안도 친구……

할아범 예…… 서선상님이요…… 알았어요.

세 사람이 어울리지 않게 유행가를 부르며 나가려 할 때 효심이가 들어온다. 손에 색실과 남방 셔츠감을 싼 종이가 들렸다. 갈매기떼를 보자 새침해지며 길을 피한다. 딱총이 길을 막아서자 다시 피한다. 꺽다리가 막아선다.

효심 왜 이러시는 거예요?

딱총 (휘파람을 불며) 효심이는 나날이 때를 벗는데!

꺽다리 정말 항구 바닥에서 썩기는 아깝지.

효심　흥! 걱정도 팔자지! 저리 비켜.

꺽다리　(다시 막아서며) 뱃놀이 안 가겠어? 다음 일요일은 어때?

효심　누굴 놀리기야?

딱총　그 손에 든 게 뭐야? 참! 양재학원에 다닌다면서 내 노타이셔츠나 하나 만들어줘! 얼굴도 예쁘니까 바느질 솜씨도 좋을 거야. 헛허……

외팔이　이 자식들아! 효심이를 넘어다 보다간 옆구리에 구멍 뚫린다!

딱총　아니 그럼 누가 도장을 찍었어?

외팔이　장차 임상옥 의원의 며느리감인 줄 몰라?

효심　뭐라구요?

외팔이　(유들유들하게) 천하가 다 아는 사실인데 뭘 그래. 헛허…… 알고 보면 해남댁은 복도 많지 뭐냐……

꺽다리　머지않아 부잣집 도령을 사위로 삼고……

딱총　(덩달아서) 갈매기떼 나 주사는 영감으로 맞고…… 핫하……

일동　핫하…… (하며 퇴장)

효심은 불쾌감을 억제 못하여 잠시 서성거리다가 집안으로 들어선다. 손님들이 음탕한 눈짓으로 쳐다본다. 효심은 우편 안채로 퇴장. 하모니카를 불고 있던 칠성이가 할아범을 돌아보곤 일어선다. 2층에서 히히덕거리는 소리가 들린다.

할아범　(담배 연기를 뱉으며) 바람이 일려나? 저렇게 등댓불이 감실감실 보이는 이튿날은 으레 날이 궂어…… (한숨)

칠성　원 할아버지두. 제자리에 서 있는 등대가 오늘따라 별나게 보이려구요? 헛허……

할아범　(한숨) 오늘이 음력 며칠인가? 초이틀이라던가?

칠성 참, 며느리 소식은 아직 못 들으셨어요?

할아범 (담배 연기를 뱉으며) 죽었겠지. 살았으면야…… 여태 나타나지 않겠나? 망할 것 같으니……

칠성 (하모니카를 정성껏 문지르며) 할아버지도 그때 며느리하고 같이 가셨으면 좋았을 텐데 왜 혼자 남으셨어요?

할아범 젊은 놈들 가는 길에 늙은 게 뭣하러 따라가.

칠성 말이야 바른 말이지만 할아버지의 며느리도 잘못 생각이었지. 늙은 시아버지를 혼자 두고 쌀장사를 나가다니…… 벌면 얼마나 벌겠다고……

할아범 (혼잣소리처럼 허공을 향해) 가난이 죄였지! (한숨) 내 아들 순칠이가 전쟁에 의용군에 끌려간 후 무소식이 되고 보니 새파랗게 젊은 생과부 며느리하고 단둘이 살자니 늙은 나도 답답하지만 우리 새아기 마음이야……

칠성 그렇지만 할아버지도 잘못이에요. 지금이 어떤 세상이라고 젊은 여자 혼자서 타관 장사를 하게 내버려둬요?

할아범 이웃 아낙들이 서울로 쌀장사하면 이익이 난다니까 하겠다기에 시켰지. 팽팽한 젊은이가 놀고 있을 수는 없으니까 말이지.

칠성 그래두 할아버지가 말리셨어야 했어요. 틀림없이 바람나서 다른 남자하고…… (말을 계속 하려다 말고 할아범의 쓸쓸한 얼굴을 훔쳐보곤 자신도 한숨을 뱉는다)

할아범 (울먹거리며 넋두리를 외우듯) 잘 갔어! 나 같은 늙은 것을 시아비라고 믿고 살았던들 더 바랄 게 있어야지…… (한숨) 내가 외톨이 신세가 된 건 허망하지만, 저라도 잘 되었으면…… 잘 갔지!

칠성 참 언젠가 부산서 누가 봤다고 하셨잖아요?

할아범 헛소문이었나봐! (눈물을 씻으며) 소식 끊어진 지가 벌써 3년이 지났는걸. 설령 살아있다 치더라도 내가 고향을 떠나 이렇게 뜨내기 신세가 되었으니……

칠성 (위로하듯) 어떻든 기다려보세요. 살아만 있으면야 어느 때고 ……

할아범 (자리에서 일어서며) 기다리면 뭘 해! 3년 동안 소식이 없으면 알아봤지. 게다가 나는 다 산 목숨이야. (허리를 두드리며) 항구란 항구는 두루 돌아다니면서 찾았었지만…… (허공을 향해) 이젠 내가 죽어도 울어줄 사람 하나 없게 됐지! 이렇게 빌어먹으며 살 바엔 차라리 죽기라도 했으면 편하련만. 목숨은 고래 심줄보다 질겨서……

이때 2층에서 떠들썩한 소리가 나며 이윽고 해남댁이 먼저 층계에서 내려온다. 술기운이 벌겋게 피어올랐고 머리카락은 헝클어졌다. 약간 비틀거리는 발걸음이다. 할아범은 뒤채로 나가려다 말고 엉거주춤 선다.

해남댁 칠성아! 칠성아.

칠성 예. (하며 뛰어간다)

해남댁 손님들 가신다. 신발 내오너라.

칠성 예. (하며 뒤채 쪽으로 가서 신발을 내온다)

2층에서 임상옥과 나만수를 선두로 모두들 내려온다. 맨 끝으로 한기호와 옥란이가 내려온다.

해남댁 아직 시간이 있는데 더 노시다 가시라니까 영감두 원……

임상옥 아냐. 열 시가 지났어! 게다가 오랜만에 영흥관의 전복회며 해삼을 먹었더니 몸이 이상한데! 음…… (하며 허리띠를 졸라맨다)

해남댁 아니 왜요? 입에 안 맞으세요?

나만수 (음탕하게 웃으며) 그것도 몰라? 해남댁. (하며 귓전에다 대고 소곤거린다)

해남댁 (비로소 알았다는 듯 손뼉을 치며 자지러지게 웃는다) 에그…… 영감두! 그게 무슨 걱정이세요?

임상옥 이봐. 해남댁!

해남댁 예?

임상옥 말로만 생색내지 말고 쓸 만한 계집 하나 중신해요. 응? (하며 음탕하게 웃는다)

해남댁 어려울 게 뭐 있어요? 이 항구바닥에서 시의회 부의장 임상옥 의원이 부르신다면야 어떤 년이 마다고 해요? 잠자리에서 속옷바람으로 뛰어올텐데. 홋호……

임상옥 에그…… 저 주둥아리 좀…… (하며 해남댁의 입술을 문지른다)

나만수 (임상옥에게) 임 영감!

임상옥 (신을 신으며) 응?

나만수 제가 좋은 곳으로 안내하죠.

임상옥 (해남댁을 보며) 나 주사를 데리고 나가면 해남댁한테 눈총 맞게?

해남댁 홋호…… 염려 말고 가세요! 우리 같은 늙은이는 물도 없으니까. 홋호……

마룻방 난간에서 아까부터 옥란의 뺨을 비비고 숙덕거리던 한기호가 깔깔거리고 웃는다. 옥란은 무관심하게 담배 연기만 뱉는다.

나만수 한 조합장. 어서 가요!

한기호 난 안 갈래. (옥란이의 목을 조이며) 난…… 옥란이하고 같이 잘래…… 그렇지?

옥란 (지금까지 마지못해서 상대해온 분통이 터지며) 이러지 마시이소! 조

합장님두…… 와 사람을 몬살게 하는기요! (하며 그의 손을 털어버리는 바람에 중심을 잃고 비틀거린다)

해남댁 조심하세요…… 하마터면 저 바다 속으로 뛰어드실 뻔했구려……

일동 핫하……

한기호 오냐! 옥란이가 이 한기호를 괄세했겠다! 네가 나를 괄세해?

옥란 (피워 문 담배를 바다로 내던지며) 언제 괄세를 했십니꺼? 일찌감치 돌아가셔서 사모님 품에 안기어 주무시라 했제! (하며 옷매무새를 여민다) 내사 돼지밥통에 도토리 아닙니꺼?

한기호 흥! 내가 네넌 속을 모르는 줄 아니? 다 안다! 요넌…… (하며 몽롱한 눈초리로 쏘아본다)

나만수 한 조합장! 어서 나갑시다! 임 의원 모시고 내가 한턱 쏘겠소! 자…… (하며 모두들 신을 신는다)

임상옥 정말?

나만수 핫하…… 저도 때로는 영감님께 술을 낼 수도 있잖아요? 자 나가십시다. 특히 오늘 같이 뜻깊은 날엔…… (하며 해남댁에게 뭐라고 소곤거린다)

해남댁 예…… 염려 마시고 가세요!

나만수는 해남댁을 끼어안고 입을 맞추며 밖으로 나온다. 해남댁은 킥킥거리며 매달린다.

한기호 (두 사람에게) 앗따! 늙은 것들이 되게 좋아하는구먼!

해남댁 조합장도 강짜셔! 이 세상에 이 맛도 없이 무슨 재미우? (나만수에게) 안 그래요 나 주사?

나만수 그렇지! 핫하……

임상옥 해남댁 잘 먹고 갑니다.

해남댁 에그…… 모든 게 변변치 못해서요.

한기호 이봐요! 돈 벌었으면 이 집도 헐고 멋지게 호텔이나 지어요! 이게 뭐야 지저분하게……

해남댁 앗따! 그러니까 조합장이며 여러 영감님께서 밀어주셔야죠. 홋호……

나만수 아냐. 영흥관의 매력은 이렇게 엉성한데 있거든. 그래도 음식 솜씨 좋기로는 갑종 요릿집에 못지않아! 안 그래요? 영감님! (하며 임상옥을 바라본다)

임상옥 그렇지! 실속 있고 알짜로만 내놓으니까…… 핫하…… 자…… 그럼 갑시다! (하며 좌편으로 가려 하자 나만수가 붙들어 우편으로 돌린다)

나만수 이쪽으로 가셔야죠! 오늘 일을 축하하는 뜻에서 제가 한잔 내겠습니다!

임상옥 좋아! 오늘은 나도 기분이다! 핫하……

해남댁 조심들 하세요!

일동 웃으며 우편으로 퇴장.

해남댁은 다른 사람들이 앞장서 가자 재빠르게 나만수를 붙잡는다.

해남댁 이봐요! 나 주사!

나만수 왜 그래?

해남댁 오늘 밤에 정말 오시겠수?

나만수 글쎄 온대두 그래! 왜 질투야?

해남댁 에그…… 또 큰마누라한테 매 맞으려고?

나만수 이러지 말어요! 응? 해남댁! 나는 말이지 이래 뵈도 약속을 어긴 일은 없어! 다 알면서 왜 그래?

해남댁 (점점 노골적으로 교태를 부리며) 꼭 오시죠?

나만수 걱정 말고 기다려! 헛허……

두 사람이 열정적으로 포옹을 한다.

얼마 전부터 안에서 나오다가 이 광경을 보고 있던 효심이가 깜짝 놀라 숨어버린다.

무대 뒤에서 임상옥이 어서 오라고 재촉하자 나만수가 이윽고 퇴장.

나만수 다녀올게.

해남댁 약속했어요?

바람이 지나간 뒤 같은 고요 속에 파도소리가 드높아진다.

해남댁은 길게 한숨을 내쉬며 안으로 들어온다.

얼마 전부터 칠성이가 의자를 올려놓고 바닥을 쓸고 있다.

마룻방 난간에 옥란이가 술에 취해 엎드려 있다.

해남댁이 마룻방에 걸터앉아 담배를 피운다.

칠성은 홀의 불을 끄고 뒤채로 들어간다.

파도소리가 높아가고 멀리서 똑딱선의 발동소리가 이따금 들린다.

이때 쿡크 김 씨가 부엌에서 나온다. 해남댁을 보자 금세 안색이 흐려지며 우울한 표정으로 변한다.

해남댁 김 씨. 오늘 밤 수고했어요. 담배 피우겠소? (하며 담뱃갑을 내민다)

쿡크 (무뚝뚝하게) 아뇨.

해남댁 모두들 음식 맛이 좋다구 칭찬이 자자했다우. 홋호……

쿡크 (가시 돋친 말투로) 칭찬을 받아서 기쁘셨겠구려!

해남댁 그게 어디 내 칭찬이우? 김 씨의 요리솜씨 얘기지.

쿡크 마다무 보고 하는 소리겠지.

해남댁 물론 그 덕택으로 나두 한 등 올라가구요. 홋호……

쿡크 그럴테죠.

해남댁 ……?

쿡크 그렇지 뭐요? 내 솜씨를 빌려서 마다무를 칭찬한 거지요. 우선 나 주사부터 말이죠.

해남댁 아니 오늘 밤따라 김 씨가 좀 이상해졌어! 무슨 일이 있었수?

쿡크 (한숨) 없었던 것도 아니죠.

해남댁 예? 아니 무슨 얘기우?

쿡크 용서하시오! 난 부엌에서 술을 좀 했으니까…… 그렇다고 취한 건 아니니까요. 진작부터 이런 얘기를 마다무한테 해야겠다고 마음 먹었지만서두……

해남댁 하세요. 한 집안 식구나 다름없는 처지에…… 그렇잖아요?

쿡크 정말 그렇게 생각하시우?

해남댁 그럼요! 말이야 바른 말이지 영흥관이 잘되는 건 김 씨 덕인걸요.

쿡크 그럼 제 얘기를 들어주겠소.

해남댁 예.

쿡크 (약간 망설이다가) 마다무! 나 주사하고 손을 끊으시오!

해남댁 예?

쿡크 이렇게 얘기하면 어떻게 생각할지 모르지만…… 난…… 오래 전부터 그 얘길 하고 싶었소.

해남댁 (술이 깨인 얼굴로) 김 씨! 무슨 뜻이죠?

쿡크 이 얘기를 하기 위해 아까 일부러 술을 좀 마셨소! 마다무도 그 나이에 혼자 산다는 건 괴롭겠지요. 그렇다고 나 주사 같은 사람하고 히히덕거리는 꼴은 정말……

해남댁 난…… 다만 손님들 기분을 맞추자는 거지……

쿡크 나 주사가 어떤 인간이라는 걸 잘 알지 않소. 증거가 드러나지 않았으니까 그렇지, 지난번 제3부두의 사건만 하더라도……

해남댁 예?

쿡크 난 마다무가 그런 인간들하고 가까이 하다가 코 다칠까봐 하는 소리요. (눈치를 보며) 그만 둡시다! 내가 괜한 소리를 한 모양이군……

해남댁 ……

쿡크 (쓰게 웃으며) 그렇다고 내가 중상모략하자는 게 아니오! 나는 다만……

해남댁 알겠어요!

그러나 그녀의 표정은 어딘지 어둡다.

쿡크는 자리에서 일어나 천천히 밖으로 나와 좌편으로 퇴장.

해남댁도 긴 한숨을 뿜고 밖으로 나온다.

이때 바다 쪽을 바라보고 있던 효심이가 적의에 찬 눈초리로 어머니를 보고는 그대로 지나쳐가려 한다.

해남댁 효심아!

효심 (말없이 선다)

해남댁 무슨 일이 있었니?

효심 (조용히) 어머니.

해남댁 왜?

효심 (비로소 어머니를 똑바로 쳐다보며) 이런 장사 안 하면 먹고 살 수 없나요?

해남댁 (뜻밖의 말에 질려) 뭐라구?

효심 떳떳한 벌이를 해서 살고 싶어요!

해남댁 (화가 치밀어) 뭣이 어째? (담배를 비벼 끄고 꽁초를 소매 끝에 넣으며) 너 어디서 무슨 얘기 들었니?

효심 ……

해남댁 갑자기 그게 무슨 소리냐? 응?

효심 (끓어오르는 슬픔을 깨물며 유리문에 고개를 기댄다)

해남댁 (적이 걱정되는 듯) 효심아! 할 얘기가 있으면 해라! 내가 비록 술장사는 하고 있다마는 너만은 남부럽잖게 길러왔다……

효심 술장사도 좋고 밥장사도 좋으니 그 사람들하고는 손을 끊어요! 어머니! (눈물이 글썽해진다)

해남댁 그 사람들이라니?

효심 갈매기떼 말이에요!

해남댁 (무슨 말을 하려다 말고 침을 꿀꺽 삼킨다)

효심 그 사람들 아니고도 사람은 바닷가에 조약돌보다 더 많지 않아요? (추궁하듯) 그런데 왜 어머니는 그 사람들을 집안에 두고서 ……

해남댁 (부러 태연하게) 단골손님 아니냐.

효심 (애원하듯) 어머니! 그 사람들을 집안에 끌어들이지 마세요. (흥분하며) 부둣가에서 가난한 섬사람들 등이나 쳐먹고 공갈협박으로 돈을 뺏고…… 게다가……

해남댁 (소리를 꽥 지르며) 듣기 싫어!

무거운 침묵. 파도소리.

효심 (간신히 마음을 가라앉히며) 좋아요. 저도 서울 가서 돈벌이하겠어요! 여기선 창피해서 못 살겠어요!

해남댁 (잠시 효심의 얼굴을 쳐다보더니) 효심아! 난 말이다! 내가 잘 먹고 잘 살기 위해서 하는 노릇이 아니다. 이 20년 동안 너 하나를 위해서 생과부로…

효심 (신경질적으로) 거짓말! 거짓말예요. (둑 있는 데로 급히 뛰어간다)

해남댁 (화를 내며) 죽일 년 같으니! 머리통이 크도록 키워준 에미 속은 모르고…… (하며 집안으로 들어간다)

효심은 말없이 돌아선다.

멀리서 똑딱선 소리가 바람결에 아련히 들려온다.

얼마 전부터 층계 위에서 두 사람의 동향을 지켜보던 서윤근이가 빙그레 웃으며 내려온다. 술에 얼근히 취했다.

이 동안 해남댁은 마룻방에서 하루의 수입 회계를 한다.

서윤근 강바람이 찬데 들어가디……

효심 (휙 돌아보더니 외면한다)

서윤근 효심인 뭐가 그렇게 못마땅하디? (하며 돌을 주워 바다를 향해 힘껏 내던진다) 인생이란 그런 거라니끼니…… 내 마음대로 된다면야 무슨 걱덩이갔어? (하며 담배를 꺼내 피운다)

바닷바람에 담뱃불이 잘 안 붙자 효심이가 서 있는 등 뒤에 와서 바람을 가리며 간신히 불을 붙여 문다.

서윤근 (바다를 향해 무겁게) 바람이 부는데 바다가 가만히 있을 리가 없디 않아……

효심 (눈빛이 이상스럽게 빛나며) 뭐라구요?

서윤근 (힐끗 보며) 왜 귀에 거슬려?

효심 바다 위가 흔들리는 줄만 알았지 바다 밑은 조용한 줄 모르시는군요?

서윤근 (쓴웃음) 바다 밑이라…… 그래서 효심이는 언제나 깊은 바다 밑처럼 말이 없고 조용하군. 헛허…… 좋다! 좋은 애기야.

효심 바람이 불어도 흔들리지 않으면 좋겠어요. 그렇게 살아갈 수는 없을까요?

효심의 얼굴에는 호소하는 빛이 떠돈다.

서윤근 글쎄……

효심 윤근 씨는…… 언제까지 그런 생활을 할 작정이세요?

서윤근 (몹시 험해지면서) 뭐라구?

효심 (토라지듯) 전 도저히 이해할 수 없어요!

서윤근 (스스로의 감정을 깨물며) 이해 못 할 테지. 이해해달라는 게 무리디. 헛허……

효심 윤근 씨!

서윤근 (어떤 고민을 억제하며) 모르는 게 당연하디! (혼잣소리처럼) 쌍놈의 새끼들! 너 나 할 것 없이 죄다 죽이고 말겠다! (소리치며) 죽여! 죽여! (하며 큰 돌을 들어 바다로 던진다)

물소리가 크게 들린다.

효심 (겁에 질려 멍하니 서 있다) 윤근 씨! 왜 이러세요?

마룻방에서 결산을 하고 있던 해남댁이 깜짝 놀라 귀를 기울이다가 조용해지자 다시 돈을 센다.

서윤근 왜 그러느냐구? 나는 이미 날개 잃은 새야! 날 수도 없고 죽을 수도 없는…… (괴로워하며) 누가 나를 이 꼴로 만든지 알아? 응? (괴로운 과거를 회상하며) 내가 죄를 지었다면 해방 직후 이북에서 38선을 넘어온 죄밖에 없어! 넘디 말라구 하는 38선을 말이야…… (허탈한 웃음) 뭘 잘 먹고 살갔다고 왔는디 나도 모르갔어. 자유? 흥! 자유가 그립다고? (자조적인 웃음) 썅! 그거 모두 거짓말이다야! 먹고 살기 위해서 왔디! 그놈 새끼들이 우리를 굶기니끼니 이남에 가면 배부르게 살 것 같아서 말이디…… (한숨) 난 전쟁 전까지만 하더라도 남을 속이는 일은 없었어! 죽는 한이 있더라두 덩딕하게 살겠다고 명심했는디!

효심 그건, 그건 나도 마찬가지예요!

서윤근 (효심의 말에 대꾸도 없이) 그러나 6·25전쟁이 터지자 이북에서 월남한 따라지들은 괴뢰군 놈들이 그대로 살려두디 않는다는 소문이 쫙 퍼디지 않았어. 앉아서 죽음을 당할 순 없었어!

효심 그래서 한강을 건너다가 다리가 끊어지는 바람에 부인을 잃으셨지요?

서윤근 (긴장하며) 효심이가 그걸 어떻게……

효심 (외면하며 힘없이) 알고 있었어요. 윤근 씨가 그렇게 부인을 잃은 후부터 성질이 사나워지고 이렇게 떠돌아다니는…… 갈매기떼가 된 것도……

서윤근 흠…… 용케 알았군! (다시 육박해오며) 그러니 나는 모조리 부셔버리겠단 말이야! 나 주사고 뭐고 개놈의 새끼들 모두 없애버리고 말테니까!

효심 (겁에 질려서) 나 주사를?

서윤근 혼자서 단물을 빨아먹고 우리에겐 찌꺼기만 주는 그따위 악질은 없애버려야 해!

효심 (안타깝게) 윤근 씨! 그렇게 흥분하지 말아요!

서윤근 나만 손해보고 살란 말이디? 아무리 짓밟히고 헐뜯겨도 참고 살란 말이디? (광적으로) 나를 못살게 하는 놈은 나도 못살게 하겠단 말이야! 악은 악으로 갚갔단 말이야!

효심 그렇게 한다고 만족할 수 있어요?

서윤근 아무래도 좋아! 내가 갈매기때건 구랭이때건 무슨 상관이가? 그렇디! 집이 없으니 갈매기하고 꼭 같은 신세란 말이디! (비관하며) 난 말이디 이상 더 착해질 수도 악해질 수도 없는 놈이야! 난 이 세상에 태어나서 못된 짓만 골라가면서 한 놈이니끼니…… (하며 자기 주먹으로 머리를 친다)

효심 윤근 씨! 그렇게 자기 자신을 학대마세요! 이 세상에 윤근 씨보다도 악한 짓을 한 사람은 얼마든지 있어요! 그러니…… 제발……

서윤근 나보다 악한 사람이 있다구? 효심이는 내 괴로움을 몰라. 난 죄인이야! 이 세상에 태어날 때부터 그런 죄수의 낙인이 찍혀졌는지도 모르디. 난…… 난…… (하며 자기의 손을 펴본다) 내가 살고 있는 게 우습디! 나 같은 놈이 햇살 아래 고개를 들고 다니는 게 ……

효심 (의아심이 들며) 무슨 일이 있으셨어요? (하며 가까이 온다)

서윤근 (소스라치게 깨어난 듯) 가까이 오디 말라우! 나는…… 이 더러운 손을 효심이 같이 깨끗한 몸에 댈 순 없어! 난 죄인이야! (하며 우편으로 피해나간다)

효심 (안타깝게) 윤근 씨! (눈물 어린 어조로) 우린 모두가 불행해요. 불행은 당신만의 것은 아니에요!

이때 한편 층계 아래쪽에서 윤선희가 사람 눈을 피하듯 나온다. 어딘지 순박한 차림이며 손에 트렁크가 들렸다. 집을 찾는 듯한 눈치이다. 울고 있는 효심이를 보자 망설이더니 가까이 다가온다.

윤선희 저…… 잠깐 말씀을……

효심 (급히 눈물을 씻으며) 예? (사이) 왜 그러세요?

윤선희 저…… 이 부근에…… 혹시 여관 없을까요?

효심 여관?

윤선희 예…… 초행길인데다가 어두워서…… 좀체로 찾을 수가 없군요.

효심 있긴 있는데요……

윤선희 (말하기 거북한 듯) 비싸진 않지요?

효심 (유심히 훑어보며) 예. 여기서 묵으세요. (하며 자기 집을 가리킨다)

윤선희 (간판을 보며) 여관이 아닌데요?

효심 방은 있을 거예요……

하며 앞장을 서서 들어간다. 윤선희도 조심스럽게 들어간다.
돈을 세고 있던 해남댁이 치부하던 책과 돈을 챙기며 효심을 본다.
아까 있었던 충돌의 여파를 부러 잊으려고 애쓰는 눈치다.

해남댁 어딜 싸다니니? 밤도 늦었는데……

효심 (냉담하게) 손님 오셨어요.

해남댁 (비로소 윤선희를 보고) 손님?

효심 여관을 찾으시나봐요.

윤선희는 해남댁의 시선에 마주치자 죄지은 사람처럼 고개를 숙인다.

해남댁 (자리에서 일어서며) 주무시게요?

윤선희 예.

해남댁 오래 묵으시겠수?

윤선희 아 아뇨. 한 일주일……

해남댁 혼자세요?

윤선희 예. (하다 말고) 아니 곧 바깥분이 오실 거예요.

해남댁 (난간에 기대어 잠들고 있는 옥란을 깨운다) 옥란아! 옥란아! 일어나! 손님이다.

옥란 음…… 음…… (할뿐 깨지 않는다)

윤선희 될 수 있으면 조용한 방이면 좋겠어요. 바다가 보이면 더 좋구요.

해남댁 그럼 2층으로 올라가세요. 맨 갓방은 바다가 보일테니까요…… 뒷방도 있긴 하지만 남자 손님들이 있어서요……

윤선희 예…… (하며 조심스럽게 2층으로 올라간다)

해남댁 맨 갓방입니다!

윤선희 예…… (하며 퇴장)

해남댁 이불은 곧 가지고 가겠어요! (잠시 윤선희의 거동을 보고 있던 표정에 의아한 빛이 머문다. 납득이 안 간다는 듯) 젊은 여자가 혼자서 여관에 들다니…… (효심에게) 어디서 만났지?

효심 (토라진 태도로) 여자는 여관에 들어선 안 되나요? (우편으로 퇴장하면서) 집 없는 갈매기는 파도 위에서도 자고 간다는데……

해남댁 (딸의 등을 바라보며) 망할 것! (다시 윤선희를 생각하는지 2층을 쳐다보며) 이상한 여자야……

암전

제2막

무대

전막과 같다. 전막부터 며칠 후.

뽀얀 아침 햇살이 정면 바다 쪽으로 뚫린 창으로부터 새어들고 있으나 자욱한 안개 때문에 바다엔 몽롱한 김이 일고 있는 듯하다. 가까이서 펄을 파는 준설선의 크레인 소리가 요란스럽다. 무대가 밝아지면 마룻방에서 옥란이가 머리를 빗고 있다. 아침 해장 손님들이 다녀간 지저분한 바닥을 쓸어 쓰레기통에다 버리고 돌아선 칠성이 바다 쪽을 향해 혀를 차며 들어선다.

칠성이 (비와 쓰레받기를 한구석에 놓으며) 원 아침부터 시끄러워서 살 수가 있어야지.

옥란 무슨 소리입니꺼?

칠성이 펄을 파는 기계 배 소리예요. 해마다 강 상류에서 모래며 쓰레기가 밀려와서 바다 밑에 쌓이는 바람에 저렇게 펄을 파야 큰 배가 닻을 내린다는군요.

옥란 아주 메꾸어서 신작로를 내버리지.

칠성이 헛허…… 그렇게 되나요……

하며 뒤채로 들어간다. 이때 좌편 층계 쪽에 고 선장과 기관장이 등장한다. 오랜 항해에서 돌아오는 길인지 수염이 텁수룩하게 자랐다. 손엔 조그마한 백이 들렸고 와이셔츠엔 기름때가 누렇게 절었다. 마룻방에 앉아서 머리를 빗고 있던 옥란이가 반색을 하며 반긴다.

옥란 (거울과 빗을 챙기며) 어서 오시이소. 고 선장님. 오랜만입니더.

고선장 잘 있었어? 옥란이!

옥란 예……

기관장 옥란이는 더 예뻐졌군 그래! 서방 얻었나?

옥란 아이고, 기관장님도 아침부터 사람을 놀리지 마시이소. 요즘 화병 나서 간덩이가 숯덩이 되는 판입니더.

고선장 핫하…… 서방한테 퇴짜 맞었나?

옥란 아이구 시엄마야. 호호…… 참 선장님 재미가 좋으셨나배…… 일본 가셨다더니 언제 돌아오셨는기요?

고선장 보면 모르겠어? 두 달 만에 고국 땅에 내렸어!

옥란 지금이예? 어머 그렇십니꺼!

기관장 지금 배에서 내리는 길이야. 영흥관의 해장국 생각이 나서 말이야. 핫하……

고선장 그렇지! 육지에 내리면 집보다 먼저 여기 들러서 해장을 해야 속이 후련하니까. 헛허……

옥란 (수선을 떨며) 이거 큰일났십니다…… 그럼 진작 말씀하시지예…… (부엌을 향해) 보이소예…… 여기 특별로 술국과 술 한 되 주이소! 진남호의 선장님하고 기관장님 오셨습니더!

쿡크 (소리만) 예이……

고선장 해남댁은 어디 갔나?

옥란 아까 경찰서에서 전화가 왔다케서 길 건너 약국으로 전화 받으러 갔십니더! 곧 오실겝니더……

기관장 (농담조로) 왜 풍기문란으로 영업정지령인가? 핫하……

옥란 아이고 말씀이라도 그런 소리 마이소! 그럼 우리는 우째 먹고 살라코! 홋호……

이때 금순네 술주전자와 해장국 등속을 가지고 등장.

금순네 선장님 오셨는기라우…… 통 안 보이시더니…… (하며 웃는다)

옥란 (수다스럽게 그러나 낮게) 일본서 오셨다고 하잖은기요…… (하며 술을 따른다)

금순네 그러세요? 그럼 노다지 싣고 오셨겠수?

기관장 핫하…… 금순네 크림 한 갑 드려야겠군!

금순네 에그…… 말로만 그러지 마시구 한 번쯤 주시고나 그러구려! 원! 우리 같은 사람 구리므* 한 갑 줬다고 손해나실 것도 아니고……

고선장 어련하시겠소? 금순네에게는 모아뒀다가 섣달 그믐날 한꺼번에 큼직한 걸로 선사하려고 그렇지! 헛허……

금순네 따라 웃으면서 퇴장.

옥란 (부러 토라진 척하며) 그럼 나는요?

고선장 응? (은근히) 옥란이는 나하고 조용히 만나서 얘기하자!

옥란 싫습니더!

고선장 싫어?

옥란 언젠가도 일본 다녀오시면 크리싱그* 한 갑 주신다 케놓고예…… 사람 병신 만들지 마이소!

기관장 헛허…… 역시 선장님께선 한꺼번에 주실 거야.

옥란 흥! 꾀죄죄하게 그러지 마이소! 우리 같은 사람 화장품 한 갑 주신다케서 밑천 까는 것도 아니고예…… 안 그렇십니꺼 선장님!

고선장 그러니까 나하고 밤에 만나자고 했잖아?

---

* 크림
* 클렌징

옥란 정말입니꺼?

고선장 아니 사람을 어떻게 보고 그러니? 응? 일본을 이웃 동네 드나들듯 하는 내가 크림 한 갑에 인색하겠니?

옥란 정말이제?

고선장 그럼!

이때 해남댁이 총총히 우편에서 등장. 불쾌한 일이 있었는지 투덜거리며 들어선다. 선장과 기관장을 미처 못 알아본다.

해남댁 우리가 똥개야! 건듯하면 오라 가라 하니……

옥란 무슨 일이래요?

해남댁 글쎄 지난번 제3부두에서 밀수품을 턴 사건이 있지 않니? 우리 영흥관 손님 중에……

고선장 해남댁? 아침부터 바쁘군…… 헛허……

해남댁 (들어서자마자 십년지기나 만난 듯) 어머나! 이거 정말 웬일이세요? 응? 홋호…… (하며 두 사람을 한꺼번에 안을 듯이 덮는다)

기관장 (정색을 하며) 이상한데?

해남댁 뭐가요?

기관장 영흥관 밥 먹으면 늙은이나 젊은이나 다 미인이 되니 말이야! (하며 해남댁과 옥란을 가리킨다)

해남댁 에그…… 꽁생원 기관장은 발동기 후까시나 하실 줄 알았는데 농담도 잘 하시네! 홋호……

고선장 그게 무슨 소리야! 기관장은 배 안에서도 자나깨나 해남댁 얘기만 하던데!

해남댁 정말?

기관장 (순진하게 얼굴을 붉히며) 선장님이야말로 장본인이셨지……

해남댁 (어리둥절하며) 예?

기관장 해남댁! 제발 우리 고 선장님 사정 좀 봐드려요. 한참 나이에 홀아비로 계시니 오죽 하겠소!

해남댁 고 선장이야 바다에서 배나 타시지 무슨……

기관장 모르는 소리! 배 잘 타는 사람은 바다나 육지나 매한가지예요!

해남댁 어머! 홋호……

옥란 홋호…… 우리 기관장님 최고데이!

해남댁 좋도록 합시다! 죽은 사람 소원도 풀어준다는데 그까짓거야…… 홋호…… (하며 술을 권한다) 참 모두들 기다리시데요. 임 의원이랑……

고선장 그럴 테지! (낮게) 배가 들어와야 선거자금도 풀릴 테니까 헛허……

해남댁 언제 또 가세요?

고선장 글쎄…… 손님이 있으면 내일이라도 떠나지만……

해남댁 진남호에 손님이 없을 리가 있어요? 제가 또 알아볼까요?

고선장 예. 그 대신 배삯은 선금이라야 해요. 지난번 어떤 친구는 도중에서 배삯을 깎겠다는 덴 질색이었지……

해남댁 뭐니 뭐니 해도 진남호 경기가 제일이군요?

고선장 말 말아요! 목숨 걸고 현해탄 넘나드는 장사가 아니오?

해남댁 (은근히) 그래 이번엔 뭘 가지고 오셨어요?

고선장 음…… (기관장과 눈짓을 하더니) 그건 비밀이야…… (하며 술잔을 기울인다)

해남댁 아이 뵈기 싫어! 뭐 내가 세관에 찍어넣을까봐서 겁이 나시오?

고선장 밤말은 쥐가 듣고 낮말은 새가 듣는다나. 핫하……

다른 사람들도 따라 웃는다. 얼마 전에 뒤채에서 엿듣던 서윤근이가 인기척을 하며 나온다.

서윤근 핫하…… 그럼 아침 말은 사람이 들어야겠군!

고선장 진돗개! 재미가 어때?

서윤근 (의자에 앉아서 구두끈을 매며) 보시는 바와 같이 불경기죠! (하며 곁눈질로 선장과 기관장을 본다)

기관장 한국의 불경기를 혼자서 도맡고 있다는 표정이군.

서윤근 우리도 일본으로나 날을까요?

고선장 흥! 현해탄을 한강인 줄 알면 오산이지. (기관장에게) 가세!

해남댁 벌써 가시겠수?

고선장 응. 또 들리지. 한 보름은 있어야 할 테니까……

해남댁 예…… 그럼 손님도 알아볼게요.

기관장 술값이 얼마죠? (하며 지갑을 꺼낸다)

해남댁 (떠밀듯이) 관두세요! 아무리 돈이 말랐기로서니 고 선장님에게 해장술 한 잔 대접 못할 내가 아니에요. 홋호……

고선장 미안한데. 그럼 또 봅시다……

하며 두 사람 일어선다.

해남댁, 옥란이가 '안녕히 가세요' 하며 인사를 던진다.

해남댁은 우편 안채로 퇴장.

서윤근 (따라 나서며) 보물단지 싣고 왔으면 같이 나누어 먹읍시다요.

고선장 (나가며) 김칫국부터 마시지 말어! 주인이 있으니까. 흥! (하며 퇴장)

서윤근 (돌아서며) 뭘 싣고 왔대?

옥란 안 가르쳐 주었십더! 세상에 공짜가 어디 있십니꺼!

서윤근 대가가 필요하단 말이지?

옥란 예……

서윤근 뭐야?

옥란 (애교 있게) 나하고 극장 구경 갑시더!

서윤근 극장 구경?

옥란 해님 달님 창극단이 왔다던디요……

서윤근 흥! 시시하게 그런 걸 돈 주고 보갔어? 좋아! 그래 진남호에 뭘 실었대?

옥란 화장품인가 봐요. 눈치가……

서윤근 (혼잣소리처럼) 이 새끼들 이번에도 약속을 안 지켜봐라…… 가만 두나!

옥란 예? 뭘 말입니꺼?

서윤근 옥란이는 몰라! 내 사업 말이다! 핫하……

옥란 (서윤근의 담뱃갑을 집어 빼며) 괄시 마시이소! (노래부르듯) 혹싸리 한 장에도 정은 들어 있답니다.

서윤근 핫하…… 아침부터 기분 내는군!

옥란 그러시겠제! 효심 아가씨가 같이 가자카면 날름 덤빌테제! 흥…… (자리에서 일어서며 담배 연기를 뱉는다)

서윤근 아니 난데없이 효심이는 또……

옥란 (의미 있는 미소를 던지며) 옥란이 눈은 못 속입니더! 홋호…… 효심 아가씨는 서 선생 때문에 밤잠도 못 잔다 카던데요…… 헛허…… (하며 뒤채로 퇴장)

혼자 남은 서윤근은 약간 멋쩍게 웃는다.

이때 2층 층계에서 조심스럽게 내려오던 윤선희가 서윤근을 보자 질겁을 하고는 2층으로 되올라간다.

서윤근이가 돌아본다. 이상하다는 눈초리다.

이때 부엌에서 칠성이가 휘파람을 불며 나온다. 장바구니를 들고 시장에 가는 길이다.

서윤근 칠성아.

칠성 예?

서윤근 나 좀 보자우.

칠성 뭔데요? 진돗개 아저씨.

서윤근 (2층을 턱으로 가리키며) 누가 들었니?

칠성 예? (금시 알아차리고) 예. 힛히……

서윤근 뭐가 우스워?

칠성 (낮게) 보셨어요? 예쁘죠?

서윤근 누구냔 말이야?

칠성 손님이지 누구예요?

서윤근 손님?

칠성 예…… 그렇지만 좀 이상한 손님이에요.

서윤근 이상해?

칠성 하루 종일 2층에 틀어박혀 바다만 내려다보고 있거든요.

서윤근 음……

칠성 사람을 대하기가 싫은가 바요. 그리고 하루에도 두세 번 편지 안 왔느냐고 묻거든요. 아마 누굴 기다리는 모양이죠?

서윤근 (중얼거리듯) 그래서 아까……

칠성 무슨 일이 있었어요?

서윤근 아 아니다……

칠성 (능청맞게) 아저씨! 전할 말씀 있으시면 제가 전할까요? 힛히……

서윤근 까불지 말어!

서윤근은 뒤채로 들어간다.

크레인 소리가 높아진다.

칠성은 유쾌하게 웃으며 문밖에 세워놓은 자전거를 타고 우편으로 나간다.

이때 우편에서 외팔이와 정빈이가 총총히 등장.

칠성이가 인사를 하며 퇴장.

정빈은 주위를 살피더니 돈뭉치를 외팔이에게 준다.

정빈 어서 넣어둬! 누가 보는데…… (하며 주위를 살핀다)

외팔이 (머뭇거리다가) 주시는 거니까 받아두죠. (하며 주머니에 넣는다)

정빈 일이 되면 더 낼 테니…… 일본서 배가 들어왔으니 문제없어. 일주일 이내로 돈이 풀릴 텐데. 그래 일은 잘 될 것 같아?

외팔이 (신통치 않게) 그게, 좀 까다롭군요.

정빈 까다롭다니?

외팔이 실은 효심이가 진돗개한테 마음이 있나 봐요.

정빈 음…… 그럼 진돗개를?

외팔이 예. 아무튼 그놈이 없어져야 효심의 마음이 임 형한테…… 헷헤……

정빈 무슨 방법이 없겠나?

외팔이 없는 건 아니죠.

정빈 어떻게?

외팔이 그놈의 눈치가 요즘 달라졌다는 걸 나 주사도 알고 있지요. 그래서 이번 기회에 어떻게 해치워야겠다는 거지.

정빈 (눈빛이 달라지며) 음…… 그놈을 쉽게 처리할 수 있을까?

외팔이 (씨익 웃으며) 염려 마세요. 강대명이 사건에 말려들어서 그 하수인을 맡고 나서는 날이면 천당엔 못 가도 지옥엔 갈 자격이 생길 테니. 핫핫……

정빈 (멋쩍게 웃으며) 어떻든 자네만 믿네.

외팔이 이 외팔이는 한 번 하겠다고 약속한 일을 안 해본 적은 없는 놈이유…… 아! 대장이 오는군.

정빈 양재학원 점심시간이 열두 시 반부터니까 난 가봐야겠어!

외팔이 예……

정빈 그럼 부탁해! (하며 층계 쪽으로 올라가 퇴장)

외팔이는 휘파람을 불며 영흥관을 기웃거린다.
이때 좌편에서 나온 나만수가 등장.

나만수 진돗개 있니?

외팔이 예.

나만수 영흥관으로 들어선다. 외팔이 뒤따른다. 외출하려는 서윤근과 마주친다.

나만수 어디 나가나?

서윤근 아뇨, 바람 좀 쏘일까 하구요…… (하며 홀로 들어선다)

나만수 (담배를 권하며) 피우겠나?

서윤근 지금 피웠어요.

나만수 (눈치를 보며 담배를 피우고서) 바쁘잖으면 나하고 얘기 좀 할까?

서윤근 예. 좋도록 하시라우요.

나만수 조용한 곳이 필요한데…… (하며 2층 있는 쪽을 가리킨다)

서윤근 거긴 손님이 들어있으니까…… 여기서 말씀하시디. 점심때까진 별루 손님도 없으니끼니……

나만수 그래? (사이) 실은 자네의 힘이 필요해서……

서윤근 글쎄요?

나만수 (점잖게 제지하며) 알았어. 알았어. 자네가 뭘 말하는지…… 흠 …… 그래서 이번엔 선금이지! 자네가 말하기 전에…… 자 이거면 어때? (하며 안주머니에서 5만 환 다발을 꺼낸다)

서윤근 (돈을 내려다보며) 겨우 이거요? 무슨 용건이죠?

나만수 핫하…… 용건 여하에 따라서 값을 올리겠단 말이군! 헛허…… 좋아! 하나 더 올려 놓지! (하며 만 환을 더 보탠다)

서윤근 내가 할 일이 뭐요?

나만수 음? 음…… (주위를 살피며) 실은 말이야… 잠깐만……

하며 서윤근의 귀 가까이 대고 소곤거린다. 서윤근의 입가에 이지러진 미소가 퍼진다.

나만수 어때? 간단하잖아?

서윤근 (조용히) 역시 예상했던 대로군요.

나만수 예상했었다구?

서윤근 예상이 아니라 육감이디요.

나만수 육감? 핫하…… 하겠나?

서윤근 (돈을 나만수 앞으로 밀어 놓으며) 생각해 보갔어요.

나만수 (안색이 금시 달라지며) 뭐 뭐라구?

서윤근 돈도 좋디만 남 좋은 일 시키고 싶지 않으니까요.

나만수 남 좋은 일이라니?

서윤근 (전보다 뻣뻣하게) 강대명을 해치운 다음에 내게 돌아올 게 뭐가 있어요?

나만수 돈이 들어오잖아?

서윤근 흥! 5백만 환 다 준다면 그까짓 새끼 지금이라도 하겠시요. 허지만…… 이것 가지곤 황해바다에 빗방울 떨어지는 격이죠.

나만수 5백만 환이라니?

서윤근 이번 민의원 선거전에서 임 의원이 부두 노동자 표를 얻기 위한 공탁금이 5백만 환 아니오?

나만수 (당황해지며) 누, 누가 그래?

서윤근 (비웃으며) 시시하게 그러디 말라우요 대장! 다 아는 노릇을 나한테만 감추면 되갔소?

나만수 (날카롭게) 윤근이!

서윤근 왜 그러시오?

나만수 이 나만수를 조롱하기야?

서윤근 조롱이 아니라 사실대로 알고파서 그러디요.

나만수 언제부터 그렇게 결백했지? 갈매기떼의 서윤근이가 언제부터 그렇게 이치에 맞는 일만 했어?

서윤근 (담배를 피워 물며) 나도 모르갔시요! 살아가노라면 마음도 변하디 않갔시요?

나만수 그래 못 하겠단 말인가?

서윤근 남에게 이용당하는 일은 안 하갔시요!

나만수 (다시 부드럽게 구슬리며) 자넨 오해를 하고 있는 것 같은데…… 이봐 윤근이!

서윤근 도둑질도 마음이 내켜야 하는 법이라오! (돈을 밀치며) 이것으론 어림도 없수다!

나만수 이건 전도금이고 일이 끝나는 대로 또……

서윤근 흥! 이번엔 그 꾀에 안 넘어가디요. 저번에 제3부두에서 하주를 해치웠을 때 약속은 어드랬디요? 30만 환은커녕 3만 환도……

나만수 내 얘길 들어! 이번 선거에 부두 노동자의 표가 임 의원에게 쏠리기만 하면 말이지 임 의원이 틀림없이……

서윤근 나중에 보잔 말이디요? 흥! 어린애 장난 같은 소린 그만 둡시다요!

나만수 뭣이? 아니 정말 이렇게 빡빡하게 놀기냐?

서윤근 임상옥이가 민의원 아니라 대통령에 앉는대서 이 서윤근이를 먹여 살리갔데요?

나만수 뭣이 어째?

서윤근 그런 인간들이 덩티를 하는 한 우린 다 죽어요!

나만수 자네 정말 어떻게 된 게 아니야? 설마 갈매기떼에서 발뺌하겠다는 말은 아닐 테지?

서윤근 왜 겁나시오? 내가 발을 빼면 묵은 죄상이 드러날까봐 겁이 나오? 대장! 핫하……

나만수 (탁자를 쾅 하고 치면서) 듣기 싫어!

서윤근 (곁눈질을 하며 태연히) 듣기 싫으면 그만 둡시다래! 어떻든 내가 싫은 일은 못 하갔시요!

나만수 윤근이! 자네 누구 빽을 믿고 그러나?

서윤근 내 빽은 이것 뿐이외다! (하며 자기 주먹을 쥐어 보인다)

나만수 말 한번 잘 했다! 이 항구 바닥에서 갈매기떼가 행세하는 건 누구 덕인 줄 아니?

서윤근 대장이 준 가짜 정보원 신분증 말이디요? 난 이걸 20만 환으로 샀어요! (하며 패스포트를 꺼내보인다) 이건 누구의 덕이 아니라 내가 돈을 치르고 산 물건이니끼니……

나만수 그건 범죄가 아닌 줄 아나?

서윤근 대장께서는 나를 경찰에 고발하시겠단 말씀이군? 헛허…… 하시라요.

나만수 자네 말 다했나?

서윤근 길가에 돌멩이처럼 발길에 채이며 살아온 나니까 두려울 건 하나도 없수다!

나만수 다시 한번 묻겠다! 이 돈을 못 받겠니?

서윤근 흥미 없수다래.

나만수 좋아! 나도 그 이상 말하지 않겠다! (하며 돈다발을 안주머니에 도로 넣는다) 그 대신 한 가지만 얘기해두지!

서윤근 좋으실 대로!

나만수 제3부두의 살인사건의 하수인이 누군가를 설마 잊어버리진 않았겠지?

서윤근 대장이 시킨 일이 아니오?

나만수 그러나 증거가 없단 말이야! 내 입 하나 까딱하면 그게 정말 증거란 말이야!

서윤근 핫하…… 그러나 시체는 바다 속 깊이 가라앉았으니까……

나만수 그래서 안심하고 있나?

서윤근 피차일반이죠! 그 시체가 나타나면 당신두 가는 거예요!

나만수 알았다. 네놈이 가루 나가는 까닭을. 어디 마음대로 놀아봐라!

서윤근 마음대로 하디요. 난 이미 각오를 하고 있으니까 무서울 게 없쉬다!

나만수 후회하지 마라!

서윤근 나 주사야말로 후회 마시라요. 밀고하겠으면 하시라요. 나도 입은 가지고 있으니끼니……

나만수 말 한번 잘 했다! 지금 그 말 잊지 마라!

하며 자리를 털고 일어나 급히 나간다.
이때 우편 안채에서 해남댁이 효심이를 꾸짖는 소리가 얼마 동안 나더니 씨근거리며 나온다.

해남댁 흥! 마음대로 하라지! 아무리 세상이 거꾸로 가기로서니 제년이

이 에미를 가르치겠단 말인가? 응. 올바른 생활은 무슨 씨알머리가 있는 거냔 말이야!

서윤근 (힐끗 쳐다보더니 나만수의 얘기가 생각나자 낄낄대고 웃는다)

해남댁 아니 뭐가 우스워요? 서 씨는……

서윤근 (한숨) 마음대로 하라? 헛허……

해남댁 뭐요?

서윤근 아주마이! 효심이는 착한 딸이외다.

해남댁 글쎄…… 그년 하는 소리 좀 들어보구려! 이런 생활은 천해서 못하겠으니 서울로 가서……

서윤근 서울? 좋티!

해남댁 뭐요? 좋아요? 아니 남의 일이라고 그렇게 함부로 뱉기요?

서윤근 아니지! 말 새끼는 제주로 보내고 사람 새끼는 서울로 보낸다니끼니 하는 얘기디! 사람은 본래가 강물처럼 흘러가기를 좋아하는 법이디오!

해남댁 흥! 무슨 잠꼬대 같은 소리야? (부엌을 향해) 금순네! 있어?

금순네 (소리만) 예……

해남댁 딸자식 하나 있는 게 이렇게 사람 속을 썩이니…… 어유…… 그러기에 난세엔 무자식이 상팔자지!

금순네 (부엌에서 나오며) 부르셨어유?

해남댁 칠성인 어디 갔어?

금순네 예! 시장에 보냈는데요.

해남댁 나 잠깐 밖에 좀 다녀올테니 가게 좀 봐요!

금순네 네. 늦으세요?

해남댁 아냐. 곧 올게요. 술도가에 술 가져오라구 이르고.

금순네 예……

해남댁 총총히 우편으로 나간다.

금순네는 부엌에서 썰던 무와 도마를 가지고 나와서 마룻방에서 썬다.

서윤근은 아까부터 담배를 피우면서 깊은 상념에 잠겨 있다.

금순네 서 씨! 오늘은 안 나가시오?

서윤근 (한숨) 갈 곳이 있어야디.

금순네 갈매기가 갈 곳이 없으면 날아나 다니지 홋호……

서윤근 날아다니다가 지치면 바다 위에서 자고 가나?

하며 쓸쓸히 웃는다.

가까이서 펄배(준설선)의 크레인 소리가 전보다 요란스럽게 울려 퍼진다.

금순네 (바다 쪽을 내다보더니) 에이! 시끄러워! 저 놈의 뻘배는 언제나 없어지려는지…… 원 밤낮 없이 저 지랄이니……

서윤근 흥! 뻘배가 없으면 이 항구는 메꾸어진다는 걸 모르오?

금순네 아주 바다를 메꾸어 육지가 되면 오죽 좋아!

서윤근 그럼 금순네도 이 항구 바닥에서 살기 싫소?

금순네 살고 싶어 사는 년이 어디 있어요?

서윤근 그렇지만 금순네나 나나 이 항구 때문에 먹고 살고 이 항구는 저렇게 밤낮 없이 뻘배 움직이는 덕에 살고 있는 걸!

하며 자리에서 일어서 금순네가 썰고 있는 무를 한 조각 베어 물며 나간다. 크레인 소리가 높아지고 큰 뱃고동 소리가 다시 울린다.

서윤근은 좌편 층계 위에서 멀리 바다를 바라보더니 좌편으로 퇴장.

이때 2층에서 윤선희가 주위를 경계하듯 내려온다. 홀에 아무도 없음을 알고 적이 안심하는 눈치이다. 금순네는 힐끗 쳐다만 보더니 부지런히 무를 썬다.

윤선희 조용하군요?

금순네 예. 부두 사람 상대라서요. 새벽 해장 손님과 밤이라야 일손이 바쁘죠.

윤선희 예…… 저…… 혹시 우체부 안 왔던가요?

금순네 아뇨.

윤선희 (낙심하며) 그래요?

금순네 (눈치를 살피며) 웬 편지를 그렇게 기다리시오?

윤선희 (약간 동요의 빛을 보이며) 예. 저…… 고향에서…… 올 편지가 있어요.

금순네 예…… 갑갑하실 텐데 바람이나 쐬고 오시지……

윤선희 괜찮아요. 2층에서 앉아서 창문을 열어 놓으면 바다 바람이 속이 시리도록 불어오던데요…… (한숨)

금순네 (넌지시) 어디 편찮으신가봐?

윤선희 아뇨.

금순네 그럼 왜 식사를 그렇게 안 드시죠? 밥상이 그대로 내려오던디요.

윤선희 입맛이 없어서요.

금순네 그래도 젊은 분이 식성이 좋아야죠.

윤선희 저…… 혹시……

금순네 (무를 썰다 말고) 예?

윤선희 일본 왕래하는 배를 탈 수 없을까요?

금순네 일본 가시게요? (하며 주의 깊게 바라본다)

윤선희 (시선을 피하며) 아니…… 저…… 그저…… 물어보는 거예요.

금순네 글쎄요…… 일본 왕래하는 진남호가 오늘 들어오긴 했지만 언제 또 나갈지는 모르겠는디요.

윤선희 (흥미를 느끼며) 그래요?

금순네 그 배 선장하고 기관장이 우리 단골손님이지요.

윤선희 언제쯤 떠날지 알 수 없군요?

금순네 주인마님이 들어오시면 알 수 있겠지만…… 왜 그러시지요?

윤선희 예…… 알아둘 필요가 있어서요……

이때 뒤채에서 할아범이 천천히 나온다.

금순네 할아범 어디 있다 나와요? 아까부터 주인마님이 찾으셨는디……

할아범 응…… 늙어가니 느는 건 잠밖에 없구려…… 내가 어서 죽어야 할 텐데……

남자 인기척이 나자 윤선희는 돌아보지도 않고 황급히 2층으로 사라진다. 윤선희의 치맛자락만 본 할아범은 걸터앉으며 묻는다.

할아범 누구요? 지금 그 사람……

금순네 손님이지 누군 누구예요!

할아범 여인네 같은데……

금순네 (농조로) 젊고 예쁜 색시지라우…… 왜 할아버지께서 장가드시려우? 홋후……

할아범 망칙한 소리…… (상 위의 재떨이를 뒤지며 꽁초를 추린다)

금순네 에그…… 할아버지두. 그 담배 좀 끊어버리지…… 궁상맞게 …… 그걸 피운다고 배가 불러요? 돈이 생기오?

할아범 (꽁초에 불 붙이며) 이런 낙도 없이 무슨 재미로 살겠수…… 모진 목숨이 죽지도 않으니……

금순네 그러니 할아버진 사서 고생이지…… 고향에 가만히 앉아 있었으면 되는 걸. 쯧쯧…… 지금쯤 며느리가 고향에 돌아와서 할아버지를 찾고 있을는지 모르잖아요?

할아범 그렇게만 되었으면야…… 차라리 죽었다는 소식이나 있으면 기다리지도 않을 텐데…… 내가 무슨 팔자를 타고 났기에……

이때 우편에서 외팔이와 딱총, 꺽다리 등이 등장.

뭐라고 소곤거리더니 딱총은 망을 보고 외팔이가 들어가려 한다. 어딘지 흥분하고 있는 기색이 보인다. 때마침 우편에서 나오는 옥란에게 묻는다.

외팔이 (험악하게) 진돗개 어디 갔어?

옥란 모르겠십더!

외팔이 숨기면 재미 없어! (한 번 돌아본다)

옥란 예? 진돗개가 무신 금덩어리라고 숨키겠십니꺼?

금순네 벌써 나갔어요! (하며 여전히 무를 썬다)

외팔이 어디 간다는 말 없구?

금순네 (흥미 없이) 언제 그 사람이 말하고 나간답데까?

외팔이 이 새끼가 제 주먹만 센 줄 알고 이 외팔이의 알꽂이 맛은 모른단 말이야!

옥란 와 그러십니꺼?

외팔이 네가 참견 할 건 없어! (하며 침을 탁 뱉는다)

옥란 흥! 그럼 왜 묻는기요?

외팔이 들어오면 말이지 제3부두에서 이 외팔이가 기다린다고 해! 제대로 말을 전해야지 그렇잖으면 너도 없어! 알았지?

옥란 제3부두요?

딱총 없니?

외팔이 응. 가자! 제1부두를 찾아보자!

하며 총총히 퇴장. 크레인 소리는 멎었다.

금순네 아무래도 심상치 않은데요.

옥란 금순네! 어느 쪽으로 갑디꺼?

금순네 누구?

옥란 서 선생 말이지 누굽니꺼!

금순네 글쎄! 아무래도 제1부두 쪽으로 간 게 아닐까?

옥란 제1부두…… 제1부두…… 내 잠깐 다녀올게요…… (하며 나간다)

금순네 아니 가게를 비워놓고 어딜 가! 옥란이! 옥란이!

그러나 옥란은 바삐 나가려고 한다. 이때 크레인 소리 멎고 사람들의 웅성거리는 소리가 퍼진다. 행인들이 무대 좌편에서 우편으로 몰려간다.

옥란 (창밖으로 밖을 내다보며) 왜들 야단일까? 누가 물에 빠져 죽었나?

금순네 어이구! 웬 사람들이 저렇게 몰려가는 거야? 응?

이때 우편에서 화자가 목욕탕에서 돌아온다. 손에 빨간 플라스틱 대야와 세면구가 들렸다. 머리를 감은 채로 풀어서 늘어뜨렸다. 옥란과 마주친다.

화자 (씨근거리며) 언니 얘기 들었어요?

옥란 얘기라니?

화자 뻘 속에서 시체가 나왔대요. 아이 무서워! (하며 돌아선다)

옥란 시체라니?

금순네 그게 무슨 소리냐?

화자 바다 속에서 뻘을 건져내는데 그 속에 글쎄 시체가 걸려 있었다나요.

금순네 옳아! 그래서 구경꾼이 저렇게 몰려가는군! (하며 다시 밖을 내다본다)

할아범 (긴장하며) 여자라던?

화자 (머리를 말리며) 남자래요. 양복 입은……

할아범 (안도와 실망이 교차되어) 그래?

화자 그런데 끔찍하게 시체 발목이 이만한 (두 팔로 크기를 가리키며) 돌이 매달려 있었다잖아요.

금순네 (상을 찌푸리며) 저런! 그럼 누가 일부러 죽였구나!

화자 그렇죠! 바다 위에 시체가 뜨지 못하게 한 짓이겠죠!

금순네 어떤 놈이 그런 짓을 했을까?

화자 (빗질을 하며) 그러니 또 한바탕 항구가 벌컥 뒤집히겠어요.

이때 멀리서 구급차 사이렌 소리가 길게 꼬리를 끌며 들린다. 구경꾼들의 웅성거림이 더 커진다. 옥란, 그동안 무엇을 생각하다가 급히 퇴장한다.

암전

제3막

1장

무대

전막과 같음. 같은 날 초저녁.

무대가 밝아짐과 동시에 각 전등마다 불이 켜진다. 바다 저쪽 하늘엔 아직도 저녁노을이 피보다 더 붉게 물들었다.

극이 진행됨에 따라 하늘 빛은 어두워진다.

영흥관 안에는 부두 노동자들이 거의 빈틈없이 들어앉아서 술을 마시고 있다. 그 사이에 화자가 끼어앉아서 손님들의 희롱을 받아넘기며 접대를 하고 있다. 그러나 갈매기떼 사람은 하나도 보이지 않는다. 할아범도 술 심부름을 하면서 이따금 손님들이 권하는 술을 얻어 마신다. 술이 거나해서 말씨며 행동이 전보다 훨씬 명랑해보인다.

할아범 (대폿잔을 들이키고 나서 손등으로 수염을 씻은 다음) 헛허…… 술맛은 언제 마셔도 좋드라. 안 그렇습니까? (하며 손님에게 잔을 권한다) 잘 먹었습네다. (하며 손으로 깍두기를 집어 먹고 손 끝을 쭉 빤다)

손님 A (잔을 받으며) 할아버지 그 춤 구경 좀 합시다.

할아범 앗따…… 나 같은 늙은이가 무슨 춤이요? 멋도 없이 활개 치는 굼벵이 춤을 가지구서. 흣흐……

손님 B 그러지 말구 한 번 신나게 돌아봐요! (하며 신나게 양춤을 춘다. 주정꾼들 신나게 손뼉을 쳐 박자를 맞춘다)

할아범 사실 말이야 바른 말이지 그 양식이니 양춤이니 하는 거 말씀이야. 우리네는 모르겠단 말씀이야.

손님 A 모르다뇨?

할아범 (열변을 토하며) 뱁새가 황새 걸음 흉내다가 가랭이 찢긴다는 격으로 말씀이야. 아무래도 우리네에겐 우리의 것이 어울린단 말씀이야.

손님 A 자…… 그러니까 할아버지. 우리네에게 어울리는 춤을 보잔 말씀이야.

할아범 (어깨를 들먹거리며 앞으로 나온다) 그럼 장단을 맞춰요. (허리끈을 졸라맨다) 이건 예순아홉 살 먹은 며느리가 스무살 난 시어머니를 업고 고개를 넘는 대목이렸다.

주정꾼들 장단으로 할아범의 신을 돋군다.

손님 B 헛허…… 할아버지 오늘따라 웬일이야? 기분이 최고군!

할아범 처녀가 애기를 낳아도 할 말이 있고 백살 먹은 노인이 죽어도 핑계는 있드라고 나도…… 이 나도 할 말이 새우 떼보다 많은 사람이오! (갑자기 슬퍼지며) 그렇지만 오늘날까지 조개처럼 입을 다물고 살아왔을 뿐이지! 입이 있어도……

손님 B 그러니 귀찮은 세상 술로나 때웁시다. 자 한 잔 더 드시오. (하며 술잔을 채워 권한다)

할아범 (술잔을 들고 씁쓸히 웃으며) 술로 때워? 무쇠덩어리로도 못 때울 내 가슴을 술로 때워? 헛허…… 그래 마셔야지!

화자 (자리에서 일어나 할아범 곁으로 오며) 그만 좀 마셔요! 주인마님에게 들키면 또 면박 당하지 말고!

할아범 흥! 아니 내가 훔쳐먹는 술인가 손님이 주신 술인데. 제길!

화자 에그…… 없을 땐 큰소리 하지만 그림자만 봐도 벌벌 기면서……

할아범 (술잔을 놓고) 내가 왜 기어? 거북이야? 자라야? 기긴 왜 기느냔 말씀이야? 내일 죽어도 서럽지 않은 인생이야.

이때 안채에서 나오던 해남댁이 이 광경을 보자 못마땅하게 눈을 흘기며 가까이 온다.

해남댁 (크게) 할아범!

할아범 (소스라치게 놀라며) 예? 예……

해남댁 아니 무슨 경사 났소? 응? 춘향이가 왔어? 도령이 왔소?

할아범 (멋쩍게 웃으며) 아니 뭐…… 그저…… 헷헤……

해남댁 에그! 늙었으면 늙은 대로 나이 값을 해요. 지금 얼씨구 좋다고 뚱땅거리게 됐어요?

할아범 (뒤통수를 긁으며) 손님께서 한사코……

해남댁 뒤채 아궁이에 불 들이나 살펴요!

할아범 예…… 예…… (하며 뒤채로 나간다. 이때 화자가 부엌에서 술주전자와 안주를 들고 나온다)

해남댁 옥란이는 어디 갔니?

화자 아직 안 들어왔어요? (하며 손님에게로 가서 권한다)

해남댁 망할 년! 밖에다 서방을 감추고 살리나? 여태까지 뭘 하구서. 칠성이도 안 왔어?

화자 예…… 옥란 언니를 찾으러 나갔어요!

해남댁이 한길로 나오자 칠성이가 층계 쪽에서 등장.

해남댁 옥란이 못 봤어?

칠성 미장원에도 안 왔다는데요.

해남댁 아침나절에 나간 년이 어딜 갔어?

칠성 마님!

해남댁 왜?

칠성 (어물어물하며) 혹시 도망친 게 아닐까요?

해남댁 뭐라구?

칠성 옥란이는 전부터 진돗개 아저씨를…… 힛히……

해남댁 망할 것! 꼴에 눈치는 살아서……

칠성 (무안해하며) 정말이에요! 옥란이는 그 아저씨하고 한 번만 자봤으면 좋겠다고 하던데요! 흣흐……

해남댁 누가 그래?

칠성 나보구요!

해남댁 이 녀석아 너 몇 살이냐?

칠성 열아홉 살이죠! (자랑스럽게 뻐긴다)

해남댁 (혀를 차며) 나이 값이나 해!

칠성 정말이라니까요! 그렇지 않구서야 두 사람이 다 안 보일 리가 없잖아요?

해남댁 참 진돗개도 오늘은 안 들렀지?

칠성 예! 그러니 아무래도 제 생각 같아선 그 제1부두에서 만난 다음에 어디로 줏자는 논기 같아요!

해남댁 꼴에 탐정까지 하는구나! 도망갈 년이 제 옷보따리며 화장품을 고스란히 남겨두고 간다던?

칠성 오죽 급했으면 그렇겠어요?

해남댁 (다시 신경질을 내며) 정말 귀신 곡할 노릇이구나! 어딜 가면 간다고 할 일이지 이렇게 사람 속을 태우다니 원……

이때 홀에서 손님이 해남댁을 부른다.

해남댁 예 가요! 얘 칠성아! 어서 들어가서 술심부름이나 해라.

칠성 제가요?

해남댁 손이 부족할 땐 별 수 있니? 발도 손 구실해야지!

해남댁과 칠성이가 홀 안으로 들어서자 손님은 활기를 띠는 것처럼 떠들썩해진다.

이때 쓰레기통 쪽에서 나만수를 위시해서 외팔이, 딱총, 꺽다리가 주위를 경계하며 등장한다. 그들은 은밀히 얘기를 주고받는다.

나만수 제1, 제3부두에두 없으면 집 안에 숨어있을 게다. (외팔이에게) 뒤져봐. 있거든 용바위 쪽으로 끌어내라.

외팔이 만일 그 녀석이 안 따라오면 어떡허죠?

나만수 그때는 별 수 있나? 처치해!

외팔이 (잠시 생각에 잠기다가) 예. (하고 영흥관으로 들어간다)

나만수 (딱총에게) 딱총!

딱총 예?

나만수 넌 그놈이 따라나오면 전화로 경찰서에 정보를 제공해!

딱총 예…… (사이) 그런데 나 주사님……

나만수 뭐냐?

딱총 그런데 윤근이란 놈이 마음이 변한 이유가 뭣인지 그걸 모르겠단 말씀이야.

나만수 병신같은 자식! 그게 문제야. 시체가 뻘에서 나왔으니 그 자식이 곧 수사가 시작될 게 아냐. 입을 열기 전에 해치워야지. 어물어물 하다간 우리 목숨까지 위험하단 말이야.

딱총 (풀이 죽어서) 예. 사실 요즘 자식의 눈치가 이상해요.

나만수 그 녀석이 요즘 물 위에 기름처럼 따로 놀지 않더냐. 그 녀석을 없애버려야지. 그렇지 않으면 그 제3부두 사건의 혐의가 우리에게 씌워진단 말이다! 그러니 이런 일은 빠를수록 안전해! 그러니 그 놈의 입에서 말이 떨어지기 전에 해치워!

딱총 알았습니다.

나만수 그리고 (꺽다리에게) 꺽다리 너는 여기서 있다가 만약 그놈이 반항을 하든지 하면 (칼로 찌르는 시늉을 하며) 단숨에…… 알지?

꺽다리 예 염려마슈. (하며 단도를 꺼내 보인다)

홀 안에서 젓가락 장단으로 노래를 부른다.

그동안 외팔이 홀 안을 훑어 서윤근을 찾다가

외팔이 (고개로 대답을 하고 홀 안을 빙 둘러 본다) 어디 갔어?

해남댁 누구 말이우?

외팔이 누군 누구야, 진돗개 말이지!

해남댁 갈증난 사람더러 물을 청하는 격이군요?

외팔이 뭐라구?

해남댁 진돗개 행방은 내가 묻고 싶단 말이에요! 어디 갔수?

외팔이 뭣이?

해남댁 어디 갔어요? 진돗개 아저씬!

외팔이 왜이래? 잔소리 말구 어서 나오라구 해! (언성이 높자 주객들이 의아하게 쳐다본다)

해남댁 홋호…… 정말 모르겠어요! 낮부터 옥란이도 안 보이고해서 둘이 도망쳤나 부다하고 찾는 중이에요.

외팔이 옥란이 하구? 정말이오?

해남댁 아니 내가 거짓말 하겠어요? 정 믿어지지 않으면 뒤채 서 씨 방엘 가보구려.

외팔이 잠시 생각하더니 뒷방 쪽으로 급히 나가버린다.

해남댁 기가 막혀서……

칠성 (가까이 오며) 왜 그래요?

해남댁 진돗개가 영 없어졌다!

칠성 예? 그럼 저 사람들도 모르는군요! 두고 보세요! 내 말이 틀림 없을테니……

이때 외팔이가 상을 찌푸리고 다시 나온다.

해남댁 내 말이 어때요?

외팔이 그럼 아침에 꺼진 후엔 집에 안 나타났단 말이죠?

해남댁 누가 아니래요. (화제를 돌리며) 그건 그렇고 왜 찾으시오? 진돗개는……

외팔이 음……

하며 바깥쪽으로 나간다.

초조하게 기다리다 못해 나만수가 딱총하고 꺽다리에게 뭐라고 귓속말을 하고는 영흥관 쪽으로 온다.

해남댁도 외팔이의 거동을 의아하게 여겼는지 따라 나온다.

나만수 어떻게 됐나? 외팔이!

외팔이 꺼졌는데요. 나 주사님.

나만수 방에도 없어.

외팔이 예. 아침에 옥란이넌 하고 나간 길로 안 나타났다니까요. 옥란이년이 무슨 눈치를 채린 것 같아요.

해남댁 (고개를 내밀며) 영감! 왜 안들어오시고 행길에서 서성거리세요?

나만수 (약간 당황하며) 응, 좀 바쁜 일이 생겨서……

해남댁 (부러 토라진 척하며) 흥! 이제 영흥관 따위엔 출입을 안하시겠단 말이군요?

나만수 그에 아니야. 남의 속도 모르고.

해남댁 흥!

나만수 (가까이 오며) 이봐요! 그보다도 진돗개 어디 갔는지 몰라?

해남댁 (사이) 간곳이야 빤하지 뭐예요.

나만수 (관심을 모으며) 빤하다니? 그게 어디냔 말이야! 알면 진작 말할 것이지!

해남댁 보신탕 집에 가보시구려!

나만수 보신탕 집? 난데없이 보신탕은……

해남댁 여름철에 개가 없어졌으면 보신탕용으로 팔려가기가 십중 팔구니까요. 안그래요? 호호호.

두 사람도 어이가 없어서 따라 웃는다.

나만수 (화를 내며) 농담하고 있을 때가 아니란 말이야!

해남댁 (딴전을 부리며) 진돗개가 없어졌다면서요?

외팔이 그 진돗개 말구 윤근이 말이지!

해남댁 예…… 그건 아까 얘기 했잖아요?

외팔이 (나만수에게) 어떻게 할까요?

나만수 다른 곳을 찾아보자! (하며 되돌아선다)

해남댁 나 주사!

나만수 난 바쁘다니까!

해남댁 무슨 일이예요?

나만수 응? 흣흐흐…… 그저 뜸좀 들여놓으려구.

그동안 외팔이, 딱총, 꺽다리가 심각하게 숙덕거린다.

이때 우편에서 서윤근이와 옥란이가 나타난 것을 먼저 발견한 꺽다리가 소리친다.

꺽다리 진돗개가 온다!

외팔이 저 자식이. (나 주사에게) 나 주사님! 저기 옵니다.

나만수 응?

네 사람이 무대 한가운데로 모이자 서윤근이가 옥란이와 나란히 나온다.

옥란 홋호…… 진돗개 아저씨도 응큼합니더.

서윤근 헛허허. (하며 웃다 말고 걸음을 멈춘다. 옥란이도 약간 머뭇거린다. 무거운 침묵이 흐른다. 서윤근은 깨물고 있던 껌을 뱉으며 가까이 온다)

해남댁 (옥란에게) 어딜 쏴다니다가 이제 오니?

옥란 예…… 저…… (하며 웃음으로 어물쩡 해버린다)

나만수 (차근차근히) 뵙기가 힘들군! 서 형! 지금 보신탕 집으로 찾아갈까 했는데 가마 속으로 안 들어간 게 다행이군! 헛허……

서윤근은 주위를 경계하면서 말없이 담배를 뽑는다. 그 옆에서 외팔이가 역시 말없이 라이터를 켜댄다.

서윤근 (쓰게 웃으며) 갑자기 친절해지신 게 이상하구먼……

딱총 어디 갔댔어?

서윤근 (담배 연기를 뱉으며) 구경!

나만수 구경이라니?

서윤근 (능청을 떨며) 그게 무슨 창극단이랬디? (하며 옥란을 본다)

옥란 햇님 달님 아닌기요?

서윤근 옳아! 햇님 달님.

해남댁 (기가 막히다는 듯) 아니 그럼 너도 같이 갔었냐?

옥란 (수줍어하며) 예. 지가예…… 진돗개 아저씨보고 구경시켜 달라고 며칠 전부터 졸랐십니더……

두 사람을 제외한 모든 사람들은 어이가 없다는 듯 서로 얼굴만 쳐다본다.

해남댁 (화를 내며) 팔자 좋다! 아니 이것아! 그럼 구경 간다고 말이라도 해야지!

옥란 그저 그렇게 됐십니더!

해남댁 듣기 싫어! 고기 맛 보려면 백정 꼴 봐야 한다더니 술장수 하려니까 원…… (화를 내며) 어서 들어가서 손님이나 모셔! 뭘 설미친 사람처럼 히죽거리고만 섰어!

옥란 지금 들어갑니더. (서윤근에게) 오늘 구경 잘 했십니데이 호호홋.

해남댁 기가 막혀서…… (옥란을 앞세우고 영흥관으로 들어간다. 어떤 손님이 허리를 감는다. 옥란은 간드러지게 웃는다)

나만수 나하고 얘기 좀 할까?

서윤근 좋수다! 하시라우요.

나만수 여기서야 어디…… 조용한 곳으로 가자!

서윤근 조용한 곳?

나만수 그래! (부하들을 돌아본다)

외팔이 예. (준비되었다는 듯 끄덕인다)

서윤근 (슬슬 위치를 피하며) 어디 가나 마찬가지디요. 여기서 들읍시다.

외팔이 (태도가 급변하며) 이 새끼! 왜 까불어?

서윤근 웨라구!

외팔이 난 팔 하나밖에 없지만 경우에 벗어나는 짓은 안 한단 말이야! 그런데 너는……

서윤근 헛허…… 아닌 밤중에 홍두깨라더니 그게 무슨 소리가?

꺽다리 진돗개! 설마 우리를 파는 건 아니겠지? (하며 품에다 손을 댄다)

서윤근 팔다니?

나만수 (가까이 오며) 소식 들었나?

서윤근 소식?

나만수 지난번 제3부두에서 네가 처치한 놈의 시체가 나타났어!

서윤근 (놀라며) 뭐라구? 아니 그게 저 정말이가?

나만수 아까 제3부두 앞에서 뻘을 파내는 크레인에 시체가 걸렸단 말이다.

서윤근 (동요의 빛을 보이며) 분명히 발에 돌을 달아 던졌는데.

나만수 윤근이! 이젠 자네와 우리는 떨어질 수 없어! 여기서 빠져나가려다간 도리어 끌리어 들어가게 마련이란 말야!

서윤근 그러니 나더러 엇카란 말이오?

나만수 내 시키는 대로 네 손으로 강대명이를 처치해! 그러면 3부두의 사건은 우리가 덮어줄 테니. 이제는 살아도 같이 살고 죽어도 같이 죽어야 돼!

서윤근 (태연히) 먹기 싫은 음식은 안 먹는 것 뿐이야!

나만수 때로는 먹기 싫은 음식도 먹어야지!

서윤근 (괴로움을 이기려고 애쓰며) 이젠 지긋지긋해! 난 못해!

나만수 지금이라도 전화를 하면 너는…… 어떻게 되는 줄 알지?

서윤근 (노려보며) 네놈들의 죄를 깡그리 내게 뒤집어씌우겠단 말이지.

나만수 흥! 어떻든 제3부두에서 사람을 죽인 놈은 바로 자네니까. 안 그래?

서윤근 그러니 나를 꼭두각시로 만들 셈인가? 흥! 그렇게 쉽사리 안 될 걸! 나두 입이 뚫려 있으니까 들어가서 사실대로 불면……

나만수 그렇게 되면 나도 할 말 있지. 자네는 이북에서 온 빨갱이였다고 하면 너는…… 흣호 알겠어? 어떻게 될지……

서윤근 내가 빨갱이라고?

딱총 시시하게 굴지 마라!

외팔이 (대들며) 재미 없어!

서윤근 (눈치를 살피며) 어카겠단 말이가?

나만수 네가 아무리 발버둥쳐도 별 수 없어! 내 말 한마디면……

서윤근 날 티갔으면 티라우! 갈매기떼에게 맞아죽었다면 내 무덤 앞에 비석이라도 세워주갔지! 흣흐…… 핫하하.

서윤근의 교만한 태도에 모두들 압도당한다. 이때 얼마 전부터 영흥관 손님들이 나오다가 이 광경을 지켜본다.

외팔이 정말이지?

서윤근 티라니깐!

외팔이 (품에서 단도를 뽑아 찌르며) 이 새끼!

서윤근 (날쌔게 그 팔을 비틀어 쥐며) 연장을 쓰지 않구 티란 말이야!

외팔이 아얏! 음……

나만수 윤근이! 그 손을 놓게!

서윤근 연습이겠디요? 핫하…… (하며 팔을 뿌리치자 외팔이는 허공에서 중심을 잃고 보기 좋게 넘어진다)

나만수 (약간 기가 죽어서) 이봐. 나와 같이 가세!

서윤근 어딜요?

나만수 우린 서로 살고 보잔 말이야! 안 그래? 이제 와서 이렇게 뜻이 안 맞는다면 우린 몰사죽음을 당하네!

서윤근 나두 악착같이 살겠수다!

나만수 그러니까 내 시키는 대로 하면 살 수 있대두. (주위에 사람들이 모이자) 여기서야 얘기할 순 없지 뭐야.

서윤근 (잠시 생각 끝에) 나는 안 가겠어! 할 얘기가 있으면 여기서 하라우! (하며 손을 턴다)

이때 층계 위 가로등 밑에 시골청년과 형사가 등장. 딱총이 재빠르게 형사를 발견하고는 일당에게 눈짓을 한다.

딱총 경찰이다!

꺽다리 (나만수에게) 어서 피합시다! 냄새를 맡고 왔나 봐요!

나만수 (형사를 보자 서윤근에게) 음! 네놈이 역시…… 오냐, 두고 보자! (하며 좌편 쓰레기통 있는 쪽으로 급히 퇴장)

싸움 구경을 하던 사람들도 서서히 돌아간다. 서윤근은 조심스럽게 형사의 거동을 살피며 몸을 피한다. 형사는 수첩을 꺼내고 뭣을 치부한 다음 주위를 훑어보며 영흥관 가까이 온다.

형사 분명히 이 집이었소?

시골청년 예. 틀림없어라우, 나으리. 그놈들 떼거리가 덤벼들던 그날 일을 생각하면 냉수 마시고도 체하게 생겼어라우.

옥란 담배를 피워 물고 밖으로 나오다가 형사와 마주친다.

옥란 어서 오시이소! 쉬어가시렵니꺼? (하며 시골청년을 끌어당기려 한다)

시골청년 (겁을 먹고) 아 아니라우. 난 말이여, 손님이 아니라니께.

옥란 와 그러십니꺼?

형사 주인 계시오?

옥란 (의아한 낯으로) 주인이라고예?

형사 예. (하며 홀 안을 둘러본다)

옥란 저기 계십니더. (하며 마룻방에서 손님 대접을 하고 있는 해남댁을 가리킨다)

형사 틀림없소?

시골청년 예 예.

옥란 와 그러십니꺼?

형사 잠깐 만나보고 싶은데…… 나오라고 할 수 없소?

옥란 아주머이를예?

형사 예. 실은 나 이런 사람인데 (하며 패스포트를 보이며) 서에서 나왔소.

옥란 (긴장한 빛으로) 경찰서에서 말입니꺼? 예… 잠깐만 기다리시이소. (하며 급히 해남댁 쪽으로 간다)

손님과 농담을 하며 히히덕거리던 해남댁이 옥란의 말에 웃음을 뚝 끊고 이쪽을 바라본다. 이 사이에 형사는 담배를 피워 물고 집 주변을 살핀다.

해남댁 (신을 신으며) 경찰서에서 나왔어?

옥란 예. 어서 나가보시이소.

해남댁 무슨 일일까? 보안계에서 나왔다고 하더냐?

옥란 내사 모르겠십니더. (밖으로 나온다)

형사 죄송합니다. 영업 중에 나오시라구 해서……

해남댁 아니에요. 무슨 일이신지……

형사 잠깐 조사할 일이 있어서요.

해남댁 예. 저 안으로 들어가시지요.

형사 괜찮습니다. 이 사람이 며칠 전에 소금을 몽땅 빼앗겼다는데.

해남댁 나한테요?

형사 아주머니가 아니라 네댓 사람의 갈매기떼라는데.

해남댁 (반사적으로) 갈매기떼요?

시골청년 옳제! 그놈들이 갈매기떼였구먼!

형사 (타이르듯 해남댁에게) 그런데 그 자리에 아주머니도 같이 있었다던데……

해남댁 내 내가요? 천만에요. 난 갈매기떼가 뭣인지 기러기떼가 뭣인지도 모릅니다. 몰라요!

시골청년 뭣이라우? 그런 거짓말하면 죽어서 혓바닥 싹 짤릴 것이어! 그때 나보고 정보대에게 들켰으니 다행이지 경찰에 들켰다간 콩밥 먹고 물건 빼앗기고 신세 조질 것을 잘했다고 안했소? 안했어? (형사에게) 이 두 눈으로 똑바로 봤어라우! 나으리! 내가…… (해남댁에게) 내가 거짓말했으면 당신 속에서 나왔다가 들어갈 놈이지! (하며 씨근거린다)

해남댁 (비위가 상해서) 뭣이 어쩌고 어째? 아니 이것이 보이는 게 없나? (하며 시골청년에게 대든다)

형사 조용히들 하세요!

이때 옥란이가 뛰어나와서 말린다.

옥란 어무이! 와 이러시는기요? 진정하시이소!

해남댁 옥란아. 너 참 잘 왔다. 글쎄 이 오뉴월에 난로를 품고 죽을 녀석이 나더러 갈매기떼라는구나.

시골청년 시골사람들을 무식하다고 말이여 동네 북처럼 가면서 치고 오면서 치고 가만히 세워놓고 벌거벗기고 안했소?

해남댁 아니 그럼 우리 집이 갈매기떼 소굴이란 말이오?

시골청년 누가 알아요!

옥란 (불쾌하게) 보이소! 우째서 여기가 갈매기떼 집인기요? 사람을 얕잡아보지 마시이소!

해남댁 (시골청년에게 들으라는 듯) 대한민국은 법치국가란 말 못 들었어? 모든 일은 법으로 따지는 거지 감정으로 따질 순 없단 말이오.

시골청년 말 한번 잘 했소! 법은 도회지 사람에게만 있고 시골 사람에게는 없는 게 대한민국인가?

해남댁 여보세요! 제발 죽어서 천당엘 가려거든 생사람 잡지 말아요. 당신이 이 술장수 여편네한테 무슨 감정이 있는지 모르지만 그러면 못써요!

시골청년 기가 콱 맥히네! 어허…… 이렇게 사람을 잡을 것이여? 나으리 이거 어쩔 것요?

형사 (시골청년에게 수첩 사이에 낀 사진을 꺼내며) 가만히 계시오. 그보다 더 중대한 사건을 알아야겠으니. 저…… 이 사람을 기억하십니까?

해남댁 예? (훑어보며) 글쎄요…… 어디서 많이 본 사람 같기도 하고 그렇지 않은 것 같기도 하고……

형사 기억이 안 나십니까?

해남댁 홋호…… 글쎄 우리 집에 드나드는 손님이 어디 한두 사람이라야죠. 하루에 수십 명씩이나 되는 걸요. 호호……

형사 술 손님이 아니라 댁에서 며칠 묵었을 텐데. 일본서 물건을 싣고 팔러 온 사람을 기억 못하겠소?

해남댁 예? (다시 사진을 보며) 글쎄요. 그러고 보니 본 듯도 하군요. 옥란아! 이런 사람 우리 집에서 묵었었니? (하며 사진을 보인다)

옥란 (알겠다는 듯) 두 달 전에 제주서 오신 손님 아닌기요.

형사 (긴장하며) 기억하겠소?

옥란 예, 일본에 친척이 있다카면서 부자라카던데요.

해남댁 옳지. 2층에 사흘인가 묵었던 손님이냐?

옥란 예.

형사 언제죠? 그 사람이 떠난 지가?

해남댁 (손꼽아 세다 말고) 한 달 좀 더 되나 봅니다.

형사 (치부하며) 그때 입은 양복을 기억하겠소?

해남댁 (불안한 표정) 글쎄요…… 왜 그러시죠?

형사 죽었습니다.

해남댁 예?

해남댁의 과장된 감정 표현이 차츰 겁을 먹는다.

옥란 죽어예? 어디서예?

형사 (엄하게) 오늘 시체로 발견되었소. 뻘배가 파내는 뻘 흙 속에서.

옥란 에그머니나. 누가 그런……

형사 혹시 이 청년의 소금을 턴 갈매기떼와 관련이 있지 않나 해서 …… 갈매기떼가 댁에 드나든다는데 사실이오?

해남댁 (딱 잡아떼면서) 뭐라구요? 나으리! 나를 갈매기떼라고 한다면 억울합니다. 천번 만번 억울해요.

형사 (웃으며) 누가 아주머니더러 갈매기떼라고 합니까? 내가 알고 싶은 건 이 사람이 약 한 달 전에 여기서 유했다면 그때 갈매기떼들과 만났는지 여부를 알고 싶은 것뿐이니까.

해남댁 몰라요! (주먹으로 자기 가슴을 치며) 하늘이 내려보고 땅이 우러러보는 대낮에 왜 거짓말하겠소!

형사 이거 복잡하군! 분명히 집에 갈매기떼가 드나든다는데.

해남댁 여긴 갈매기떼는커녕 송사리 떼도 없어요!

형사 (난색을 보이며) 곤란하군. 어떻든 서에까지 같이 가실까요. 몇 가지 묻고 싶은 일이 있으니……

해남댁 (겁에 질려서) 저를요? 아무 죄도 없는 지가 왜 경찰서엘 가요. 저는 아무 죄도 없어요! 술장사한 죄밖에는……

형사 (어이없다는 듯이 웃으며) 헛허…… 누가 아주머니를 체포한댔소? 그저 수사상 참고될 일을 몇 가지……

해남댁 싫어요! 내가 왜 갑니까? 못 가요!

옥란 우리 어무이는 아무 죄 없습니더.

형사 글쎄 누가 죄가 있댔어? 증인으로 가는 거야. 한두 시간이면 돼요. 자 갑시다.

해남댁 예. 갑시다. (하며 옥란에게) 다녀올테니 가게 잘 봐라.

시골청년 (따라 나가며) 인제 알아볼 것이여. 흑백이 드러날 것이니……

해남댁이 형사 뒤를 따라 나간다. 시골청년 뒤따른다.

옥란 뭐가 뭔지 내사 모르겠다. (하며 홀로 들어간다)

이때 효심이가 반대쪽에서 등장. 양재학원에서 돌아오는지 가방이 들렸다.

옥란 아이고 이제 오는기요? 큰일났십니더……

효심 뭐가요?

옥란 어무이가 경찰서로 끌려갔십니더.

효심 예? 아니 왜요?

옥란　제3부두 살인사건의 수사를 하는데 물어볼 말이 있다카면서 형사가 왔었답니더!

효심　그래? (걱정스럽다는 듯 밖으로 나온다)

무대는 이미 밤의 장막이 깔리기 시작했고 등댓불이 뚜렷하게 빛난다. 이때 서윤근이가 조심스럽게 등장.

서윤근　효심이.

효심　예? (하며 돌아본다)

서윤근　(괴로움을 이기려고 애쓰며) 효심이!

효심　윤근 씨. 어머니가 제3부두 사건으로 경찰서에.

서윤근　(괴로운 듯) 그래…… (그의 태도가 전에 없이 풀이 죽어 보인 것이 의아스럽다는 듯 가까이 온다)

효심　윤근 씨. 무슨 일이 있었지요? 네? 저에겐 속일 필요 없어요.

서윤근　실은 오래 전부터 효심이에게 그것을 말하려고 했어.

효심　무슨 얘기신데.

서윤근　그것을 털어놓으려고 여러 번 별렀어. 그러나 이젠 털어놓지 않고는 못 견딜 것 같아.

효심　(부러 명랑하게) 말씀하세요.

서윤근　(격정을 누르며) 효심이, 나는…… 나는…… 사, 사람을 죽였어! 사람을……

효심　(놀라며) 예?

서윤근　제3부두 살인사건도 바로 내가 한 짓이다. 일을 치르면 갈매기떼와 나 주사가 300만 환을 준다기에. (하며 벽에 이마를 치며 괴로워한다)

효심　(감전된 사람처럼) 예?

서윤근 오늘 밤은 내가 얘기를 하게 내버려두라우! 난 모든 것을 털어버려야만이 속이 시원할 것 같아. 지금까지 효심이가 나를 아껴주는 마음을 나는 알고 있어! 다 알았디…… 마음속으로는 효심을 빼개지도록 안고 싶었어! 그렇디만 이 손으로 어케…… 아…… 이 손! (하며 벽을 친다) 그래서 나는 부러 효심이를 멀리하려던 것이었어. 알갔어? 효심이!

효심 알아요. 윤근 씨의 눈을 보고 알았어요. (울면서) 그렇지만 사람을 죽일 줄이야……

서윤근 아무리 내 마음을 속이려고 겉으로 강한 척해도 (가슴을 치며) 자꾸 속이 패 들어가는 것을 막을 수가 없었단 말이야.

효심 윤근 씨. (그의 등에 뺨을 대며) 세상 사람들이 다 윤근 씨를 미워해도 나만은 윤근 씨를 믿겠어요. 진흙 속에서 헤어나지 못하는 그 괴로움을 나만은 알겠어요. 자수하세요.

서윤근 자수해야디. 허디만 자수하기 전 할 일이 있어! 나가 놈과 끝장을 낼 일이 있단 말이야.

효심 (놀라며) 예?

서윤근 나를 살려두면 내 입에서 비밀이 탄로날까봐서 나가 놈은 나를 찾고 있어. 나는 죽는 건 무섭지 않어. 이 마음을 효심이에게만은 솔딕하게 말해야만……

효심 (감동되며) 윤근 씨!

서윤근 내 마음을 알아주갔디? 응?

효심 (그의 등에 뺨을 대며) 예.

서윤근 (감격해서) 효심이! (하며 안아준다)

멀리서 뱃고동 소리 울린다. 이때 층계 위에서 내려다보던 외팔이가 뛰어간다. 이를 발견한 서윤근이 놀란다.

서윤근 앗! 놈들이 냄새를 맡았군!

효심 (돌아보며) 누가요!

서윤근 외팔이가.

효심 윤근 씨! 이러고 있지 말고 어서 피신을 하세요.

서윤근 피신?

효심 차라리 경찰에 자수를 했으면 했지. 그 자들에게 붙들리면 개죽음을 당해요. 어서요!

서윤근 그렇지만…… 나는……

효심 어서요! (하며 억지로 손목을 끌고 우편으로 나간다)

암전

2장

무대

전막과 같음. 전막부터 서너 시간 후.

가게 안에 손님도 없고 유리문을 닫은 것으로 보아 장사를 여느 때보다 일찍 마친 것이 분명하다.

바닷바람이 거세게 불고 파도소리가 한결 높다.

무대가 밝아오면 해남댁이 머리를 싸매고 수심에 가득 찬 표정으로 무대 중앙에 앉아 있고, 옥란은 저만큼 떨어져서 화투짝을 떼고 있다.

문 밖 기둥에 할아범이 앉아서 졸고 있다.

어디서 부는지 칠성이의 하모니카 소리가 유달리 슬프기만 하다.

쿡크가 부엌에서 나온다. 집으로 돌아가는 길인가 보다.

한편 쓰레기통 뒤에서 외팔이, 딱총, 꺽다리가 숨어서 망을 본다.

딱총이 모자를 눌러 쓰고 집 앞을 오락가락한다. 어둠 속에서 담뱃불만이 빨갛게 눈에 띈다.

쿡크 마다무! 너무 걱정 말아요.

해남댁 (한숨) 아이구 깜찍스런 년 같으니! 제년이 이 에밀 감쪽같이 속이고 그 진돗개 놈과 배가 맞어가지고 그 지랄을 벌일 줄아?

쿡크 너무 걱정 말아요! 경찰서에서도 조사하면 알게 될 테지만 진돗개가 도망을 가버린 걸 효심인들 어떻게 알우?

해남댁 (도리어 화를 내며) 그러니 집에 틀어박혀 있었으면 될 걸. 그럼 순시하던 경찰에 붙들릴 염려두 없구 이런 생고생도 안 하지 않어요?

옥란 (화투를 떼며) 그 대신 어무이가 풀려나왔으니 됐지 뭡니꺼!

해남댁 (쏘아붙이며) 망할 것! 딸자식이 대신 경찰에 붙들렸는데 이 에미 속이 편하겠니?

쿡크 그게 붙들린 거요? 조사를 받는 것뿐이지!

해남댁 그러기에 내가 애초부터 진돗개하고는 가까이 하지 말라고 웬만큼 타일렀건만…… 에그…… 모르겠다!

쿡크 헛허…… 마다무도 알고 보니 마음이 약하긴…… 우리야 돈 받고 장사한 것뿐이지 그 작자가 살인범인지 절도범인지 알게 뭐요? 걱정 없어요.

옥란 (화투를 떼며) 김 씨 아저씨 말이 옳습니더…… 우리사 장사하는 사람인데 돈만 받으면 술도 팔고 잠도 재워주는 거 아닙니꺼.

해남댁 (히스테리를 내며) 아니라니까! 아니야! 이렇게 되면 어쩌다 나 주사에게까지…… 누가 뻰칠지도 몰라.

쿡크 그렇게 한꺼번에 여러 가지 걱정하다가 마다무 병나겠소. 마다무 몸도 생각해야죠! 원. (일어서며) 좌우간 오늘은 가게 문도 일찍 닫았으니 편히 쉬세요. 난 갑니다.

옥란 김 씨 아저씨, 갈란기요?

쿡크 옥란이는 아무렇지도 않나?

옥란 뭐 말입니꺼?

쿡크 진돗개가 붙들리게 되면 어떡하지?

옥란 염려마이소! 아까부터 패를 떼는데 꺼떡 없십니더! (하며 패를 섞는다)

쿡크 핫하…… 됐어! 사람이 그만한 배포가 있어야지! 저 마다무처럼 찔끔찔끔 눈물만 짜면 돼?

옥란 그건 그렇고 여태 우째 안 오는기요? (화투를 골고루 섞어서 친다)

쿡크 진돗개?

옥란 예. 생각 안 할라케도 나도 마음이 씹니더!

쿡크 헛허…… 지성이면 감천이란다! 곧 올 테지……

옥란 (다시 화투짝을 떼며) 김 씨도 농담일랑 마시이소! 사람이 헛헛해도 빚이 천량이라카지 않던기요?

쿡크 속이 탄단 말이지?

옥란 예. 아무리 내 마음이사 타지만 연기가 안 나니 누가 알아줍니꺼! (한숨)

쿡크 흥! 난데없는 생과부 나겠구나…… (하며 밖으로 나간다)

인기척이 나자 갈매기떼들이 재빨리 숨어버린다. 쿡크 좌편 층계 쪽으로 퇴장. 하모니카 소리가 한결 슬프다.

해남댁 (히스테리컬하게) 저놈의 하모니카 소리 좀 뚝 그치지 못할까?

옥란 (뒤채를 향하여) 칠성이! 칠성이!

칠성 (소리만) 예……

옥란 하모니카 좀 고만 불라! 어무이가 시끄럽다카잖아!

해남댁은 초조하게 밖으로 나와 가로등 아래로 온다. 하모니카 소리가 멎으니까 파도소리가 유난히 드높아지는 것 같다. 옥란은 계속 화투를 뗀다.

이때 2층에서 윤선희가 조심스럽게 내려온다.

윤선희 아가씨. 아가씨.

옥란 나를 불렀능기요?

윤선희 예. 죄송하지만 냉수 한 그릇만……

옥란 (자리에서 일어서며) 여태 뭘 하느라고 자리께 물도 안 떠났노!

하며 부엌으로 들어간다. 윤선희는 난간에 기대어 밤바다를 내려다본다. 초췌한 얼굴에 그늘이 더 깊어만 보인다.

윤선희 진남호 선장을 잘 아신다면서요? 가사도우미 아주머니가 그러시던데……

부엌에서 대접에 물을 떠가지고 나오던 옥란이가 날름 말대꾸를 한다.

옥란 진남호 고 선장이사 우리 단골손님 아닌기요…… 와 그러십니꺼?

윤선희 (물그릇을 받고 나서) 부탁 좀 하려구요.

옥란 부탁이라니요?

윤선희 그 배가 일본을 왕래한다죠?

옥란 예. 배는 30톤밖에 안 나가는 쪼맨한 발동선이지만 다람쥐처럼 날쌔답니더…… 일본 가시려고?

윤선희 아, 아뇨…… 그저 먼 곳으로라도 가버렸으면 싶어서요. (긴 한숨)

옥란 예? 그게 무슨 소린기요?

윤선희 사는 고장이 달라지면 마음도 혹시나 달라질까 해서죠.

옥란 (호기심을 가지며) 손님은 우째 여기 오셨습니꺼?

윤선희 (놀라는 표정) 예? 예.

옥란 나는 아까 형사가 왔다캐서 혹시 손님을 찾아온 줄 알았지예.

윤선희 (당황하며) 형사가 왔었어요?

옥란 예. 허지만 갈매기떼를 찾았습니더……

윤선희 (숨을 돌리며) 이 집에도 형사가 가끔 옵니까?

옥란 예……

윤선희 (불안을 느끼며) 그래요?

옥란 허지만 죄 없는 사람이사 무서울 게 뭐가 있습니꺼? 안 그런기요?

윤선희 예……

하며 바다를 바라본다. 옥란은 다시 화투를 떼며 윤선희의 거동을 바라본다. 윤선희가 울고 있음을 알자 측은한 생각이 든다.

옥란 누굴…… 기다리십니꺼?

윤선희 예…… 허지만 모든 게 허사였나 봐요…… (오열을 삼키며) 믿었던 내가…… 내가 바보였어요.

옥란 (가까이 오며) 무슨 일인기요?

윤선희 아, 아무것도……

옥란 (윤선희의 몸에 이상이 있음을 알고) 혹시 애기를 가지신 게 아닙니꺼?

윤선희 (당황하여 반사적으로 아랫배를 가리며) 예? 아니, 그걸 어떻게……

옥란 우째 모릅니꺼? 홋호…… 다 압니더. 나도 애기는 낳아봤십니더

……

윤선희 (다시 슬퍼지며) 흑……

옥란 애기 아부지는 어디 계신기요?

윤선희 나를 데리러 오겠다는 날짜가 일주일이나 지났는데도…… 안 오시는군요. 이렇게 밤이나 낮이나 바다만 바라보고 기다리자니…… 미칠 것만 같아요. 아니 마음이사 벌써 미쳤지요! 다만 육신만이 살아 있을 따름이니까요! 흑…… (하며 난간에 엎드려 운다)

옥란 (수수께끼가 풀려나오는 흥미를 느끼듯) 아…… 그래서 온종일 바깥 출입도 안 하시고……

윤선희 이렇게 기다리다가는 말라 죽을 것만 같군요. 편지는 이틀이면 온다는데…… 소식 한 장 없으니……

옥란 오신다캤으면 오시겠지! 아마 바쁘신 모양이제. 안 그런기요?

윤선희 아니에요! 그이는 아무리 바빠도 오실 분이에요! 나하고라면 이 세상 끝까지라도 가겠다던 분인데…… (자리에서 일어서며) 아…… 답답해!

하며 물그릇을 들고 2층으로 올라간다. 옥란은 감전된 사람처럼 멍하니 윤선희의 뒷그림자만 쳐다보고 있다가 긴 한숨을 쉰다.

옥란 (혼잣소리로) 보아하니 당신 팔자나 내 팔자나 고생문이 환합니더! 아…… 화투나 떼어보자!

하며 제자리로 돌아와서 다시 화투짝을 뗀다. 이때 우편에서 전보배달부가 자전거를 타고 와서 선다.

배달부 (할아범에게) 할아버지! 실례합니다.

할아범 예? (눈을 비비며) 누구세요?

배달부 이 댁에 계십니까?

할아범 왜 그러시오?

배달부 전본데요.

할아범 전보요? 누구한테요?

배달부 (플래시로 전보를 비치며) 윤선희 씨입니다…… (전보를 주며) 부탁합니다!

하고는 자전거를 타고 사라진다. 전보를 받은 할아범은 고개를 갸웃거리며 안으로 들어간다.

할아범 (혼잣소리로) 윤선희? 어디서 많이 듣던 이름인데…… 윤선희……

옥란 왜 그러십니꺼?

할아범 예…… 저…… 전보 왔어요.

옥란 전보예? (전보를 받아보더니) 옳제! 2층 손님인가보제. (혀를 차며) 소식을 주시려거던 진작 주시제! 얄궂데이…… (크게) 보이소! 2층 손님이요!

할아범 윤선희?

옥란 (자리에서 일어서며) 내가 갖다줘야겠다!

하며 2층으로 통통거리며 올라간다. 할아범은 어려운 문제라도 캐내려는 듯 고개를 갸우뚱거리며 문 밖 처음 자리에 앉아서 생각에 잠긴다. 이때 층계 위에 효심이가 나타난다. 머리와 옷이 헝클어져서 고달퍼 보인다. 뒤따라오던 해남댁이 덥석 손을 쥐며 반긴다.

해남댁 효심아! (울음이 터진다)

효심 어머니! (하며 금시 목이 메어 운다)

해남댁 이것아. 왜 뛰쳐나가서 이런 변을…… 그래 어떻게 됐어?

효심 (안심을 시키려고) 사실대로 이야기했을 뿐이에요!

해남댁 그랬더니 뭐래?

효심 잘 알았다면서…… 앞으로 무슨 일이 있으면 곧 서까지 연락해 달라며……

해남댁 (숨을 돌리며) 잘 했다! (낮게) 그건 그렇고 진돗개는 어떻게 됐지?

효심 (어찌할 바를 모르겠다는 듯) 모르겠어요! 으슥한 골목길만 찾는다는 게 잘못이었어요. 형사가 좇는 바람에 윤근 씨는 피하고 저는 미처 따르지 못하고…… 무사히 도망을 쳤는지 그렇잖으면 혹시……

해남댁 효심아! 이젠 우린 그런 사람한테 상관할 것 없다! (울먹거리며) 네가 경찰서로 간 후 나는 줄곧 네 생각만 해왔다! (하며 머리를 쓰다듬는다) 그저 내 곁에 네가 있어만 주면 그것으로 전부야! (정답게 어깨를 안으며) 정말 이 에미는 너밖에 없다……

효심 (감격해서) 어머니!

두 모녀는 군건히 손목을 잡고 층계를 내려와 홀 안으로 들어간다.

할아범 (얼떤 사람처럼) 어디서 꼭 듣던 이름인데…… 늙어지면 이렇게 정신이 흐려지는 것일까? 원……

효심은 홀 안으로 들어서자 한숨을 푹 쉬며 의자에 앉는다.

해남댁 저녁을 먹자!

효심 엄마도 여태 안 먹었수?

해남댁 그래! (웃으면서) 오랜만에 우리 둘이서 저녁을 먹게 되었구나! 조금만 기다려! 내가 맛있는 저녁을 차릴 테니…… 홋호……

효심 (눈물이 고이며) 어머니.

해남댁 응? 울긴 또……

효심 죄송해요. 괜히 제가 걱정만 끼쳐드려서……

해남댁 (앞치마를 두르며) 아니다! 난 아까 네가 경찰서로 불려간 다음에야 비로소 내 자신을 알아낸 것 같다. 내가 어리석었지!

효심 그런 얘기 이제 그만 둬요! 어머니……

이때 2층에서 옥란이가 내려온다. 얼굴엔 비애가 가득 차 있다.

해남댁 왜 그 쌍이냐?

옥란 (한숨을 뱉으며) 세상에 그런 악질이 또 어디 있노!

해남댁 누구 말이냐?

옥란 2층 1호실 손님 얘기 말입니더!

해남댁 어쨌어?

옥란 (제풀에 화가 나서) 그러기에 이 세상 사내놈들은 모두 맷돌에 갈아서 바다에다가 떠내려 보내는기라!

효심 아니 그게 무슨 말이우?

옥란 (비로소 효심을 보자) 아이고, 왔는기요? 잘했습니더!

해남댁 그것보다 2층 손님이 어쨌어?

옥란 글쎄 날이면 날마다 소식을 기다리더니 아까 전보가 왔기에 가지고 올라갔지 않습니꺼!

효심 누구한테서요?

옥란 그게 알고 보이 기다리던 남자한테서 온 전보인데 결국은 사내한테 속았단 말입니더!

해남댁 속다니?

옥란 처자 있는 남자와 서로 눈이 맞아 아이까지 뱄답니더!

효심 그래요?

옥란 둘이서 서울이고 어디고 도망가자카드라나! 그래 먼저 여관을 정하고 연락하면 금방 오겠다던 녀석이 전보엔 사정에 의해서 몬온다캤다지 뭔기요!

해남댁 죽일 놈 같으니!

효심 어머나……

옥란 그리고는 기다릴 필요도 없고 좋을 대로 하라니 한 번 집을 뛰쳐나온 몸이 우째 또 돌아갈 수 있느냐고 저리 울고 있지 않습니꺼! (따라 울며) 그러기에 이 세상 사내놈은 모두가 구랭이라! 어이구 징그럽다! 더럽다! (하며 침을 뱉는다)

효심 어쩐지 처음 봤을 때부터 눈치가 이상하더라니…… 어쩜 좋우?

해남댁 그 여자 팔자도 아미타불이구나!

옥란 게다가 그 여자는 장사를 한답시고 늙은 시아버지를 두고 집을 나온 지가 3년이나 된다카네요……

해남댁 망할 것! 시아버지 모시고 살 일이지, 왜 또 집은 나와가지고…… (하며 부엌으로 퇴장)

옥란 참 윤근 씬 어떻게 되었능교?

효심 글쎄요. 어디로 잘 피했는지 걱정이에요. 이 세상엔 행복한 사람보다 불행한 사람이 더 많은가 봐요…… (한숨)

옥란 맞십니더! 허지만 나 같은 인생도 살고 있지 않능기요.

효심 우리 집 안 사람만 하드라도 그렇지 않아요? 모두가 그 무엇을 기다리고 바라고 하면서도 누구 하나 뜻대로 이루어지는 사람은 없잖아요?

옥란 옳습니더! 떠돌아다니는 나그네 아닙니꺼!

효심은 초조한 기다림에 지친양 문지방에서 밖을 내다본다. 이때 무대 우편에서 서윤근이가 허탈상태에 빠진 사람처럼 천천히 나온다.

효심 (서윤근을 발견하자) 윤근 씨! (하며 그에게 다가간다) 무사했군요? (기쁨을 이기지 못해) 잘 오셨어요. 잘 오셨어요.

서윤근 (조용히 효심의 손을 잡으며) 효심이 나 물 한 그릇만……

효심 예? 예……

하며 급히 부엌 쪽으로 간다. 서윤근은 벽에 기대어 긴 한숨을 몰아쉰다. 잠시 후 효심이가 물그릇을 가져오자 서윤근은 한숨에 들이켠다.

서윤근 아! 시원하다! 효심이! 물맛이 이렇게 달다는 걸 미처 몰랐군……

효심 (의아한 표정으로) 위험한데 왜 오셨어요? 숨어있잖구……

서윤근 효심이, 작별하러 왔어.

효심 예?

서윤근 (쓴웃음을 뱉으며) 나는 어차피 살 수 없는 몸이라는 걸 알았어. 이 이상 숨어산다는 것은 무의미한 일이디. 괜히 내 마음만 괴롭힐 뿐이야. 자수하기 전에 내가 세상에 태어난 값어치를 하기 위해서 갈매기떼를 없애고…… 아니 내가 그놈들에게 맞아 죽을지도 모르디! 허지만 내 손으로 그놈들도 함께……

효심 안 돼요! 차라리 자수를 하세요. 그들에겐 가지 마세요! (하며 매달린다)

서윤근 효심이! 내 마음도 알아달라우! 알갔어? 내래 마지막 죽기 전에 한번 참되게 살고 싶은 것뿐이야! 그래서 효심이에게 이 한 가지 말을 알리고 싶어서 이케 찾아왔디!

효심 (울부짖으며) 윤근 씨! 나와 함께 도망을 가요!

서윤근 (가볍게 뿌리치며) 도망? 그건 이미 늦었어! 내래…… 각오하고 온 거야. 도망하면 오히려 효심이에게 무거운 짐만 지게 하는 거야……

효심 그렇지만……

서윤근 알아! (미소를 지으며) 말하디 않아도 안다니끼니…… 이제 마음이 개운해졌어! (효심의 손목을 잡으며) 효심이…… 고마워! 난 저세상에 가드라도 효심이를 못 잊을 거야…… 죽은 내 아내 못지않게 효심이를 사랑했어! 사랑했어!

효심 안 돼요! 가시면 안 돼요!

서윤근 이러디 말어! 집 안에서 누가 들으면 어카겠어? 자, 이 팔을 노라우! 응?

효심 윤근 씨의 마음은 제가 알아요! 그 악을 떨어버리기 위해서 얼마나 고민하였는가를……

서윤근 나만수와 만날 시간이 됐어! 효심이! 울지 말고 웃는 낯으로 보내주라우! 내래 놈들과 싸워 죽을 때 그 얼굴을 안고 죽갔어! 알겠어? 자…… 웃으라우.

효심 윤근 씨! (억지로 웃음을 웃어보이려 애쓰다가 울어버린다)

서윤근 고마워! 효심이만이 이 서윤근이의 더럽힌 생애를 깨끗이 씻어주는군! 그럼…… 안녕! (하며 급히 돌아선다)

효심 (혼잣소리) 안 돼! 윤근 씨! 가지 마!

서윤근은 한 번 돌아보더니 빙그레 웃으며 퇴장한다. 숨어서 망을 보던 갈매기떼가 곧 뒤좇는다.

효심 윤근 씨!

하며 울부짖는다. 얼마 전부터 그들을 지켜보던 해남댁이 나오며 냉정하게 타이른다.

해남댁 미쳤니? 어딜 가? 아까 경찰서에서 얘기 못 들었어? 두 번 다시 그 갈매기떼를 집에 받아들이면 어떻게 되는지……

효심 그렇지만…… 그렇지만 그이는 죄가 없어요! 어머니! 윤근 씨는 죽을지 몰라요!

해남댁 내버려 둬! 그들은 자기들의 갈 길이 따로 있는 거야. 자 어서 들어가자! (하며 효심을 억지로 끌다시피 하며 들어간다)

효심 어머니!

이때 문밖에 앉아서 눈만 말똥거리던 할아범의 눈빛에 갑작스레 광채가 퍼진다.

할아범 윤선희? 옳지! 이게 어떻게 된 일이야? 응? 이게…… (하며 허둥지둥 안으로 들어서며 옥란에게) 여보시오! 저…… 말씀……

옥란 난 바빠요. 할아범! 담배꽁초는 어무이 보고 달라카이소!

할아범 그게 아니라…… 아까 그 전보 말예요……

옥란 전보?

할아범 2층 손님인가 누구한테 온……

옥란 예. 와 그러십니꺼?

할아범 그게 저…… 분명히 윤선희였죠?

옥란 예. 윤선희라코 썼던데…… 와 그러십니꺼?

할아범 틀림없습니까?

옥란 (의아하여) 틀림없습니더! 할아버지 아는 사람인가요?

할아범 (와들와들 떨며) 예, 그게…… 바로…… 내 며느리 이름인데요……

옥란 뭐라꼬예?

해남댁 (밥숟가락을 놓으며) 그게 정말이요? 할아범!

할아범 (가까이 오며) 예. 윤선희가 바로 내 며느리 이름이죠. 아까는 아무리 생각해도…… 헛허…… 몸이 늙은 게 아니라 (머리를 가리키며) 이게 늙어요! 이게! 헛허…… (옥란에게) 지금 있지요?

옥란 (못 믿겠다는 듯) 예. 그렇지만. 같은 이름이사 많제.

할아범 내가…… 올라가서 만나면 알겠지! 그 애가 너무 반가워서 기절할까? 헛허……

옥란 안 됩니더! 지금 올라가시면 안 됩니더! (하며 막는다)

할아범 놓으세요……

옥란 (애원하듯) 할아버지! 그이는 지금 앓고 있습니더!

할아범 그렇다면 더구나 내가 가봐야지요.

옥란 안 돼요! 가면……

해남댁 옥란아! 내버려 둬! 아무래도 알게 될 걸 가지구…… 할아범 소원이나 풀어줘.

할아범 알게 되다뇨? 마나님! 그게 무슨 소리요? 응?

하며 세 사람의 표정을 번갈아 본다. 그러나 모두가 시선을 피하자 불길한 예감에 사로잡힌다.

해남댁 이름만 보고는 알 수 없으니까요.

할아범 아니 그럼 혹시…… (광적으로 올라서며) 애…… 아가! 내가 왔다! 헛허…… (하며 허둥지둥 2층으로 올라간다)

옥란 (눈물을 씻으려 하지도 않고) 지지리 복도 없데이! 왜 하필이면 여기서 시아버지는 만났누?

해남댁 올라가 봐라 옥란아……

효심 어머니 둘이서 있게 내버려두세요. 그러고 보니, 할아범의 얘기와 그 여자의 경우가 들어맞군요.

이때 2층에서 동물의 울부짖음 같은 통곡소리가 들린다.

할아범 (소리만) 으악…… 으악…… 이것아! 네가 웬일이냐!

해남댁 무슨 소리냐?

효심 (어머니에게 매어달리며) 에그머니나!

옥란 (감전된 사람처럼 서 있다가 갑자기 뛰어올라간다)

해남댁 옥란아! 내버려 둬! 반가워서 그러는 걸…… 3년 동안 헤어졌다가 찾은 시아버지의 마음이사 오죽하겠나? (부엌 쪽에서 금순네가 나온다)

금순네 그렇지만 좀 이상허잖아요.

해남댁 뭐가?

금순네 할아범 소리만 들리잖아요?

해남댁 올라가 봐라.

금순네 제가 어떻게요.

이때 옥란이가 힘없이 내려온다. 그녀의 손에 종이쪽지가 들렸다. 할아범의 구슬픈 통곡소리가 천천히 흘러나온다. 할아범의 서글픈 통곡소리가 아까보다 조용히 들려온다.

금순네 어떻게 됐어요?

옥란 (담담하게) 자살했십니더. 이것 보이소.

해남댁 뭣이? 자 자살을? 얘 효심아. 좀 읽어봐라.

효심 (유서를 받아 읽는다) 약속해요. 기다리다 지친 나더러 기다리지 말라니…… 그럼 영원히 안기다리겠어요.

할아범의 서글픈 통곡소리가 아까보다 조용히 들려온다.

해남댁 에그…… 지지리 복도 없지!

효심 어머니. 이러고 있을 게 아니라 어서 의사를 불러와야죠!

옥란 틀렸십니더! 맥도 없습니더! 평소에 약을 몸에 지니고 다녔나 본데…… 에그……

이때 2층에서 할아범이 넋 나간 사람처럼 천천히 내려오고 있다. 그의 두 눈엔 눈물은 말랐고 이상스런 빛이 떠돈다.

할아범 갔구려…… 갔어…… 흣흐……

옥란 (부축을 하며) 할아버지! 정신 차리시이소! 예?

할아범 (실성한 사람처럼) 내가…… 송장을 찾으러 다녔던가? (갑자기 주저앉으며) 이것아! 네가 내 앞에서 그 꼴을 보여야 시원하단 말이냐? (땅바닥을 치며 슬피 운다) 예끼 몹쓸 것! 네가 나를 버리고 나간 것도…… 쌀장사 한답시고 나 몰래 몸을 망친 것도…… 나는 용서할 수 있었다만…… 네가…… 네가 죽다니, 그것만은 용서 못하겠다! 흑…… 흑……

해남댁 (눈물을 씻으며) 할아범! 진정해요. 오죽이나 괴로웠으면 그런 꼴로……

할아범 하나님! 3년 동안 가랑잎보다 허망한 소문을 따라 항구란 항구는 모두 찾아 헤매이던 이 늙어빠진 인생에게 며느리의 시체를 보내

주셔야 되겠습니까? 차라리 이 꼴을 안 보게 나를 죽여줄 것이지!

효심 할아버지! 참으세요……

옥란 (눈물을 씻으며) 모두가 타고 난 운명 아닙니꺼…… 그만 우시이소! 진작 그 손님이 할아범의 며느리인 줄 우째 알았겠십니꺼…… 용서하시이소……

할아버지는 슬피 운다.
이때 좌편 층계에서 서윤근이가 나타난다. 옷은 다 해지고 얼굴은 피투성이가 되었다. 어깨에 칼을 맞았는지 한 손으로 어깨를 쥐었다. 그는 마지막 힘을 다하며 비틀거리다가 그만 굴러 떨어진다.

옥란 (비명을 지르며) 에그머니?

이 소리에 집 안에 있던 사람들이 모두 나온다.

해남댁 무슨 소리냐?

옥란 (부들부들 떨며 손가락으로 가리킨다) 저, 저기……

해남댁 응?

효심 아니 저이가…… (잠시 눈여겨보다가) 윤근 씨! (하며 뛰어가서 안아 일으킨다) 이게 어찌된 일이에요? 네?

서윤근 효심이…… 마지막으로…… 보고 싶었어……

효심 아! 이 피…… 어서 의사를 불러요! 어머니!

서윤근 (고개를 좌우로 저으며) 괜찮아…… 난…… 이제…… 홀가분해 …… 이젠 아무것도…… 후회할 것이 없어! (빙글 웃으며) 난 마음 놓고 잠들 것 같아…… 효심이…… 잘 있어……

효심 윤근 씨! 윤근 씨!

이 말과 함께 서윤근은 숨을 거둔다. 효심은 멍하니 시체를 내려다보다가 비로소 슬피 운다. 멀리서 뱃고동 소리가 들려온다.

암전

제4막

무대

전막과 같음.

전막부터 이틀 후 이른 아침. 무대엔 아직 햇살이 비추지 않고 있으나 멀리 바다엔 금빛 아침 노을이 비추고 있다.

영흥관 유리문엔 '임시휴업'이라고 쪽지가 붙어 있다. 홀 안 의자는 한 구석에 밀쳐있고 어딘지 이사 간 집 같이 공허해 보인다.

무대가 밝아지면 옥란이가 마룻방에서 머리를 빗고 있다.

발동선 소리가 한가롭기만 하다. 잠시 후 화자가 잠자리에서 일어난 차림으로 안채에서 나온다. 하품을 하며 마룻방에 걸터앉는다.

화자 (머리를 긁으며) 아이 졸려! 언니 담배 있수?

옥란 (담뱃갑을 던지며) 졸리면 더 자지. 오늘은 장사도 안 하겠다……

화자 (담배를 피우며) 말도 마세요. 하룻밤 사이에 송장이 둘이 나간 집에서 마음 놓고 잠을 자게 됐수?

옥란 재수에 옴 올라도 유분수지! 이제 이 짓도 몬해 먹겠다.

화자 게다가 효심 아가씨가 (안채를 보며) 밤새 우는 바람에 눈을 붙일 수가 있어야지!

옥란 (머리 빗던 그릇이며 빗 등속을 챙기며) 가엾게 되었지…… 시체를 오늘 해부한다제?

화자 (담뱃불을 붙이고 나서) 참 갈매기떼의 나 주사하고 외팔이도 진돗개의 칼에 맞아 천당엘 갔다지요?

옥란 흥! 허지만 그 자슥들은 천당이 아닐 지옥에 갔을 끼라! 생전에 남 못할 일을 시킨 놈들이니까 훗……

화자 (따라 웃다가) 말도 마세요! 그 등쌀에 눈물로 날을 보낸 사람이 있다는 걸 모르세요?

옥란 누구 말이꼬?

화자 누군 누구예요. 우리 집 마나님은 나 주사가 죽어 걱정, 효심 아가씨는 진돗개가 없어져 걱정! 흥……

옥란 (담배를 피우며) 이래저래 망하는 건 영흥관이 아니라 우리들이지 뭐꼬! 안 그렇나?

화자 참 나도 보따리를 쌀까봐!

옥란 좋은 사람이라도 있나? (하며 음탕한 눈웃음을 지으며 화자의 엉덩이를 쿡 찌른다)

화자 (그 손을 털며) 아침 해장치고는 너무 과하군요! 있긴 뭐가 있어요! 어느 놈팽이든 내 빚이나 갚아주면 금방이라도 따라 가겠는데……

옥란 홋호……

이때 돌층계 위에 할아범이 나타난다. 마치 유령처럼 천천히 걸어나온다. 그 뒤에 칠성이도 따른다. 할아범이 발을 헛딛자 재빨리 부축을 한다.

칠성 조심하세요! (할아범은 영흥관 앞까지 오자 새삼스럽게 복받치는 울음을 꿀꺽 삼킨다)

두 사람이 들어서자 옥란과 화자는 동정의 시선을 보낸다. 할아범은 의자에 걸터앉아 소리없이 운다.

옥란 칠성이! 어떻게 장사는 지내게 된다카드나?

칠성 아직 병원 시체실에 있는데, 무슨 수속이 더 걸린데……

화자 빌어먹을! 살아서도 가는 곳마다 수속 투성이더니 죽어서도 무슨 놈의 수속이 그렇게 많담!

옥란 할아버지! 그만 잊어버리시이소! 한 번 깨진 그릇을 우짜겠는교!

칠성 그럼요. (일으키며) 안에 들어가 쉬세요. 밤새 뜬눈으로 새우셨는데……

할아범 칠성아…… 네가 나 때문에 생고생했구나! 복 없는 놈은 어딜 가든 남에게 기대어 살기 마련이니…… 내가 죽어야지! 어이구! (다시 울기 시작한다)

화자 글쎄 그만 잊어버리세요! 이러다가 정말 할아버지 차례가 되겠어요! (칠성에게) 어서 안으로 모셔라!

칠성 응…… 할아버지…… 자 일어나세요! (하며 억지로 일으켜 뒤채로 퇴장. 멀리서 배 떠나가는 소리)

화자 (그 뒷모습을 바라보며) 복 없는 놈은 뒤로 넘어져도 코를 깬다더니 정말……

담뱃불을 끄고 꽁초를 저고리 소매 끝에 넣는다.
이때 우편 안채에서 해남댁이 등장.
잠을 제대로 자지 못한 탓이겠지만 충혈된 눈엔 독기가 서린 듯 날카롭다.
해남댁은 말없이 무대 한가운데 와 앉아 담배를 핀다. 화자는 심상치 않은 공기를 눈치 채고 뒤채로 들어간다.

옥란 좀 주무셨는교?

해남댁 (한숨) 나도 일찌감치 머리 깎고 입산수도를 하든지 그렇잖으면 농사나 지어야지, 이런 망쪼가 어디 있니! 송장이 집 안에 둘씩 생기더니 자식년이 에미를 쓴 외보듯 하잖아……

옥란 참 효심 아가씨는 좀 어떤기요?

해남댁 말도 마라! 밤새 울기만 하더니 물 한 모금도 안 마시고 천정만 쳐다보고 있으니 원……

옥란 뭐 서울로 가겠다면서요?

해남댁 미친 것! 불난 집에 부채질한다구 제 년까지 이 에미 마음을 썩이니 사람이 살 수가 있느냔 말야!

옥란 그래예?

해남댁 말이나 고분고분해야 알아먹지. 이건 조개처럼 입을 꽉 다물고…… 아이 속상해!

옥란 어무이! 그럼 아주 보내삐리소!

해남댁 뭐라구?

옥란 그렇게 가고 싶다면 보내삐리면 되잖는기요?

해남댁 너 그걸 말이라고 하니?

옥란 난 효심 아가씨의 마음을 알 수 있을 것 같십니더……

해남댁 (어이가 없다는 듯) 알긴 뭘 알아? 서울만 가면 무슨 뾰족한 수가 생긴다던? 지금이 어떤 세상인데 제깟 년이 서울 가서 뭘 해먹고 살겠다고……

옥란 살라카면 우째 몬 살겠는기요?

해남댁 어림도 없는 소리! 돈이 자갈밭이라도 안 된다.

옥란 그렇지만 효심 아가씨의 심정도 알아줘야잖는교?

해남댁 뭐?

옥란 이런 변을 당하고서 우째 여기서 살 마음이 나겠습니꺼! 얼마 동안이라도 기분전환을 하기 위해서 갔다 오라카이소…… 어무이…… 안 그런기요?

해남댁 나도 여러 모로 생각을 했어. 지금까지 갈매기떼 그늘에서 살아온 것도 잘못인 줄 알지! 허지만 홀어미가 자식을 기르며 장사하자니…… 별 수 있어? (서글퍼지면서) 그 동안에 웃음만이 있었던 건 아니야. 남몰래 눈물도 얼마나 흘렸는지 몰라…… 그게 어디 나 혼자 잘 살기 위해서였는가? 딸자식 하나 가르치고 키우기 위해서……

옥란 (동정적으로) 그걸 와 모르겠습니꺼! 허지만 젊은 사람 마음은 또 다르잖습니꺼!

해남댁 듣기 싫어! 호강이 넘쳐서 그렇지!

옥란 말이야 바로 말이지 나도 살기 싫습니더!

해남댁 뭐라구? 그럼 여길 그만 두겠단 말이냐?

옥란 때를 봐야 알겠지만 나도 어디로 훨훨 날아가고 싶습니더! 그이가 그렇게 된 후로는 마음이 허전해서 못 견디겠습니더!

해남댁 (자리에서 일어서며) 너도 가고 싶으면 가거라. 여기보다 좋은 곳이 있으면 가! 여기선 나 혼자서라도 살 테니……

옥란 누가 지금 간다캤습니꺼? 그저 기분이 그렇다 그말이제!

해남댁 내가 전세에 무슨 죄가 있었기에…… (눈물바람을 한다)

옥란 원 어무이도…… (자리에서 일어서며) 허지만 시간이 흐르면 다 잊어버리게 될 겝니더…… 썰물이 지나가면 밀물이 오고 밤이 새면 아침이 온다코 안 하던기요? (한숨) 가만히 두이소! 그러면 제풀에 가라앉는 법입니더! 어무이는 그것도 모릅니꺼! 홋호…… 효심 아가씨도 괜히 진돗개 아저씨 때문에 그렇지만 내일이 되고 모레가 오면 잊어버립니더…… 그만한 나이엔 다칠수록 고장나는 법이 아닌기요? 긁어 부스럼 만들지 마이소!

해남댁 (눈물을 씻으며) 그래. 쬐쬐하게 생각할 일이 아니지.

옥란 오후부턴 장사를 시작해야잖겠습니꺼?

해남댁 송장이 나간 집에 무슨 손님이 올려구! 오늘까지 이대로 쉬자.

하며 우편 안채로 퇴장한다. 옥란은 길게 숨을 돌리고 밖을 내다본다. 이때 쿡크 김 씨가 어울리지 않게 양복 차림과 트렁크를 들고 등장한다. 마음 속에 깃든 고민을 이겨내려는 흔적이 퍽 피곤하게 보인다. 그는 층계 위에서 멀리 아침 바다를 내려다보더니 서서히 내려온다.

옥란 어서 오시이소. (하다 말고 그의 옷차림을 보고) 아니 그렇게 차려입고 어디 갈라카는기요?

쿡크 음…… (하며 의자에 걸터앉는다) 마다무는 어디 갔어?

옥란 지금 막 안으로 들어갔습니다!

쿡크 그래? (하며 담배를 꺼낸다. 평상시보다 한층 침울해 보인다)

옥란 여행하실랑기요?

쿡크 (신통치 않게) 응…… 좀…… 바람 좀 쐬고 오겠어!

옥란 (의외의 일이라 납득이 안 간다는 듯) 그렇십니꺼! 참 잠깐만 기다리시이소. 내 가서 어무이 불러오겠십니더. 어무이! 어무이!

하며 안채로 급히 퇴장.
혼자 남은 쿡크는 새삼 감개무량하다는 듯 홀 안을 돌아본다.
멀리서 갈매기 우는 소리가 들린다. 뒤채에서 칠성이가 나온다.

칠성 아저씨 나오셨어요?

쿡크 오냐. 밤새 수고했다!

칠성 뭘요……

쿡크 할아범은?

칠성 이제 겨우 잠이 드셨어요. 소주를 밤새 마셨거든요……

쿡크 (한숨) 그래? 죽기 전엔 잠든다는 게 큰 휴식이지!

칠성 정말 할아버지가 불쌍해요. 이제 사고무친한 외톨이가 되었으니……

쿡크 그러기 말이다.

칠성 아저씨가 마님께 말씀드려서 안 내보내도록 해주세요.

쿡크 내보내다니?

칠성 (경계를 하며) 노랭이 마나님이 할아범을 그대로 있으라고 하지는 않을 것 같아요. 더구나 집 안에서 그 꼴을 치렀으니 얼마나 성화를 낼지 모르거든요.

쿡크 그럴 리가 있니? 마다무도 사람인데……

이때 우편 안채 쪽에서 해남댁 나온다. 그 뒤에 옥란이 따른다. 칠성은 자리에서 일어나 부엌으로 들어간다.

해남댁 아니 여행을 떠나시겠다구요?

쿡크 (멋쩍게 웃으며) 그저 기분전환으로……

해남댁 (심각하게) 왜요?

쿡크 왜라니…… 그저…… (하며 시선을 피한다)

해남댁 김 씨!

쿡크 예?

해남댁 그러지 말고 이 집에서 일을 봐줘요.

쿡크 (돌아보며) 예?

해남댁 (절실하게 그러나 한 가닥의 수줍음을 지니고) 집 안 꼴이 이렇게 되는 마당에 김 씨마저 이 영흥관을 버리고 떠나면 나 혼자 이 장사를 어떻게 꾸려나가요.

쿡크 아니 누가 또 떠난대요?

해남댁 갈 사람이 많다우. (갑자기 고독감에 사로잡힌 듯) 그러니 나를 도와줘요…… 김 씨가 가버리면 영흥관은 문 닫아야죠……

옥란 김 씨 아저씨! 그렇게 하시이소.

쿡크 난 결코 그런 뜻에서가 아니라……

해남댁 알아요. 알고말고요. (무슨 얘기를 하려다 말고 옥란에게) 옥란아……

옥란 예?

해남댁 나 김 씨하고 얘기 좀 할 테니 자리 좀 비켜주겠어?

옥란 예. 그럼 두 분이 말씀하시이소……

하며 뒤채로 퇴장한다. 두 사람만이 남게 되자 갑자기 적막이 짙어지며 바깥 소음도 더욱 뚜렷해진다. 갈매기 우는 소리며 뱃고동 소리가 뚜렷이 들린다.

해남댁 김 씨!

쿡크 (당황해서) 예?

해남댁 언젠가 김 씨가 나보고 한 얘기 기억하세요?

쿡크 내가 무슨 얘길 했던가요?

해남댁 김 씨가 마음 속으로 생각하는 과부가 있다고 했죠?

쿡크 (쓴웃음) 그건…… 그저 지나가는 빈 말이었죠!

해남댁 혹시 그 사람을 찾아가는 거 아니우? 그러지 말고 나를 도와준 셈치고 여기 있어줘요.

쿡크 마다무! 나 같은 사람을 그토록 아껴주니 고맙긴 하지만……

해남댁 그럼 같이 있어 주시겠어요?

쿡크 당분간 혼자 있고 싶군요. 이 나이에 뭣을 가릴 필요도 없겠지만 역시 한 번 마음먹은 일이라…… 그래서 전부터 부산에 있는 친구가 같이 음식점을 해보자고……

해남댁 (안타깝게)

쿡크 (자리에서 일어서며) 길게 얘기하면 그만큼 괴로워집니다. 그러나 떠나기 전에 꼭 할 얘기가 있어서 온 거요.

해남댁 예?

쿡크 마다무. 내가 마음 속에 그리던 과부는 바로 마다무였소!

해남댁 예?

쿡크 (쓴웃음) 부질없는 얘기죠…… 그러나 한때는 나대로의 행복한 공상도 가져본 것은 사실입니다! 원래가 겁이 많고 사귐성이 없는 성미라…… 헛허…… 그만 둡시다!

해남댁 (낮게) 김 씨!

쿡크 (그녀의 뜨거운 시선을 피하며) 비웃지 마시오, 마다무! 내가 상처한 뒤 십여년 동안 재취를 얻지 않다가 마다무를 알게 된 그 후로는 곧잘 그런 생각을 해봤죠. 그러나 다행히 내겐 자식도 가족도 없으니 이렇게 홀가분하게 단념도 하고 또 여행도 할 수 있습니다. 용서하시오!

얼마 전에 우편 안채에서 나오던 효심이가 두 사람의 얘기를 엿듣는다.

쿡크 그러나 또 기회가 있으면 찾아오겠소! 떠나가기는 하지만 이 항구는 내게 있어선 고향보다 더 정든 고장이오!

해남댁 (감격적으로) 고마워요! 김 씨! (중얼거리듯) 그러나 모두 가버리는군요. 한 사람 두 사람 다 내 곁을 떠나가는군요……

효심이가 서서히 나타난다.

효심 어머니!

효심의 출현에 두 사람이 깜짝 놀란다. 그러나 효심은 담담한 태도이다.

효심 어머니! 제가 어머니 곁에 있겠어요!

해남댁 그럼…… 서울은?

효심 그만 두겠어요.

해남댁 효심아! 그게 정말이냐?

효심 어머니! 갈매기떼들이 남기고 간 상처는 저 혼자로도 충분해요. 어머니까지 불행하게 해드릴 순 없어요.

효심의 절실한 태도에 감동된 쿡크는 빙그레 웃음으로 대답한다.

쿡크 마다무! 정말 따님은 잘 두셨어! 갈매기떼가 남기고 간 상처는 혼자서 맡겠다는 뜻을 아시겠소? 마다무. (하며 조용히 웃는다) 자…… 그럼 나는 이만……

해남댁 예. 부디 몸조심하시고…… 꼭 한 번 들리세요.

쿡크 예…… 효심이 잘 있어!

하며 밖으로 나간다. 얼마 동안 두 모녀는 쿡크의 뒷모습을 바라보다가 시선이 마주친다.

해남댁 효심아!

하며 끌어당긴다. 행복한 미소가 흘러 퍼진다.
이때 뒤채에서 옥란, 화자, 그리고 금순네도 등장. 천천히 이 광경을 보고 안도의 미소를 짓는다.

옥란 김 씨는 가셨능교?

해남댁 응. 지금 막……

모두들 문지방에 서서 층계를 오르는 김 씨를 부른다.

옥란 김 씨! 안녕히 가이소!

화자 돈 많이 벌어서 장가드세요!

금순네 홋호…… 지랄하네……

김 씨는 말없이 손만 흔들어 보이고 퇴장.

옥란 (돌아서며) 아…… 한 사람 떠났구나!

금순네 왜 옥란이도 가고 싶어서?

옥란 내사 오라카는 디도 없고 가라카는 사람도 없으니 우야코! 홋호……

화자 정들면 고향이고 서방인데 뭘 그래!

금순네 흥…… 모두들 궁둥이가 실룩거리는 모양이제! 잔소리 말고 한군데 발 붙이고 살아야 돈도 모아! 괜히 떠돌아다니면 먼지만 나지!

이때 뒤채에서 할아범이 천천히 걸어나온다. 한손에 낡은 옷보따리가 다른 한손엔 찌그러진 여름 모자가 들렸다. 그러나 그의 얼굴엔 슬픔과 허무의 그림자가 깊게 패였다. 부엌에서 나오던 칠성이가 할아범을 발견하자 소리를 지른다.

칠성 할아버지! 왜 벌써 나오세요? 더 주무시지…… (이 말에 모두들 돌아본다)

할아범 (술 취한 사람처럼 혼잣소리) 가야지…… 가야지.

해남댁 어디 가세요, 아침부터……

할아범 나 같은 놈에게 아침이고 밤이고 있나요? 이젠 기다릴 사람도 기다려줄 사람도 없으니 편하게 되었지 뭡니까. (한숨) 마나님 …… 오랫동안 신세만 졌습니다. 더구나 그 은혜도 못 갚고 도리어 흉칙스런 꼴만 보였으니…… (갑자기 슬퍼진다)

효심 (동정하며) 할아버지. 그대로 우리 집에 계세요!

할아범 아닙니다. 그젯밤 그런 일이 있기 전에 없어져야 할 놈이…… 그저 늙은 놈은 오나가나 말썽이군요…… (억지로 웃으면서) 이렇게 늙은 놈이 그 은혜를 갚는다면 거짓말이고…… 죽어서 저승에 가면 여러분에게 복이라도 내리시도록 힘쓰겠소.

효심 할아버지! 잠깐만 기다리세요. (하며 급히 우편 안채로 뛰어간다)

해남댁 할아범. 갈 곳이나 정해놓고 가오?

할아범 정하긴요. 난 이제 슬프지도 기쁘지도 않습니다. 그저 발붙이고 살 수 있는 곳을 찾아서 구름처럼 떠나렵니다. 어디 가나 정 들면 고향이라잖아요. 헛허…… (이때 효심이가 보자기에 싼 노타이셔츠를 들고 나온다)

효심 받으세요. 여름 노타이셔츠예요.

할아범 저를 주시는 겁니까?

효심 (억지로) 예. 남자 옷이니까 품은 맞을 거예요. 무늬가 좀 젊기는 하지만……

해남댁 (그제야 서윤근이 옷인 줄 알고) 효심아! 그건……

효심 어머니! 괜찮아요! 제가 지은 옷을 입어주는 사람이 있다면 그것으로 만족해요. 어서 받으세요. 앞으로는 누가 할아버지에게 옷을 지어주겠어요?

할아범 (보자기를 받으며) 예. 고맙습니다……

칠성 할아버지. 섭섭해요……

할아범 잘 있거라…… 너도 장가가야지……

할아범은 웃음도 울음도 아닌 일그러진 표정으로 천천히 우편으로 나간다.

갈매기떼 우는 소리와 함께 파도소리가 높아진다.

옥란이와 화자가 문지방까지 가서 배웅을 한다.

화자 할아버지 안녕히 가세요.

옥란 할아버지 또 만나요!

할아범 오냐…… 옥란이도 어서 임자를 찾아가야지! 갈매기는 바다에서 사는 거야. 산에서는 못 살어…… 헛허……

층계를 천천히 올라가는 할아범이 바다를 내려다보며 길게 한숨을 뱉는다. 모두들 그를 말없는 가운데 배웅한다.

해남댁 (허탈한 상태에서) 다들 떠나가 버렸군! 배 떠난 자리는 흔적도 없지만 사람이 떠난 자리는 이렇게 텅 비니……

하며 집 안을 휭 돌아본다. 이 말에 효심이가 문지방에서 돌아서서 가까이 다가온다.

효심 어머니!

하며 손목을 쥔다. 해남댁은 쓸쓸히 웃으며 효심의 등을 다독거린다.

–조용히 막

청기와집 (4막)

• **등장인물**

하대덕(66세), 하참봉으로 불리는 몰락지주

부인 이 씨(50세), 대덕의 후처

기용(44세), 대덕의 장남. 전처의 아들. 일제 말기에 대학을 나왔으나 해방 후 일정한 직업도 없이 정당만 따라 다녔음

정원(40세), 기용의 처. 동양적이나 교만한 여성

재철(22세), 기용의 아들. 대학 경제학과생. 몸이 허약한 탓으로 휴학 중

재순(19세), 고교 졸업 후 가사를 돕고 있다. 재철의 누이동생

일용(25세), 대덕의 서자. 소작인의 딸과의 사이에 태어났음. 어려서 행방불명이 되었다가 돌아왔음. 자칭 외국인 상사 사원

옥녀(28세), 대덕의 둘째 며느리. 과부. 그의 남편은 6·25 때 납치되었음

김경희(22세), 국민학교 교사. 재철의 애인

서인섭(45세), 하대덕의 사위. 과수원을 경영함

서운(39세), 인섭의 아내. 대덕의 딸

삼재(25세), 대덕의 집 머슴. 제대군인

귀례(17세), 대덕의 집 부엌 종

면장

사진사

형사

기타 부락민 다수(소리만)

제1막

무대

황토골에서 3대째 살아나온 하 씨 가문의 역사를 첫눈에 알아볼 수 있는 고색이 찬연한 기와집.

우편으로 무대의 삼분의 이 가까운 넓이를 부엌과 안방, 대청마루 건넌방이 차지했다. 좌편에 뜰아래채의 일부가 서 있다. 안채와 뜰아래채 사이로 대문간으로 통하는 길이 있는 좌편으로 사랑채로 통하는 중간문이 있다. 이 담 너머로 사랑채의 지붕이 반쯤 가리어 보인다. 대청마루 후면은 원래가 두터운 흙벽이었던 것을 유리문으로 개조한 점만이 이 집의 근대화를 엿보여줄 뿐이다. 유리문 너머로 뒤뜰과 사랑채를 가로막은 얕은 흙담이 보인다. 그러나 이 낡은 기와집의 특징은 바로 지붕에 있는 것이다. 지붕 중간쯤에 한 줄만 가지런히 청기와로 이어진 점이 첫눈에 띈다. 원래는 지붕 전체를 청기와로 이었으나 이제는 그 한 줄만이 남았고 남은 기와엔 푸른 이끼와 강아지풀이 제멋대로 자랐다.

화강석 축대 위에 올라앉은 집은 육중하다기보다 땅속으로 가라앉을 뻔한 무게를 둥글고 때가 절은 굵은 기둥이 간신히 떠받치고 있다는 인상이다. 따라서 집 전체의 분위기는 허물어져 가는 힘이 마지막 안간힘을 쓰고 있다는 처절하고도 서글픈 인상이 한결 짙다.

때는 늦가을. 뜰가에 서 있는 감나무 가지에 홍시가 열려 있고 빨갛게 물든 감나무 잎사귀가 인상적이다. 감나무 아래 볏짚단이 세워져 있다.

막이 오르면 뜰 가운데 가족사진을 찍기 위해 두 개의 의자를 중심으로 모든 가족들이 더러는 서고 더러는 앉아 있다. 한 의자엔 부인 이 씨가 앉아 있고 다른 의자는 비어있다. 그 옆과 뒤로 정원, 재철, 재순,

옥녀, 인섭, 서운이 저마다 옷매무새를 고치며 서 있다. 사진사는 감나무 아래다 낡은 사진기를 세워놓고 검정 보자기를 뒤집어썼다 벗었다 하면서 핀트를 맞춘다. 삼재와 귀례가 한 귀퉁이에 서서 히죽거리고 있다. 멀리 기차 지나가는 소리가 한가롭다.

사진사 (중성같은 목소리로 애교를 띄우며) 그 학생은 조금 앞으로…… 예…… 좀 더 앞으로 다가서실까요…… (그 말에 따라 재철이가 몸을 움직인다) 예…… 좋아요. (잠시 예술가적 표정으로 보다 말고) 그 옆 아주머니…… 고개 좀…… 예…… (옥녀가 고개를 든다. 사진사는 다시 보자기를 둘러쓰고 핀트를 맞춘다)

재순 할아버지하고 아버진 왜 안 나오시나?

정원 재철아, 네가 사랑에 들어가 보려무나!

재철 (흥미 없다는 듯) 아까부터 얘기하고 계시던데…… 곧 나오시겠죠, 어머니.

이씨 (혀를 차며) 빨랑들 나오잖구. 오늘같이 바쁜 날에 웬 얘기가 그리 기나? 빨리 사진 찍고 손님 맞을 교자상도 봐야지.

서운 어머니는 잠자코 계세요! 손님 대접이야 손이 모자라서 못할까 봐서요. 형님 있겠다 동생 있겠다 일용네 있겠다……

인섭 참, 그러고 보니 (휘둘러 보고서) 여보, 일용네가 안 보이는군.

서운 (맞장구치듯) 정말…… 어디 갔을까?

정원 (싸늘하게) 동생, 내버려 둬요!

서운 왜요, 형님?

정원 같이 사진을 찍자고 해도 마다고 할 사람이니까.

인섭 그래도 오늘 같은 날엔 우리 식구 중에 한 사람이라도 빠져서야 되겠습니까? 아버님 생신 기념인데……

이씨 그래, 자네 말이 옳아! 어찌 되었건 우리 식구는 식구니까……

같이 찍자고 해라, 귀례야! (삼재하고 숙덕거리던 귀례 돌아선다)

귀례 예! (하며 가까이 온다)

이씨 어서 가서 일용네 나오래라.

귀례 사진 찍게요?

이씨 옷 좀 말쑥하게 갈아입고 오래! 또 언젠가처럼…… 시월인데 숙고사치마 입고 나오지 말래라. 그 여편네는 하는 짓마다 엉뚱해서 원.

이때 부엌 뒤에서 돼지 밥이 가득 찬 양동이를 들고 일용네가 기우뚱거리며 나온다. 모든 사람의 시선이 자기에게 집중되자 약간 계면쩍어하는 눈치이다. 자신의 험상궂은 옷차림과 화려하게 입은 다른 식구들의 차림이 서글프게 느껴지나 보다.

귀례 저기 나오시는구먼.

인섭 사진 찍게 빨리 오세요.

일용네 내가… 사진은 무슨… 돼지 밥 줘야 해요.

서운 어서 옷 갈아입고 나오세요. 아버지하고 오라버니 나오시기 전에.

일용네 (대문 쪽으로 가며) 난 안 찍어! 나 하나 없다고 사진이 안 될 것도 없구. 어서들 찍어요. (하며 대문 밖으로 나간다)

모두들 어색한 표정을 짓는다.

이씨 저, 저 사람 좀 봐.

정원 그것 보세요. 제 말이 어때요. 개밥에 도토리 놀듯 한다니까…

이씨 저 여편네는 항상 말투가 항아리로 개 패는 소리라니까, 쯧쯧……

사진사 이제 준비가 다 되었는데요. 더 기다려야 하겠습니까? (하며 손목

시계를 들여다본다)

서운 (인섭에게) 여보, 당신이 좀 건너가 보구려! 아버지 생신 기념사진 찍다가 하루 해를 다 보내겠어요.

재순 (무릎을 치며) 고모 말이 옳아! 아이구 다리야. 오빠가 가봐요. (하며 재철을 쳐다본다) 무슨 얘긴지!

재철 (무관심하게) 흥, 들으나마나 또 돈 얘기겠지!

재순 돈?

재철 아버지가 서울서 내려오시는 날은 으레 돈타령 아니더냐?

무대 좌편에서 하대덕의 노기찬 목소리가 터져 나오자 모두들 긴장한다.

대덕 (소리만) 듣기 싫다, 이놈아! 그건 못해! 내 눈에 흙이 덮이기 전엔 그걸 팔 순 없단 말이야.

기용 (소리만) 글쎄 끝까지 제 얘길 듣고 나서 말씀하세요. 아버님께선 ……

이때 하대덕이 투덜거리며 나온다. 은회색 양단 마고자가 햇살에 반사되어 눈이 부시다. 그러나 그의 흰머리며 오랜 위장병으로 까칠해진 안색은 어디까지나 병적이다. 그 뒤에 양복 차림의 기용이 따라 나온다. 허우대는 늘씬하고 제법 신사다우나 어딘지 여물지 못한 인상이다.

재순 할아버지, 빨리 사진 찍으세요.

대덕 사진? 무슨 사진? (하며 여러 사람들을 보다가 사진사와 시선이 마주치자 사진사는 재빠르게 모자를 벗고 비굴하게 굽실한다)

사진사 안녕하세요, 참봉영감.

대덕 (들은 척 만 척 하며) 아니, 무슨 일이기에 사진인가? (하며 사위인

인섭을 본다)

인섭 (조용히 웃으며) 아버님 생신날이라서 기념으로 가족사진을 찍기로 했죠.

대덕 가족사진? 그런 걸 뭣 때문에 돈을 들여서 찍어 찍긴. 관두게.

인섭 그렇지만……

대덕 난 안 찍어! 한 번 안 한다면 안 하는 내 성질을 알지? 찍고 싶거든 너희들이나 찍어! (하며 되돌아가려고 한다)

이씨 영감……

대덕 뭐야, 임자는?

이씨 저렇게 읍내에서 사진사까지 불려오고 애들이 아까부터 기다렸는데…… 왜 그만둬요, 두긴…… 어서 앉읍시다. 이게 다 영감을 위해서 하는 일이지 어디…… 애들 좋자는 일이요? (서운을 가리키며) 서 서방네 식구는 그것 때문에 새벽길을 걸었다잖아요.

대덕 (흘기며) 내가 언제 생일잔치를 차려 달랬어, 기념사진을 찍어 달랬어? 흥, 나를 진정 위한다면 늙은 애비 오장이나 안 건드려야지……

그동안 마루 끝에서 담배연기만 푹푹 내뱉고 있는 기용에게 정원이가 말을 건다.

정원 무슨 일이 있었수, 여보?

기용 무슨 일은……

정원 그럼 왜 아버님께서 저리 역정을 내세요! 당신이 또 아버님 비위를 거슬려 드렸기에…… 저러시지……

기용 (성을 내며) 내가 어쨌다는 거야? 아버님 제풀에 괜시리……

대덕 뭐 괜시리라고? (기용에게 다가오며) 이놈아, 애비가 괜시리 소락대기를 지를 만큼 노망한 줄 아니? 그래 내가 괜시리 화를 냈어?

이씨 (대덕의 손을 붙들며) 영감, 남볼까 두렵소, 원…… 왜 이러세요!

대덕 저놈 구십 놀리는 소릴 못 들었어? 그래 늙은 애비가 노망해야 속이 시원하겠어?

이씨 무슨 일이 있었는지 모르지만 제발 오늘만은 웃는 낯으로 지냅시다. 재철 아범도 부러 아버지 생신 지내러 서울서 내려온 걸 영감도 아시면서 괜시리……

대덕 또 괜시리야? 아니 이것들은 모두 한속이 되어 나를 정신병자로 볼 셈인가, 응?

인섭 아버님, 기왕 준비한 일이니 그렇게 하세요.

대덕 자네도 알겠지만 글쎄 그 산판이 어떤 산판이라고……

대덕의 말투가 약간 눅어지는 듯하자 서운이도 재빠르게 애교 있게 덤빈다.

서운 아버지 생신날이라고 새벽길을 뛰어왔어요. 자- 앉으세요. (하며 대덕을 앉히고 여러 사람들에게 어서 자리를 잡으라고 눈짓으로 지시한다)

재순 (사진사에게) 빨리……

사진사 예, 예……

이 사이에 기용과 정원도 자리에 돌아온다.

사진사 그럼 잠깐만…… 찍습니다. (훑어보며) 움직이지 마세요. 참봉영감, 고개 좀 이렇게……

대덕 (난박살을 주며) 아무려면 어때! 빨리 찍게!

사진사 예, 예. 움직이지 마세요- 하나, 둘, 셋! (셔터를 누르고서) 감사합니다. 감사합니다.

대덕 (서운에게) 아이들은 충실하냐?

서운 그렇잖아도 외할아버지 댁에 따라오겠다는 걸- 겨우 떼어놓고 왔어요.

대덕과 이 씨는 안방으로, 기용과 정원은 건넌방으로, 인섭과 서운은 사진사에게 사무적인 타합*을 한다. 삼재는 의자를 들고 사랑채로 퇴장하고 재철은 볏짚단에 털썩 주저앉더니 이윽고 반쯤 뒤로 비스듬히 누운 채로 하늘을 본다. 아까부터 한마디 말도 없던 옥녀가 부엌 쪽으로 가자 귀례가 재빠르게 달려든다.

귀례 아무리 봐야 새댁이 기중 이쁘네유.

옥녀 (서글픈 미소를 지으며) 망할 것 내가 예쁘긴……

귀례 정말이에유! 새댁이 그 사이에 끼었으니께 꼭 닭장 안에 공작새가 앉아 있는 것 같지 뭐예유!

옥녀 공작새? (어이없다는 듯 쓴웃음) 귀례야 너는 어디서 그런 말을 배웠니?

귀례 들은 풍월이지 지가 배우긴 뭘 배워유… 히히… 낫 놓고 기역자도 모르는데유.

옥녀 (쓸쓸한 미소를 짓다 말고 긴 한숨을 내쉬며 허공을 바라본다) 이런 세상엔 까막눈이 더 속 편할지도 모르지.

귀례 (무슨 뜻인지 못 알아듣겠다는 듯 옥녀의 얼굴을 들여다보며) 야? 아니 그게 무슨 소리래유?

---

* 두 편이 서로 양보하여 합의함.

옥녀 (부러 명랑한 척 하며) 귀례 팔자가 상팔자라니까.

귀례 얼레? 지가 상팔자라구요?

옥녀 그렇지. 걱정할 일이라곤 없잖어.

귀례 왜 없어유. 이래 뵈도 (가슴을 치며) 걱정이 태산 같아유.

옥녀 (다시 시들해지며 긴 한숨) 하긴, 지금 세상에 근심걱정 없는 사람이 있을라구…

귀례 (힐끗 쳐다보고 뜻있는 웃음을 품으며) 새댁은 왜 시집 안 가유?

옥녀 (당황한 빛으로) 뭐라구? 정말 넌 못할 소리가 없구나!

귀례 어때유… 그럼 새댁같이 이쁜데 언제까지나 이렇게 혼자서 사실 테유?

옥녀 (한숨) 별 수 없잖아. 그렇다고 이제 와서 어떻게…

귀례 (바삭 다가서며) 어때유! 작은서방님이 돌아가신 지가 벌써 십년이 가까운데…… 만사를 잊어버리시고 시집을 가세요. 말이야 바른 말이지 새댁같이 이쁘고 얌전한 과수댁이라면 누가……

옥녀 (불쑥 일어나며) 듣기 싫어! 누가 그런 걱정하랬어! 어서 들어가서 잔심부름이나 해! (하며 총총히 부엌으로 퇴장)

귀례 (혼잣소리) 흥, 자기 속의 말 해주니께 고맙다고 할 일이지! 그럼 청상과부가 어떻게 혼자 산디야.

얼마 전 사진사는 대문 밖으로 나가고 인섭 부부도 안방으로 들어간다. 이때 일용네가 빈 양동이를 들고 나온다.

귀례 일용엄마! 일용엄마! 왜 사진 안 찍었어?

일용네 (못마땅한 표정이나 무디게) 이년아, 너까지 일용엄마냐?

귀례 일용엄마니까 일용엄마라고 부르지 그럼 이용엄마라구 불러유?

일용네 (톡 쏘아치며) 일용이가 애기냔 말이야! 애기야? 뒷집 개이름이여?

귀례 아이 깜짝이야! 왜 소릴 질러유?

일용네 (묵직하게) 살았으면 스물다섯 살 난 어엿한 총각이란 말여, 총각!

귀례 그래 어쨌단 말이여?

일용네 그런데 오년이 되나 십년이 되나 일용네, 일용네 하고만 불러대니 속상하단 말이여, 이것아!

귀례 흥, 그럼 뭐라고 불러요, 일용엄마!

일용네 이것이 또… 그런…

귀례 (거의 반사적으로 입을 가리며) 어이구, 힛히… 잘못했어유… 작은 노마님, 힛히.

일용네 뭣이? 노마님은 또 뭐냐? 난데없이…

귀례 내가 모를 줄 알구? 집을 나간 일용이가 영감어른의 아들이니까 노마님 아녀?

일용네 아니, 요년이… 어디서 함부로…

귀례 힛히… 그건 그렇구… 아까 사진 찍을 때 아주 굉장했었다우.

일용네 뭐가?

귀례 (딴전을 부리며) 아, 난 언제 이런 부잣집으로 시집가나?

일용네 부잣집?

귀례 그렇죠. 이 황톳골에서 청기와집 하면 모르는 사람이 없을 만큼 부자죠.

일용네 흥, 항상 달밤이라더냐?

귀례 뭐요?

일용네 열흘 가는 꽃 없고 기울지 않는 달도 없다는 얘기 못 들었어?

귀례 무슨 소리여 그게?

일용네 모르면 낮잠이나 자, 이것아!

이때 건넌방에서 기용 부부의 싸우는 소리가 들린다.

기용 (소리만) 내가 어쨌다는 거야, 내가?

정원 (역시 소리만) 잘하신 게 뭐가 있어요, 그럼! 생각해 보구려!

기용 (소리만) 글쎄 왜들 나만 보면 이렇게 극성들이야, 응?

이와 동시에 체경 깨지는 소리가 집안이 떠나갈 듯이 쨍하고 울린다.

귀례 어이구, 또 소동이여!

일용네 (무관심하게) 부수면 또 사겠지 흥!

귀례 큰 서방님이 서울서 내려오시기만 하면 난리가 터지니 어떻게 된 판이유?

이때 건넌방 미닫이를 확 열어 제치며 기용이가 마루로 나와 걸터앉는다. 그리고 신경질적으로 담배연기를 내뿜는다. 귀례와 일용네는 슬슬 눈치를 보며 부엌으로 들어간다. 정원이 흐느끼는 소리 들린다. 이씨가 안방에서 나온다.

이씨 왜 또 소란이냐 응?

기용 (크게 숨을 몰아쉬기만 하고 말이 없다)

이씨 오늘 같은 날은 속상하는 일이 있더라도 참아야지!

기용 글쎄 내 애긴 듣지도 않고 앙탈만 부리잖아요, 빌어먹을!

이씨 어멈만을 나무랄 수도 없지. (하며 한숨을 몰아쉰다)

기용 뭐라구요?

이씨 생각해보면 알 일 아냐. (추근추근 따지듯) 도대체 서울엔 무슨 일이 그리 바빠서 한 달이면 스무날 이상 눌러 붙어 있어, 응?

기용 어머니도 속 모르시면 낮잠이나 주무세요!

이씨 에그, 낮잠도 속이 편해야 자지! 이렇게 밤낮 집안에 구름이 끼니 원. (기용의 눈치를 보며) 제발 자리 좀 잡고 살아요!

기용 예?

이씨 사내아이 마흔셋이면 손주 볼 나이야. 남들은 그 나이에 장관도 지내고 사장도 지내는데 원…

기용 그래 저더러 어떻게 하란 말이에요? 제가 지금 놀고 있는 줄 아세요?

이씨 (소리를 죽여) 그게 아니야. 옛 말에 하루 재수 보려면 해장술 말구 평생 신수 편하려면 두 집 살림 말랬어!

기용 또 그 얘기예요? (외면한다) 칫!

이씨 또가 아니야, 또가…… (혀를 차고서) 글쎄 언제까지나 그 계집에게 살림을 붙여줄테야, 응? 재철이나 재순이도 이제 어린애가 아니란 말이야! 대학 다니는 아들 부끄러워서도 두 집 살림은 걷어치워야 해! 그뿐인가, 아버님께서 아범 말을 안 들어준 것도 다 그 계집질 때문이래두……

기용 …… (긴 한숨)

이씨 본처 박대하는 사내치고 잘되는 사람 없어.

이때 건넌방에서 정원이가 나온다. 울었는지 눈두덩이 벌겋게 부었다. 손에 깨진 유리조각이 들렸다.

이씨 부엌에 좀 나가보지 그래!

정원 저 아니래도 일손은 많아요.

이씨 뭐라구?

정원 저…… 읍내 좀 다녀오겠어요, 어머니.

이씨 읍내는 또 왜?

정원 글쎄요.

기용 손님이 오는 줄 알면서 나가긴 어딜 나가!

정원 (눈을 흘기며) 나가건 들어오건 무슨 참견이우?

기용 (불쾌하게) 뭐라구?

정원 또 때려부수구려! 한 달에 한 번씩 그림자만 비치고 지나가는 주제에 왜 건뜻하면 살림은 때려부숴요!

이씨 그만 좀 해둬! (안방을 살피며) 아버님께선 그렇잖아도 아침부터 심정이 편치 않으신데……

정원 제가 있어서 집안에 풍파라면 집을 나가면 될 게 아니에요!

기용 집을 나가다니?

정원 (표독스럽게) 왜 내가 나간다니 반가우세요? 이제 아주 그 계집을 서울서 데려다가 들어앉히구려. 그렇게 되면 만사가 편하잖겠어요.

이씨 조용히 좀 하래두! 아이들 부끄럽지 않아?

정원 저는 오늘날까지 참을 대로 참고 기다릴 대로 기다려 왔어요. 족제비도 낯짝이 있지 그래. 이렇게…… (스스로 분에 못 이겨 눈물을 깨문다)

기용 아니 저 사람이 회가 동했나, 그렇잖으면 정신이상인가? 오늘따라 왜 이렇게 악발이야?

정원 그러니까 악발 아닌 토끼발이건 생쥐발이건 데려다 살아요!

이때 안방에서 서운이가 급히 나온다.

서운 어머니! 어머니!

이씨 응? 왜!

서운 (미간이 흐려지며) 어서 들어가 보세요. 아버지께서 또…… 토하시고 야단이세요.

이씨 토하셨어? (기용에게) 어서 들어가보지. (기용 마지못해 다시 안방으

로 들어간다)

서운 아침에 잡수신 게 좋지 않으신가 봐요.

이씨 그게 아냐! (한숨) 에그…… 자식이 뭔지……

서운 예?

이씨 위장병도 속이 편해야 낫는다는데 이렇게 밤낮 우환이 끊일 새가 없으니 병이 낫기는커녕…… 에그……

서운 어서 들어가 보세요.

이씨 오냐! 넌 부엌 좀 둘러봐라. 음식이 어떻게 되었는지…… (하며 안방으로 들어간다)

서운 (정원에게) 형님, 어서 손님상 차립시다.

정원 …… (말없이 돌아서 눈물을 씻는다)

서운 오라버니하고 또 승갱일 하셨군요?

정원 (혼잣소리처럼) 이런 세상 살 바엔 차라리 죽어 없어지는 게 편하지.

서운 글쎄 형님이 참으셔야지 어떻게 해요. 오라버니가 하신 일을 생각한다면야 그 그림자도 미울 지경이지만……

정원 당해보지 않은 사람은 이 속을 몰라요. 내가 하 씨 문중에 시집와서 얻은 거라곤 가슴에 든 멍밖에 없어 삼백예순날 베개를 눈물로 적시고 살았으니……

서운 그렇지만 재철이나 재순이가 있잖아요?

정원 (못마땅하게) 누가 자식 낳아 주려고 시집왔나? 이십 년이 지난 오늘까지 정다운 말마디 한번 들어 봤던들 덜 슬프겠어! 차라리 소박이라도 맞고 나가면……

서운 원 형님두! 남의 작은계집이란 사내 수중에서 돈 떨어지면 그만이래잖아요.

정원 그것만도 아닌 것 같아.

서운 예? 아니 그럼 또 무슨 까닭이라도……

정원 그 서울 년이 돈놀이를 한다, 다방을 한다면서 모아둔 돈이 제법 많다는데……

서운 그게 어디 제 돈이우? 오라버님 주머니에서 나온 돈이지!

정원 그러니 계집은 잡아떼려면 손등에 사마귀 떼듯 두 눈 딱 감고 떼버려야 할 텐데 질질 끌면서 돈을 물어다 주니 그년이 왜 떨어지겠수! 떨어지긴……

서운 (딱하다는 듯) 글쎄 걱정 마세요. 오라버님도 마음 속으로는 후회하지만 몇 해를 두고 살아온 처지니까 하루아침에 떼지는 못하고 슬슬 연을 끊자는 속셈이겠죠. 그러니 죽었다 셈 치고 꾹 참고 기다리세요.

정원 죽을 때까지 기다리다 지쳐서…… 못사는 꼴을…… (터지려는 울음을 물며 돌아선다)

정원은 잠시 생각을 하더니 말없이 서운을 따라 부엌으로 퇴장한다. 한동안 고기 다지는 도마소리며 식기 부딪치는 소리가 드높다. 멀리 기적소리가 꼬리를 남기며 지나간다. 깊은 생각에 잠긴 기용이 방에서 나온다. 사랑채로 건너가려다 볏짚단에 누워있는 재철을 보자 걸음을 멈춘다. 그러나 재철은 눈을 감은 채 움직이지 않는다. 해맑은 얼굴이 햇볕 아래서 한층 핼쑥해 보인다.

기용 재철아, 왜 거기 누워있니? 찬바람이 몸에 해롭다.

재철 (여전히 말이 없다)

기용 (소리를 돋구어) 안에 들어가 누워있어!

재철 (눈을 감은 채) 알고 있어요!

기용 뭐라구?

재철 (담담하게) 제 걱정은 마세요.

기용 (마음속으로는 불쾌하나 일부러 부드럽게) 너는 건강이 좋지 않으니까 조심해. 그것 때문에 휴학까지 해놓구서…… 어서 들어가거라.

재철 (부시시 일어나며) 아버지!

기용 왜?

재철 저 학교 그만 둘까 봐요. (하며 짚을 자근자근 깨문다)

기용 학교를 그만둬?

재철 학교 나가봐야 시시한 것밖에…… 그보다도 제 형편엔 대학에 다닌다는 게 무의미한 것 같아요.

기용 아니 난데없이 그게 무슨 소리냐? 대학에 다니는 게 무의미하다니?

재철 흥미 없어요. (한숨을 몰아쉰다)

기용 건방진 소리 말어! 내 체면이나 우리 집안의 명예를 생각해 봐! 할아버지께서 자수성가로 칠천석군의 대지주를 지내셨고 내가 일제시대에 일본 제국대학까지 나온 것이 쉬운 일 같지만……

재철 (날카롭게) 그게 나와 무슨 상관이에요!

기용 뭐, 뭐라구? 아니 이놈이……

재철 (다시 조용하게) 아버지가 제국대학 아니라 우주대학을 나오셨다 해서 누가 알아줘요? 아버지의 현재 하시는 일이 문제지……

기용 내가 하는 일이 뭐가 나빠?

재철 (비꼬는 듯) 좋아 보일 것도 없죠.

기용 뭣이 어째?

재철 (흥분하지 않고) 아버지께서 나나 재순이를 위해서 하신 게 뭐가 있어요. 네? 우리 등록금 한 번 내주셨어요? 할아버지께 모든 걸 떠맡기고서 혼자서만 살아오신 아버지에게 뭣을 기대하란 말이에요?

기용 (약간 당황하며) 내 하는 일이 그렇게 바빴어. 너는 모를 테지만……

재철 바쁘셨다면 좋아요. 허지만 제가 생각하기엔 아버진 밤낮 헛다리만 짚어 왔어요. 남 좋은 일만 시키고.

기용 뭐라구?

재철 (불쑥 자리에서 일어나며) 그만 두세요! 오늘만은 억지로라도 웃는 낯을 지녀야 한다니까요. 흥…… (하며 뒤를 돌아보지도 않고 대문 쪽으로 나간다)

기용 재철아, 재철아! (사이) 아니 저 자식이 제 길로 어른이 되는 줄 아는 모양이지? 헹, 기가 막혀서! 뭐 내가 헛다리를 짚었어? 두고 봐라. 이번 일만 성공하면 이집 지붕을 말끔히 청기와로 갈아 얹고…… 우리 하 씨 가문에 봉황새가 내려앉을 테니까.

이때 안방에서 인섭이 나온다. 혼자서 뜨락에 서서 중얼거리고 있는 기용을 보자 상을 찌푸린다.

인섭 형님, 기용 형님!

기용 (돌아보고는 계면쩍게) 오, 서 서방인가?

인섭 뭘 혼자서 그렇게 중얼거리고 있소? (하며 뜰로 내려온다)

기용 글쎄 재철이란 놈이 학교를 그만 두겠다잖아. 요즘 세상에 대학 졸업장 없이 어디 가서 명함을 내놓겠다구 어림도 없지!

인섭 재철이가 그런 소릴 해요?

기용 지금 젊은 놈들은 시건방져서 탈이라니까. 우리가 일제시대에 대학 다닐 때 어디 그랬어? 자넨 농과대학을 다녔고 난 상과였지만 그래도 대학생이라는 긍지와 매력이 지금처럼……

인섭 형님, 할 얘기가 있는데요.

기용 응?

인섭 아버님께 왜 그런 얘길 했소?

기용 그런 얘기라니? (사이) 그 산을 처분하자는……

인섭 그것 때문에 굉장히 충격을 받으신 모양이에요. 원래 위가 약하셨지만 이 위장병도 신경과 관련이 있는 법이라서……

기용 (허튼 웃음) 아니 자넨 과수원 경영에만 귀신인 줄 알았더니만 의학 방면에도 일가견이군! 헛허……

인섭 농담이 아니라니까요! 아버님을 전문의사에게 한번 뵈일 필요가 있을 것 같아요. 단순한 소화불량이나 위산과다증은 아닌 것 같습니다. 증세가……

기용 괜찮아, 젊은 시절에 약주를 많이 하신 탓이겠지. 사실 그래 뵈도 아버진 소싯적에 술과 여자를 꽤 좋아하셨어!

인섭 (쓴 웃음) 원…… 그게 무슨……

기용 사실이야! 돌아가신 어머니 다음으로 지금 어머니를 맞았지만 소작인의 딸을 본 게 바로 저 부엌떼긴데…… 흣흐…… 그보다 자네에게 청이 있네.

인섭 청이라뇨?

기용 자네가 내 얘길 아버님께 잘 좀 설명해 드리게.

인섭 내가요?

기용 아버진 옛날부터 장남인 나보다 사위인 자네 얘기는 무조건 신임해 왔잖아.

인섭 그럴 리가 있소? 속담에 사위자식 개자식이라는데……

기용 그게 우리 집안에선 통하지 않으니 이상하지! 응? 아까도 얘기했지만 이번엔 틀림없어. 이십만 환만 내면 불과 3개월 후엔 삼배 내지 사배로 불어난다니 해볼만 하잖아……

인섭 글쎄…… 그게 어디 쉬운 일이에요……

기용 자네까지 나를 불신임하긴가? 내 얘기를 다시 함세. 내가 지금 하는 일은……

인섭 알았어요. 그 미군들이 사격장으로 썼던 섬에서 뭘 캐낸다는 얘기죠?

기용 (자기 의중에 있는 말을 하자 기분이 좋아서) 맞았어! 그 섬엔 포탄, 기관총탄 할 것 없이 탄피가 무진장 박혀 있거든……

인섭 탄피가요?

기용 그렇지! 6·25동란 후 미군들이 사격장으로 쓰던 곳이지. 그래서 그 섬은 물론 섬 둘레에 있는 뻘흙에도 말일세. 이 탄피를 채굴해서 구리쇠만 뜯어 팔면 그 이익이 이만 저만이 아니야. 이것 좀 보게. (하며 안주머니에서 큼직한 서류봉투를 꺼내며) 이게 바로 그 계약 신청서류인데…… 국장, 차관결재까지 다 났어. 그러니 이제 돈만 있으면 되는 판인데…… 돈이 있어야지…… 돈이……

인섭 (형식적으로 서류를 훑어보며) 말하자면 그 탄피에서 뜯어낸 구리쇠로 금속판을 만들어서 판단 말이죠?

기용 (열을 올려) 그렇지! 그리고 그 금속판은 국내뿐만이 아니라 외국에 수출까지 하고 있거든. 그러니 이건 외화를 획득하는 의미에선 애국적인 사업이라고도 볼 수 있거든.

인섭 굉장하군요.

기용 그러니 자네가 아버님께 설명을 해드려. 그 영감쟁이는 내 얘기라면 콩으로 메주를 쑨대도 안 믿겠다면서…… 말문을 열기도 전에 신경질부터 내니 원……

인섭 지금까지 형님이 장담하던 일치고 성공한 적이 없으니까 그렇죠.

기용 그렇지만 이번 일은 확실해! 이건 그 탄피를 발굴할 권리만 사는 거니까 허가가 나오면 그 자리에서 프리미엄이 붙어서 팔린다니까. 말하자면 손 안 대고 코를 푸는 격이지! 헛허……

인섭 손 안 대고 코를 푼다…… 글쎄요…… 나는 이해를 못하겠는데요.

기용 자넨 성질이 꼼꼼해서 일년 열두 달 과수원에서만 사니까 모를 테지만 지금 세상은…… 다 그렇게 되는 수가 있어. 게다가 다행히 요로에 내 대학 동창들이 있어서……

이때 대문 쪽에서 삼재가 헐레벌떡 뛰어온다.

삼재 영감마님…… 영감마님! (하며 안방 쪽으로 간다)

인섭 왜 수선을 떠는가, 삼재!

삼재 (두 사람을 보자 달려가서) 왔어요, 왔어!

기용 아니, 누가 왔단 말인가?

삼재 작은 서방님이요!

기용 작은 서방님이라니?

인섭 (기용과 시선을 마주치며 긴장해서) 승용이 말인가?

기용 그럴 리가…… 삼재, 누구야?

삼재 그, 그 일용이 말입죠, 일용이!

인섭
기용 (동시에) 일용이가?

삼재 예! 읍내에서 자동차를 대절해 가지고…… 빨리 나가보세요.

안방에서 이 씨가 나온다. 그 사이에 삼재는 부엌으로 뛰어간다.

이씨 무슨 일이 있었어?

기용 예…… 저…… 일용이가 돌아왔다나요……

이씨 뭣이? 일용이가?

인섭 삼재가 잘못 본 게 아닐까요?

기용 (크게) 삼재! 삼재!

삼재 (부엌에서 소리만) 예.

대덕 (방 안에서) 누가 왔다구?

이씨 (미닫이에다 대고) 일용이가 왔다니 어떻게 된 영문인지……

이때 부엌에서 삼재가 뛰어나오자 그 뒤에 정원, 서운, 옥녀, 귀례가 음식 장만하던 손 그대로 나온다.

이씨 (삼재에게) 똑똑히 봤어?

삼재 예. 다리목에서 자동차를 세우고 누구하고 얘기하던데요.

정원 십오년 동안 소식도 없었는데……

이씨 잘못 본 게 아니냐?

삼재 아니라니까요! 아주 굉장한 차림이던데요!

이때 대문 밖에서 자동차 클랙슨 소리와 함께 차 멎는 소리가 나자 서로 얼굴을 쳐다본다.

삼재 들으셨죠, 자동차 소리? 나가보세요!

서로 약속이나 한 듯이 대문 쪽으로 몰려간다. 이때 안방에서 배를 문지르며 대덕이가 나온다. 아직도 위가 아픈 모양이다.

대덕 (혼잣소리처럼) 일용이가 돌아오다니…… 그 애가 어떻게? 어디가 살아 있었나?

이때 부엌 뒤에서 일용네가 머리에 쓴 수건을 서서히 풀며 나오다가 대덕과 시선이 마주친다.

일용네 정말 그 애가 돌아왔어요? 우리 일용이가……

대덕 그 자식이 무슨 바람이 불어서 돌아왔어! (하며 불쾌한 표정을 짓는다)

일용네 (냉큼 밖으로 나갈 수 없는 안타까움을 겨우 이겨내며) 망할 놈, 어디서 뒈져버리지 왜 와! 오긴! 누구 애간장 녹이려구! (하면서도 무의식중에 발걸음이 대문 쪽으로 향한다)

대문 밖에서 서로 반갑게 인사를 주고받는 소리가 요란스럽게 퍼지더니 자동차 떠나가는 소리가 사라지자 일용을 앞장세우고 들어온다. 일용은 말쑥하게 차린 게 외국 신사 같다. 귀례와 서운이 값진 트렁크를 들었다.

이씨 이게 정말 꿈이구먼! 꿈!

인섭 죽었던 사람이 살아온 격이지……

대덕 정말이야? (하며 툇마루에서 한발 내려선다)

이씨 일용이에요…… 여보 영감……

대덕 일용이……

기용 (일용에게) 어서 인사드려!

일용 (담담하게) 아버지, 늙으셨네요…… (하며 저도 모르는 사이에 손을 내민다)

대덕 (손목을 덥석 쥐며) 일용아!

모두들 감격해서 서로 수군거린다. 그러나 정원만은 저만큼 떨어져서 냉정히 바라본다. 옥녀의 눈엔 이상한 빛이 떠돈다.

이씨 참, 일용네는 어디 갔어?

일용네 (무표정하게) 여기 있어유, 성님……

귀례 (일용네 옆구리를 쿡 찌르며) 어서 가서 아들을 맞을 것이지 왜 이렇

게…… (하며 떠민다)

일용네 (여러 사람의 눈치를 꺼려하며) 늬가 뭐길래 참견이여…… (하며 일부러 무표정하게 돌아선다)

일용 (어머니를 발견하자 천천히 다가선다) 어머니!

일용네 (말없이 아들을 바라보다 금시 눈물이 돌며 입술가에 심한 경련이 일어난다) ……

일용 (미소를 지으며) 저를 알아보시겠어요? (손목을 잡으며) 일용이에요!

일용네 일용아! (황홀감에 잠기며) 그럼…… 알고 말고…… (억제했던 울음이 드디어 터지며) 내 아들을 왜 몰라! 일용아! (하며 껴안고 운다. 모두들 콧등이 시큰해진다. 대덕은 사르르 눈을 감고 서 있다)

암전

제2막

무대

전막과 같음. 다음날 밤. 달이 밝다. 사랑 쪽에서 손님들의 주흥에 겨운 웃음소리며 노랫소리가 들려온다. 삼재가 사랑 쪽에서 빈 술상을 들고 나오다가 땅에 내려놓고 남은 음식을 날름 집어먹는다. 그리고 주위를 살피더니 주전자에 남은 술을 뚜껑으로 술잔을 대신해서 연거푸 몇 잔 마신다. 이때 사랑 쪽에서 빈 접시를 들고 나오던 귀례에게 들키고 만다. 삼재는 약간 당황하는 빛을 보이나 일부러 뾰로통한 표정을 짓는다.

삼재 왜 봐!

귀례 빨랑빨랑 치워! 이제 손님들 가신데!

삼재 흥, 네가 뭔데 참견이여?

귀례 에게…… 못된 속아지에 술 한잔 들어가니께 제 세상인가베…… 씩……

삼재 말 한 번 잘한다. 난 술만 들어가면 천하가 내 세상이더라. (하며 다시 술을 따르려 하자 귀례가 말린다)

귀례 정말 취했나베. 어서 사랑에 가봐!

삼재 걱정말어! 아무리 취했어도 내 할 일이 무엇인가쯤은 알고 있어! 이래 뵈도 대한민국 국군 일등병으로 제대한 강삼재란 말이여!

귀례 에게, 군대 갔다 온 사람이 자기 혼자뿐인가? 김장철에 우거지보다 흔한데.

삼재 까불지 말어! 내가 이렇게 썩고 있으니, 괄시하겠지만 사람 팔자 시간문제다. 헹, 일용이를 보란 말여!

귀례　(표정이 달라져서) 일용이가 뭐여, 도련님 보고.

삼재　헛허…… 꼴에 사람 공대는 깍듯이 하드라. 헛허! 그러고 보면 이 세상도 살고 볼 일이지! 국민학교도 채 못나온 위인이 어떻게 그리 영어를 잘하지?

귀례　그뿐이여? 돈을 어마어마하게 벌어서 인제 미국인가 어디로 가게 됐다며?

삼재　돈벌이 하는 게 아니라 미국에 있는 본사로 출장간단 말이여!

귀례　출장?

삼재　그래. 일용이가 지금 서울에서 미국사람이 차린 무슨 무역회사에서 일을 본대. 그런데 하두나 착실하게 있으니까 아마 미국엘 보내주나 봐.

귀례　삼재는 왜 그렇게 속속들이 잘 알어?

삼재　그것도 몰라?

귀례　뭘?

삼재　(자랑스럽게) 일용이하고 나하고는 어려서부터 같이 자란 친구였어, 친구!

귀례　어머, 그래?

삼재　그래가 뭐야! 나이도 나하고 동갑인 스물다섯이지…… 게다가 어려서도 밤낮 같이 갯가에서 멱감고 또…… (무슨 생각이 나는지 킥킥거린다) 흣흐……

귀례　아니, 뭐가 우스워?

삼재　흣흐……

귀례　아이 말 좀 히여.

삼재　일용이가 지금은 저렇게 의젓한 양복쟁이 신사가 되었지만 말이여…… 힛히…… 어렸을 땐 (낮게) 아주 미친 개고기였어!

귀례　(입을 떡 벌리며) 그리여?

삼재 학교엔 안 가고 저 팔용산에 올라가서 담배만 피우고…… 남의 참외밭이며 딸기밭에 들어가기 일쑤고…… 힛히……

귀례 그게 정말이여?

삼재 정말이고말고! 나하고 아주 아삼육이었다니께 흣흐…… 그 통에 일용엄마만 애간장 많이 녹아났지……

귀례 왜?

삼재 그렇잖아도 큰 마나님이 눈에 가시처럼 못마땅하게 여기는 터에 밤낮 일용이가 사고만 내니까 누가 좋다고 해야지.

귀례 옳아, 그래서 학교도 못 다니고 집을 나가버렸구먼?

삼재 나갔는지 쫓겨났는지 알게 뭐여. 그렇지만 오히려 그게 전화위복이었지.

귀례 전화위복이라니?

삼재 일용이가 그대로 이 청기와집 행랑에서 눈칫밥 덩이나 얻어먹고 살아봤던들 제 팔자나 내 팔자나 자루 빠진 도끼였지 별 수 있어?

귀례 그래도 청기와집 하참봉네 도련님인데……

삼재 흥, 누가 그걸 알아줘? 잘 나갔지, 잘 나갔어. 제길…… 그런데 나는 이거 뭐람.

귀례 일용도련님께 부탁드려서 서울에나 가보시지. (하며 조소를 던진다)

삼재 흥, 이제 나 같은 건 거들떠보지도 않을 거야! (한숨) 그러나 누구보다도 팔자 고친 건 일용엄마지 뭐여!

어느덧 사랑 쪽의 주흥은 식었는지 자리에서 일어나 서로 작별인사를 나누는 소리가 들린다.

귀례 손님들 가시나베……

삼재 응? 이 상 좀 가져가. 난 사랑에 나가볼 테니께.

귀례 응.

귀례는 상을 들고 부엌으로 들어간다. 이때 사랑 쪽에서 하대덕, 기용, 면장, 일용이 나온다. 하대덕은 전보다 희색이 만면하여 약간 취기가 돈다. 그러나 면장이 더 취했다. 기용은 아직도 못마땅한 일이 있는지 얼굴 표정이 개운치 않다.

면장 (과장해서) 하 참봉, 정말 오늘밤은 잘 먹고 갑니다!

대덕 김 면장, 더 노시다 가실 걸…… 벌써……

면장 (손을 저으며) 아주 흡족했습니다. 그러고 보면 참봉은 다복다남하시지. 게다가 (일용에게) 이렇게 훌륭한 아드님이…… 헛허……

대덕 나도 천만 뜻밖이었죠! 글쎄 십오년 동안 소식 한 장 없던 놈이 난데없이…… 흣흐……

면장 그래도 참봉의 생신날을 잊지 않고 찾아온 그 정성, 그 정성이 고맙지 뭡니까! 이래서 아들이 좋다는 거지! 안 그래요, 참봉?

일용 면장님, 제가 바래다 드리겠습니다. (하며 상냥스럽게 인도를 한다)

면장 아, 아냐! 나 혼자 갈 수 있네.

일용 그렇지만 밤길이라서…… 혼자 가시면……

면장 이봐, 일용이! 이 황토골에선 말씀이야. 자네 어르신네 다음으로 이 김봉조가 업일세, 업이야! 일제시대부터 저마다 사네 못사네 하고 만주로 간다 서울로 간다 하고 뜬구름처럼 살아왔지만 자네 집안하고 우리 집안하고는 말씀이야…… 바위처럼 제자리를 지켜왔어. 자네 집안은 삼대 째…… (대덕에게) 그렇습죠, 참봉?

대덕 그렇지! 이제 (기용과 일용을 보며) 애들 대는 사대가 되지.

면장 그렇죠! 사대 째를 이어나온 집안은 이 청기와집이고 그 다음은 우리 집이 삼대 째라니까. (한숨을 몰아쉬며) 그동안 오만풍상을 다 겪었지. 하 참봉, 우리는 늙고 세월도 숱하게 흘렀건만 세상의 인심이 이렇게 변할 수가 있겠습니까? 더구나 그 6·25전쟁이 우리를 망쳐놨지. 삼강오륜도 미풍양속도 그 빨갱이가 지나간 다음은 마치 메뚜기 떼가 앉았다 간 자리처럼 허허벌판이 되었지. 그렇지 않습니까, 하참봉?

대덕은 말없이 고개만 끄덕인다.

면장 그런데 말씀이지, 부모도 몰라보고 자식도 몰라보고 부부 우애도 몰라보는 세상에…… 이렇게 금의환향을 했으니 장하지 뭡니까. (하며 일용의 어깨를 툭 친다) 핫하…… 잘 왔네!

대덕 김면장. 오늘밤은 취해나 보군! 말이 많은 게 말이여…… 헛허……

면장 암 취했죠! 이런 경사에 취하지 않구야…… 이제 참봉 가문도 다시 옛날처럼 일어나겠습니다, 핫하……

대덕 반가운 소식이요!

면장 그럼 난 이제 가봐야겠습니다.

일용 다리목까지 제가 모시고 가겠습니다.

대덕 예…… 이거…… (일용에게) 역시 서울물을 먹어야 사람다워지는 거야. (나가면서) 그러니 사람은 서울로 보내고……

면장이 대문 쪽으로 나가자 일용이 따라 나간다. 얼마 전부터 기용은 마루 끝에 앉아서 담배를 피우고 있다. 대덕이 마루로 돌아가려다가 서로 시선이 마주친다.

기용 아버님!

대덕 뭐야?

기용 저 내일 아침 차로 올라가겠습니다.

대덕 (불쾌감을 억제하며) 그래서?

기용 어제 말씀드린 일을 어떻게 다시 한 번……

대덕 한번 못한다면 못해! 너도 이제 그만하면 세상 물정에 눈이 뜨일 만도 하잖아. 지금이 어떤 세상이라고 그 탄핀가 목피를 파낸단 말이냐? 아니, 그것뿐이 아니지. 아무리 할 게 없어서 남이 버린 쓰레기통을 뒤지는 거지가 되어야 옳단 말이냐?

기용 그게 왜 거집니까? 몇 번 말씀드린 바와 같이 저로서는 이번 일이 제 일생을 좌우하는 마지막 기회일 것 같습니다.

대덕 도대체 너에겐 마지막 기회가 몇 번이냐, 응? 저 갯 넘어 갈대밭을 팔 때도 마지막, 지가증권 처분하잘 때도 마지막, 선영을 모시는 제각祭閣을 팔아버릴 때도 이번으로 마지막이니 꼭 한번만 뒤를 봐달라고 들볶았잖아! 그랬지만 되는 게 뭐가 있어, 응? 기껏 남의 선거자금 대주고 도리어 빚까지 지고 넘어졌으니……

기용 그렇지만 이번은 정당하고는 관련이 없다니까요. (결의를 보이면서) 돈 좀 벌겠어요.

대덕 흥, 세상에 돈 벌기가 그렇게 쉬운 줄 아느냐? 진작 내 말대로 집에 들어앉아 농장을 보살피며 살아왔던들 우리 가문이 이렇게 피폐하지는 않았어. 그런데 대를 이어갈 장손이 집안일엔 정신 안 쓰고 밤낮 서울서……

기용 과거지사는 이미 흘러간 물이나 다름없지 뭡니까!

대덕 그러니 네가 집안에 들어앉기 전엔 나도 네 말을 들어줄 수 없어. 아니 이제 하나 남은 산은 재철이 장래를 위해서도 남겨두자는 것뿐이야.

기용 제가 노름 밑천을 대달라는 것도 아니잖아요! 저도 생각이 있어요.

대덕 못한다면 못해!

하며 안방으로 들어간다. 혼자 남은 기용은 잠시 멍하니 서 있더니 뜰로 내려서며 혼자 뇌까린다.

기용 저 옹고집을 언제 깨뜨린담!

하며 사랑 쪽으로 나간다. 이때 뜰아랫방에서 옥녀와 일용네가 나온다.

옥녀 둬 두세요. 귀례가 설거지는 할 텐데요.

일용네 그렇지만 내가 봐줘야지. 그런데 얜 어딜 갔을까?

옥녀 일용아저씨요?

일용네 응. 모처럼 돌아왔으면 이 에미에게 할 얘기도 많으련만……

옥녀 (관심을 모아) 작은어머니!

일용네 응?

옥녀 낮에는 우스운 꼴 다 봤어요.

일용네 무슨?

옥녀 글쎄 안방에서 상면 인사를 하는데 일용아저씨가 나보고 자기보다 손아래가 아니냐고 묻잖아요.

일용네 아니지. 네 살 위겠구먼.

옥녀 그런데 나보고 훨씬 젊어보이니 차마 형수라는 말이 안 나온다지 뭐예요.

일용네 망할 녀석! 설사 나이가 어리더라도 형수는 형수지.

옥녀 그런데 어쩜 그렇게 상냥하고 말주변이 좋아요.

일용네 사람이 살아가노라면 열두 번 변한다는 옛말이 있긴 하지만 그 애는 어렸을 때보다 너무나 변했어.

옥녀 (한숨) 몇 해를 두고 웃음을 모르고 살아온 내가 일용아저씨하고 있으면 웃음이 절로 나온다우. (하며 미소를 짓는다)

일용네 얘기가 나왔으니 말이지만 조카 신세도 내 신세 못지않게 팍팍하고 고달프지 뭔가.

옥녀 (한숨) 별 수 있어요? 운명인데……

일용네 죽은 승용이는 정말 착했어. 나는 이 집안에서 별 설움을 다 겪어 나왔지만 승용이 은혜는 못 잊겠어.

옥녀 아니 그이가 무슨 은혜를 베풀었다구요!

일용네 우리 일용이가 지금은 저렇게 성공을 해 왔지만 어려서는 입에 담을 수 없을 만큼 난잡했었지. 그러니 집안 식구들이 미워할 수밖에. 그렇잖아도 서자로서 구박을 받아온 터인데 말이야.

옥녀 그랬어요?

일용네 그런데 죽은 승용이는 나한테 이루 말할 수 없이 다정하게 대했었지. (옛날을 회상하며) 지금도 그날 밤 일이 선히 떠오르는구면……

옥녀 그날 밤 일이라뇨?

일용네 일용이가 편지 쪽지 한 장 써놓고 집을 나갔던 날 말이여. 난 밤새 울면서 밝혔지 뭐여. 그때 모든 식구들은 애린 이가 빠지기라도 한 듯 통쾌하게 굴었고 내 방엔 얼씬도 안 했는데 밤늦게야 승용이가 찾아와서 따뜻한 말마디로 위로해줬어. 난 그때 얼마나 고맙게 여겼는지…… (울음이 터지려는 것을 억제하며) 지금 승용이가 살아있다면 일용이가 그 은혜에 보답을 해야 할 텐데…… 아까운 사람 죽었지!

옥녀 (새로운 사실을 알아낸 듯) 그런 일이 있었군요?

일용네 내가 어쩌다가 남의 첩도 아니오, 식모도 아닌 신세로 반생을 지내다 보니…… 벌써 오십고개를 바라다 보게 되었어. 그러니 아들이 돌아왔다고 해야 그다지 기쁘지도 않아.

옥녀 어머, 왜요?

일용네 과부 아닌 생과부로 나를 이렇게 고생시킨 일을 생각하면 내 아들이 아니라 원수지 뭐여. (중얼거리며) 원수야…… 일용이가 안 생겼던들 내가 이 하 씨 집안의 밥을 빌어먹을 필요가 없었잖아?

옥녀 그런 말씀 마세요. 죽었으리라고 믿었던 아들이 살아 돌아왔으니 오죽이나 좋아요. (한숨 지으며) 그렇지만 저는 기다릴 사람도 없거니와 찾아갈 사람도…… (하며 눈물을 삼킨다)

일용네 에미에게 상처만 남겼으니 기쁠 것도 없다네.

얼마 전부터 대문간에서 들어오다가 두 사람의 얘기를 엿듣고 서 있던 일용이가 깊은 상념에 잠긴 듯 서 있더니 일부러 명랑한 표정으로 다가온다.

일용 어머니!

일용네 응?

옥녀 (거의 동시에) 어머!

일용 무슨 얘길 그렇게 재미나게 하세요? 헛허……

일용네 재미난 얘기가 어디 있니? 혼자 사는 여편네에겐 웃음도 눈물이란다.

일용 (옥녀의 얼굴을 빤히 들여다보며) 울었어요?

옥녀 (수줍어하며) 아, 아니……

일용네 그럼 내 부엌 좀 들여다보고 올 테니 앉아서 얘기나 좀 해라.

일용 예.

옥녀 저도 같이 가요. (하며 일어서려 한다)

일용네 걱정말고 서울 얘기나 실컷 들어. 일용아, 네 형수에게 재미난 얘기라도 들려줘. 온종일 있어도 남하고 얘기 한마디 안 하고 살아왔단다. 네가 집을 나간 뒤의 나처럼.

일용 염려마세요.

일용네가 부엌으로 들어가자 두 사람 사이엔 말이 없다. 멀리 다듬이 소리가 구성지게 들려온다. 달이 더 밝게 비추는지 감나무 잎사귀가 한결 또렷해진다.

일용 (담배를 피우며) 무슨 얘길 하셨지요? 어머니하고 말이에요.

옥녀 아무 얘기도……

일용 거짓말! 다 알고 있어요.

옥녀 알고 있다니?

일용 헛허…… 내 흉을 보셨죠?

옥녀 그럴 리가……

일용 그럼 칭찬하셨어요?

옥녀 (수줍어서) 모르겠어요.

일용 (빤히 옥녀 눈을 보며) 정말 이상해요!

옥녀 뭐가?

일용 꼭 닮았어요!

옥녀 누구하고 말이에요?

일용 죽은 승용 형님하고!

옥녀 그럴 리가 있어요. 괜히 술 취한 핑계로 나를 놀리지 말아요.

일용 정말이라니까. 처음 형수를 봤을 때 난 직감적으로 그걸 느꼈어요. 한 형제간이지만 그 형님은 존경해요. 늘 남들이 나를 놀리고 해쳐도 그 형님은 나를 감싸줬거든. 그런데 그 형님의 눈이 바로 (옥녀의 눈을 손가락으로 가리키며) 그랬거든.

옥녀 어머, 시골뜨기라고 놀리긴가?

일용 천만에! (사이) 승용 형님은 왜 죽었을까? 이렇게 아름다운 아내를 두고 말이야……

옥녀 (쓰라린 과거를 돌이켜 생각한 듯) 그날 밤 집을 나가지 않았던들 죽진 않았을 걸…… 빨갱이 놈들이 세도를 부리던 두 달 동안을 고스란히 숨어 살았는데 후퇴한다는 소식을 듣고 성급히 나돌아 다니다가 놈들에게 끌려갔지 뭐야…… 다 제 타고난 운명이겠지만 하룻밤만 그 헛간 속에서 고생했던들 살 수 있었을 텐데…… 병신같이 나가긴 왜 나가서……

채 말끝을 맺지 못하고 운다. 옥녀의 얘기를 흥미있게 듣고 있던 일용의 표정은 어떤 감미로운 감정에 취한 사람마냥 허탈상태에 빠진다.

일용 울지 말아요. (하며 옥녀의 손을 꼭 쥐어준다)

옥녀 (남자의 손의 촉감을 새삼 느끼는 놀라움에) 응? (하며 일용을 쳐다본다)

일용 (낮게) 승용 형님 대신 내가 있잖아요.

옥녀 뭐라구? 아니 그게 무슨 뜻이지?

일용 죽은 승용 형님이며 형수 얘기 다 들었어요. 우리 어머니에게 따뜻하게 대해주셨다는 말도……

옥녀 (한숨) 여자의 외로움은 여자만이 아는 거예요. 우린 서로 외로움을 덜어보자는 것 뿐이지……

일용 (간절하게) 그러니까 이번엔 내가 형수의 외로움을 덜어드린다니까. 괜찮죠?

옥녀 (의아심과 희열이 범벅된 표정으로) 어떻게 내 외로움을 덜어준단 말이오?

일용 뭘하면 서울로 나가세요.

옥녀 서울로? 내가? (하며 눈물어린 빰을 쳐든다)

일용 이렇게 썩을 필요가 뭐요. 서울 가면 얼마든지 할 일이 있어요.

옥녀 그렇지만 나 같은 게 어디……

일용 농담이 아니에요. 그렇게 아름다운 얼굴을 이대로 썩힐 필요는 없어요. 내가 일자리는 소개할 테니 올라가도록 하세요.

옥녀 놀리지 말아요. 친정이 있으면 친정에라도 찾아가련만 전쟁에 몰살을 당하고 보니……

일용 형수! 나는 어제 처음 형수를 봤을 때부터 그걸 느꼈어요.

옥녀 그거라니?

일용 (감미롭게) 아름다워요. 승용 형님이 그렇게 비명횡사한 것은 형수가 너무 아름다워서일지도 모르죠.

옥녀 어머나!

일용 하나님은 우리에게 동시에 두 가지 복은 안 주신다니까……

옥녀 흑…… (소리를 죽여 흐느껴 운다)

일용 이번에 제 일만 잘 되면 서울 가는 것쯤은 문제가 없다니까요.

옥녀 그럼 또 올라가겠어요?

일용 예. 어쩜 미국에 가게 될지도 모르죠.

옥녀 미국?

일용 쉿! 다른 사람에겐 아직 비밀이에요. 더구나 (건넌방을 가리키며) 저 방 식구들은 나를 못마땅하게 여기고 있으니까요. 흣흐……

옥녀 (실망의 빛을 보이며) 그럼 다 틀렸죠.

일용 왜 틀려요.

옥녀 미국에 간다면 나 혼자서 어떻게 서울엔……

일용 헛허…… 형수씨는 꼭 어린애 같군요. 혼자 있으면 뭐가 잡아먹나요?

옥녀 어른도 마음이 비면 어린애가 되기 마련인가. (과거를 회상하듯)

내가 어른이 되기엔 너무나…… 너무나……

일용 알겠어요. 결혼한 지 1년이 못되어 홀몸이 되셨으니…… 이해할 수 있어요.

옥녀 정말이지 때로는 죽고 싶은 생각뿐이었어요.

일용 그렇다고 죽으면 무슨 보람이 있어요? (고무적으로) 이 세상에 태어난 이상은 악착같이 살아야죠. 그러기 위해서는 약간의 거짓말도 필요하죠. (하며 뜻있는 미소를 짓는다)

옥녀 그렇지만 나는 거짓말을 해가면서까지 살고 싶지 않아……

일용 흠…… 그 자체가 거짓말이에요.

옥녀 뭐요? (하며 쳐다본다)

일용 (거닐며) 낡은 청기와집에서 낡은 윤리나 부덕을 무슨 훈장처럼 자랑하는 형수씨는 거짓말쟁이죠. 사실은 연애도 하고 싶고 재혼도 하고 싶지만 양반집 며느리로서는 차마 못하겠다는 게 아니에요, 그렇죠?

옥녀 (신경질적으로 어깨를 부르르 떨며) 그만, 그만해요! 나를 위로한다고 해놓고서 나를 조롱하는군! 아…… (하며 두 손으로 얼굴을 싼다)

일용 (자기의 행동에 약간의 후회를 느끼며) 죄송해요, 형수! 그렇지만 저는 앞으로 형수만은 행복하게 해드리겠어요. 제 일만 잘 되면 약속하겠어요.

옥녀 (감동되어) 정말 나를 잊지 않고……

일용 예. 굳세게 사셔야죠. 죽은 승용 형님을 위해서보다 형수 자신을 위해서 새로운 출발을 하세요.

옥녀 내가 그렇게 할 수 있을까?

일용 제가 도와드린다니까요. 이 세상에 태어나서 제가 처음으로 착한 마음을 먹었나 봐요. 헛허…… 그것이 죽은 승용 형님에 대한 보답이니까요.

이때 사랑채에서 재철이가 나온다. 어떤 상념에 사로잡힌 사람처럼 밤하늘을 쳐다보며 나온다.

일용 누구야?

옥녀 재철이에요.

일용 (확인을 한 다음) 재철아!

재철 (말없이 서서 두 사람을 보더니 짚단 위에 앉는다)

옥녀 (일용에게) 그럼 내일 또 재미나는 얘기 듣겠어요.

일용 예.

옥녀는 부엌 쪽으로 퇴장.

일용 (가까이 가며) 휴학을 했다구?

재철 (한숨)

일용 서울서 한번쯤 만날 기회가 있었을 텐데…… (담뱃갑을 꺼내며 한 가치 뽑고 난 다음 재철에게 내민다) 피우지.

재철 못 피워요.

일용 (어깨를 으쓱하며) 아직도? 핫하…… 놀랐는데…… 대학생이 담배를 못 피우다니…… 기특한데. 헛허…… (라이터로 불을 붙인 다음 멋지게 담배연기를 뿜는다. 그의 일거일동은 외국 사람을 방불케 하며 어딘지 경박하게 보인다)

일용 학교는 무슨 과지?

재철 경제과.

일용 으흥, 멋있어.

재철 삼촌!

일용 응?

재철 미국 가시게 되었다죠?

일용 아니, 누가 그래?

재철 사랑방에서 삼재가 한창 떠들어 대더군요. 시끄러워서 잠이 오질 않아서 나왔지요. (한숨) 좋으시겠어……

일용 그 자식은 왜 잘 알지도 못하고 떠들어. 깟뎀!

재철 삼촌 회사가 어디에요?

일용 응…… 내가 명함 한 장 주지. (하며 명함을 한 장 지갑에서 뽑아 준다) 기회 있으면 들러라…… 내가 술을 살게. 헛허……

재철 (명함을 한참동안 보더니 주머니에 넣으며) 그러고 보면 역시 우리 집안에서 제일 크게 성공했군요.

일용 성공? 핫하……

재철 아까 사랑방에 모인 손님들도 이구동성으로 그 얘기던데요. 청기와집에 인물 나왔다면서…… 할아버지두요.

일용 시골뜨기들이 괜시리 하는 소리지. 공술 마시고 그 값으로 말이야.

재철 그런데 왜 지금까지 집에 연락을 안 하셨어요? 생사조차 알 수 없었으니……

일용 말하자면 나의 과거가 궁금하단 말이군. 흣흐…… 그럴 테지.

재철 물어본 게 실례됐을까요?

일용 아니지, 당연했어. 그러나 내 과거를 명백하게 밝힐 순 없어. 아니 그만큼 복잡하고 파란이 많았다는 게 그 이유라고 해 두지. 흣흐……

재철 그래요? 그렇다면 나도 이상 더 묻지 않겠어요.

두 사람 사이에 침묵이 흐르자 다듬이소리가 한결 드맑게 들린다.

재철 사실 나대로의 큰 계획이 있었는데……

일용 (비꼬는 어조로) 큰 댐이라도 막겠니?

재철 댐? 아니죠. 우리 집 지붕에서 청기와를 아주 갈아치워야겠어요.

일용 그것 참 재미나는 계획인데, 핫하…… 그럼 청기와 대신 초가지붕으로 하겠니?

재철 삼촌! (그의 눈빛이 전에 없이 이글거린다)

일용 (가볍게 넘기며) 들어보자.

재철 삼촌은 어떻게 생각할지 모르지만 난 (지붕을 가리키며) 저 청기와가 자랑스럽게 여겨진 일이라곤 없었어요. 마을 사람들이 우러러보고 할아버지나 아버지께서 무슨 우상처럼 모시는 걸 보면 도리어 구역질이 난단 말이에요.

일용 낡은 것과의 결별이라……

재철 그렇죠. 그것은 바로 낡은 조개껍데기에 불과해요. 이미 빛깔을 잃은 그림이라니까요. 오랜 시간만 가졌으면 뭘 하느냐 말이에요. (한숨) 답답해요. 우리 집안에는 눈에 보이지 않는 그런 것들로 꽉 차있거든. 뚜껑을 닫아버린 지 오래인 우물이나 다름없이……

일용 (약간 이끌리며) 그래 어떻게 하겠다는 거냐?

재철 나는 삼촌이 나타났을 때 내 뜻을 알아줄 수 있으리라 믿었지요. 삼촌은 젊으니까요. 보시면 아시겠지만 우리 집엔 젊음이 없어요. 흘러내리는…… 쉴 새 없이 흘러내리는 시냇물이 아니라 웅덩이에 고인 썩은 물빛이에요. 검푸르게 가라앉은 시커먼 물빛! 마치 저 청기와 빛이라고나 할까요. 모두가 옛날만을 부여잡고 사는 허수아비들이에요. 할아버지도, 아버지도……

일용 재철아, 그건 좋은 얘기야. 나하고 통할 수는 있는데……

재철 내가 학교를 쉬게 된 것은 물론 몸이 약해진 탓도 있지만 그보다는 정신이 약해진 거예요. 이대로 청기와집에 살고 있는 한 정신

영양이 감퇴될 수밖에 없지요. 자랑거리도 되지 않는 과거의 업적을, 달팽이처럼 등에 껍데기를 업고 다니기는 싫어요. 그래서 얼마 전부터 친구하고 학교를 만들기도 했거든요.

일용 학교라니?

재철 천막학교예요. 가난 속에서 배우지 못하는 어린이들에게 배움의 길을 열어주자는 거죠.

일용 기특한데.

재철 국민학교 교사를 지내는 친구가 있지요. 나하고 국민학교 동기였는데 열렬한 농촌운동주의를 지닌 여성이거든요.

일용 그래, 내가 할 일이 뭐냐?

재철 삼촌이 돌아왔을 때 나는 은근히 같이 일할 수 있으리라 믿었죠. 아니 내가 얘길 하면 쾌히 호응해 줄 거라고 기대했는데…… (가벼운 실망을 버리며) 그게 아니군요. 삼촌은 다른 계획이 있는 모양인데……

일용 (혼잣소리처럼) 있지. 내게도 어마어마한 플랜이 있어. 어느 의미에선 네가 하자는 일과 공통된 점이 있을지도 모르지.

재철 공통성이 있다구요?

일용 (숨을 몰아쉬며) 나도 이 청기와집을 저주하고 있으니까.

재철 예?

일용 네 말대로 우리 집안에서 자랑하고 마을 사람들이 우상처럼 떠받드는 그것 때문에 나에겐 슬픔이 많았지. 나는 어려서부터 그것 때문에 기를 못 펴고 살았었다. (차츰 흥분되며) 지주와 소작인의 딸 사이에 어쩌다가 태어난 생명, 그것이 나였어! 아니 그건 생명이 아니라 버리고 간 종자였지. 그러나 종자는 끝내 죽지는 않았어!

재철 알고 있어요.

일용 (날카롭게) 몰라! 너는 몰라! 너는 청기와 때문에 남에게서 대접을 받았겠지만 나는 그 반대였어! 멸시와 학대로 내 전부는 자라왔어! 나는 이 집을 뛰쳐나갔을 때 이런 말을 쪽지에 써둔 채 나갔지! "원수를 갚겠다"고…… 흣흐…… (그의 표정은 농담 속에 어떤 진의를 감추어둔 함축성으로 변한다)

재철 역시…… 그랬었군요. 삼촌의 마음 가운데는 그 반역 反逆이 있었군요.

일용 그렇지 반역이지! 내 어머니를 첩도 아니요 종도 아닌 채로 가두어 둔 찬란한 가문에 대해서 나는 무엇으로 갚을 것인가를 생각하고 있는 거야, 핫하……

얼마 전부터 건넌방에서 나오다가 그들의 말을 듣던 정원이가 예사롭지 못한 감정에 사로잡히며 서 있다.

정원 재철이냐?

재철 (속으로 놀라나 태연스럽게) 예!

정원 거기서 뭘 하고 있니? 밤바람이 차다. 어서 들어가 자거라.

일용 (능청스럽게) 형수, 염려마세요. 우리 젊은이들은 서로 할 얘기가 많군요, 헛허……

정원 (못마땅하게) 재철이는 몸이 약해요. 어서 들어가래도.

일용 (비꼬며) 몸은 약해도 마음은 강철 같군요.

정원 뭐라구?

재철 어머니, 그만 들어가 보세요.

정원 재순이는 어디 갔니?

재철 경희 씨 집에 간다나 봐요.

정원 다 자란 계집애가 웬 밤마실은…… (들어가며) 어서 자거라. 그리고 약 먹을 거 잊지 마라. 너는 우리 집에 대를 이어받을 몸이야. (가시 돋친 어투로) 다른 사람과는 다르단 말이야, 알았지?

재철 들어가세요, 어머니!

정원은 다시 한 번 일용을 돌아보며 들어간다.

일용 다른 사람하고는 다르다…… 나하고는 다르다 이 말이겠지! 흥!

재철 삼촌!

일용 (불쑥 일어서며) 다르지! 내가 무슨 생각을 하고 있는지 안다면 다르다고 생각 않겠지만……

재철 어디 가세요?

일용 해로운 밤바람을 실컷 쏘이고 싶군. 핫하…… (하며 나간다)

재철은 금시 표정이 어두워지며 말없이 입술을 깨문다.

재철 외로운 탓이야! 한 지붕 밑에서 살면서 저마다 외롭고 괴로운 게 이 집이야. 우리 가족이지!

이때 대문 쪽에서 경희와 재순이가 들어온다.

재순 경희 언니, 기왕 여기까지 오셨으니 좀 쉬었다 가세요.

경희 아냐. 시간이 늦어서…… (하다 말고 재철을 발견하자 금시 귓불이 발갛게 달아오른다) 어머!

재철 어서 오세요.

재순 오빠! 어쩜 여기 서 있으면서 모른 척 하세요.

재철 내가 언제 모르는 척 했어. 네가 나를 몰라봤지. 안 그래요, 경희 씨?

재순 흥, 이번엔 두 분이 연합전선인가? 이거야말로 은혜를 원수로 갚는다는 격이군.

경희 어머, 그게 무슨 소리야! 원수를 갚다니……

재순 그렇지 뭐유? 제가 경희 언니와 오빠를 자연스럽게 해드리려고 애쓰고 있다는 순정을 아신다면 그럴 수가 있수?

경희 (당황한 빛으로) 난 다만 재순이가 혼자서 밤길을 가는 게 어떨까 싶어서……

재순 핑계 없는 무덤은 없다나, 홋호……

재철 웬 잔소리가 이렇게 많아!

재순 오빠, 임도 보고 뽕도 따고 됐지 뭐…… 어서 사랑으로 모셔요.

경희 아냐, 정말 가야 돼. 내일 학습지도안도 써야 하고……

재철 여기서 잠깐 쉬었다 가세요. (하며 감나무 아래 있는 의자를 가리킨다)

재순 그렇게 하세요. 약간 바람이 차긴 하지만 (뜻있는 웃음) 두 분께선 봄바람일 테니까…… 홋호…… (크게 웃다 말고 입을 가리며 안방을 경계한다)

재철 어서 들어가 봐. 어머니께서 찾으시더라.

재순 응. 경희 언니, 아까 오빠에게 하고 싶은 얘기도 있다고 했으니까 …… 좀 쉬어 가세요. (하며 건넌방으로 들어간다)

두 사람만 남게 되자 서로 수줍고 무거운 침묵이 흐른다.

재철 (의자에 앉으며) 앉으세요.

경희 예! (나란히 앉는다)

재철 무슨 얘기예요? 재순이가 지금 말한……

경희 예…… 저…… 책을 빌려보고 싶다고 했어요.

재철 독서가군요.

경희 시골에선 책이 유일한 벗이에요.

재철 거기 비하면 저는 게을러서…… 틀렸죠?

경희 재철 씨에겐 우선 건강이 필요하세요.

재철 (한숨) 건강보다 더 필요한 게 있어요.

경희 예?

재철 요즘 이런 생각을 해봤어요. 우리가 팔 년 전 국민학교를 나왔을 때 말이에요. 경희 씨가 사범학교에 진학했을 때 전 마음속으로는 경멸했거든요.

경희 어머!

재철 용서하세요. 그때 서울로 가는 학생은 나와 양조장집 아들뿐이었지요.

경희 모두들 얼마나 부러워했는지 몰라요.

재철 그러나 지금은 내가 경희 씨를 부러워하게끔 되었지요.

경희 그럴 리가 있어요. 저는 보잘 것 없는 시골 국민학교 훈장인데……

재철 그게 얼마나 믿음직한 직업입니까? 대학을 나와 봐야 제 밥벌이도 못하고 빌빌하는 도시의 학사룸펜보다……

경희 (자리에서 일어서며) 싫어요. 그렇게 자신을 학대하는 사람은……

재철 미안합니다. 왜 내가 이렇게 약해졌는지 모르겠소.

경희 그래가지고 어떻게 천막학교를 지으시겠어요. (정답게) 용기를 내세요. 우리에겐 말없이 버티는 힘만 있으면 되는 거예요.

재철 그러기에 저는 경희 씨와 함께 일을 할 용기를 얻었지요.

경희 재철 씨의 힘이 나를 이 방면으로 눈을 돌리게 했어요.

재철 (일어서며) 천만에…… 내게 진정한 반역과 그리고 또……

경희 또 뭐예요?

재철 (말하려다 말고) 아무것도 아니에요.

경희 (무슨 뜻인지 알아차렸다는 듯) 그렇게 얼버무리지 마세요.

재철 예?

경희 재철 씨…… (하며 다시 의자에 앉는다)

재철 …… (말없이 지켜본다)

경희 한 가지만 가르쳐 주세요.

재철 뭘?

경희 왜 저에게 천막학교 얘길 꺼내셨죠?

재철 믿을 수 있으니까.

경희 뭘 보구서…… 어떻게요?

재철 그건 말로 표현할 수 없어. 그저 이렇게 눈으로 얘기하고 있으니까……

경희 눈으로……

재철은 어느새 경희의 손목을 꼭 쥔다. 경희는 황홀한 시선으로 재철을 쳐다본다.

재철 (속삭이는 듯) 눈은 입보다 웅변가예요.

경희 재철 씨, 그 말이 듣고 싶었어요!

재철 경희 씨! (하며 경희를 껴안는다. 경희는 잠시 취한 듯 몸을 맡기다 말고 재철이를 떠민다)

경희 실례하겠어요. 안녕…… (하며 대문 쪽으로 뛰어나간다)

재철 경희 씨! (하고 몇 발 따라가다가 제자리에 선다. 그리고 손을 입술로 가져가 입맞춤의 달콤한 여운을 더듬는다)

다듬이소리가 드높아 간다.

암전

제3막

무대

전막과 같음. 며칠 후 오전 중, 양지바른 마루에 하대덕과 일용이가 마주앉아서 얘길 하고 있다. 정원은 건넌방에서, 옥녀는 부엌에서 엿듣고 있다.

대덕 그래 얼마나 있으면 되겠느냐?

일용 (잠시 생각하며) 삼십만 원이면……

대덕 (눈이 둥그레지며) 삼십만 원?

일용 예, 그러나 우선 이십만 원만 있으면 아쉰대로 쓸 수는 있겠습니다만.

대덕 음…… 이십만 원도 적지 않은 돈인데……

일용 그렇지만 그것이 물고 들어오는 돈도 적지 않거든요, 아버님. (하며 씨익 웃어 보인다)

대덕 음…… 그래 언제쯤 떠나게 되느냐?

일용 돈만 마련이 되면 곧 떠나야죠. 동경과 하와이를 거쳐서 샌프란시스코로 가게 됩니다. (패스포트를 내보이며) 여권도 나와 있으니까요……

대덕 여권이? 어디 보자! (하며 일용이 내보이는 여권을 받아서 본다) 음…… 이것만 있으면 미국에 가는 거냐?

일용 예.

대덕 (만족감과 선망에 찬 시선으로) 세상은 과연 좋은 세상이로구나. 미국을 이웃집 드나들듯 하게 되었으니…… 옛날엔 현해탄을 건너 일본 들어가는 것도 쟁기 물고 나룻배 타듯 어려웠는데 미국이라

…… 좋은 세상이야.

안방에서 이 씨가 나온다. 손에 약사발이 들렸다.

이씨 약 잡숫구려.

대덕 응.

이씨 (대덕의 손에 든 여권을 보며) 그게 뭐유, 영감?

대덕 글쎄 이게 바로 미국 가는 표래.

이씨 미국을요? 아니 누가요?

대덕 누군 누구, 우리 일용이지.

이씨 그래요? 어디 좀 봅시다.

대덕 임자가 보면 알아? 나도 모르는 꼬부랑글씨 투성인데…… 헛허…… 얘 넣어둬라. (하며 수첩을 일용에게 돌려준다. 그리고 약을 마신다)

이씨 까막눈이라고 그것도 못 보게 해요?

대덕 손때 묻으면 못써…… 부정 탄대두. (입맛을 다신다)

이씨 에그, 영감 손보다는 내 손이 더 깨끗해요.

대덕 그건 그렇고…… 서 서방 집에 심부름간 삼재는 어떻게 된 거요?

이씨 글쎄…… 돌아올 때가 됐는데……

대덕 망할 자식! 십리 길을 한숨에 뛰어올 수도 있는데…… 삼재란 놈도 어떻게 땅마지기나 줘서 내보내야지 안 되겠어.

일용 왜요?

대덕 글쎄 군대에 갔다 오더니만 건방지기만 하구 아주 쓸모가 없어졌지 뭐냐.

이씨 사실이에요. 군대에 가 있는 동안 겪은 고생이야 이루 말할 수 없겠지만 타관 바람을 쏘이고 나면 아주 사람이 뿌리째 달라지니 걱정이지.

일용 그래요?

이씨 이 마을에서 머슴살이하다가 군대에 갔다 온 녀석치고 쓸만한 게 없단다. 전엔 시어빠진 막걸리도 못 얻어먹던 놈이 소주 아니면 뭐 뿌란디라니 붕알디 아니면 안 마시고…… 머리엔 피마자 기름도 없어 못 바르던 놈들이 비싼 머릿기름으로 도배를 하니 …… 어유…… 그러기에 사내고 기집이고 한 자리에 쭉 늘어붙어 살아야지 안 돼.

대덕 세상 추세가 그렇다는데 별 수 있소.

이씨 삼재 녀석도 여길 그만두고 서울로 돈벌이 가겠다나 봐요.

대덕 미친 놈! 아니 서울바닥에서 제놈 차례가 온대? 어림도 없지!

이씨 젊은 놈들이 말짱 그 모양으로 밖으로만 뛰쳐나가려구 하니 원 …… 망아지, 송아지는 고삐를 잡아당기기라도 하련만…… 사람 새끼는 그럴 수도 없구……

일용 세상이 가르치는 일이니까요. 억지로 되나요. 참 큰어머님, 제가 사온 저고리 왜 안 입으세요?

이씨 응? 응. 그걸 어떻게 함부로 입어…… 할아버지 시제 때나 입고 자랑하려고 농 깊숙이 넣어 뒀지, 홋호……

일용 원 큰어머니두! 그냥 집에서 입으세요. 제가 미국 가면 더 좋은 걸로 보낼게요.

이씨 그래두! 홋호…… 에그, 정말 애들에게 옷 얻어입기는 처음이지 뭐요…… 영감.

대덕 나도 그래. (건넌방을 넘어다보며) 서울을 뒷간 드나들 듯 하면서 늙은 애비 양말 한 짝 안 사오는 세상인데…… 할 말 다 했지. (일용에게) 네가 이렇게 돌아오니 애비 마음도 이제 십 년은 더 살 것 같구나…… 헛허……

이씨 정말! 우리 일용이가 이렇게 성공을 했으니……

이때 삼재가 대문 안에 들어서면서 소리를 지른다. 손에는 배가 가득 든 과실채롱을 들었다.

삼재 아이구 팔이야……

이씨 다녀왔어?

삼재 예. 저기 오세요.

대덕 그게 뭐냐?

삼재 배예요. 아주머니가 영감마님 드리라고 주시데요.

이때 서인섭이 자전거를 타고 들어선다. 전과는 달리 홀태바지에 작업복이다. 삼재 부엌으로 들어간다.

이씨 어서 오게나!

인섭 (자전거를 세워놓고 먼지를 털며) 아침 잡수셨어요?

대덕 응. 올라오게.

인섭 잘 쉬었어?

일용 예.

인섭 소풍 삼아 우리 과수원에도 놀러나 오잖구……

일용 그렇게 안 되는군요. 그럼 앉아서 말씀하세요.

대덕 어디 가게?

일용 예…… 좀 나갔다 오겠어요.

이씨 응. 일찍 들어와. 점심 때는 병아리라도 한 마리 과 놓을 테니……

일용 예! (하며 사랑 쪽으로 나간다)

삼재, 부엌에서 나와 일용의 뒤를 따른다. 대덕과 이 씨는 일용의 뒷모습을 바라보며 흐뭇한 정감에 젖는다.

인섭 아버님, 왜 부르셨어요?

대덕 응? 응…… 다른 게 아니라…… 일용이 일 때문에……

인섭 일용이요?

대덕 응. 자네 얘기 들었지?

인섭 아뇨.

대덕 그 녀석이 미국엘 가게 되었다잖아……

인섭 미국엘요?

이씨 (자랑삼아) 우리 하 씨 집안에 또 인물이 나왔지 뭔가…… 흣흐……

인섭 (신통치 않게) 그래요?

대덕 그래…… 여비도 여비지만 그곳에 가 있는 동안 돈이 있어야 나올 때 물건을 사오겠다고……

인섭 말하자면 돈을 대달라는 건가요?

대덕 쉽게 말하자면 그렇지. 그래서 어떻게 했으면 좋을까 싶어서 자네에게 의논도 할 겸 나오랬어.

이씨 에그 집만 이렇게 댕그라니 컸지 누구 한 사람 말상대가 있어야지. 자식이라고 똑똑한 놈은 죽고 못난 것은 밤낮 작은집 살림에 빠져서 저 지경이고……

대덕 쓸데없는 소리!

이씨 그렇지 뭐예요. 자식도 사람됨에 따랐지요. 일용이가 저렇게 성공할 줄 알았으면 건넌방 재철 아범에게 퍼준 돈을 그애에게다 줄 일이지. 아까운 돈 흐르는 물에 양잿물 빨래 헹구듯 펑펑 흘려 없애고…… 쯧쯧…… 장자가 따로 있고 효자가 따로 있나.

대덕 그래 자네 생각은 어떤가?

인섭 글쎄올시다.

이씨 영감, 여기서 얘기할 게 아니라 방으로 들어가시구려.

대덕 그렇게 하지. 들어오게, 어서!

인섭 예.

세 사람 안방으로 들어가자 건넌방에서 정원이가 나온다. 그녀는 못마땅한 표정으로 안방 쪽을 흘겨본다.

정원 (혼잣소리로) 흥, 언제부터 일용이를 생각했을까! 끔찍히도 사랑하신다…… 저러기에 늙은이들은 변덕도 많지! 달면 삼키고 쓰면 뱉기라더니!

하며 뜰로 내려서는데 일용네가 부엌에서 나온다. 역시 돼지 밥통을 들고 대문 쪽으로 나가려 한다. 정원의 눈치가 싸늘하게 변한다.

정원 부엌 다 치웠어?

일용네 아니……

정원 (혀를 차며) 아침 설거지 하는데 몇 시간이나 걸려요! 날마다 잔치 치르는 집도 그렇게 더디지는 않겠어요!

일용네 (무슨 대꾸를 하려다 말고) 약 재탕을 짜느라구…… 귀례가 하고 있으니께 곧 되겠지.

정원 언제는 설거지를 귀례에게 시켰어요?

일용네 뭐라구?

정원 흥! 아들이 돌아왔다니까 갑작스리 어깨가 우쭐해지셨수?

일용네 그게 무슨 소리여? 아닌 밤중에 생벼락이제……

정원 다 알고 있어요!

일용네 아니 내가 어쨌다는 거여! 내사 아무 죄 없어! 죄가 있다면 진작 죽어 없어질 목숨 끊지도 못하고 하 씨 집안의 식은 밥덩어리 얻어먹은 죄밖에는 없어! (하며 휭하니 나가버린다)

정원 흥, 잘한다! 아들이 돈벌어 왔다니까 가물치가 하루아침에 용이 되려구…… 어림없어! 이 집 며느리는 나야! 장손이란 말이야! 제까짓 것들이 아무리 큰소리 작은 소리 뇌까려 봐야……

이때 재순이가 대문 쪽에서 들어온다.

재순 엄마!

정원 아침부터 어딜 싸다니니?

재순 오빠 어디 나갔수?

정원 글쎄……

재순 손님 왔어.

정원 손님?

재순 (대문 쪽을 향해) 어서 들어와요!

이때 경희가 들어온다. 청초한 코스모스 같은 인상이다.

경희 안녕하십니까? (하며 허리를 굽힌다)

정원 옳아, 김 선생님이구먼! 어서 들어와요.

경희 아이 별말씀을…… 제가 무슨 선생이에요. 코흘리개 대장인데 ……

재순 경희 언니, 속으로는 싫지 않지? 호호……

경희 깍쟁이!

정원 어서 방으로 들어가요. 과실이라도 내올게……

경희 괜찮아요. 오늘은 봄날씨 같이 따뜻해요.

재순 엄마, 먹을 것 주구려! 얻어먹고 또 나갈 테니……

경희 어머!

재순 홋호…… 경희 언니는 국민학교 선생님, 나는 놀고먹는 처녀 건달! 홋호……

정원 언제나 철이 들려는지! (하며 부엌으로 들어간다)

두 사람은 감나무 아래 나무의자에 걸터앉는다.

경희 재순아!

재순 응?

경희 너희 집을 보면 나는 이상한 느낌이 들어.

재순 무슨 느낌, 언니?

경희 (집을 둘러보며) 사람이 이렇게 오래 살았으면 싶어져.

재순 어머, 그럼 노망하게?

경희 그러니까 제 정신을 지닌 채로 말이지. 그러면 그동안의 산 역사를 보고 듣고 느낀 대로 다 전해 들을 수 있잖아?

재순 따분할 거야.

경희 왜 따분해. 난 교실 안에서 어쩌다가 마을 경치를 내려다보노라면 맨 먼저 눈에 띄는 게 늬네 집이란다.

재순 난 밤낮 봐서 그런지 시시해!

경희 난 그 반대야. 어떤 신비감이 들거든…… 더구나 처음에는 지붕 전체가 청기와였다면서?

재순 그렇다나 봐!

경희 남들은 그 돈이 모두 가난한 농민들에게서 착취한 돈이라고 욕하지만 나는 그렇게 생각지 않아.

재순 그럼 뭐예요?

경희 재순이 할아버지께서 청기와로 지붕을 이어보겠다는 그 결의가 나에게는 여간 감명적이야. 자기의 행적을 만인에게 보이고 영구히 남겨보겠다는 야심! 그게 얼마나 좋아! 안 그래?

재순 홋호…… 언니 얘기는 언제 들어도 시적이더라……

경희 얜……

재순 언니는 겉으로 보기엔 수줍고 연약해 보이는데도 일단 얘기를 꺼내면 청산유수니 이상하지? 홋호……

경희 놀리지 마!

재순 아마 그래서 (낮게) 우리 오빠가 좋아하겠지만…… 홋호……

이때 부엌에서 정원이가 배를 깎아서 들고 나온다.

정원 마침 고모네 과수원에서 배를 가지고 와서…… 자 어서 들어요.

경희 예!

재순 언니 먼저 들어. (한 개를 나눠주고 자기도 베어 먹는다)

정원 아이들 가르치기가 힘들죠?

경희 괜찮아요. 제가 아이들에게 배우는 점이 많답니다.

정원 겸손의 말씀을…… 자 그럼 얘기들 해요.

경희 예!

재순 오빠 어디 나갔어, 엄마?

정원 글쎄…… 사랑에서 책 읽는 게 아니냐?

재순 언니, 그럼 사랑으로 갈까?

정원 얜! 여자가 사랑엔……

재순 어때요! 사랑방엔 여자가 들어가서는 안 된다는 법률이라도 생겼나요?

정원 그래도 남들이 보기엔 그렇지 않아.

재순 (중간문 쪽으로 가서, 크게) 오빠, 오빠! (농담조로) 김 선생님 오셨답니다. 어서 납시와요!

정원 계집애두!

재순 참, 엄마! (배를 베어 먹으며) 일용 삼촌이 미국 간다는 거 사실이우?

정원 흥, 알게 뭐냐! 미국이 어디 장터라던?

경희 그렇지만 읍내까지 소문이 쫙 퍼졌던데요.

정원 삼재가 나발을 불고 다니는 모양이지! 허지만 돈이 있어야지!

재순 아…… 우린 언제나 이 황토골을 벗어나 본담!

경희 이 고장이 얼마나 좋은데……

정원 얘야, 너는 이제 얌전히 좀 굴어야 해. 어린애가 아니란 말이다. (하며 건넌방으로 들어간다)

재순 그럼 내가 어른인가? (하다 말고 경희와 시선이 마주치자 앳되게 웃어 보인다)

이때 재철이가 두 권의 책을 들고 나온다.

재철 오셨어요.

경희 일요일이라서……

재철 아, 그렇군요. 헛허……

재순 오빠는 재미가 좋으신가 봐. 일요일도 모르고 있으니……

재철 재미가 좋아? 너무 좋아서 머리가 벗어질 지경인지도 모르지.

경희 어머, 재철 씨도 그런 농담을 다 하세요? 홋호……

재철 난 농담해선 안 되나요?

경희 안 될 건 없지만……

재순 그게 다 이유가 있어요.

경희 이유?

재순 그래요! (하며 두 사람을 번갈아 본다) 오빠는 언니만 만나면 명랑해 진다나…… 홋호……

경희 (재순의 팔을 형식적으로 꼬집는다) 못할 소리가 없어!

재철 참 이거…… (하며 책을 내민다)

경희 감사합니다.

재철 참고가 되실런지 모르겠습니다.

경희 깨끗이 읽고 돌려드리겠어요. 저도 드릴 게 있어요. 복식수업안이에요. (하며 책자를 준다)

재순 (은근히) 언니, 그 책 속에 편지가 있는지 봐요, 홋호……

재철 이게 정말……

재순 우리 오빠는 응큼쟁이라 말로는 못해도 글로 쓰는 데는 만리장성이에요.

경희 (재철의 시선을 피하며) 말이란 그렇게 필요치 않은 거예요.

재순 (무슨 뜻인지 못 알아듣고) 예?

경희 말로서 설명되어지는 일이란 그다지 값어치가 없을 것 같아.

재순 나 같은 미성년은 무슨 뜻인지 모르겠어요. 홋후.

재철 그러니 너는 얌전히 앉아있으란 말이야.

재순 예, 예…… 분부대로 하겠나이다.

재철 우리 이러고 있을 게 아니라 뒷동산으로 올라갈까요?

경희 예.

재순 그럼 나는 사양하겠어.

경희 괜찮아요! 같이 가!

재순 (오빠의 허가라도 비는 듯) 정말?

재철 그 대신 망발은 말아라.

재순 이래 뵈도 두 분의 유일한 후원인이죠. 말하자면 앞으로 생길 사랑의 학교의 후원회장은 바로 저니까요.

재철 말 한 번 잘했구나, 헛허……

세 사람 나가려 할 때 정원이 방에서 나온다.

정원 왜 벌써 가우? 과실이나 마저 먹고 가시지!

재순 이까짓 배가 문제예요? 지금 에덴동산으로 사과를 따 먹으러 가는데.

정원 무슨 사과?

재순 엄마들은 모르는 비밀의 과실이지, 홋호…… 언니 갑시다.

경희 응. (자리에서 일어나며) 잘 놀고 갑니다.

정원 벌써 가려구?

재순 이제부터 중대한 얘기가 있거든요. 자…… 빨리 가요. 오빠가 나오기 전에……

경희 응…… 그래…… (하며 바삐 대문 밖으로 나간다)

정원 (혼자서) 정말 얌전해.

하며 과일접시를 들고 부엌으로 퇴장하려다가 인기척이 나니까 숨어서 엿듣는다. 방 안에서 대덕, 인섭이 나온다.

인섭 아버님 생각이 그러시다면 전 구태여 반대는 않겠습니다만……

대덕 괜찮겠지.

인섭 문제는 큰 처남이 가만히 있지를 않을 거예요.

대덕 흥! 글쎄 그 녀석 얘기는 콩으로 메줄 쑨대도 안 믿겠어!

인섭 그렇지만 순서가 어디 그렇습니까? 같은 자식이라고는 하지만 역시 손가락도 길고 짧은 차이가 있으니까요.

대덕 그렇지만 속은 줄 알면서야 어디 돈을 줄 수가 있나? 지금까지 한두 번이라야지. 웬만하면 나도 이 집을 팔아서라도 뒤를 봐주고 싶지만 또 어느 사자 밥이 될지 알게 뭐야.

인섭 얘길 들어보니까 이번만은 착실하게 돈 좀 벌어보겠다던데요.

대덕 언제는 그렇게 말 안했었나? 밤낮 한 번만이지! 사십 고개를 넘은 데다가 대학 다니는 아들이 있는 나이에 제놈이 자식들 학비 걱정 한 번 한 줄 아나? 자네도 알겠지만 재순이가 고등학교만 나오고 대학엘 안 간 이유가 뭔가?

인섭 어떻든 일용에게 돈을 대는 것도 좋지만……

대덕 앞으로 내가 살면 얼마나 살겠나! 그러니 살아있는 동안은…… 솔직히 말해서 내가 그동안 일용이 모자에겐 너무 냉대도 한 셈이지. 어찌 되었건 내 피가 섞인 아들에게 말이야…… 그러니 속죄하는 뜻에서라도 도와줘야겠어. 이치가 안 그래?

인섭 (탄복하며) 예…… 잘 알았습니다.

대덕 그러니 그걸 곧 알아보게. 토지 문서는 잘 간수했지?

인섭 (가슴을 두들기며) 깊숙이 넣어 두었습니다.

대덕 (주위를 살피며) 웬만한 값이면 팔아버려. 참 그리고 다른 사람에겐 일체 얘기하지 말게.

인섭 제가 어린앤가요.

대덕 난 자네를 사위라기보다 친아들처럼 믿으니까 하는 말일세.

인섭 이만 가보겠습니다.

인섭이 자전거를 끌고 대문 밖으로 나가자 대덕도 안방으로 들어간다. 이때 나무 그늘에서 엿듣던 정원이가 슬그머니 나온다.

정원 (눈빛이 질투와 증오로 빛나며) 흥, 그렇게 호락호락 넘겨버리지는 않을 걸. 이러고 있을 게 아니라 내가 가봐야지.

하며 행주치마를 내던지듯 하며 방으로 들어가더니 이내 두루마기와 솥을 들고 나온다. 그녀의 동작은 몹시 바쁘고 당황한 듯 하다. 이때 돼지 밥을 주고 들어서는 일용네와 대문 쪽에서 마주친다.

일용네 (그대로 스쳐가려다 돌아본다) 어디 가?

정원 예…… 저…… 급히 읍내까지 다녀오겠어요.

일용네 읍내는 또 왜?

정원 그럴 일이 있어서요. 혹시 누가 물어도 모른다고 해두세요.

일용네 알았어…… 나야 입이 있어도 없는 사람인 걸…… (무표정하게) 다녀와!

정원이 급히 나가자 일용네는 의아한 표정으로 돌아본다.

일용네 무슨 일일까? 저렇게 서둘게……

일용네는 뜰아랫방 툇마루에 앉아서 피곤한 한숨을 내리쉰다. 그리고 담배를 종이에 말아서 침을 바른다.
이때 부엌 뒤쪽에서 옥녀가 사방을 살피며 나온다. 손에 보자기에 싼 것이 들렸다. 그녀의 옷차림이며 표정은 전보다 훨씬 생기가 있고 아름다워 보인다.

옥녀 작은어머니!

일용네 음?

옥녀 (보자기를 조심스럽게 내밀며) 이거 받아두세요.

일용네 (어리둥절해서) 뭐여? 그게……

옥녀 어서요! 누가 봐요……

일용네 (손을 치마에다 쓱 문지르고 보자기를 받으며) 대체 뭘 이렇게…… (하며 받아서 마루에 놓는다)

옥녀 일용아저씬 어디 나가셨어요?

일용네 글쎄 어딜 갔나? (보자기를 풀며) 어딜 그렇게 나다니는지…… (보자기에서 옷을 꺼내며) 이거 남자 옷 아녀? (하며 옥녀를 쳐다본다)

옥녀 (수줍어하며) 예.

일용네 누가 입어? 이걸……

옥녀 일용아저씨 드리세요.

일용네 (마고자, 조끼, 저고리, 대님들을 한 가지씩 뒤끼며) 우리 일용이더러…… 이걸 입으란 말이여?

옥녀 예. 저고리 동정이 맞을런지 모르겠어요.

일용네 (무슨 영문인지 모르고) 도대체 어떻게 된 일이여? 언제 바느질을 했어? 이렇게 많이……

옥녀 (마루 끝에 앉으며) 시집올 때 가져온 혼숫감이 남아있었어요. (슬픈 과거를 되살리는 듯) 제가 지은 옷을 그이가 입어주기를 얼마나 바라고 기다렸는지 몰라요. 그렇지만 그이에게 옷 한 벌 지어 입혀보지 못한 채 그대로 농 속에서 몇 해 동안을…… (복받치는 울음을 꼭 깨물며 어깨만 들먹거린다)

일용네 (비로소 알겠다는 듯) 그러니께 죽은 바깥조카 옷이었구먼……

옥녀 예. 그렇지만 그 옷 주인은 따로 있었나 봐요. 그 옷감을 불살라 버릴까 하고 몇 번이나 마음먹었지만…… 역시 남겨둬서 잘 됐어요.

일용네 농 속에 넣어둬! (하며 떠민다)

옥녀 싫어요! 이 이상 간직할 필요가 없게 되었으니까요.

일용네 그렇지만……

옥녀 작은어머니! (사정을 하듯) 그러니 일용아저씨에겐 제가 가져왔단 말 말고 드리세요. 작은어머니께서 손수 장만하셨다고……

일용네 그런 법이 어디 있어.

옥녀 그렇지만 일용아저씨가 알면……

일용네 그 애는 사실대로 일러주는 걸 좋아할 걸…… 형수가 시아저씨에게 옷 한 벌 지어줬기로 나쁠 게 뭐여? 안 그래?

옥녀 그렇지만 기분 나빠하시면 어떻게 해요.

일용네 좋아할 거야! 이 집안에서 따뜻한 인정이라고는 죽은 승용이와 자네한테서만 느꼈으니까…… (시끈해지며) 정말 고마워. 이렇게 알뜰하게…… (하며 치맛자락으로 콧물을 닦는다)

옥녀 (어떤 환상을 쫓으며) 저도 마찬가지예요. 시집온 지 일 년도 채 못 되어 과부가 된 후부터 오늘날까지 혼자서 입술에 멍이 들도록 깨물며 참아온 내가…… 살 보람을 느껴본 건 이번이 처음이에요.

일용네 아니 그게 무슨 소리여?

옥녀 (혼자서 미소를 지으며) 저도 이제부터 살아보겠어요. 더 이상 산송장 노릇은 싫어요.

일용네 무슨 일이 있었어?

옥녀 실은…… 일용아저씨가……

일용네 일용이가 어쨌어?

이때 일용이가 대문 쪽으로 등장하자 옥녀는 당황한 빛을 보인다.

일용 어머니!

일용네 어디 갔다 오냐?

일용 (옥녀에게) 왜 여기 앉아계세요? 방으로 들어가시지……

옥녀 괜찮아요.

일용네 얘야, 이것 좀 봐라.

일용 예? (하며 옷을 본다) 이게 웬 옷이에요?

일용네 글쎄…… 이걸…… (머뭇거리며 옥녀와 시선이 마주친다)

옥녀 (재빨리 대꾸하며) 작은어머니께서 마련한 거예요. 어서 입어보세요.

일용 어머니가요?

옥녀 예. 아저씨가 돌아오셨으니 뭘로 기쁘게 해줬으면 좋겠느냐기에 한복을 한 벌 지어드리라고 제가 말했거든요. 그래서 밤이면 제 방에서 바느질을 했어요. 그러니 어서 입어보세요. 기장이 맞을런지 모르겠어요.

일용 (반신반의로) 어머니, 정말이세요?

일용네 (울음이 터지며) 오냐…… 오냐……

일용 (옷을 매만지며) 죄송해요, 어머니!

일용네 죄송한 건 네 형수다. 작은 형수여……

일용 예? (하며 옥녀를 쳐다본다)

일용네 나야 이제 늙고 손이 이렇게 솔방울처럼 까칠해서 비단 바느질이 되겠어? 그래 네 형수가 밤잠도 안 자고…… (다시 목이 메어) 아마 이틀 밤을 꼬박 밝혔을 거여…… 그렇지. (하며 옥녀를 본다)

옥녀 (부러 태연하게) 오랜만에 바느질을 했더니 제대로 안 돼요. (하며 손을 부빈다)

일용네 그 아까운 솜씨로 지은 옷이다. 네가 서울엘 가든 미국엘 가든 꼭 가지고 가거라, 응?

일용 (감격적으로) 형수, 고맙습니다.

옥녀 싫어요, 그런 말투!

일용 그러나 승용 형님이 입으면 더 어울리는 옷일 거예요!

일용네 뭐라고?

옥녀 예?

일용 그렇죠? (쓸쓸히) 제 눈은 못 속여요. 이래 뵈도 눈치로만 살아온 하일용이니까요.

일용네 일용아, 사실은……

일용 알고 있어요.

옥녀 청기와집의 식은 밥덩이에겐 그것만이 유일한 꿈이었으니까요. 여자의 꿈이란 그런 거예요. 밤 깊도록 바늘을 옮기는 머리 가운데는 그 옷을 입어줄 사람의 그림자만이 보인다나요…… 자…… 그러니 어서 입어보세요.

일용네 그렇게 해. 어서! 네가 한복으로 차린 모양 좀 보자.

일용 (감동되어) 입으나 마나 꼭 어울릴 거예요. 형수씨의 알뜰한 솜씨인데!

옥녀 미안해요. 저는 다만……

일용 (웃으며) 이 옷은 제가 입겠어요. 형수께서 주신 선물로 알고요.

옥녀 정말이에요?

일용 예! 그대신 형수씨도 제가 언젠가 얘기한대로 새로운 삶을 찾아 나가야 돼요. 이렇게 썩을 필요가 없어요. 뭘 하면 어머니하고 같이 서울로 나가세요.

일용네 서울로?

일용 예. 제가 이번 일만 성사가 되면 집 한 칸은 마련하겠어요. 그렇게 되면 형수씨는 직장에 나가시고 어머닌 집을 지키시고…… 멋있게 살아봅시다.

일용네 안조카, 들었어? 우리 일용이 얘기 들었지?

옥녀 (감동되어) 예…… 듣고말고요. 정말 그렇게 살아야 해요. 작은어머니도 그리고 저도 이제부터예요.

일용 그럼요. 저를 믿으세요. ……핫하……

일용네와 옥녀는 서로 손목을 쥔다.

암전

제4막

무대

전막과 같음. 다음날 황혼이 깔릴 무렵. 하대덕이 오만상을 찌푸리며 마루를 서성거리고 있다. 아마 이따금 신트림을 하면서 배를 문지른다. 아마 또 위가 아픈 모양이다. 마루 끝에 이 씨가 걸터앉아서 입맛을 쩍쩍 다신다.

이씨 별꼴 다 봤지! 그래 여염집 여편네가 온다간다 말도 없이 집을 이틀씩이나 비우다니 원…… 아무리 세상이 신식만을 좋아한다지만 너무해. 에그, 글쎄 어딜 가면 간다고 말이라도 해야잖아, 응?

대덕 삼재란 놈은 아직 안 돌아왔소?

이씨 예!

이때 문여는 소리 들리자 이 씨가 자리에서 일어난다.

이씨 누구냐?

귀례 저예요. (하며 헐레벌떡 들어온다)

이씨 귀례야 그래 무슨 말 못 들었어?

귀례 모르겠대유.

대덕 몰라?

귀례 예-. 어제도 오늘도 안 들리셨대요……

이씨 정말 귀신 곡할 노릇이지!

귀례 참말로 모를 일이여……

이때 삼재가 뛰어온다.

대덕 어떻게 됐어?

삼재 (시침을 딱 떼고) 그림자도 본 사람이 없대유.

이씨 없어?

삼재 야…… 없어유.

대덕 (크게 실망하며) 이럴 수가 있나! 이건 필경 무슨 일이 난 게 틀림없어!

이씨 일이라뇨?

대덕 그렇잖구서야 이틀씩이나 안 돌아올 리가 있어, 응? 여봐요! 방에 좀 들어가 보오…… 응?

이씨 (건넌방을 활짝 열고) 열 번 백 번 봤지만 있는 그대로예요. 종이쪽지 한 장도 없이……

대덕 그러니 이걸 어떡하면 좋아!

삼재 저…… 노마님.

이씨 왜 그러나?

삼재 혹시 서울 가신 게 아닐까요?

이씨 서울?

대덕 아니 네놈이 봤어?

삼재 아아뇨.

대덕 그럼?

삼재 (힐쭉거리며) 건넌방 서방님께서 다녀가신 후부터…… 헛허……

귀례 (찔벅거리며) 뭘 안다고 그리여……

이씨 망할 것! 꼴에 눈치는 빨라서…… 어서 가서 사랑이나 치워!

삼재 예-.

삼재가 껑충거리며 사랑채로 가자 귀례도 부엌으로 들어간다. 멀리 기적소리가 들린다.

이씨 무슨 일이 안 일어났으면 좋겠어요.

대덕 무슨 일이라니?

이씨 아까 삼재 말이 그럴듯해요.

대덕 뭐라구?

이씨 부부란 말 뿐이지 일 년 열두 달을 생과부로 지내왔으니 어멈 마음인들 오죽하겠어요. 하루 이틀도 아니고 근 십년 동안을…… 미쳤지! 필경 미쳤어!

대덕 음……

이씨 재철어멈이야 나무랄 데 없었지 뭐유…… 인물 좋겠다 살림 솜씨 알뜰하겠다…… 글쎄 뭐가 모자라서 작은집 살림이람! 그러기에 사내 눈은 뱀 눈이라니……

대덕 (양심에 찔리는 사람처럼) 허튼소리 말고 어서 약이나 짜와!

이씨 (자리에서 일어나며) 알고 보면 그 애도 영감을 닮았어요.

대덕 뭐라구?

이씨 그렇지 않단 말이에요? 영감이 젊었을 때 일용네를 건드렸던 것도 다……

대덕 (신경질을 내며) 이제 와서 그런 투정이 무슨 소용 있어? (긴 한숨) 알고도 모를 일이다.

이씨 (부엌을 향해) 새애기 있니? 부엌에 있어?

옥녀 (소리만) 예-.

대덕 참 그러고 보니 요즘 새애기가 전보다 활발해진 것 같아.

이씨 글쎄요……

부엌에서 나오던 옥녀를 보자 두 사람의 시선이 유난히 조심스럽다.

옥녀 (시선을 피하며) 부르셨어요?

이씨 응? 응…… 아버님 약을 잘 좀 봐라. 약밥이 너무 많은가 보더라.

옥녀 예-.

대덕 아가!

옥녀 예?

대덕 요즘 네 얼굴이 훤해지는 것 같구나…… 흣흐……

옥녀 그럴 리가 있어요?

이씨 몸이 약한 것보다는 낫지요.

옥녀 저 어머님……

이씨 왜?

옥녀 건넌방 형님 소식 아직 모르신다구요?

이씨 글쎄 여염집 여편네가 마실을 가는 것도 분수가 있지……

옥녀 저…… 아랫방 어머님이 그러시던데……

대덕 (귀가 번쩍 트인 듯) 일용어멈 말이냐?

옥녀 예-. 어제 아침나절에 형님이 나가시는 걸 봤대요.

이씨 뭣이?

대덕 아니 그럼 왜 진작 말을 하지 않구서…… 여봐, 빨리 불러서 물어 보우!

이씨 (부엌을 향해) 일용네 있나? 일용네!

옥녀 제가 말씀드리겠어요.

이씨 진작 말하잖구!

옥녀가 부엌으로 가려는데 뒷모퉁이에서 일용네가 고개를 내민다.

일용네 (무뚝뚝하게) 불렀어유?

이씨 일루 좀 오게나!

일용네 데뚱거리며 축돌 위에 올라온다. 그걸 보고 옥녀는 부엌으로 들어간다.

대덕 어제 재철어멈 나가는 걸 봤다며?

일용네 야-.

이씨 아니 그럼 왜 여태 아무 말도 안 했어?

일용네 누가 물어보지도 않는 얘길 왜 내가 먼저 꺼내우⋯⋯ 꺼내긴⋯⋯

대덕 (어이가 없어) 나 원, 아무리 그러기로 온 집안 식구가 벌통 쑤시듯 야단 북새를 떠는데도 그래 가만히 있어야 옳아?

일용네 (나뭇가지를 꺾으며) 내사 이 집안에서 북새를 떨건 참새를 잡건 알아주지도 않는 몸이니께 아예 아는 척도 안 하고 살아왔지 뭐여⋯⋯

대덕 아니, 저 여편네가!

일용네 (흘기며) 그렇지 않았어유? 일용이가 살아서 돌아오니께 내 얘기도 했지. 지금까지 어느 세월에 내가 밥을 먹는지 병이 들었는지 알아줬어유?

대덕 아니, 저⋯⋯ 저게 갑자기⋯⋯ 벙어리가 입이 터졌나? 그래 재철어멈이 나갈 때 뭐라고 하던가?

일용네 읍내까지 다녀오겠다고 하대요.

이씨 읍내?

일용네 야-. 그러면서 누가 물어도 아는 척 하지 말래서 가만히 있었죠.

대덕 읍내엔 뭣하러 갔을까? (사이) 그래 다른 얘긴 없구?

일용네 없었어유.

대덕 알았어.

이씨 어서 일이나 봐.

일용네 흥미 없다는 듯 다시 부엌으로 들어간다.

대덕 이상한 일 다 봤다. 친정에 간 게 아닐까?

이씨 가면 간다고 말이라도 있어야지……

대덕 그러게 말이야……

이때 대문 쪽에서 자전거 방울 소리 들리더니 서인섭이 등장.

대덕 어서 오게나!

인섭 예…… (자전거를 세워놓고 올라온다)

대덕 어떻게 처분이 되었나?

인섭 예. 마침 사람이 나서서요. 그래 아버님 말씀대로 팔았지요. 이게 계약서고요…… 이게 계약금조로 십만 원…… (하며 안주머니에서 서류와 돈을 꺼낸다)

대덕 수고했네. (하며 돋보기로 서류를 대충 훑으며) 살 임자를 만났기에 다행이군.

인섭 어제 들리려다가 일이 바빠서 바로 과수원으로 갔었죠.

대덕 그럼 잔액은?

인섭 내일이라도 주겠대요.

대덕 (돋보기를 벗으며) 일용이는 운수가 좋은 놈이야…… 이렇게 척척 들어맞는 것 보면…… 헛허……

인섭 참, 어제 읍내 정거장 앞에서 재철어머니를 만났죠.

이씨 응? 뭐래?

인섭 서울 좀 다녀오겠다던데요.

대덕 서울엘?

인섭 예. 바쁜 일이 있어서 내일 저녁때는 내려오겠다면서…… (두 사람의 표정을 살피며) 무슨 일이라도 있었나요?

이씨 글쎄, 온다 간다 말도 없이 어제 집을 나간 사람이 안 들어오니 온 집안이 난리지 뭔가!

인섭 왜요? 싸웠나요?

이씨 싸우긴…… 글쎄 할 얘기가 있으면 털어놓을 일이지…… 구멍에 든 뱀이 열 자가 되는지 스무 자가 되는지 알게 뭐람! 못살아!

인섭 그럴 줄 알았으면 내라도 곧 알릴 텐데!

대덕 그래, 오늘 온다고 했지?

인섭 예.

대덕 기용이를 만나러 간 게로군! 그러고 보니 삼재 말이 옳아!

이씨 에그, 영감두! 아니 우리 생각이 삼재보다 못해서 모를까!

대덕 갈 놈은 가고 올 사람은 오고 그렇게 사는 거지. 우리 일용이만이라도 잘 되면 돼! 이제 우리 집안이 흥하고 망하는 건 그 애에게 매달려 있으니까…… 참, 일용인 어디 갔어?

이씨 글쎄요. (크게) 귀례야! 귀례야!

귀례 (사랑 쪽에서) 예!

인섭 아버님, 잘 알아보시고 돈을 주세요.

대덕 그럴 필요 없어. 나도 지금까지 사람을 너무 못 미더워했던 게 흠이었으니까……

귀례, 나온다.

귀례 부르셨어유?

이씨　아랫방 도련님 어디 계시던?

귀례　글쎄요……

이씨　찾아봐!

귀례　오시라구요?

이씨　그래.

귀례　예.

하며 다시 왔던 길로 뛰어 나간다. 이때 삼재가 대문 쪽에서 뛰어온다.

삼재　마님, 큰서방님이 오세유!

이씨　뭐?

대덕　누구?

삼재　큰서방님 말이에요. 건넌방……

세 사람이 불길한 예감에 사로잡혀 서로 시선을 마주친 채 말이 없다. 이때 흥분을 이기지 못한 기용이가 모자를 벗어든 채로 들어선다. 그는 다른 사람을 본채도 안 하고 마루 끝에 걸터앉는다. 심상치 않은 분위기에 삼재가 꽁무니를 뺀다.

기용　삼재!

삼재　예?

기용　술상 차려와!

삼재　또, 하시게요?

대덕　아니, 또라니?

삼재　오시다가 주막집에서 선 채로 소주를 반 되나……

인섭　처남, 무슨 일이 있었나?

기용 (소리를 돋구어) 듣기 싫어! 어서 술상 채려와!

인섭 왜 그래? (하며 어깨를 치려 하자 기용이가 그 손을 털어버린다)

기용 내버려 둬! 나도 할 말이 있어! 참새가 죽어도 짹 하더라고 나도 말이지…… 나도 할 얘기가 서울 망우리의 무덤만큼이나 많아! 헹!

대덕 (감정을 억제하며) 아니, 뉘 앞에서 이 망동이냐?

이씨 정말 왜 그래?

기용 왜 그러냐구요? 아니 제 입으로 설명을 해야 아시겠어요?

이씨 말이야 해야 알지!

인섭 여보게 처남! 무슨 일이 있었는지 모르지만 부모님 앞에서 이렇게 함부로 폭언을 퍼부어서야 되겠나. 자…… 마음을 가라앉힌 다음에……

기용 그만 둬! 자네도 그 가면을 벗어.

인섭 뭣이!

기용 알랑알랑거리며 상속이나 많이 받을 속셈이지만 그런 얕은 수작 말어! 쳇!

대덕 (버럭 소리를 지르며) 이놈! 뉘 앞에서 쥐둥이를 함부로 놀리느냐!

이씨 영감!

기용 (사이) 어떡하시겠어요! 내 종아리를 때리시겠어요? 때리세요! 사십이건 오십이건 부모 앞에선 자식이지 별 수 없으니까요!

이씨 글쎄 자초지종을 얘기해야 알 게 아냐, 응? 그렇잖아도 재철어멈이 집에 안 들어와서 속을 썩이고 있는 판인데…… 뭐가 못마땅해서 이래? 응? 부모 공양은 못할망정 걱정은 안 끼쳐야지!

기용 재철어멈은 나하고 같이 왔어요. 대문간에 있을 거예요.

대덕 아니 그럼……

이씨 서울까지……

삼재 거 보세요, 내 말이 맞았지! 그러면 그렇지…… 힛히……

대덕 그래 그 에미 말을 듣고 이렇게 내려왔느냐?

기용 그래요!

이씨 참 별 꼴 다 보겠다. 서울까지 가서 무슨 말을 했기에……

기용 아버님, 한 가지만 묻겠어요. 도대체 우리 하 씨 가문의 종손이 누구예요?

인섭 그야 처남이지 누군 누구야!

기용 그럼 일용이는 뭐예요?

이씨 일용이?

기용 그 건달은 뭐예요? 그 새끼가 이 청기와집을 이어갈 장자인가요?

이씨 정말 아범은 미쳤나? 갑작스리 그게 무슨 소리야!

기용 당신은 잠자코 계세요!

이씨 뭐? 당신이라니……?

대덕 아니, 이 자식이 이제……

기용 그렇죠! 당신과 나와는 피도 살도 섞이지 않은 남남이에요! 우리 어머니가 죽은 탓으로 이 집에 들어온 후처 아니에요? 안 그래요?

이씨 여보! 여보, 영감! 이를 어쩌면 좋아! 아이구 분해! 아이구……

기용 어엿한 장손을 제쳐놓고 왜 첩의 자식에게 재산을 물려줍니까, 네 어머님? 흥, 당신이 내 어머니라면 대답 좀 하시구려, 해!

이씨 아니 내가 하 씨 집안에 들어와서 잘못이 뭣이기에 이 학대냐, 이놈! 내가 후처건 재처건 네 아버지를 남편으로 섬기고 삼십 년을 살았으면 네놈의 에미였지 못 될 게 뭐냐, 이놈! 응? 말을 해!

인섭 왜들 이러시오. 제발 차근차근……

이때 사방에서 귀례, 일용네, 재철, 정원이 모여든다. 그러나 모두가 저마다의 감정에 사로잡혀 제멋대로 서 있다.

이씨　(정원을 보자) 옳지 잘 왔다! 에미야, 이리 나서라! 아니 네가 무슨 고자질을 했기에 내게 포악이냐?

정원　전, 그런 얘기 안 했어요.

기용　당신은 가만히 있어!

이씨　듣고나 보자! 내가 삼십 년 동안 이 집에서 살아왔지만 이런 분함을 당한 적은 없었어!

기용　내가 팔자 할 때는 못 판다던 산판을 왜 일용에겐 팔아줬죠? (인섭에게) 자네도 맘보가 틀렸어! 그래 언제부터 아는 사이라고 일용이 편이 되었어, 응? 뭐 미국 가면 헌 양말짝 하나 얻어 신을 것 같아서? 응!

인섭　(분노가 터지자 기용의 뺨을 친다) 듣기 싫어!

기용이 중심을 잃고 쓰러지자 정원과 삼재가 부축을 한다. 귀례는 이씨 옆에서 떨고 있다. 재철은 굳게 입을 다물고 주시할 뿐이다.

기용　서가 네놈이 나를 때려? 장인이 죽으면 사위에게 상속할 줄 아느냐? 어림도 없다!

정원　여보, 왜 떠들어요!

이씨　(마룻장을 치며) 어이구, 분해라!

귀례　노마님!

대덕　(조용히) 그 산판을 판 것이 잘못이라면 내가 물리겠다. 그러나 나는…… 나는 네가 밉고 일용이가 고와서가 아니다. 일용에겐 미안했기 때문이야…… 일용어멈에게 따뜻한 말마디도 건네지 못한 내가 말이다. 죽기 전에라도……

이씨　부모 마음은 자식이 알고 자식 마음도 부모가 안다는데…… 이게 무슨 꼴이람……

기용 좋아요! 난 오늘부터 성을 갈겠어! 하 씨 집안 아니면 살 곳이 없을라구! 그렇지만 이렇게 괄시하지 마세요…… 나도…… 나도 이번만은 착실히 돈을 모아서 저 지붕에 청기와를 이어보려고 혼자서 궁리했어요! 그걸 몰라준다니 나도 자식 노릇 할 자격이 없지 뭡니까? 재철이나 재순에겐 애비 노릇도 못하고, 아버지에겐 자식 구실도 못하고 일용이나 죽은 승용에겐 형 구실도 못했으니 나는 나대로 가는 거지…… (하며 비틀거리며 나간다)

정원 (매달리며) 가면 안 돼요. 왜 나가요, 우리가 왜 나가요? 이 집은 우리 집이에요!

기용 내겐 집도 필요 없어. 잘 살아보려고 애쓰는 나를 신임 안 한다면 그것으로 끝이지!

재철이가 지금까지 참아온 감정을 억제하다 못해 기용에게 다가온다. 그러나 침착해지려고 애쓴다.

재철 아버지!

기용 뭐냐, 너는?

재철 지금 하신 말씀 정말이세요?

기용 뭐라고?

재철 잘 살아보려구 애쓰셨다구요? 아버지께서 애쓰신 게 그거였다면 저도 더 이상 이 집에선 살고 싶지 않아요!

정원 재철아!

재철 하나 남은 산을 판다고 그것으로 우리가 잘 살 것 같아요? 아버지, 아버지는 현재의 이중생활을 벗어나는 데부터 시작하세요!

기용 뭣이 어째? 아니, 이 자식, 애비에게 설교하는 거냐?

대덕 설교도 들을 만 하게 됐지!

재철 아버지는 그 돈으로 사업을 시작해서 이 지붕을 청기와로 갈겠다고 하셨지만 그전에 아버지의 생활부터 고치세요!

기용 내 생활이 어쨌단 말이냐?

재철 어머니를 더 이상 울리지 마세요. 어머니가 싫으시면 차라리 헤어지세요. 그럼 저라도 모시고 살겠어요, 아버지! 지금이 어떤 세상이라고 두 집 살림을 차리시고서 이렇게 집안을 온통 뒤집어 놓으세요!

기용 네깐 놈이 뭘 안다고 그래! 넌 잠자코 있어!

재철 아버지, 그러기에 저는 지금까지 아버지에게 뭘 요구한 적이 없었어요. 그러나 이번만은 제가 얘기할 차례인가 봐요. 일용 삼촌이 무슨 일로 돈을 원하는지 모르지만 그 얼마 안 되는 돈 때문에 싸우다니 불결해요. 우린 돈이라야만 새 출발이 되는가요?

기용 그걸 알기까지엔 너는 아직 멀었단 말이다! (하며 허세를 부린다)

이때 대문 밖이 어수선해진다. 모두들 그쪽으로 시선이 쏠리는데 재순이가 뛰어든다.

재순 야단났어요, 할아버지!

대덕 웬일이냐?

재순 일용이 삼촌이……

대덕 일용이가 어떻게 됐어?

재순 예…… 아, 저기 끌려와요!

대덕 끌려오다니?

대문 밖 군중 소음이 커지자 수갑을 채운 일용이가 형사에게 끌려 들어온다. 모든 사람이 저마다 놀란다. 그러나 일용은 태연하게 미소를 짖는다. 옥녀가 누구보다도 충격을 받았는지 비틀거린다.

형사 실례합니다.

아무도 대답이 없다. 서로 시선만 마주친다.

형사 어느 분이 주인이십니까?
인섭 왜 그러시죠?
형사 (패스포트를 보이며) 수사계에서 나왔는데요.
인섭 예……
형사 어떻게 되시죠? (하며 일용을 본다)
인섭 제…… 처남되는데요.
형사 처남이라……
인섭 그렇게 됩니다.

형사가 뭐라고 인섭에게 소근거린다. 일용네가 겁에 질려서 아들에게 접근을 못하는 안타까움에 혼자서 가슴을 쥐어박는다.

인섭 (심각하게) 무슨 일이 있었습니까?
형사 방이 어디죠? (말이 없자 일용에게) 짐이 어디 있어?
일용 (태연하게 턱으로 아랫방을 가리키며) 저 방이에요.
형사 도망치면 재미없어! (하며 방으로 들어간다)

그 사이에 일용네가 아들에게 달려간다.

일용네 얘야! 이게 어떻게 된 일이냐, 응? 말 좀 해라!

일용 (약간 머뭇거리다가) 어머니, 걱정마세요!

일용네 이 녀석아, 이 꼴이 되어 놓고도 넌 걱정이 안 되겠어?

일용 보통이에요.

이씨 뭣이?

모두들 동요의 빛이 보인다.

일용 (미소를 띄우며) 한두 번인가요, 이게?

일용네 아니 그럼 넌……

일용 그 안에 들어있으면 편해요. 남을 미워할 필요도 없고 남을 해칠 필요도 없구요.

일용네 (기가 막혀서) 이놈아! 이놈아! (하면서 실신한 사람처럼 쓰러진다)

옥녀가 일용네를 안아 일으키며 일용을 무섭게 쏘아본다.

일용네 안조카, 어떡하면 좋아!

옥녀 (일용에게 차갑게) 우릴 속였군요? 우리를……

일용 그래…… 난 사기한이야…… 이것도 (쇠고랑을 가리키며) 서울서 사기를 한 게 탄로가 난 모양이야…… 그렇지만 몇 달 살면 또 만나게 될 텐데 뭘, 헛허……

옥녀 (발악하며) 더러워! 더러워! 나가요! 흐흑……

일용네 안 돼, 가선 안 돼! 너만은 내 곁에 있거라… 이제 가면 내가 죽는 날까지 못 만날 거야. 가지 말어, 일용아!

일용 어머닌 지금까지 나 없이도 살아왔지 뭘 그래! 그러니 애당초부터 나 같은 아들이 없었다 치고… 그대로 사세요… (대덕에게) 아버지, 부탁해요.

대덕 (넋 나간 사람처럼) 네가…… 네가…… 이런 짓을 하고 다닌 줄은 꿈에도 몰랐구나……

일용 핫하…… 삼십만 원은 절약되어서 다행이지 뭐예요. 그 돈은 형님에게 주세요. (기용에게) 형님, 내 덕인 줄 아슈. 헛허……

이때 형사가 트렁크 두 개를 들고 나온다.

형사 이건 증거품으로 가져가겠소. 누가 밖에까지 좀……

인섭이가 삼재에게 눈짓을 하자 삼재는 조심스럽게 트렁크를 집어 든다.

삼재 일용이!

일용 참, 삼재! 그동안 자네하고는 그 흔한 막걸리도 못 마셨군.

삼재 난…… 자네가 미국 간다기에 얼마나 자랑을 하고 다녔는데 이 꼴이 되었지?

일용 미국? 핫하…… 그까짓 거 별 거 아니야. 인생이란 이런 거니까 ……

삼재 이런 거?

형사 빨리 나가! (일동에게) 실례했습니다.

일용 예……

일용네 일용아! 가지 마! 가지 말어! (형사에게 매달리며) 이봐요, 나으리! 내 자식이 무슨 죄를 지었는지 모르겠지만 이번만 봐줘요…… 예? 이제는 한시름 폈다고 생각했는데 이렇게 또 데려가시면 나으리…… 제발……

형사 아…… 어머니 되시는군요. (하며 훑어본다)

일용네 야! 그러니 불쌍한 것 한번만 봐주신 셈 치시고……

형사 그렇지만 댁의 아드님은 오래 전부터 지명수배 중인 사기범이에요. (여러 사람을 보며) 이번에도 어느 상인에게 외래상품을 사준다고 속여 적지 않은 돈을 편취했으니까요.

일용 (약간 적개심을 품으며) 여보세요, 그런 얘길 여기서 털어놓을 필요가 뭐 있소? 날 잡아 가두면 될 게 아니오?

형사 뭣이?

일용네 나으리, 제발 나를 잡아 가두세요! 십여 년 만에 죽은 자식 살아왔다고 기뻐했는데 이렇게 또…… (하며 매달리자 형사는 귀찮다는 듯 피한다)

옥녀 (자신에 대한 분노를 참지 못하며) 세상 사람은 다 속여도 나는 안 속일 줄 알았는데…… (울음이 북받치며) 내게 새로운 힘과 보람을 느끼게 하던 그 말조차 거짓이었으니…… 앞으로 누굴 또 어떻게 믿고 살아요…… 아…… (하며 나무에 기대어 울기 시작한다)

형사 빨리 나가!

하며 일용을 재촉하자 일용네는 멍하니 서 있는 대덕에게로 미친 듯이 달려간다.

일용네 뭐라고 한마디만 해요. 저렇게…… 저렇게 끌려가도 한마디도 한마디도 안 하기예요? 저게 개 돼지예요? 당신 아들이에요! 당신의 피를 이은 아들이 끌려간대도……

일용, 형사 나간다.

대덕 …… (약간 현기증을 느낀다)

일용네 (절망과 비분에 푹 시들어서 눈물도 말라버린 채) 에잇, 천하에 무심한 양반! 기어코 한마디 말리는 말도 없이 제 자식을 죽이다니…… (갑자기 발광하듯) 일용이를 누가 저 꼴로 만들었기에…… 돈 있고 세도 좋은 청기와집에서 도둑이 나왔다면 누가 믿을려구…… 따뜻한 말마디를 던져줬던들 저놈이 집을 뛰쳐나갈 리 없었어! (자신의 가슴을 치며) 여기서 푹썩 썩는 분통을 참아요, 네? 앞에서 자식이 끌려가도록 한 청기와집이 장하다 장해! (하며 대든다) 천년만년 잘 살어라! (하며 땅바닥에 쓰러진다)

옥녀 (붙들며) 진정하세요…… 네? (하며 운다) 작은어머니나 저는 이렇게 울다가 죽어요…… (하며 통곡한다)

일용, 형사, 삼재가 나가자 모두들 우르르 따라가려는데 대덕이 자리에서 일어서려다 그만 주저앉는다.

대덕 일용아……

이씨 여보, 영감!

모두들 대덕에게 몰려가고 재순이가 급히 밖으로 뛰어 나간다. 그러나 재철은 돌처럼 말이 없다.

멀리 기차 기적소리.

–막

파도가 지나간 자리 (1막)

• **등장인물**

고영애(37), 여의사

박찬규(32), 회사원

안영복(40), 고영애의 남편

미쓰 리(25)

뽀이(19)

• **때**

8월 하순, 일요일

• **곳**

어느 해수욕장에 있는 간이호텔

무대

침실과 베란다가 잇달아 붙어있는 판자집 호텔이다. 침실과 베란다의 넓이는 3:2의 비율이어서 어떻게 보면 방이라기보다 작열하는 여름 한 철의 태양과 바닷바람을 가리기 위해서 차일을 쳐놓았다는 인상밖에 안 주는 초라한 꾸밈이다. 따라서 방 안 차림이며 조도품은 모두가 허술하나 베란다 밖 모래밭에서 바로 맨발로 방으로도 드나들 수 있는 간편한 점이 이 방의 유일한 특징일지도 모른다.

침실에는 더블 침대 하나와 응접세트, 그리고 탈의장을 겸해서 만든 발로 된 두 폭 병풍이 방 한 귀퉁이에 놓여있다. 그리고 우편 벽에 도어가 하나 있어 복도로 통한다.

베란다에는 두 개의 의자와 차 탁자 그 위에 새빨간 달리아가 아무렇게나 꽂힌 꽃병과 재떨이가 놓여 있다.

베란다와 방 사이엔 커튼이 있어 칸막이 구실을 하고 있으며 무대 배경으로 쪽빛 바다와 섬과 그리고 뭉게구름이 시시각각으로 변모하는 하늘이 시원스럽게 내다보인다.

막이 오르면 파도 소리가 멀리서부터 밀려왔다간 다시 밀려 나간다. 욕장에서 뛰노는 아이들의 간드러진 웃음소리며 외침소리, 그리고 비행기의 폭음도 간간히 뒤섞여 파장이 가까운 해수욕장 분위기를 자아내고 있다.

바른쪽 도어가 열리며 뽀이가 고영애와 박찬규를 안내하며 들어선다. 고영애는 올해 서른일곱의 풍만한 육체를 가진 중년 부인. 선글라스를 써서 눈은 알아볼 수 없으나 그녀의 몸에서는 이국적인 분위기가 감도는 세련된 아름다움이 담겨져 있다. 거기에 비해 박찬규는 나이보다는 훨씬 앳되게 보이는 청년이다.

화려한 무늬의 알로하 셔츠를 입어서인지 대학생 같은 인상을 주기도 하나 침착한 태도가 간신히 그의 나이를 일러주는 것 같다.

뽀이 (베란다 쪽의 커튼을 홱 제치며) 이 방입니다. 어떠세요?

고여사 (방 안을 휘둘러보며) 신통치 않은데 뭘 그래? 그렇지요? 박 선생님!

박찬규 (담배를 꺼내 물며) 글쎄요.

뽀이 (직업적인 미소를 띠우며) 아이 사모님두! 이리 봬도 이 7호실이 우리 호텔에서는 특실입니다. 다른 호텔을 가보셔서 아시겠지만 베란다가 이렇게 넓고 전망이 좋은 방은 없습죠! 게다가 수영복으로 갈아입으시면 바로 (바다 쪽을 가리키며) 바다로 뛰어들 수 있으니까요. 헷헤……

고여사 그렇지만 아직 손님이 들어 계시다면서? (하며 벽에 걸린 옷을 턱으로 가리킨다)

뽀이 그 손님들은 오늘 떠나십니다. 벌써 숙박료 계산도 다 돼 있으니까요.

고여사 조용한 방을 달라고 했는데 떠들썩한 소리가 들려서…… (밖을 향하며) 어떡하죠?

뽀이 사모님두! 헷헤…… 오늘은 일요일이어서 좀 붐비는 편이지만 내일부턴 절간처럼 조용해집니다. 이제 해수욕하는 시즌이 지난 셈이죠. 메뚜기도 오뉴월이 한때라고요. 오늘이 8월 마지막 공휴일이라서…… 헷헤……

박찬규 그렇지만 이 방에 든 손님이 떠나기 전에 우리가 들어올 수는 없잖아요? (하며 고 여사를 본다)

뽀이 (재빨리 말꼬리를 물고) 그러니 옷을 갈아입으시고 바닷물에 잠기셨다 오세요. 그러면 제가……

고여사 (싸늘하게) 우린 해수욕을 하러 온 게 아니래두!

뽀이 (당황하며) 네?

고여사 (베란다 의자에 앉으며) 시원하기는 한데…… (하며 선글라스를 벗어 티 테이블 위에 놓았다. 크고 검은 눈이 신비스러울 정도로 아름답다) 어떻게 하겠어! 박 선생은……

박찬규 별 수 없잖아요. 오늘은 마지막 일요일이라 빈 방이라고는 없다는데… 그렇다고 저녁때까지 바다에서 기다릴 수는 없고……

뽀이 네…… 그러니 뭘 하시면 (베란다를 가리키며) 여기서 쉬어 계시다가 손님이 떠나신 다음에……

박찬규 그렇게 하는 도리밖에 없겠는걸요? (하며 고 여사의 동의를 청한다)

고여사 (한숨을 길게 뱉으며 언짢은 표정으로) 어딜 가나 사람 사태에 짓눌려야만 하니 원……

뽀이 어떻겁니까! 헷헤…… 이 장사야 사람보고 하는 장산뎁쇼. 그럼 뒷일은 제가 처리해 드릴테니 편히 쉬세요.

고여사 주인이 따로 있는 방에서 편해 쉰다는 게 말이 돼? (하며 씩 웃는다)

뽀이 걱정 없대두요. 이 손님들은 오후면 떠나신다니까요…… (야비하게 웃으며) 우리는 한철 벌어서 1년을 먹고사는 직업이라서요…… 헷헤…… 널리 용서하십쇼!

고여사 알았어요…… 가봐요.

뽀이 네. 네…… (돌아서려다) 참 심부름 시키실 일이 있으시거든 저기 벨이 있으니까요…… 혹시 시원한 맥주라도 드시면서 쉬시는 게 어떠실지?

고여사 (구미가 당긴다는 듯 박에게) 하시겠어?

박찬규 한낮부터요?

고여사 어때요…… (뽀이에게) 그럼 맥주 두 병만……

뽀이 네 네…… (하며 도어를 열고 퇴장)

두 사람 사이에 침묵이 흐른다. 파도소리가 한층 가까이서 들리는 것 같다. 그 공백을 메꾸기라도 하듯 박이 고 여사 등 뒤에서 담배를 권한다.

박찬규 태우시지!

고여사 (말없이 담배가치를 뽑으며 박을 쳐다본다)

박찬규 (씨익 웃으며 라이터를 켜서 내밀자 바람에 꺼진다. 박이 허리를 굽혀 고 여사의 머리들 에워싸듯 하며 불을 켜 댄다. 고 여사가 담배를 한 모금 빨고는 장난꾸러기처럼 연기를 박의 얼굴에 대고 훅 내뱉는다. 두 사람이 피곤한 웃음을 억지로 웃는다)

고여사 후회해요? 여기까지 온걸……

박찬규 천만에.

고여사 그럼 왜 그런 얼굴을……

박찬규 미안해서요.

고여사 미안해서? 뭐가요?

박찬규 여러 가지로…… (하며 의자에 마주 앉는다)

고여사 소문 날까봐서?

박찬규 소문?

고여사 나 같은 늙은이와 함께 서울을 떠나 이곳까지 왔다는 게 알려지면 쑥스럽다고 생각하시겠죠?

박찬규 (쓴 웃음을 뱉으며) 무슨 말씀을… 그건 도리어 제가 고 여사에게 먼저 드려야 할……

고여사 싫어요… 그런 허식적인 인사!

박찬규 왜 그게 허식적입니까? 상식이지!

고여사 미스터 박은 항상 그 상식적인 테두리 안에서 달팽이처럼 사시구려! (하며 연거푸 담배 연기를 피운다)

박찬규 헛허…… 상식적인 테두리라…… (하며 한숨을 길게 내뱉는다)

고여사 (심각하게) 미스터 박!

박찬규 (눈으로 대답하듯 뚫어지게 쳐다본다. 멀리 헬리콥터 소리가 지나간다)

고여사 지금이라도 서울로 돌아가고 싶으면 가세요. (하며 외면을 한다)

박찬규 추방이요?

고여사 말리지 않겠어요.

박찬규 어린애 취급이시군!

고여사 나이 많은 어린애도 있는 법이예요

박찬규 서른두 살 난 어린애도 있어요?

고여사 나는 서른일곱인데도 어른이 되었다고 생각해본 적은 없어요.

박찬규 어른과 어린애의 차이는 뭐죠?

고여사 자신이지!

박찬규 자신? 스스로의 믿음 말인가요?

고여사 자기 생활에 자신이 없을 때는 어린애가 되는 거예요.

박찬규 고 여사에게는 의사보다 학교 훈장이 더 어울리는 직업일지도 모르죠!

고여사 번지수가 다른 단 말씀?

박찬규 가끔 그걸 느끼죠……

고여사 그거라니?

박찬규 왜 고 여사 같은 분이 산부인과 의사를 택했을까 하고.

고여사 자격이 없단 말씀이죠?

박찬규 있다고 볼 순 없죠……

고여사 어째서?

박찬규 아름다워서……

고여사 (의외라는 듯) 네? (하고 멍하니 박의 눈을 들여다보더니 무슨 생각이 들었는지 폭소를 터트린다) 홋호…

박찬규 왜 웃으세요?

고여사 보통이 아니셔!

박찬규 뭐가요?

고여사 미인은 여의사가 되지 말라는 학설이 어디 있어요? 누구의 학설이냔 말이에요?

박찬규 이 박찬규의 체험이죠……

고여사 체험?

박찬규 임상실험이라도 좋아요!

고여사 그럼 그 보고서를 들어봅시다!

박찬규 (한숨) 그만 둡시다.

고여사 왜요?

박찬규 잔인해지니까요.

고여사 서로의 옛 상처를 들추는 격이 되니까 말이죠?

박찬규 (담배 연기를 뱉는다)

고여사 (한숨) 역시 미스터 박은 현실보다 과거를 중요시하는 타입이군요.

박찬규 좋을대로 생각하세요. 저는 주판알 튕기는 회사원이니까요. 다만 내가 얘기하고 싶은 것은 고 여사가 왜 별거 생활을 하시는지 그 원인을 생각해 봤지요.

고여사 (약간 신경을 돋구어서) 새삼스럽게 그 얘긴 왜 또 끄집어내세요.

박찬규 (멋적어지며) 죄송합니다.

이때 뽀이가 맥주와 잔을 쟁반에 바쳐 들고 들어온다. 두 사람 사이에 대화가 끊어지자 무거운 침묵이 흐른다. 뽀이는 이상한 기미를 알아차리면서도 흔연스럽게 대한다.

뽀이 (맥주병의 마개를 뽑으며) 우리 호텔에선 시원한 우물에다가 맥주를 채워 두는 게 특징입니다…… 맥주 맛이 좋기로는 전기냉장고보다 우물에서 더 난다니까요…… (마개를 뽑은 다음) 그럼 편히 쉬세요…… 아 그리고 앞으로 며칠쯤 유하실는지 여쭤 봐도 괜찮을까요?

고여사 빨리 떠나는 게 좋다면 오늘이라도 가겠어요? (하며 맥주를 따른다)

뽀이 헷헤…… 그게 아니라요 우리 호텔에서는 서울까지 저자를 보러 가기 때문에 미리서 손님의 체류기간을 알아둬야 만이……

고여사 그것도 이 호텔의 특징이군! (하며 가볍게 비웃는다) 흥!

뽀이 헛허…… 사모님두! 아무튼 오늘만 지나면 이 해수욕장도 파장이라 조용해질겝니다. 그렇게 되면 밤에는 자물쇠를 안 잠그고도 지낼 수 있구요. 하루 종일 파도소리와 갈매기 소리밖에 안 들리게 되죠! 올 여름은 비 때문에 장사는 초를 쳤지만 한가해서 체중을 늘렸으니까요!…… 그럼…… (이렇게 지껄이는 뽀이의 저의가 팁을 요구하는 직업적인 친절임을 눈치 차린 고 여사는 핸드백을 연다)

고여사 잠깐만!

뽀이 네? 필요하신 거 있으면 말씀하세요. 고래 힘줄이나 처녀의 수염을 빼놓고는 뭣이든지 가져오겠습니다! 헛허……

고여사 (백 원 한 장을 꺼내주며) 잘 부탁해요.

뽀이 (날름 받아 넣으며) 네네…… 감사합니다! 먼저 들어있던 손님에겐 제가 사전에 말씀 드릴테니 염려마시고 쉬세요. 뭣하시면 침대를……

고여사 괜찮아요! 우리는 이 베란다에서 기다릴 테니까!

뽀이 네… (하며 굽실거리며 도어를 열고 나간다. 이 사이에 두 개의 술잔에 술을 따른 고 여사는 잔 하나를 박찬규에게 준다)

고여사 자… 드시지!

박찬규 한 말씀 하세요.

고여사 미스터 박의 미래를 위해서……

박찬규 고 여사의 건강과 병원의 성업을 위해서……

(가볍게 잔을 부딪치고 술을 마신다. 고 여사는 한숨에 잔을 비우나 박찬규는 절반쯤 마시고는 그대로 내려놓는다)

고여사 아… 시원해! 이제 살 것 같아요. 흠… (하며 헝클어진 머리를 쓰다듬는다. 다음 순간 무료하게 바다 쪽을 바라보는 박찬규의 표정을 살핀다) 왜 안 마셔요?

박찬규 마시겠습니다.

고여사 맥주 첫 잔은 바닥을 내는 법이예요.

박찬규 숨이 찬데요.

고여사 숨이 차기에 그 다음에 내뱉는 숨이 얼마나 시원하기에요! 뱃속에 싸인 악독 가스를 깡그리 내뱉을 수 있잖아요?

박찬규 핫하… 자 그럼 한잔 더 내시고 배안의 신진대사를 철저히 하시지! (하며 맥주를 따른다)

고여사 미스터 박!

박찬규 네?

고여사 아까 그 애기 계속하죠.

박찬규 아까 애기?

고여사 내가 의사를 택한 게 잘못이었다고 말했잖아요?

박찬규 아… 헛허…… 왜 마음에 걸리십니까? 그럼 취소하죠……

고여사 그렇게 제멋대로?

박찬규 솔직하잖아요?

고여사 그렇다면 요즘 정치가들이 가장 솔직하겠군!

박찬규 왜요?

고여사 이랬다저랬다 하는 게 솔직을 뜻한다면……

박찬규 핫하…… 고 여사의 그 핀셋 같은 말솜씨엔 그저 두 손 들었어요.

고여사 매력이 없단 말이죠? 꼬치꼬치 파내는 거……

박찬규 (갑작스레 얼굴이 어두워지며) 뭐라구요?

고여사 (한숨을 뱉고) 알고 있어요.

박찬규 네?

고여사 여기 오기 전부터…… 미스터 박이 나라는 여자를 어떻게 생각하고 있을까를……

박찬규 그건 또 무슨 학설이죠?

고여사 농담이 아니에요.

박찬규 학설이란 자신의 결정이에요! 자신이 없으면 어린애가 된다고 하지 않아요?

고여사 맞았어요? 그럼 한 가지만 묻겠어요.

박찬규 (대답 대신 맥주잔을 입에 댄다)

고여사 미스터 박은 내가 바람난 여자라고 생각해요?

박찬규 (잔을 손아귀에 넣고 내려다만 본다)

고여사 남편과 자식을 가진 여자가…… 속된 말로 유부녀가 미스터 박 같은 청년을 유혹하고 있다고 생각하죠?

박찬규 (불쾌감을 터뜨리며) 고 여사!

고여사 제가 묻는 말에나 대답하세요!

박찬규 그걸 다짐받기 위해서 이곳까지 나왔습니까? 이 바쁜 세상에……

고여사 바쁘다구요?

박찬규 (격해지는 마음을 간신히 억누르며) 고 여사께서 그런 얘기 하시면 박찬규는 실망합니다.

고여사 어차피 우리는 실망을 전제로 한 관계이니까요! (하며 단숨에 술을 마신다)

박찬규 실망을 전제로 해?

고여사 미스터 박! 걱정 말아요! 내가 미스터 박을 괴롭히려고 온 건 아니니까! 또 그렇다고 지금처럼 남의 눈을 속여가면서 일주일에 한 번씩 만나 달라고 강요하지도 않을 테니까!

박찬규 고 여사!

고여사 (시들하게 웃음으로 받아넘기며) 사실은 작별하기 위해서니까……

박찬규 작별?

고여사 (담배를 피워 물며) 지난 일 년 동안의 우리들의 생활을 정산하기 위해서 이곳을 택했다고나 할까?

박찬규 통속소설의 한 토막 같군!

고여사 우리가 살아가는데 통속적이 아닌 게 있어요?

박찬규 (대결하듯) 있죠!

고여사 뭐예요?

박찬규 이렇게 우리 두 사람이 서울을 떠나온 사실 자체죠!

고여사 핫하…… (고 여사의 웃음소리가 어찌나 크고 돌발적이든지 박찬규는 한동안 입을 크게 벌리고 지켜본다)

박찬규 왜 웃으시죠?

고여사 미스터 박은 언제나 내 얘길 믿으려 들지 않는군!

박찬규 그게 사실이라면 내가 왜 고 여사를 따라 여기까지 왔을까요? 네? (하며 추궁하듯 그녀의 눈을 들여다본다)

고여사 (담담하게) 미스터 박! 내 얘기를 액면 그대로 들어줘요.

박찬규 (자리에서 일어서 바다 쪽을 향해 길게 담배 연기를 뱉는다)

고여사 내가 어젯밤에 서울서 미스터 박에게 하고 싶은 얘기는 오늘 해수욕장으로 놀러 가자는 게 아니었어!

박찬규 현재의 관계를 끊자는 거였군요?

고여사 (약간 당황하는 빛을 보이며) 차마 그 얘기가 나오질 않았어! 그래서 우리들의 생활에 종지부를 찍기 위해서 장소를 옮긴 것뿐이에요.

박찬규 그럴 필요가 있었을까요?

고여사 있었지!

박찬규 어째서?

고여사 서울서 얻은 것을 서울에다가 버릴 수는 없잖아요?

박찬규 바다에다가 버리고 싶었단 말씀이군요?

고여사 어느 물고기가 물어가건 저 하얀 파도머리가 앗아다가 바다 멀리 버리건… 아무튼 바닷가로 나오는 게 좋을 것 같아서 미스터 박에게 주말여행을 떠나지고 했던거야……

박찬규 그런데 순순히 따라 나오는 이 박찬규였다 이 말씀인가요?

고여사 미스터 박!

박찬규 우습군요!

고여사 내 얘기가?

박찬규 아니죠! 서른두 살의 어린애가 지나치게 순진하단 말이에요.

고여사 아…… (괴로운 듯 머리카락을 쓰러 넘긴다)

박찬규 그러니 나는 멋도 모르고 해수욕장 구경을 갈 수 있어서 좋아라 했다는 결과 밖에 안 되었군요?

고여사 그게 아니라 나는……

박찬규 고 여사! 이번엔 제 얘기를 들으세요,

고여사 싫어요! (하며 자리에서 일어나 침실로 들어온다)

박찬규 들어요…… (하며 뒤쫓아 온다)

고여사 싫다니까! 싫어 (하며 히스테리컬 하게 외치자 박찬규가 그녀의 양팔을 휘어잡는다)

박찬규 고 여사!

고여사 이 팔을 놔요.

박찬규 고 여사는 지금 나한테 뭘 감추고 있지요?

고여사 (고개를 흔들며) 없어? 없어?

박찬규 있어요! 있어!

고여사 미스터 박 오늘로서 우리는 마지막에요.

박찬규 헤어지잔 얘기?

고여사 안 만나는 거예요.

박찬규 사랑해도?

고여사 물론이지!

박찬규 어째서?

고여사 행복을 버릴 순 없어!

박찬규 누구의 행복?

고여사 미스터 박은 나하고 있으면 불행해져요! 그러니 내 곁에서 떠나가야 해요! 알겠어?

박찬규 내가 고 여사와 헤어짐으로써 행복해질 수 있단 말인가요?

고여사 나같은 짐을 언제까지나 지고 갈 수는 없잖아!

박찬규 유방도 짐이 될 수 있을까요?

고여사 뭐라지?

박찬규 무더운 여름철에 젖가슴의 무게를 괴롭다고 느낀 적이 있느냐 말이에요? (간절하게) 고 여사! 저는 고 여사가 남편과 자녀를 지닌 연상의 여인이라는데 대해서는 관심을 가지고 싶지 않아요.

고여사 현실파인 미스터 박이 그런 소릴하면 안 어울려요.

박찬규 나는 죽은 내 아내보다 고 여사가 아름답고 사랑스러운 것 뿐이예요. 2년 전 아내가 첫아이를 낳다가 죽게 되었을 때 고 여사의 병원을 찾게 되었던 게 비극의 시초라면 그건 운명이겠죠! 그러나…

고여사 미스터 박! 이러지 말아요! (하면 간신히 박찬규를 뿌리치고는 침대 위에 쓰러져 운다) 나를…… 나를 혼자 있게 내버려 둬요!

박찬규 (넋나간 사람처럼 멍하니 내려다보다가 조용히 다가와서) 고 여사! 고 여사가 얘기하기를 꺼려한다면 이상 더 묻지 않겠습니다. 그러나 저는 고 여사와 헤어질 수는 없습니다.

고여사 그럼 결혼하겠단 말이에요.

박찬규 고 여사만 좋으시다면……

고여사 남편은 아직도 나와 법적인 이혼에는 동의를 않고 있어요.

박찬규 그게 무슨 상관입니까?

고여사 네?

박찬규 언제 우리가 법을 위해 살았던가요? 법이 우리를 위해 있는 거죠.

고여사 그렇지만 우리는 법의 구애를 벗어 날 수는 없잖아요?

박찬규 법이 우리를 불행하게 만든다면 저는 법을 인정하지 않겠어요.

고여사 미스터 박! 안 돼! 나는 지금까지 미스터 박을 사귀어오면서도 결혼은 생각해본 적이 없었어!

박찬규 어째서요?

고여사 미스터 박이 2년 전에 상처를 당했다고는 허지만 법률상으로는 미혼이지 뭐야! 허지만 나는 그 반대로 실질적으로는 독신생활을 하고 있지만 내게는 남편과 자식이 있는 몸인 걸 어떻게 하겠어? 응? 눈에 들지 않는다고 자기 얼굴에 붙어 있는 못생긴 코를 베어 버릴 수도 떼어버릴 수도 없잖아요?

박찬규 그런 남자를 남편으로 끝까지 섬겨야만 하겠습니까?

고여사 남편이 아내 아닌 다른 여자들과 관계를 맺는다는 걸 보고 있을 수 없어서 내가 집을 뛰쳐나왔지만 역시 나는……

박찬규 (위로하듯) 고 여사! 나는 언제까지나 기다리겠어요!

고여사 언제까지라구?

박찬규 네… 고 여사가 정식 이혼을 할 때까지… 나는… (하며 베란다로 나간다)

고여사 어디가요?

박찬규 텁지근해서…… 수영이나 하고 오겠어요.

고여사 가지 말아요.

박찬규 (모래밭으로 내려서며) 한바탕 텀벙거리고 오겠어요! (하며 좌편으로 퇴장한다. 혼자 남게 된 고 여사는 갑작스레 엄습해 오는 고독감에 안절부절 하더니 베란다에 있는 의자에 앉아 선글라스를 쓰고는 기다랗게 눕듯이 다리를 뻗는다. 그리고는 담배를 피어문다. 이때 도어가 열리며 안영복과 미쓰 리 그리고 뽀이가 들어온다. 두 손님은 수영복 차림에 비치 가운을 걸쳐 입었다. 안영복은 배가 나온 중년신사이며 어딘지 바람기가 있어 보인다. 뭐가 못마땅한지 화가 나서 큰소리를 지른다)

안영복 그런 법이 어디 있어? 응?

뽀이 죄송합니다… 어제 저녁에 손님께서 오늘까지만 유하시겠다기에 그만……

안영복 임마! 이 해수욕장에 호텔이 이 집 뿐이라더냐? 응? 왜 아직 사람이 들어있는 방에 손님을 들여놔! 그따위 장사법이 어디 있느냐 말이야?

뽀이 제가 잘못했습니다. 네… 저… 새로 오신 손님은 제가… (하며 베란다로 나온다. 이 사이에 미쓰 리는 병풍 뒤로 들어가 몸을 씻고 옷을 갈아입는다. 얼마 전부터 이 광경을 소리로만 듣던 고 여사가 담배를 부벼 끄고는 자리에서 일어선다. 조심스럽게) 저… 실례 말씀이지만!

고여사 알겠어요! 이 방은 안 되겠단 말이지?

뽀이 네… 저… 실은 먼저 든 손님께서 예정을 바꾸어서 앞으로 며칠 더…

안영복 (소리를 버럭 지르며) 임마! 우리가 언제 예정을 바꾸었어? 네놈이 제멋대로…… (이때 베란다에서 들어선 고 여사와 안영복의 시선이

마주치자 섬짓 제자리에 선다)

안영복 아니……

고여사 어머나…… (다음 순간 고 여사는 병풍 뒤에서 옷을 갈아입는 미쓰 리의 콧노래 소리에 신경을 쓴다. 그리고는 다시 안영복을 돌아본다)

안영복 (멋적은 표정으로) 어떻게 된거야?

고여사 당신은 어떻게 오셨어요?

안영복 응… 저… 회사에서 직원들하고 주말여행을……

미쓰 리 (병풍 뒤에서) 여보! 발바닥에서 피가 나요! 조개껍데기에 상했나 봐요.

이 말에 고 여사와 안영복은 저마다 복잡한 표정이다.

미쓰 리 (병풍 뒤에서) 여보! 뽀이 보고 머큐롬 좀 가져오라고 해요! 미리 소독을 해야지…… 아이 씨려!

뽀이 머큐롬요? 네… 곧 가져오겠습니다. (고 여사에게) 손님께서는 어떻게 하시겠습니까? 사정이 그만 이렇게 되어서…… 죄송합니다……

고여사 별 수 없잖아 다른 여관을 찾아 볼 수밖에!

뽀이 뭘 좋으면 제가 소개해 드리죠… 우리 호텔보다는 못하지만 비교적 깨끗하고 조용한 곳이 있는데……

고여사 알았어! (하며 베란다 쪽으로 간다)

뽀이 같이 오신 손님은 어떻게 하시구요?

고여사 뭐라고?

뽀이 가시는 곳을 제가 알고 있어야 전갈을……

고여사 걱정말아! (매섭게 쏘아 본다)

뽀이 네… 네… (하며 먼저 급히 나간다)

이 사이에 담배를 피어불고 있던 안영복이가 고 여사에게 넌즈시 말을 건다.

안영복 (비꼬는 어조로) 동행이 있었군 그래!

고여사 (등 돌아선 채) 왜 저는 동행이 있으면 안되나요?

안영복 흥! 대단한 배포군!

고여사 당신은 뭐에요? 사원치고는 아주 다정한 여사원이군요? 흥!

안영복 뭣이?

고여사 제 버릇 개 줄래요?

안영복 잔소리 말어!

이때 미쓰 리가 비키니 스타일의 원피스 차림에 머리에 브러싱을 하며 나오다가 두 사람을 보자 약간 놀라는 기색이다.

미쓰 리 어머! 손님이 오셨군요?

안영복 응? 응…

미쓰 리 그럼 시원한 거라도 시킬걸 그랬어요…… 그 벨을 누르세요!

안영복 아 아니야……

고여사 (미쓰 리의 거동을 유심히 보더니) 걱정 마세요. 곧 떠나갈 사람이니까.

미쓰 리 그렇지만……

고여사 모처럼 두 분께서 즐기시는데 불청객이 자리해서 미안해요.

미쓰 리 어머나! 그 그럴 리가 있어요! (금시 어조가 달라지며) 전무님! 제가 자리를 비켜드리겠어요. 앉아서 말씀 하세요.

안영복 그럴 필요없다니까!

미쓰 리 저… (서성대며) 미장원에 가서 머리도 손질을 해야 할 테니까요!

안영복 서울 가서 하지. 시골 미장원에서 어떻게 하려고……

미쓰 리 그렇지만 냄새가 나서…… 머리를 감고 세트만 하고 오겠어요 …… (고 여사에게) 앉아서 말씀하세요! (하며 상대방의 대답도 듣기 전에 도망치듯 나가버린다. 고 여사는 쓴 웃음을 입가에 띄우며 침대 옆 의자에 앉는다)

고여사 흥! 대단한 아가씨군요? 회사 무슨 과 근무죠?

안영복 알 필요가 있을까?

고여사 대답 못할 건 또 뭐예요?

안영복 피차간에 간섭을 안 하기로 했잖아!

고여사 좋아요!

안영복 (두 사람 사이에 말문이 막히자 무슨 돌파구라도 찾으려고 애쓰는 눈치이다 파도소리가 전보다 드높아간다) 동행이 있다면서? 어디 갔어?

고여사 어린애는 아니니까 길은 안 잃을 거예요.

안영복 흥! 소문 들었지!

고여사 소문?

안영복 젊은 제비가 있다구? 병원 이웃에 있는 회사에 나가는……

고여사 흥… 이왕이면 비둘기지 왜 제비에요.

안영복 유부녀가 집안을 버리고 뛰쳐나가 젊은 놈을 달고 다니는 꼴은 가관이겠다. 흥!

고여사 부하 여직원을 골라가면서 달고 나니는 전무님은? 흥!

안영복 (신경질을 내며) 듣기 싫어!

고여사 명령이에요?

안영복 남편이 그러기로 여편네가 덩달아 바람을 피워야 된단 말인가?

고여사 바람은 누가 피워요?

안영복 그럼 그게 바람이 아니고 뭐야?

고여사 (허공을 응시하며) 파도가 지나간 것 뿐이에요.

안영복 뭔 파도?

고여사 파도란 바다 멀리서부터 휘몰려 와서 바위에 부딪쳐 부서질 때까지 뿐이라니까! 파도가 지나가 버린 모래사장은 발자국 하나 남지 않아요.

안영복 흥! 그게 무슨 철학이죠.

고여사 당신이 내게 가르쳐준 철학이죠. (약간 침울해지며) 결혼생활 15년 동안 나 혼자 집에 남겨 둔 채 밖으로만 놀아나는 당신이 내게 심어준 철학이라니까요!

안영복 제법이군!

고여사 하루 종일 병원에서 시달리다가 집에 돌아올 때 아내는 남편의 따뜻하고 믿음직스런 가슴을 그리워했어요. 허지만 그 남편은 밖에서 그 가슴팍을 다른 여자에게 내맡기곤 했어요.

안영복 남편의 생활을 의심하는 게 잘못이야……

고여사 그래도! 사원이 상사 보고 여보라 부르는 것과 꼭 같은 잘못이었지요…… (약간 울먹거리는 목소리를 안정시키려고 애쓰며) 나는 집을 나와 있어 아이들 생각에 하루도…… 이 가슴 속에 파도가 일지 않는 날이라곤 없었어요.

안영복 사서 고생이었지 뭘 그래?

고여사 파도가 지나간 텅 빈 자리에 손가락 끝으로 몇 번이고 그리던 이름을 그려 봤지만…… 허사였어요!

안영복 그래서 제비를 산거야?

고여사 (무섭게 노려본다) 뭐라구요? (어느새 그녀의 눈에 이슬이 고여 있다) 당신은 잔인해요! 잔인해!

안영복 흥! 눈물전술인가?

고여사 내가 당신의 아내로서 자격이 없다면 정식으로 이혼을 해주면 될게 아니에요? 그런데 왜 나를 이중 삼중으로 꽁꽁 묶어둔 채로

이렇게…… (참다 못해 손수건으로 얼굴을 가린다)

안영복 당신이 아내로서의 구실을 다했으면 그럴 리가 없지! 의사랍시고 환자를 다루는 솜씨를 남편에게도 대하니까 그렇지! 걷듯하면 분석이다 종합이다 실태파악이다 하는 식으로 말이지…… 남자는 여자를 찾는 거지 직업을 찾는 게 아니란 말이야!

고여사 그러니 나더러 병원을 그만 두라는 거에요?

안영복 당신이 병원에서 뭇 환자들을 들여다보는 식으로 부부생활을 하는 날엔 매력이 없단 말이야!

고여사 그럼 그렇다고 왜 진작 말을 안 해주셨어요?

안영복 누가 어린애라고 그런 걸 일일이 말해야 아나?

고여사 어른도 때로는 어린애가 되는 법이에요!

안영복 남편은 아내에게 어린애로 통할 순 없다니까!

고여사 여보!

안영복 어린애와 어른의 성질을 동시에 지니는 아내를 그리워하는 거야! 남편이란……

고여사 흑… (하며 흐느껴운다)

안영복 당신이 명의로서 돈을 버는 것도 좋지만 나는 때로는 어머니처럼 때로는 어린애처럼 내 품에 안기는 아내가 그리웠단 말이야! 당신의 그 핀셋같이 날카로운……

고여사 핀셋?

안영복 그렇지! 핀셋처럼 집어낼 줄만 알았지 바다처럼 너그럽게 감싸주지 못하는 당신의 성격은 생각지 못했다는 게 실망이래두!

고여사 그렇지만 저는 당신이나 아이들을 위해서는 양보할 때까지 했어요!

안영복 양보가 미덕의 전부는 아니라니까! 남편은 아내에게 양철판처럼 휘어지는 바탕을 요구하는 거야! 펴면 단단한 철판이지만 휘어질 땐 얼마든지……

고여사 윽……

이때 얼마 전부터 베란다 쪽에서 두 사람의 얘기를 엿듣고 있던 박찬규가 살그머니 사라진다.

안영복 당신이 지금까지 내게 대해서 모든 것을 양보했다지만 그건 어디까지나 사무적이었어! 당신 말대로 하루 종일 병원에서 시달리다 돌아온 당신이 내 가슴팍을 기다렸다지만 그건 당신 자신의 욕망을 위한 일이지 나를 위한 게 아니잖았어! 나는 그걸 찾기 위해 밖으로 뛰쳐나간 거야! 그것을 찾기 위해서 나는 여자를 찾아다닌 거야…

고여사 여보! 그렇지만 당신은 저에게 한 번도 이런 얘기를 안 해주셨잖아요? 왜 진작 이런 얘기를 안 해주셨느냐 말이에요?

안영복 타버린 잿더미 속에서 뭣을 찾겠어?

고여사 타다 남은 모닥불 속에서도 불씨만 남으면 불은 살아날 수 있어요.

안영복 (약간 감동된 표정으로) 뭐라구?

고여사 여보! 나는… 나는… 오늘 바닷가에 와서 모든 것을 씻어 보냈어요. 파도가 지나간 자리처럼 이제는 아무것도 없어요,

안영복 동행한 친구는?

고여사 실은… 오늘…

이때 뽀이가 들어온다. 손에 쪽지가 들려있다.

뽀이 (고 여사에게 내밀며) 이걸 전해드리래요?

고여사 누가?

뽀이 같이 오신 손님이요!

고여사 미스터 박이? (하며 쪽지를 편다. 고 여사의 표정이 황혼녘의 하늘처럼 장밋빛에서 금시 차게 식어간다)

안영복 무슨 일이야?

고여사 (말없이 종이쪽지를 내민다. 그리곤 담배를 피운다)

안영복 (읽고 나서 쓰게 웃으며) 어쩌면 꼭같은 얘길까? 파도가 지나간 자리라… 흑…

고여사 아까 우리 얘기를 엿들었나봐요.

뽀이 저… 뭐 심부름 시키실 일은 없습니까?

안영복 우리 오늘 떠나간다……

뽀이 네? 그럼 (고 여사에게) 잘 됐군요…… 이 손님이 떠나시니 이제 마음놓고 쉬어 가십시오! 헷헤……

고여사 아니야! 나도 오늘 떠나겠어!

뽀이 오늘이요? 내일부턴 조용해진다니까요 노시다 가세요.

고여사 이젠 제철이 지난 해수욕장엔 한시도 더 머물고 싶지 않아! 그 대신 내년 여름엔 꼭 올게! 어때요!

안영복 그렇지! 뭘 하면 지금 예약을 해! 방은 바로 이 방이다. 핫하……

뽀이 아니 이게 도대체 어떻게 되는 판국이죠?

고여사 파도가 한바탕 지나간 모래밭이란다.

뽀이 네? (어리둥절해 쳐다본다. 두 사람이 어깨를 나란히 베란다 쪽으로 가는데)

-막

스카이라운지의 강사장 (1막)

• 등장인물

강칠선(44), 칠선빌딩의 소유자. 세칭 강 사장으로 통하는 과부

일복(27), 강 사장의 아우. 칠선빌딩 관리인. 전무로 통함

김 박사(42), 강 사장의 남편. 의학박사. 모 의과대학 교수

정 의원(50), 민의원. 강 사장의 고향 출신

점선(50), 강 사장의 친정 언니

이 노인(60)

준(17), 사환

• 때

현대. 초가을

• 곳

서울

무대

칠선빌딩 7층에 있는 스카이라운지의 전경. 무대 3분의 2는 사장실로, 나머지는 전망대로 쓰이고 있다.

집무실과 화장실로 통하는 도어가 붙은 바른쪽 벽을 제하고는 삼면이 온통 두터운 유리벽과 유리문이다. 그러므로 엷은 레이스 커튼이 부분적으로 외부의 풍경을 가려줄 뿐 멀리 서울의 지붕과 산과 하늘이 한눈에 들어오는 시원스럽고도 화사스런 경치이다.

무대 오른편에 육중한 책상과 회전의자, 전화, 캐비닛, 옷걸이 등이 알맞게 놓여 있고 좌편 유리벽 쪽으로 화려한 응접세트가 맵시 있게 놓여 있다.

정면 유리벽에 승강기 쪽으로 통하는 유리문이 있고 좌편엔 전망대로 통하는 유리문이 있다.

방안 장치는 값진 조도품 調度品 일색이나 어딘지 천박해 보인 품이 외국 잡지의 상품 광고용 사진을 보는 느낌이다.

때는 초가을.

그러나 탁상에는 큼직한 선풍기가 놓여 있는 품으로 보아 늦더위가 가시지 않은 9월. 오전 열한시 경. 구름 한 점 없는 푸른 하늘이 드높기만 하다.

막이 오르면 한편 응접용 소파에 이 노인과 점선이가 각각 저만치 떨어져서 외면하듯 앉아 있다. 이 노인은 나락은 가죽 가방에서 화수회원 花樹會員 명부를 꺼내 뒤적이며 치부를 하고 있다. 회비징수 성적을 검토하는 눈치인지 돋보기가 자꾸만 흘러내리는 걸 연방 훑어 올린다. 점선은 한손으로 턱을 받쳐 앉아서 멀거니 바깥 풍경을 바라보고 있다. 그러나 아름다운 풍경을 감상하고 있는 것이 아니라 자기대로 상념에 싸여 있는지 이따금 한숨을 내리쉬곤 한다.

두 사람의 차림새는 모두 초라한 모습이다.

이노인 (혼자 소리로) 지금 몇 점이나 되었을까… (하며 사방의 벽을 휘둘러 본다. 벽시계를 찾는 눈치이다. 그러나 유리벽에 시계가 있을 리 없다는 진리를 깨달았다는 표정으로 고개를 끄덕거린다) 세상은 참 좋은 세상이니까… 어쩜 이렇게 말짱 유리로 집을 짓고 사는 판국이니… 우린 헛세상 살았어요… 헛세상! (하며 점선에게 동의를 구하듯 시선을 보낸다. 그러나 점선은 저고리 소매 끝으로 눈물을 씻은 다음 치맛자락을 뒤집어 코를 팽 풀고는 다시 한숨을 쉰다. 이 노인은 의아한 표정보다 말상대를 잃었다는 아쉬움이 더 짙다는 눈치이다. 이때 준이 편지와 서류를 들고 휘파람을 불며 전무실에서 들어온다. 고등학생복을 입은 앞가슴이 제법 영글다)

이노인 (반갑게) 학생!

준 네… (하며 사장 책상 위에다가 편지와 서류를 놓는다)

이노인 강 사장님께서 나오시려면 아직 멀었겠지? (하며 돋보기를 벗어 안경갑에 넣는다)

준 글쎄요… 아까 댁에서 떠나셨다고 전화 연락이 있었으니까 곧 오시겠죠.

이노인 그게 벌써 언제 일인데……

준 바쁘시면 다음 기회에 들리세요……

이노인 아, 아니야… 꼭 만나 뵙고… (하며 가방 속에다가 치부책과 명부를 챙겨 넣는다)

준 (가까이 오며) 무슨 용무세요?

이노인 (힐끗 쳐다보더니) 응? 응… 강 사장님 만나 뵙고 드릴 말씀이 있어서… 곧 오시겠지? (하며 다짐을 받는다)

준 (사무적으로) 오실 거예요. 어쩌면 명동 회사에 들르실지도 모르지만……

이노인 (눈을 크게 뜨며) 명동에도 회사가 있나?

준 그럼요 증권회사가 있죠. 그리고 남대문의 '삼천리 빌딩'도 강 사장 거예요……

이노인 (감탄했다는 듯) 그래? 그렇구먼… 굉장한 부자시군 그럼!

준 (자랑하듯) 이 칠선 빌딩 이외에도 큰 빌딩이 네 채에요 넷!

이노인 음… 나는 이 칠선 빌딩만 가지고 계신 줄 알았더니만…

준 여자로서는 우리 사장님이 장안에서도 손꼽히는 갑부인데요…

이노인 (마치 자기 일이나 되듯) 그렇지! 빌딩이 네 채나 되면… 갑부고 말고…

준 이것까지 다섯 채죠!

이노인 그, 그렇지! 다섯 채나 되면 억대 부자! 부자지! 흣흐… 역시 우리 종씨는 어디 가나 두각을 나타내거든… 흣흐…

준 (약간 긴장하며) 실례지만 강 사장하고 어떻게… 되신가요?

이노인 암! 되구 말구… 종씨야! 종씨!

준 종씨라구요?

이노인 우리 종씨는 본이 하나니까 한집안 식구지! (하고 자랑스럽게 말문을 열며 다시 낡은 가죽 가방을 펼려고 하자 점선이가 자리에서 불쑥 일어난다. 그 서슬에 이 노인은 약간 놀란 빛을 보인다)

점선 (이 노인의 말꼬리를 채듯) 원수야! 원수… (하며 좌편 도어를 열고 전망대로 나간다. 그 순간 휘몰아 오는 바람에 점선의 머리카락이며 치맛자락이 제멋대로 휘날린다)

이노인 (점선을 가리키며) 뭐하는 여편네야…

준 우리 사장님 친정 언니에요.

이노인 강 사장의 언니?

준　네… 가끔 궁하면 찾아와요.

이노인　음… 그렇게 되었어? (하며 다시 한번 점선을 돌아본다. 점선은 난간에 기대어 눈 아래의 시가지를 내려다보고만 있다) 동기간인데도 저렇게 다를 수가 있어?

준　그야 그렇죠!

이노인　뭐가…

준　요즘 세상이야 돈이 양반이지요!

이노인　뭐라구? 학생이 그런 소릴 하면 못써요. (강의조로) 양반이란 가문이 말하는 거지 돈이 문제가 아니야! 그까짓 돈이 있다고 양반이 되나! 어림도 없지!

준　그렇지 않지요! 국회의원도 돈 있는 사람 앞에서는 쩔쩔 매던데요 뭘…

이노인　무슨 소리야?

준　(의자 끝에 걸터앉으며) 할아버진 잘 모르시겠지만 말이에요, 사회적으로 내노라 하고 뻐기는 인사들도 우리 사장님 앞에 나오면 마치 고양이 앞에 쥐가 된다니까요! 흣흐……

이노인　그런 일이 있었어? (하며 흥미를 느낀다는 듯 다가앉는다)

준　지난번 선거 때만 하드래도 무려 사장님에게 선거자금 좀 대달라고 드나드는 사람이… (손가락을 꼽다 말고) 아무튼 내가 알기에도 셋이에요.

이노인　음… 그래 선거자금을 대줬어?

준　천만에요!

이노인　어째서…

준　우리 사장님이 어떤 분인데 선거자금을 대요!

이노인　돈 있으면 해볼 만한 일 아니냐! 그렇게 해서 나중에 이자를 톡톡히 붙여도 되고 또…

준 그렇지만 우리 사장님은요, 처음부터 손해 보는 일은 절대로 안 하시는 주의니까요.

이노인 그게 왜 손해 보는 일인가?

준 그렇게 와서 부탁하는 사람치고 당선될만한 자신은 없거든요! 핫하하… (하며 통쾌하다는 듯 돌아선다)

이노인 (따라 웃으며) 난 또… 어떻든 강 사장은 소문 없는 부자야!

이때 승강구로 향한 복도 쪽에서 인기척이 난다. 그리고 강 사장의 카랑카랑한 말소리가 건물 안에 메아리치듯 들려온다.

준 사장님이 오셔요! (하며 전무실 쪽으로 퇴장. 이 노인은 옷맵시를 고치며 구석으로 가서 선다)

강사장 (소리만) 월급을 타먹으면 그 값어치를 해야 할 게 아냐? 응? 층계에 담배꽁초는 왜 버리도록 내버려 둬. 그리고 이 엘리베이터 안은 또 뭐야? 응? 바닥에 먼지는 수북하고 재떨이에 휴지조각은 며칠째… 에그… (하며 정면 복도로 나와 유리문을 열고 방안으로 들어선다. 그 뒤에 일복이가 총총 걸음으로 따라 들어온다. 중키에 정력적으로 생긴 강 사장에 비해 일복은 후릿하고 선량한 인품이다. 이 노인이 강 사장에게 인사를 하나 그녀는 못 알아보고 잔뜩 오만상을 찌푸린다. 일복은 하고 싶은 얘기가 있지만 꾹 참는 듯한 표정으로 서 있다) 네가 하는 일이 뭔지 생각이나 해봤어? 이 칠층 건물의 관리인이 아니냔 말이야! 명색이 전무란 말이야! 글쎄 그 5호실 앞에 연탄재 좀 봐! 여기가 셋방살이 하는 살림집이냔 말이야!

일복 며칠 전부터 얘기를 했는데도 글쎄!

강사장 말을 안 들으면 나가라고 해야지! 자기들 아니면 사무실 빌려달라는 사람이 없을까봐서? 얼마든지 있어요! 지금 이 건물에 방이

쉰셋인데 방이 모자라서 못 빌려주는 형편이란 말이야… 꼴에 석 달째나 방세를 밀려둔 주제에 원…

일복 (쓴웃음) 그렇다고 당장에 나가라고 할 수는 없잖아요! 매정스럽게…

강사장 (획 돌아서서 쏘아보며) 뭐 매정스러워? (가까이 오며) 얘 일복아! 지금 어떤 세상이라고 그럼 매정하지 않고 살아갈 수 있다던? 응? 이편에서 먹지 않으면 먹히는 세상이란 말이야! (회전의자에 몸을 내던지듯 앉으며) 그럼 내가 지금 이 빌딩을 지어서 자선 사업을 해야 시원하겠니?

일복 원 누님도!

강사장 너도 내 밑에서 그만큼 훈련을 받았으면 세상 물정을 알만 할 텐데… (핸드백에서 담배를 꺼내며) 아직 멀었어! 정신 바짝 차려야지… (일복이가 가까이 가서 라이터를 켜댄다. 강 사장은 맛없다는 표정으로 담배 연기를 내뿜더니 비로소 신경질이 사라진 듯 사르르 눈을 감았다가 뜬다. 금시 말투가 부드러워지며) 아무도 찾아온 사람은?

일복 네… 없었어요… 참 아까 정 의원한테서 전화가 걸려 왔던데요.

강사장 정 의원?

일복 네… 누님을 뵈러 오겠다구요!

강사장 흥! 질기긴 고래 힘줄이라니까…

일복 그 학교 얘기 때문인가요?

강사장 응? (하고 일복을 힐끗 쳐다보다 말고 시선을 돌리며) 들었니?

일복 네… 고향에다가 여학교를 설립하자는 얘기죠?

강사장 (흥미 없다는 듯) 내가 학교를 짓게 되었니? 세상에!

일복 못하실 건 또 뭐에요? (하고 외면한다)

강사장 뭐라구?

일복 (무대 중앙으로 나오며) 돈 있으면 한번쯤 해볼 만한 일이 아닐까요?

강사장 흥! 너도 꼭 정 의원과 같은 주장이구나! (자리에서 일어서며) 돈을 벌어서 육영사업에 희사하면 영원히 그 이름이 남기도 하고 좋다나… (이지러진 웃음을 던지며) 이름이 남으면 뭘 해!

일복 누님!

강사장 난 싫다! 내가 그까짓 학교 세우기 위해서 사업을 하는 줄 아니? 난 보통학교 다닐 때 월사금을 석 달째나 밀렸다고 퇴학당했어! 학교라면 지긋지긋하다! (하고 돌아서 전망대 쪽으로 가려다가 한 구석지에 쪼그리고 앉은 이 노인을 비로소 발견한다)

이노인 (겸연쩍게 웃으며) 헷헤… 안녕하십니까?

강사장 아니… 누구세요?

이노인 네… 저… 실은…

강사장 (사무적인 위엄을 보이며) 강 전무! 이분이 누구죠? (하며 일복을 본다)

일복 (약간 당황하며) 네? 글쎄요… (하며 이 노인에게 다가오며) 무슨 일이십니까?

이노인 네… 저… 실은 아까부터 강 사장님을 좀 뵙고 싶어서 이렇게… 헷헤…

강사장 아니 그럼 아까부터 여기 계셨단 말이에요?

이노인 (비굴하게) 네… 네… 제가 인사를 드려도 강 사장님께서 못 알아보시고… 헷헤… 사무에 바쁘시니까 그러시겠죠… 네… 네… 저야 뭐 바쁠 것도 없고 해서 이렇게 기다리면서… 헷헤…

강사장 (일복과 시선을 맞추면서) 전무는 몰랐었소?

일복 네… 저는 아래층에 있어서… (이 노인에게) 무슨 용건이시죠?

이노인 네… 이 사람으로 말할 것 같으면 (하고 가방 안에서 낡아빠진 명부를 꺼내 보이며) 이번에 화수회에서 종씨들의 방명록을 만들기로 되어 있어서 이렇게…

강사장 방명록이라니요?

이노인 네? 네… (강의조로) 다시 말하자면 화수회에서 종씨 상호간의 친목을 도모하고 연락 협조를 하기 위해서 전국에 흩어져 계시는 종씨를 찾아다니면서 다시 말하자면…

강사장 (일복에게 눈짓하며 낮게) 왜 진작 보내버리잖구!

일복 (이 노인에게) 알겠습니다.

이노인 네… 이렇게 대성하신 종씨를 만나 뵙게 되면 눈물이 나올 지경으로 반갑습네다! 나도 팔도강산을 두루 돌아다녀 봤지만 우리 종씨처럼 우애할 줄 알고 이해할 줄 아는…

강사장 영감님… 그 일 같으면 이 전무가 알고 있을 테니 저 방으로 가서 말씀하세요!

이노인 네? 네… 그렇지만 사장님께서… 이 명부를 한 번 보시고…

강사장 글쎄 알았으니까 저 방으로 가보세요. 이 방엔 곧 손님이 오시기로 되어 있으니까요! (일복에게 낮게) 뭘 하고 있어! 어서 데리고 가서 적당히 하잖구!

일복 네… 그럼 (낮게) 얼마나…

강사장 다른 사람들 낸 것 봐서 2백 원 정도 줘서 돌려보내요!

일복 네! 영감님! 저를 따라오세요.

이노인 네… 네…

이 노인은 가방을 두 손으로 안듯 하며 일복을 따라 사무실로 퇴장. 혼자 남게 된 강 사장은 기분 잡친다는 듯 담배를 거칠게 부벼 끈다.

강사장 (혼자 소리) 흥! 종씨는 극성으로 찾아다니지! 종씨 명단을 만들던 뭐 나를 먹여 살릴 셈이야? 도대체 그놈의 종씨란 뭐 말라빠진 물건인데 한날에도 몇 사람이 오는지 원! 그렇게도 친했으면 진작 남북통일 되었게. (하며 전망대쪽으로 나가려다가 들어서는 점선과 마주친다. 강 사장은 순간 걸음을 멈추고 점선을 바라보더니 홱 돌아선다)

강사장 (차게) 왜 또 오셨어요?

점선 (한숨) 별 수 있니?

강사장 도대체 저더러 어떻게 하라는 거예요! 그만큼 해드렸으면 됐지 그 이상 저더러…

점선 정말 미안해… 하지만 너 밖에 없는 걸 어떻게 해…

강사장 그럼 숫제 잡아먹으세요!

점선 원 끔찍한 소릴 다…

강사장 내가 돈 좀 벌었다니까 뭐 타작마당에서 건부럭지 줏은 줄 아세요?

점선 그럴 리가 있니? 다만!

강사장 그만 두세요! (따지듯) 나도 피눈물 난 돈이에요. 그렇지만 형제간에 할 수 있는 데까지 했어요. 지금까지도 형부 사업자금이다 아이들 등록금이다… 안 해드린 게 뭐가 있어요? 친정의 일곱 형제가 나만 쳐다보고 살고 있다지만 내가 40 평생 살아오는 동안 당신네들은 나를 위해서 뭣을 해줬기에 이렇게 찢어가기만 하는 거예요?

점선 누가 그걸 모르나… 이럴 수도 저럴 수도 없으니 찾아올 데라고는 그저…

강사장 만만한 게 뒷집 똥개군요! (단호하게) 언니! 분명히 일러두지만 나도 이 이상은 도와드릴 수 없어요!

점선 (울먹거리며) 미안해! 정말 미안해!

강사장 열일곱에 시집갔다가 소박맞고 돌아온 내게 대해서 당신네들이 하던 일… 생각나신다면 내 앞에는 감히 못 나설 거예요! 집안

망신시켰다고 사흘 동안을 뒷산 소나무 아래서 밤이슬을 맞게 한 아버지도 아버지지만 언니들의 가시 돋친 눈초리는 지금도 잊을 수가 없단 말이에요!

점선 흑… 흑… (소리 죽여 흐느낀다)

강사장 얼마 전에 옥선이 남편인 오 서방도 다녀갔지만 나는 분명히 말했어요.

점선 (긴장하며) 오 서방이 다녀갔어?

강사장 네…

점선 그 작자가 뭣 때문에 또…

강사장 언니나 마찬가지죠! 장사를 하겠는데 밑천 좀 대달라는 거죠!

점선 장사를 해? 흥! 도적놈!

강사장 뭐라구요?

점선 그 자가 바로 네 형부 등쳐먹었어! 군대에서 사귄 친구가 미군부대에 있는데 물건을 사주기로 했다면서 합자하자기에 20만원을 대줬더니 글쎄…

강사장 흥! 동서끼리 의좋게 하시지!

점선 동서니까 믿고 준 돈인데 그걸 홀랑 삼켜버리고 말았으니… (사이) 이봐 동생!

강사장 (냉담하게) 저를 동생으로 여기시지 마세요.

점선 그러지 말고… 3만 원만 더 줘! 응? 그걸 밑천으로 리어카나 사서 야채 장수라도 해야겠어! 창수는 내년이면 대학에 가야 해! 게다가 창순이년은 고등학교에 들어가야 하고 창숙이는…

강사장 없는 돈에 그렇게까지 해서 공부시킬 필요가 뭐에요.

점선 죽을 먹어도 공부는 시켜야지!

강사장 흥! 대학을 나오면 돈이 저절로 붙나요? (자리에서 일어나며) 나는 보통학교도 제대로 못 나왔어도…

점선 그, 그야 제 복만 있으면……

강사장 복이요? 복이 어디가 있어요? 찾아서 얻을 수 있는 것이라면 백두산까지라도 찾아가지요!

점선 (한숨) 어유 복이라고는 가뭄에 이슬비만도 못하니 제발! 이제 다시는 안 찾아올 테니까… 사정 좀 봐줘! 응!

강사장 저는 한번 안 한다면 안 해요! 어서 나가세요, 이제 손님이 올 테니까!

점선 (다시 눈물이 핑 돌며) 나가라고?

강사장 내 얘기가 노엽다는 뜻인가요? 흥! 그 옛날에 언니들이 내게 한 짓에 비하면 양반 대우지요, 안 그래요? 더구나 그 동안 친정식구가 네 다리 빼라 내 다리 넣자는 식으로 번갈아가면서 드나들었으니 저승에 계신 아버지나 어머니도 흡족하실 거예요. (비꼬며) 나 같은 훌륭한 딸을 만들어주신 건 아버지의 독선과 어머니의 무식의 탓이었으니까요!

점선 (안타깝게) 칠선아! 정말 너는 변했구나!

강사장 나는 변한 게 없어요. 변했다면 돈이 얼마나 귀중한 것인가를 알게 된 것 뿐이죠. 나는 교육이라고는 보통학교 4학년 밖에 못 다녔지만 학식도 내가 쥔 돈으로는 얼마든지 살 수 있지요! (무대 중앙으로 나오며) 그뿐인가요, 권력도, 법률도 나라도 돈만 있으면 살 수 있다니까요! (전망대로 통하는 유리문을 세차게 밀치자 바람에 옷자락이 휘날린다) 자, 보세요, 내가 이렇게 7층 집 꼭대기에서 서울의 지붕을 눈 아래 내려다 볼 수 있는 것도 돈이니까요… 홋호…

점선 (흐느끼는 소리 커지며) 너무한다… 네가 내 앞에서 그렇게까지 할 게 뭐냐! 가난한 사람 심정을 너는…

강사장 (재빠르게 받아서) 내가 모를 줄 아세요? 내가 가난을 몰랐던들 이

빌딩을 안 세웠을 거예요. 부모 형제에게 쫓겨난 내가 식모살이 선술집 빠아, (쓰라린 과거를 털어버리듯) 그만 둬요! 나는 이제 당신네들하고 얘기할 흥미조차 없어요. 번지르하게 겉치레하며 사는 사회 명사도 싫지만 언니들처럼 찔끔거리며 사는 짓도 싫증이 나요. 나는 이렇게 높은 곳에서 내려다보고 사는 게 취미에요. 모든 것을 내 눈 아래 내려다보고 사는 것 뿐이니까요! 아시겠어요?

점선 알았어! 내가 잘못 생각했지… 지금까지 너한테 입은 은혜도 생각지 못하고… (쓸쓸히 웃으며) 미안해… 다시는 찾아오지 않을게… 나는 내가 잘 살기보다 애들이 가엾어서… (하며 천천히 정면 유리문 쪽으로 간다. 그 뒷모습을 바라보던 강 사장은 무슨 생각이 들었는지 초인종을 누른다. 옆방에서 울리는 초인종 소리에 점선이가 걸음을 멈춘다)

강사장 언니…

점선 (말없이 돌아본다)

강사장 내 차를 타고 가세요.

점선 차를?

이 때 일복이가 들어선다. 점선을 보자 깜짝 놀란다.

일복 큰누님! 언제 오셨어요?

점선 (무슨 얘기를 하려다 울음보부터 터뜨린다)

일복 (강 사장에게) 무슨 일이 있었어요?

강사장 (냉정하게 사무적으로) 가신다니 차로 댁에까지 모셔다 드려. 운전수는 있겠지!

점선 관둬! 내가 자동차를 타고 간다고 누가 알아주나? 관 둬! 일복아… 잘 있거라!

일복 큰누님 점심이나 같이 하세요.

점선 아, 아냐…

일복 애들도 학교 잘 다녀요? 한번 찾아간다 하면서도 일이 바빠서…

점선 바쁠 테지! 일복아! 너도 어서 돈을 벌어야 해! 우리 7형제 가운데 사내는 너 뿐이니까 너만은 성공해야 한다… 성공해야지…

일복 (불길한 예감 같은 것을 느끼며) 누님! 왜 그런 소릴 갑자기…

점선 (억지로 미소를 보이며) 네 작은누나가 (강 사장을 보며) 잘 돌봐 줄 테니까 너만은 틀림없을 테지만… 그럼 잘들 있어! (하며 그대로 나가버린다)

일복 (뒤를 따르며) 누님! 누님! (하며 급히 나간다. 혼자 남게 된 강 사장은 소파에 쓰러지듯 앉는다. 어떤 고민의 그림자가 자욱이 깔린다. 이때 전화벨이 울린다. 그러나 전화를 받으려 하지 않는다. 전무실 쪽에서 준이가 도어를 열고 조심스럽게 안을 기웃거리더니 전화를 받는다)

준 여보세요, 칠선 빌딩 사장실입니다… 네? 사장님이요? 네… 실례지만 어디십니까? 네? 미스터 한이요? 잠깐만 기다리세요… (수화기를 놓고 말을 하려고 돌아보자 강 사장이 먼저 알고 일어선다)

강사장 알았어! 어서 가봐!

준이 다시 전무실 쪽으로 간다. 강 사장이 전화를 받는다.

강사장 여보세요 미스터 한… 응… 어젯밤엔 무사히 들어갔어? 나는 괜찮아… 천만에요, 미스터 한이 취했었지… 홋호… 응? 오늘? 글쎄 지금 손님이 오기로 되어 있어서… 응? 오후 여섯 시? 알았어? 그럼 이따가 다시 한번 전화를 걸어줄까? 응? 시간을 확인해야 할 테니까… 뭐? 겁이 나느냐구? 엉터리 같은 소리 마! 구더기

무서워서 장을 못 담그나! 걱정 말어! 우리집 영감님은 꽁생원이니까… 홋호… 그럼 여섯 시? 끊어요!

강 사장이 전화를 받고 있는 동안 얼마 전에 김 박사가 정면 도어에서 조용히 들어와 소파 한쪽에 앉아서 전화 거는 걸 엿듣고 있다. 키가 후리하고 얼굴이 장밋빛으로 불그레한 미남형의 중년 신사. 그러나 안경 너머로 보는 눈빛은 병적이라고 느껴질 만큼 날카롭다. 전화를 끊고 돌아선 강 사장이 김 박사를 발견하자 약간 동요하는 눈빛이다. 곧 평온을 가장한다.

강사장 웬일이세요?

김박사 (조용히) 지나가다가 시간이 좀 있어서…

강사장 대학엔 안 나가셨어요?

김박사 (긴 한숨)

강사장 (담배를 권하며) 피우시겠어요?

김박사 아니…

강사장 (혼자서 담뱃불을 붙이고 나서) 여보… 무슨 일이 있었어요?

김박사 없었던 것도 아니지.

강사장 네? (하며 눈치를 본다)

김박사 지금 그 전화 누구한테서 왔소?

강사장 왜 그러세요.

김박사 미스터 한이지?

강사장 (빙그레 웃으며) 의사 선생이시라 역시 육감이 빠르시네요.

김박사 육감이 아니라 과학적인 판단이지!

강사장 전 그런 어려운 말 몰라요 무식하니까요! 흥!

두 사람 사이에 어느새 싸늘한 간격이 생긴다.

김박사 무식하다는 말을 자기 스스로 내뱉을 수 있다는 건 유식한 증거란 말이야.

강사장 뭐라구요? (날카롭게 쏘아본다)

김박사 (될수록 냉정하게) 어젯밤에 당신이 돌아왔을 때 얘기할까 했지만 약간 술을 마신 것 같아서 다음 날로 미뤘지만…

강사장 여보! 여기는 제 사무실이에요…

김박사 (조용히) 알고 있어…

강사장 가정적인 얘기는 집에서도 얼마든지 할 수 있을 텐데 왜 하필이면 사무실에 나와서 하시는 거예요.

김박사 이 스카이라운지는 당신의 사무실인 동시에 안방이나 다름없지 않소.

강사장 안방이라구요?

김박사 당신이 늘 하는 얘기가 그거 아니오? 이렇게 높은 곳에서 아래 세계를 내려다보고 있을 때가 가장 마음이 평온하고 통쾌하다구 말이오.

강사장 그건 사실이죠.

김박사 가정주부는 안방에 누워 있을 때가 가장 마음의 평온을 얻은 시간인 것처럼 말이오.

강사장 (무슨 얘긴지 못 알아듣겠다는 듯) 당신은 지금 무슨 얘길 하고 있는 거예요? 여기가 의과대학 강의실인 줄 아시면 곤란해요. 흠…

김박사 좀더 단도직입적으로 말하란 뜻이군. 좋아요! 단도직입적으로 말하지! 당신은…

강사장 잠깐만! (김 박사의 눈치를 다시 한 번 살핀 다음) 저에게 대한 충고를 하시는 거예요? 그렇지 않으면 당신의 의견을 설명하자는 거예요?

김박사 (사이) 둘 다 겸해서 말하고 싶소. 아까 얘기대로 이런 얘기는 집에서 얘기해야겠지만 피차가 바쁜 몸이라 차분히 얘기할 시간적 여유도 없으니까… 그래서 생각 끝에 당신 사무실이 가장 한가로울 것 같아서 이렇게 찾아온 거요.

강사장 계속하세요.

김박사 우리가 결혼한지가 얼마나 되었지?

강사장 꼭 반년 째에요. 지난 4월이니까…

김박사 반년 만에 권태기가 오다니 나이 40이 지나서 결혼했는데도 역시 20대의 신혼부부와 같군!

강사장 당신은 의학박사니까 잘 아실 텐데…

김박사 후회되오? 우리 결혼 말이오!

강사장 아직 그런 것을 느낀 일은 없어요.

김박사 그럼 왜 결혼신고를 안 하는 거요?

강사장 (뜻밖의 말이라는 듯) 결혼신고요?

김박사 그렇지! 우린 분명히 반년 전에 결혼을 했지만 결혼신고는 안 했으니 법적으로는 아직…

강사장 남남이란 말씀이세요? 홋호…

김박사 (끓어오르는 감정을 억누르기라도 하듯 길게 한숨을 뱉는다) 당신은 의식적으로 지연작전을 쓴 셈이지!

강사장 (자리에서 일어나며) 그게 꼭 필요할까요?

김박사 진작 필요했었지!

강사장 깜빡 잊었군요! (하며 곁눈질로 동정을 살핀다)

김박사 내가 미국서 돌아왔을 때 나는 결혼부터 해야겠다고 무척 서둘렀소.

강사장 40이 넘도록 독신이었으니까요.

김박사 그보다 외국에서 참다운 부부생활이며 가정이 뭣인가를 너무나 많이 봐 왔기 때문이오! 물론 내게도 과거에 잠정적으로 생활을 같이 한 여성은 있었지만 참된 의미에서의 아내는 없었으니 말이요. 마치 당신이 남성의 친구는 있었지만 남편은 없었던 것과 꼭 같은 이유라고나 할까요.

강사장 (불쾌한 표정으로) 누가 당신 보고 그런 얘기하랬어요.

김박사 우리 사이에 못할 얘기가 뭐요.

강사장 나도 그럼 한마디 하겠어요. 내가 과거를 가졌듯이 당신에게도 과거가 있었다는 것은 도리어 잘된 일이라고 생각했으니까 가벼운 기분으로 결혼을 했어요.

김박사 그런데 왜 부부가 되기를 꺼려했지요?

강사장 내가 언제 꺼려했어요? 난 당신의 요구대로 따랐어요! 마치 굶주린 이리떼가 토끼에게 덤비듯이 말이에요.

김박사 그렇지만 법적인 수속을 서둘지는 않았지!

강사장 바쁠 게 없잖아요, 그까짓 도장 하나 찍는 일이 뭐가 중요해요.

김박사 나도 처음엔 그렇게 생각했지요. 그러나 시간이 흐름에 따라서 당신이 결혼신고를 안 하는 이유를 알게 되었소.

강사장 뭐라구요?

김박사 미스터 한이 바로 그 증인이지!

강사장 흥! 질투하시는군!

김박사 물론이지! (약간 흥분하여) 나는 당신의 남편이니까! 제 아내가 젊은 사람하고 자주 만나는 것을 보고 유쾌한 남자가 어디 있단 말이오?

강사장 남편이라구요?

김박사 그렇지!

강사장 우린 아직 결혼신고를 안 했어도 말이에요?

김박사 (입가에 미묘하게 이즈러진 미소를 지으며) 드디어 자백했군!

강사장 네?

김박사 그것이 바로 당신의 술책이요 정체란 말이오!

강사장 (거만하게) 그래서 어떻게 하시겠다는 거죠?

김박사 오늘 안으로…… 아니 지금 곧……

강사장 헤어지잔 말인가요?

김박사 그 반대지! 결혼신고를 해요! 자! 여기 용지를 가져왔으니 도장만 찍으면 돼요! (하며 호주머니에서 봉투를 꺼내어 탁자 위에 거칠게 놓는다)

강사장 (봉투를 집어서 안을 기웃거리더니) 싫어요!

김박사 싫어?

강사장 우리가 정말 부부가 되기까지엔 시간이 필요할 것 같아요.

김박사 시간이 필요하다구?

강사장 아까 당신 말대로 당신과 나는 40이 지나서 결혼식을 올렸어요. 물론 나는 제 철도 들기 전인 열입곱에 부모의 강제결혼에 족두리를 쓴 경험은 있지만 내 마음에서 우러나온 결혼이란 당신이 처음이에요.

김박사 그런데 왜 결혼신고를 안 하는 거죠?

강사장 이유는 간단해요. 당신이 싫어요!

김박사 뭣이?

강사장 결혼신고를 서두는 당신이 싫어졌단 말이에요!

김박사 그건 법률이 정한 일이 아니요?

강사장 법률? 누가 만든 법률인데요! 아니 우리에게 법률이 그렇게 중요한 것인가요?

김박사 필요하지! 내가 미국에 있을 때…

강사장 듣고 싶지 않아요! 사람이 잘 살기 위해서 만들어놓은 법 때문에 우리는 도리어 불편한 때가 많으니까요!

김박사 여보!

강사장 그리고 당신이 결혼신고를 서두는 이유가 나를 아내로서 사랑하기 위한 것이 아니라 아내로서 속박함으로써 이용하자는 것도 알고 있어요.

김박사 이용한다구?

강사장 그럼 한 가지만 말하겠어요.

김박사 좋을대로!

강사장 애당초부터 당신은 강칠선이라는 여자와 결혼한 게 아니라 나의 집이요, 재산인 이 빌딩이 탐이 나서 결혼했어요! 안 그래요?

김박사 (분노와 동요에 떨며) 그, 그게 남편인 내게 대한 예의요?

강사장 나는 가난하고 불행한 환경 속에서 자라나서 예의는 몰라요! 다만 무엇이든 이기고 싶어요! 모든 것을 정복하고 싶단 말이에요!

김박사 그것으로 만족할 순 없어!

강사장 만족해요! 7층집이 부족하면, 10층으로 올리는 것뿐이에요. 보통학교도 채 못 나온 내가 미국에서 학위를 받은 당신과 결혼한 것을 나는 만족해요! 나는 정복을 했으니까요!

김박사 (낮게) 악마!

강사장 그래요! 나는 악마에요! 그러나 당신은 뭐죠? 그 박사학위와 사회적 직위를 미끼로 내 재산을 노리는 결혼은 정당한 권리에요? 아니 당신이 좋아하는 법률의 혜택이겠죠! 홋호…

김박사 아니 당신은 말끝마다 내가 당신의 재산이 탐나서 결혼했다는데…

강사장 (재빨리) 증거를 대란 말이지요? 소원이시라면 얼마든지 댈 수 있지요! 아니 증거보다 살아 있는 증인을 대겠어요! 미스터 한을 부를까요?

김박사 미스터 한을?

강사장 당신의 제자로 조수인 미스터 한 말이에요!

김박사 (당황한 빛을 보이며) 음…

강사장 당신이 아끼는 제자를 내가 밤마다 끌고 다니고 있다는 것을 알고 있으면서도 묵인해요. 당신에게 질투심이 있었다면 정말 나를 죽이려고 했을 거예요. 그러나 당신은 점잖을 이용해 가면서 나에게 화살을 쏘고 있는 거예요. 만약에 내가 결혼신고를 했었다면 당신은 그 법의 힘을 빌려서 공갈 끝에 합법적으로 나에게서 물질을 강탈해 갔을 게 아니에요! (오금을 박듯) 그렇죠? 왜 말 못 해요! (어느새 자기도 모르게 흥분이 된 강 사장의 눈에서 눈물방울이 뚝뚝 떨어진다)

김박사 당신은 나를 오해하고 있소! 나는 다만 합법적인 결혼으로서 이루어진 부부임을 다짐하고 싶었어!

강사장 내가 음탕하고 부정한 아내라는 것을 알면서 말인가요? 당신의 제자와 정을 통한 줄 알면서도 당신은 나를 아내로 맞아들일 수 있단 말인가요? (증오에 찬 어조로) 위선자! 위선자! 나는 처음부터 그것을 알고 있었어요! 그래서 나는 법을 멀리한 거예요! 나를 진심으로 사랑하지 않는 사람을, 내 재산을 탐내는 사람을 내가 무엇 때문에 남편으로 받아들여요! 나가요! 당신은 내 남편이 아니에요! 나가! 나가!

김 박사는 무슨 얘기를 하려다 말고 그대로 나간다. 강 사장은 미칠 듯이 울부짖으며 전망대로 뛰어나간다. 그리고 난간을 붙잡고 외친다.

강사장 나는 높은 곳에 있는 거야! 이 더러운 것들아! 나는 너희들을 위해 침을 뱉을 수 있어도 너희들은 나를 보고 어떻게 하겠다는 거야! 마음대로 해봐! 해보란 말이야! (하며 소리를 지르다 말고 목을

놓아 통곡을 한다)

이때 정 의원과 일복이가 복도를 통해 방안으로 들어선다.

일복 아까까지 여기 죽 계셨는데… 정 의원님 앉으세요.

정의원 응! (하며 소파에 앉는다)

일복 (전무실로 가려다 말고 전망대에 서 있는 강 사장을 발견한다) 저기 밖에 계시군요!

정의원 응! (돌아보며) 핫하…… 거기 계신 걸 몰랐구먼. 강 전무께서 말 좀 전해 주실까?

일복 잠깐만 기다리세요! (하며 전망대로 나간다. 바람이 사납게 불어오는지 강 사장의 머리카락이 함부로 휘날리고 있어 얼굴을 가린다) 누님!

강사장 (못 알아들은 채 서 있다)

일복 (가까이 가서) 뭘 하고 계세요?

강사장 (힐끗 쳐다보더니 돌아서며) 응, 바람 좀 쏘이느라고…… (하며 얼굴을 안 보이려고 피한다)

일복 저 정 의원께서 오셨는데요.

강사장 정 의원? 혼자서?

일복 네… 올라오다가 현관에서 만나 뵈었는데… 학교일 때문에 꼭 뵙겠다고…

강사장 알았어!

일복 누님!

강사장 응?

일복 한 가지 말씀드릴 게 있는데요… (하며 저만치 떨어져 간다)

강사장 (심상치 않아서) 내게? (사이) 말해 봐!

일복 오래 전부터 생각한 일이지만…… 저 여길 그만두겠어요.

강사장 그만두다니!

일복 이 빌딩의 관리인 말이에요! 누님 곁을 떠나겠어요!

강 사장은 말없이 일복의 옆얼굴을 바라본다.

일복 누님이 다른 형제들은 못 미더워 했지만 저에게만은 부모 이상으로 사랑해 주시고 이끌어 주셨다는 것도 잘 알고 있어요.

강사장 그런데 왜 그만 두겠다는 거냐?

일복 누님이 자꾸만 부자가 된다는 게 두려워요.

강사장 뭐라구!

일복 높은 건물을 쌓아 올리는 것 같아서 현기증이 나요. 높은 옥상에서 내려다보는 통쾌감보다도 아슬한 거리가 불안해지는 것과 같이…

강사장 일복아! 너를 대학까지 공부시키고 내 곁에 있게 한 것은 이 세상에서 너 밖에 믿을 사람이 없기 때문이야.

일복 알고 있다니까요!

강사장 그렇다면 끝까지 나를 도와줘! 응? 그리고 어느 시기에 가서는 내 재산을 너에게 나누어 줄 수도 있을 테니까!

일복 싫습니다!

강사장 싫어? 아니 돈이 싫단 말이야?

일복 돈이 무서워졌어요! 더구나 누님처럼 친형제에게도 나누어 줄 줄 모르고 돈만 자꾸 벌어들이는 심리를 모르겠어요…

강사장 일복아!

일복 누님! 제 얘기를 들으세요! 누님의 생명이 스카이라운지처럼 무한정으로 높아지고 길어질 수는 없어요. 안 그래요?

강사장 그러니 어떡하란 말이냐? 내가 쌓아 올린 집을 허물어 버리란 말이냐?

일복 이대로 가다간 제 힘에 못이겨 허물어질 거예요!

강사장 뭣이?

일복 누님이 이 스카이라운지에 앉은 채로 허물어지면 그 시체도 못 찾을 거예요!

강사장 왜 내 앞에서 그런 불길한……

일복 누님! 매형도 만났어요. 누님 얘기도 듣고요! 그런 인간과 헤어진 것은 잘 하셨어요!

강사장 정말 그렇게 생각하니? (하며 동조를 구하듯 다가온다)

일복 네! 하지만 그런 상태는 얼마 안 가서 또 일어날 거예요!

강사장 또?

일복 누님이 스카이라운지에 앉아 있는 동안 저 수많은 사람들은 누님을 쳐다보고 부러워하고…… (하며 아래쪽을 가리킨다)

강사장 (저도 모르게 이끌리듯 아래를 내려다본다)

일복 그것으로 만족은 안 되잖아요? 높은 곳보다는 땅으로 내려가세요. 그래서 땅속 깊이 뿌리를 박는 게 좋아요.

강사장 (사이) 일복아! (사이) 그러니 나더러 정 의원 말대로 내 재산을 학교 지은 데다가 몽땅 쏟으란 말이지?

일복 네! 가장 가까운 방법 중의 하나에요!

강사장 그러면 또 다른 방법도 있니?

일복 다른 누님들도 도와주세요. 누님이 지난 날 집안사람들에게 받은 설움을 복수한다는 게 결코 통쾌할 수는 없어요. 낮은 집에서 살았다고 해서 반드시 높은 집만이 만족하지는 않을 거예요! 남들이 누님에게 퍼붓는 그 비난을 제가 대신해도 좋으니 누님은 하루 속히 이 스카이라운지에서 내려가세요! 네?

강사장 (깊은 잠에서 깨어나듯) 일복아! 정 의원보고 일루 나오시래라!

일복 네? 정말이세요?

강사장 어서! 아니 내가 들어가지!

일복 네! (급히 뛰어가서 도어를 열고) 정 의원님! 지금 들어오세요!

정의원 응! (하며 자리에서 일어선다) 강 사장님! 오랜만이오!

강사장 어서 오세요!

정의원 그 높은 곳에서 또 돈벌이할 궁리를 하셨어요? 헛허…… 이제 그만 버세요!

강사장 글쎄요…… 앉으세요.

정의원 예…… (마주 앉으며) 여전히 바쁘시죠?

강사장 아니에요! 용건부터 말씀드리겠어요!

정의원 네? 용건은 제가 있어서 왔는데……

강사장 저도 마찬가지에요! 시골 여학교 설립기금 말이에요!

정의원 (긴장하며) 네? 어떻게 하시겠습니까?

강사장 제가 책임을 지겠어요!

정의원 네?

일복 누님! 정말이세요?

강사장 네 말대로 나는 스카이라운지에서 땅으로 내려가겠다!

정의원 이거 어떻게 된 일입니까? 이렇게 하룻밤 사이에!

강사장 못 믿으시겠단 말씀이시군요! (일복에게) 이봐! 내 책상에 가서 서류와 도장을 가져와요!

일복 네!

강사장 그 대신 한 가지 청이 있어요.

정의원 (어찌할 바를 몰라서) 네…… 그 문제만 해결 지어 주신다면!

강사장 그 학교가 서게 된 것은 제 동생인 강일복의 힘이지 정 의원의 덕이 아니라는 것을 고향 사람들에게 명백히 해주세요!

정의원 무슨 뜻인지요?

강사장 학교를 세운 것을 미끼로 정 의원께서 다음 민의원 출마 때의 간판으로 쓰시지 않겠다는 각서를 써주세요.

정의원 그, 그야 물론이죠! 모든 일은 강 사장님의 덕인데 어떻게…… 제가 감히……

강사장 제 덕이 아니라 돈의 힘이죠! 홋호……

정의원 헛허…… 그렇죠! 그렇구말구…… 헛허……

일복 누님! 고맙습니다! 이제는 누가 뭐래도 누님 곁에 있겠어요.

강사장 아니야! 너는 내 곁에 있을 게 아니라 돈 옆에 있어야 해! 돈만 있으면 모든 것을 얻을 수 있는 세상을 맛봐야 해!

일복 누님은 그렇게 말해도 행복하다고 자부는 못하시죠?

강사장 행복? 그렇지! 결혼신고부터 서두는 남자가 있는 한은…… 홋호……

정의원 네? (하며 두 사람의 얼굴을 번갈아 본다. 하늘이 더 푸르다)

―급히 막이 내린다